消费心理与行为分析实务

XIAOFEI XINLI YU XINGWEI FENXI SHIWU

何　静　陈　豪◎主　编
何叶静　吴　春　范春春◎副主编

西南财经大学出版社
中国·成都

图书在版编目(CIP)数据

消费心理与行为分析实务/何静,陈豪主编;何叶静,吴春,范春春副主编.—成都:西南财经大学出版社,2022.9
ISBN 978-7-5504-5406-4

Ⅰ.①消… Ⅱ.①何…②陈…③何…④吴…⑤范… Ⅲ.①消费心理学—高等职业教育—教材②消费者行为论—高等职业教育—教材 Ⅳ.①F713.55

中国版本图书馆 CIP 数据核字(2022)第 102277 号

消费心理与行为分析实务

何 静 陈 豪 主编
何叶静 吴 春 范春春 副主编

策划编辑:王琳
责任编辑:廖韧
责任校对:植苗
封面设计:墨创文化
责任印制:朱曼丽

出版发行	西南财经大学出版社(四川省成都市光华村街 55 号)
网　　址	http://cbs.swufe.edu.cn
电子邮件	bookcj@swufe.edu.cn
邮政编码	610074
电　　话	028-87353785
照　　排	四川胜翔数码印务设计有限公司
印　　刷	郫县犀浦印刷厂
成品尺寸	185mm×260mm
印　　张	21.25
字　　数	496 千字
版　　次	2022 年 9 月第 1 版
印　　次	2022 年 9 月第 1 次印刷
书　　号	ISBN 978-7-5504-5406-4
定　　价	58.00 元

《消费心理与行为分析实务》教材编写顾问委员会

简介

消费心理与行为分析实务是一门实践性、实用性都很强的课程，内容涉及心理学、社会学、文化人类学、市场学和经济学等学科的理论与方法。本书内容包括认识消费心理及行为、熟悉消费心理及行为的影响因素、学会测量与解读消费行为、掌握影响消费心理及行为的方法、学会消费者研究与营销五个模块，内容完整、系统、实用。本书按照知识链逻辑系统介绍了消费心理理论的基础、发展、内容和应用环境、条件，并通过典型案例帮助学生理解其基本原理并掌握分析与应用的方法。本书旨在帮助学生熟悉消费心理与行为分析的主要内容并掌握消费者心理和行为的定性与定量分析方法与技术（目的），通过学习消费心理与行为中的需求与动机、消费行为与促销策略、大数据消费行为分析等知识，学生能够具备应用消费心理与行为的知识来解决生活与工作中相关问题的综合能力（预期成果）。

编写本书时，我们积极探索如何打造“三教”改革背景下的“金”教材。按照新型教材编写的指导意见和职业教育的特点，我们在编写时坚持以职业能力为本位，以应用为目的，融入相应的职业资格标准、职业技能等级证书标准，参照活页式教材编写形式，力求帮助学生更好地通过项目化的知识矩阵有效学习。本书在保持知识系统性、完整性的基础上，通过项目和知识矩阵来对接模块，通过模块、项目微课资源来简化理论并保持知识的逻辑体系，这样更适合职业院校学生的心理特点和认知习惯。

编者

2022 年 5 月

课程简介

前言

随着社会的进步和科学技术的快速发展，人类的创新能力和社会生产力得到了迅猛发展，产品的更新迭代和各种高科技产品层出不穷，推动了消费内容和消费方式的不断更新，与之相关的消费心理和消费行为知识也已渗入社会生活、生产的各个实践领域，逐步成为人们乐于学习的知识，同时消费心理学也成为经济管理类专业的一门核心课程。消费心理与行为分析实务是一门实践性、实用性都很强的课程，内容涉及心理学、社会学、文化人类学、市场学和经济学等学科的理论与方法。该课程是在学习和分析了大量文献及教学实践经验的基础之上概括和提炼而成的，它源于实践，又反过来指导实践。社会各行各业对人才需求的多样性、复合性，直接推动了我们在人才培养领域的不断创新和发展。为能更好地培养具有实践能力的实用型人才，编者编写教材时充分考虑了职业教育的特点，努力突出能力培养的指导思想，以实现培养具有一定理论水平和实际技能的职业型人才的目标。在建构知识结构时，编者尽量使理论与实践结合起来，让读者在实践中去理解、体会、掌握、运用、检验理论。同时编者根据党和国家的教育方针以及新时代对高职高专院校人才培养工作的要求，在编写时改变了过去侧重理论知识的传授，过分强调学科体系的严密、完整而忽视实践训练的做法，精选学生职业岗位所需的基础理论知识和基本技能，力求使本书符合学生身心发展及掌握知识的特点，反映社会、政治、经济、科技发展的需求。本书体现了社会需要、学科特点和学生职业发展三者的有机统一，同时又融合了文化育人、思政育人并努力做到以下四点：

第一，作为教材，理论、内容具有完整性、系统性。编者结合当前多元化消费特点，在编写时突破了传统消费心理教材的范围，增加了一些消费活动中非常实用的行为学内容，如分析消费者购买行为。同时，结合文化育人和思政育人的新要求，编者将课程知识与相关知识有机地融合在一起，希望能较好地实现习近平新时代中国特色社会主义思想进教材进课堂进头脑的目的。

第二，充分地考虑到高职教育的特点，编写时由易到难，循序渐进，注重教材的连贯性、衔接性，力求实用、通俗易懂，为高职学生打基础、宽口径、强能力、高素质培养做好铺垫。

第三，结合编者多年教学、在职培训、社会实践的经验，广泛、充分地吸收各类教材的优势，吸收国内外学者最新研究成果，力求理论和知识的新颖性、先进性；编写时根据学科的特点将理论与实践结合起来，在教材中体现了理论与实践的有机结合。

第四，紧跟消费心理与行为理论研究和高职教育教学改革的前沿，运用成果导向教育理念，努力突出“以学生为中心、成果为导向”理念，同时采用“活页式”形式，重视理论性和应用性的结合，希望使学生在学习时做到“边学、边做”，取得较好的学习成果。

以上意图，只是编者想努力做到的，实际效果还需检验，还要进一步努力改进。未来编者将在广大学生和老师的学习体验中不断修改完善本书。特别是在近年来的“双高院校”和“高水平专业”建设的推动下，编者不断创新，试图编撰出一套适应新时代高职教育人才培养的好教材。本书在编写过程中参阅了国内外大量文献、资料，并间接地或直接地引用了部分相关内容。在此，谨向文献、资料的原始作者表示衷心的感谢！在编写过程中，我们有幸得到了商业职业教育教学指导委员会和校内外专家、教授的指导，得到了学校领导的大力支持，在此向各位专家、教授及给过我们指导和帮助的各级领导、同事、朋友表示衷心的感谢！

编者

2022 年 5 月

目录

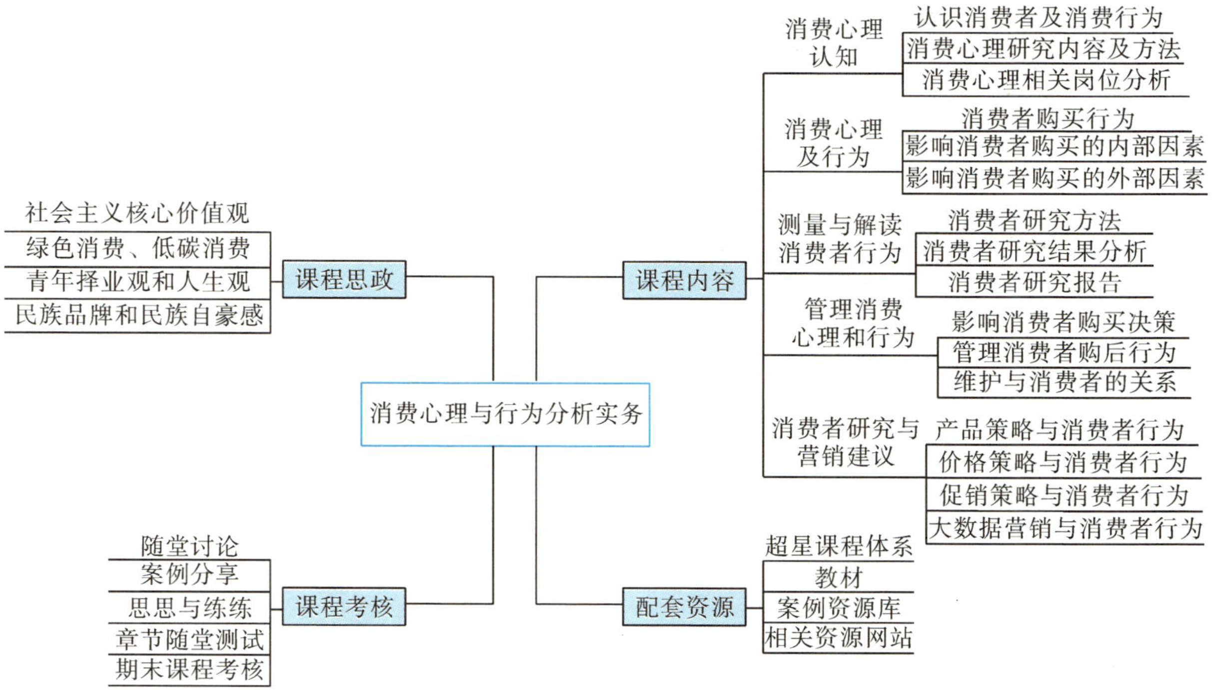
消费心理与行为分析实务
课程思政
社会主义核心价值观
绿色消费、低碳消费
青年择业观和人生观
民族品牌和民族自豪感
课程考核
随堂讨论
案例分享
思思与练练
章节随堂测试
期末课程考核
课程内容
消费心理认知
认识消费者及消费行为
消费心理研究内容及方法
消费心理相关岗位分析
消费心理及行为
消费者购买行为
影响消费者购买的内部因素
影响消费者购买的外部因素
测量与解读消费者行为
消费者研究方法
消费者研究结果分析
消费者研究报告
管理消费心理和行为
影响消费者购买决策
管理消费者购后行为
维护与消费者的关系
消费者研究与营销建议
产品策略与消费者行为
价格策略与消费者行为
促销策略与消费者行为
大数据营销与消费者行为
配套资源
超星课程体系
教材
案例资源库
相关资源网站

图1 本书导图（一）

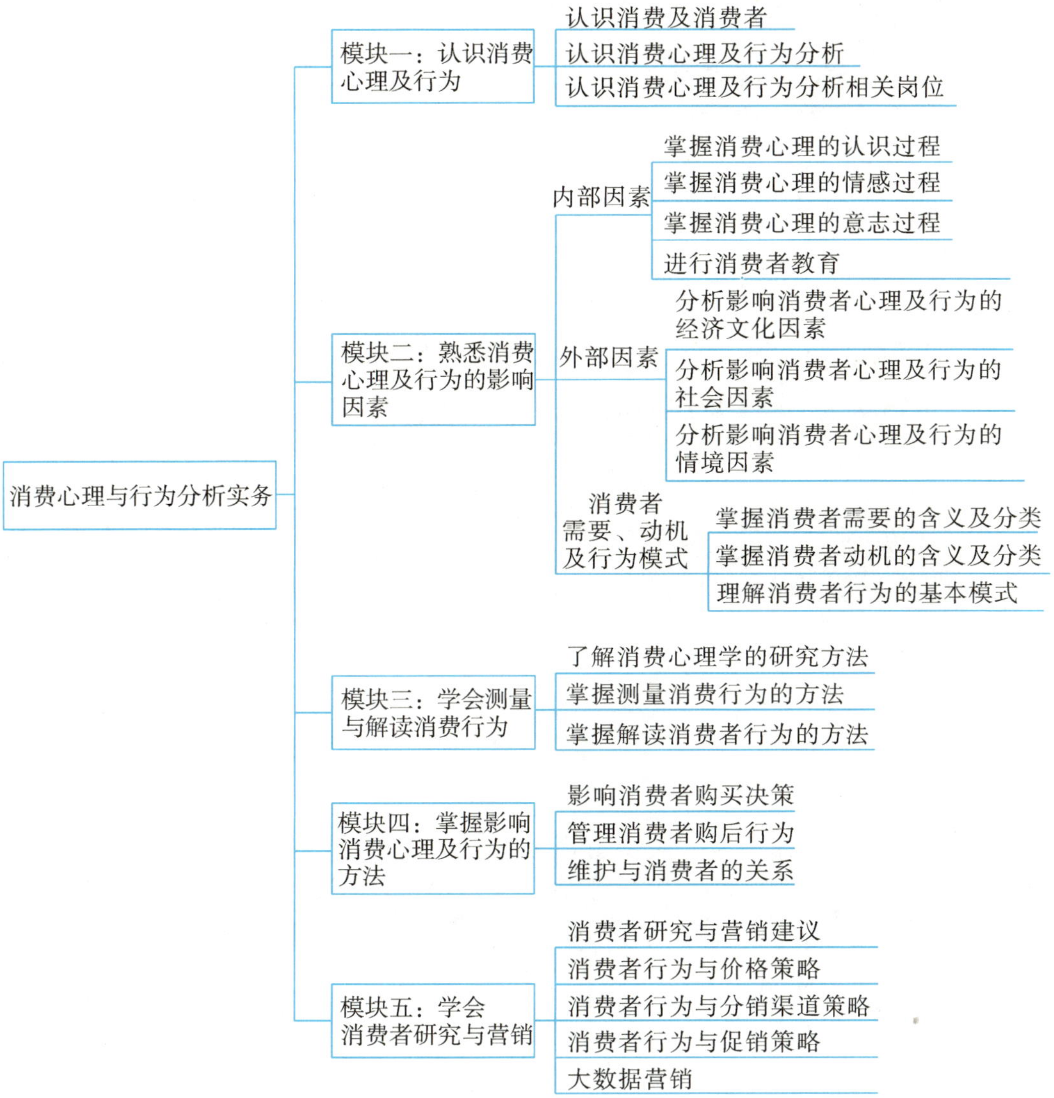
消费心理与行为分析实务
模块一：认识消费心理及行为
认识消费及消费者
认识消费心理及行为分析
认识消费心理及行为分析相关岗位
模块二：熟悉消费心理及行为的影响因素
内部因素
掌握消费心理的认识过程
掌握消费心理的情感过程
掌握消费心理的意志过程
进行消费者教育
外部因素
分析影响消费者心理及行为的经济文化因素
分析影响消费者心理及行为的社会因素
分析影响消费者心理及行为的情境因素
消费者需要、动机及行为模式
掌握消费者需要的含义及分类
掌握消费者动机的含义及分类
理解消费者行为的基本模式
模块三：学会测量与解读消费行为
了解消费心理学的研究方法
掌握测量消费行为的方法
掌握解读消费者行为的方法
模块四：掌握影响消费心理及行为的方法
影响消费者购买决策
管理消费者购后行为
维护与消费者的关系
模块五：学会消费者研究与营销
消费者研究与营销建议
消费者行为与价格策略
消费者行为与分销渠道策略
消费者行为与促销策略
大数据营销

图 2　本书导图（二）

模块一 Module One

认识消费心理及行为

Understand Consumer Psychology and Behavior

人从出现在地球舞台上的第一天起，每天都要消费，不管在他开始生产以前和在生产期间都是一样。

——［德国］马克思《资本论》

学习内容

任务 1.1　认识消费及消费者

任务 1.2　认识消费心理及行为分析

任务 1.3　认识消费心理及行为分析相关岗位

在社会主义条件下发展市场经济，是我们党的一个伟大创举。

——2015 年 11 月 23 日，习近平总书记在中共十八届中央政治局第二十八次集体学习时的讲话

学习导图

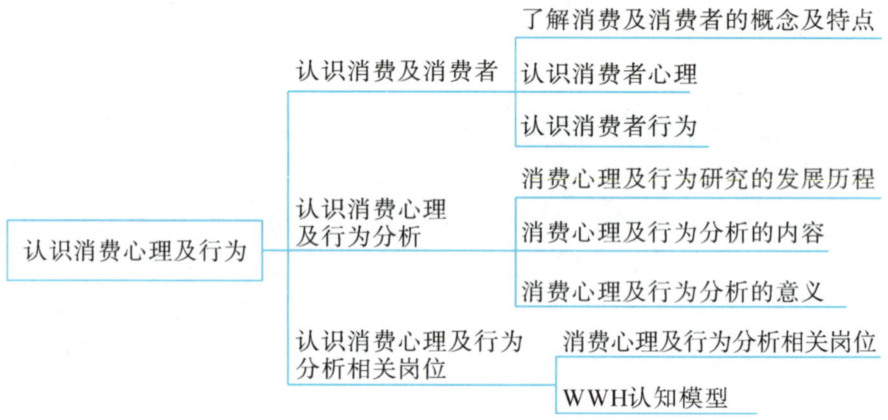
认识消费心理及行为
认识消费及消费者
了解消费及消费者的概念及特点
认识消费者心理
认识消费者行为
认识消费心理及行为分析
消费心理及行为研究的发展历程
消费心理及行为分析的内容
消费心理及行为分析的意义
认识消费心理及行为分析相关岗位
消费心理及行为分析相关岗位
WWH认知模型

【任务情景】

夏明同学是某学院工商管理系的一名大二学生。暑假期间，夏明在姑姑经营的一家连锁品牌面包店进行社会实践。夏明想在暑假实践的基础上积累一些连锁店铺经营管理的知识和餐饮行业的相关经验。他的第一个任务是尽快熟悉面包店的主要产品和消费者，争取能为该店铺一个月后的周年庆活动出谋划策。

【任务清单】

任务清单见表 1-1。

表 1-1 任务清单

任务编号	任务描述	知识目标	技能目标	综合素养
1.1	区分消费者的不同角色	□了解消费及消费者的概念 □掌握消费者的角色类型	□正确区分消费者的角色类型	培养冷静理智的工作态度； 培养科学理性的消费观念
1.2	理解消费心理及行为分析的对象及意义	□了解消费心理及行为分析的对象及理论发展阶段 □理解消费心理及行为分析的意义	□能够用消费心理及行为分析的理论发展阶段及意义等知识，分析营销案例及相关问题	
1.3	梳理一个消费心理及行为分析的典型岗位	□掌握 WWH 认知模型 □理解典型岗位的主要内容	□能够用 WWH 模型来进行消费心理及行为分析岗位的梳理及阐述	

任务 1.1　认识消费及消费者

任务描述：

观摩消费现场情景，在情景展示的基础上对消费类型及消费者角色进行分类。

任务准备：

课前知识学习。

1.1.1　了解消费及消费者的概念及特点

马克思说："人从出现在地球舞台上的第一天起，每天都要消费，不管在他开始生产以前和生产期间都是一样。"消费活动是人类社会中存在的一种普遍现象。人们从出生直到离开人世，时时刻刻都离不开消费。

认识消费及消费者

1. 消费的概念

（1）消费的定义。

所谓消费（consume），是指人们消耗物质资料和精神产品以满足物质和文化生活需要的过程。消费是社会再生产过程的一个环节，是人们生存的必不可少的条件，又是保证社会再生产过程得以继续进行的前提。

消费的实质是人们为了满足需要直接消耗各种产品和劳务。消耗产品和劳务以满足需要的人就是消费者，是消费的主体；可供消耗的产品和劳务就是消费物，是消费的客体。消费过程就是消费者和消费物相结合的过程。

（2）消费品（产品）的定义。

产品是指能够提供给消费者并能满足其需求的任何东西。消费的对象是多种多样的产品与服务（consumer goods and service），统称为产品。人们所消费的产品，根据有形程度可划分为有形产品、无形产品（服务）和介于两者之间的混合产品（见表 1-2）。

表 1-2　产品的分类

消费对象的性质	消费对象的有形性或有形程度		
	有形产品	混合产品	无形产品
个人用品或服务	洗护用品 饮料	餐馆用餐 外出旅游	心理咨询 资格培训
家庭用品或服务	家具 电视机	室内装修 家政服务	家庭财务咨询 家庭法律咨询
集体用品或服务	街灯 收费桥梁	敬老院 物管服务	天气预报 电话查询服务

有形产品（tangible product）是指洗护用品、饮料、家具等具体可见的产品；无形产品（intangible product）则是抽象和不可见的消费对象，如心理咨询、电话查询服务。有形产品常常具有无形的特征，如珠宝的档次、时装的品位；而服务也可能包含或具有有形特征，如餐馆用餐、室内装修。在很多情况下，消费者消费的是混合产品，同时消费有形产品与无形产品，如外出旅游。

从性质看，消费对象可以分为个人用品与服务、家庭用品与服务、集体用品与服务。个人用品与服务与个体消费者有关；家庭用品与服务则与整个家庭或家庭的每一个成员有关；而集体用品与服务一般由很多人使用或消费，可以是由政府提供的公共品如街灯、公路，也可以是由私人企业提供的物管服务等。

2. 消费者的概念

（1）消费者的定义。

消费者是指购买和使用各种消费品的人。狭义的消费者（consumer）是指为个人或家庭购买与使用各种消费品的人。广义的消费者是指购买、使用各种消费品的个人或组织。消费活动中的消费者包括两类：个体消费者（personal consumer）和组织消费者（organizational consumer）。个体消费者购买产品是为了自己的消费，为了家庭的消费或者是作为礼物送给朋友，即产品的购买都是为了最终消费，也称为最终用户（end users）或者最终消费者（ultimate consumer）。组织消费者包括营利和非营利的企业、政府机构和各种组织机构，它们也必须购买设备和服务来维持组织的运转。任何个人或组织只要购买产品不是为了再次转手，也不是为了专门从事产品交易活动，就是消费者。这里要特别指出，本书主要从狭义的消费者角度讨论消费者心理及行为，探讨的是个体消费者。

消费者的消费活动是为了满足需要。需要是消费的根源，消费是由需要引起的，消费者购买产品的目的是满足自己的各种需要。需要是人类全部消费活动的基础，包括维持个体生存、繁衍后代的生理需要和追求享受、发展的社会性需要。基于生理需要的消费是一种本能性消费，基于享受、发展需要的消费是社会性消费，它源于但又高于本能性消费。随着社会经济的发展，不论是本能性消费还是社会性消费，其消费对象都越来越丰富多彩，消费者的消费活动也变得越来越繁复。

消费者是市场的主体和核心，是决定企业生存和发展的基础，企业的经营活动都是以消费者为中心展开的。消费者作为消费行为的主体，企业需要对其进行全面、深入的研究，准确把握其心理和行为。下面将从不同的角度来分析消费者的类型。

（2）消费者的分类。

①根据购买过程中的角色进行分类。在现实生活中，同一消费品的购买决策中，购买者和使用者可能是同一个人，也可能是不同的人。本书研究的消费者包括参与购买、使用等全过程的所有人。比如，通常情况下，儿童消费品的使用者是儿童，而购买者是他们的父母等。消费过程是包括购买决策、实际交易过程、购后使用和处置等在内的一个完整的过程，那么，处于这个过程中的任一阶段的对消费过程产生影响的人都可被视为消费者。这个过程中存在的不同类型的消费者有以下几种角色：提议者、影响者、决策者、购买者和使用者见（见表 1-3）。

表 1-3　消费者的角色类型

角色类型	角色任务
提议者	提出购买产品的人
影响者	其建议或态度对购买过程具有影响力的人
决策者	对购买的原因、数量、时机、场所等做出部分或全部决定的人
购买者	进行购买支付等购买过程的人
使用者	使用或处置所购买的产品的人

②根据消费主体的大小进行分类。从消费主体的大小来进行分类，消费者可以分为个体消费者、家庭消费者和集团消费者。个体和家庭消费者是指为满足生存发展需要而购买或使用产品的个体或家庭；集团消费者是指为满足社会组织对某种产品的需要而进行购买或使用的人。个体消费者也可以同时是家庭消费者或者集团消费者中的某一部分。

③根据消费态度进行分类。不同的消费者在同一时空内对某一消费品会做出不同的反应和选择，即即时消费、未来消费和从不消费。根据这三种态度，消费者可以分为现实消费者、潜在消费者和永不消费者。现实消费者是指对某产品进行购买和使用的人；潜在消费者是指对某产品尚无购买行为或暂时没有购买动机的人，通常所指的潜在消费者是说在未来或特定情况下会对该产品产生购买行为或动机的人，是能转化为现实消费者的人；永不消费者是指当下和未来都不会购买该产品的人。对于同一个消费者来说，身份是多重的，比如某消费者是 A 产品的现实消费者，同时是 B 产品的潜在消费者，也是 C 产品的永不消费者。

3. 消费者行为的特点

（1）多样性。

消费者行为的多样性，首先表现为消费者行为在获取、使用、处置三个阶段的每一个阶段都包含许多不同的活动，而这些活动中既有理性购买活动，也有冲动性购买活动。其次，不同消费者在需求、偏好以及选择产品的方式等方面各有侧重、互不相同，同一消费者在不同的时期、不同的情境、不同产品的选择上，其行为也呈现出很大的差异性，而差异性正是市场细分的前提。

（2）复杂性。

消费者行为的复杂性，一方面可以通过它的多样性、多变性表现出来，另一方面也体现在它受很多内外部因素的影响上。首先，消费者行为受动机影响，每一种行为的动机隐蔽而复杂。同一动机可以产生多种行为，同一行为也可以由多种动机驱使。其次，消费者行为受个体的、文化的、经济的、社会的因素影响。这些因素的影响有直接的、间接的，有单独的、交叉的或交互的。正是这些影响因素的多样性、复杂性决定了消费者行为的多样性和复杂性。同时，每个消费者决策程序的起始时间及其所耗费的时间不同，决策涵盖的活动数目以及困难程度也不同，因此决策过程极其复杂。

（3）规律性。

虽然消费者行为本身极其复杂、多样，人们对影响消费者行为的因素既难识别又难把握，但消费者行为也并非完全不可捉摸。纷繁复杂的消费者行为的背后也存在共同的特点，那就是任何消费者行为都受人类的需要所支配，而人类的需要最终可以从生理、心理、社会等方面找到源头。正是需要的共性决定了行为的共性。同时，消费者行为按照获取、使用、处置三个阶段按部就班地进行，次序不能颠倒，每一阶段也都包含一连串有次序的活动，也呈现出一定的规律性。因此，人们通过精心研究发现，消费者行为是可以被理解和把握的，探寻消费者行为规律也是可能的，这也是企业界和学术界研究消费者行为的根本出发点。

（4）可诱导性。

消费行为的产生来源于需要，但消费者有时对自己的需要以及以何种方式满足自己的需要并不十分清楚。此时，企业可以通过提供合适的产品、传递合适的信息来激发或满足消费者的需要。从这个意义上说，消费者的行为是能够被影响的。企业之所以能够影响消费者行为，是以其产品能够满足消费者某种现实或潜在的需要，能够给消费者带来某种利益为前提的。同时，企业应该看到，对消费者予以诱导和施加影响，要以保持消费者的选择自由为前提，这样才是合乎法律和社会规范的行为。企业采用欺骗、垄断等手段来影响消费者，必将引发严重的伦理甚至法律问题。

1.1.2 认识消费者心理

消费心理学的研究对象是市场活动中消费者心理现象的产生原因、发展过程及变化规律。具体而言，消费心理学的研究对象就是消费者获得信息、购买商品、获得商品价值等消费活动中的心理与行为过程，主要有以下两个方面：

1. 消费者的心理活动

消费者消费时会产生对商品、购物环境、广告促销等的认知过程、情感过程、意志过程，这些心理活动既有共性，体现消费者的一般心理规律，又因为消费者的能力、气质和性格的不同而产生个体差异。如消费者普遍存在追求物美价廉、追求新趋势等心理倾向，但在具体购买时，不同消费者存在着明显的差异。如有的消费者能从社会价值、经济价值、心理价值等方面对商品做出比较全面的评估，而有的消费者只能对商品做一些表层的评估；有些消费者面对众多的商品，能够果断地做出买或不买的决定，而有的消费者在琳琅满目的商品面前会表现得犹豫不决。

2. 消费心理与市场营销的双向关系

不同的消费品市场以不同的消费者群体为对象，不同的消费者群体对消费品市场也有不同的要求。企业的营销策略会影响消费心理的产生与发展；反过来，不同的消费心理特点和心理趋向也对市场营销提出了特定的要求。因此，消费心理与市场营销存在着双向关系。成功的市场营销活动能够适应消费者的消费心理需求和购买动机的变化，能够开展有效的促销活动引导消费心理。在这方面，消费心理学主要研究的是以下三个方面的内容。

（1）影响消费心理的各种社会因素和自然因素：如收入水平、消费水平对购买序列、消费结构的影响；社会风气、风俗习惯对消费观念、消费品流行程度的影响；文化程度、职业特点对购买方式、购买选择的影响；性别、年龄、气候、地域对购买决策、购买心理的影响等。

（2）产品设计如何适应消费心理：如产品结构设计是否符合人体工程学的要求，产品功能设计是否符合消费者的生理要求，产品包装、装潢设计是否适应消费者的心理要求等。

（3）从心理学的角度开展企业营销中的公共关系活动：如对业务员、营业员、服务员进行培训，以提高企业在消费者群体中的形象和声誉；改善购物环境，提高服务质量，以吸引更多的消费者成为回头客；对消费者的心理做预测、分析，以便制订灵活的营销策略等。

综上所述，消费者的心理和行为的表现形式有很多，涉及消费者个人心理特征、行为方式、群体心理与行为、企业市场营销、社会文化环境等各个方面。消费行为的“为什么”“做什么”“如何做”的问题，形成了消费心理学丰富的研究内容。

1.1.3 认识消费者行为

消费者行为（consumer behavior）是指消费者为获取、使用、处置产品所采取的各种行动，包括先于且决定这些行动的决策过程。

1. 消费者行为是一个动态发展的整体过程

消费者行为不只是消费者掏出现金或信用卡买到产品那一刻所发生的行为，而是一个整体过程，包括获取、使用、处置三个阶段。

获取（acquiring）是指消费者产生需要、经过信息搜寻、进行购买决策评价而后获取产品的过程。获取的方式主要是购买，还包括租赁、交换、借用等。

使用（using）是指消费者对获取的产品或服务进行消耗和体验的过程，是消费者行为的核心。使用过程是消费者的需要得以满足的过程，对消费者具有重要的意义。使用后的评价将产生消费者满意或不满意两种可能，这直接影响着消费者的下一次购买，消费体验向他人的传播也将影响他人的购买决策。

处置（disposing）是指消费者对所获取的产品或服务进行处理、放弃的过程。越来越多的消费者在购买时就会关注产品、包装的重新使用或其对环境造成的危害，而消费者对所获取产品的处置方式的选择，也直接影响着其对新产品的需求与购买。

2. 消费者行为是一个决策过程

消费者的决策过程实际上就是解决问题的过程。这一过程包括五个主要阶段，即需要认知、信息搜寻、评价与选择、购买和购后行为。消费者意识到或认识到某一消费问题后，进行内部信息搜寻和外部信息搜寻，在此基础上，形成产品或服务的评价标准，并根据这些标准对各种备选产品或品牌进行比较、评价、选择，而后实施实际购买行为，购买后使用产品，进行评价，并对产品或包装进行处置。消费者的决策过程有时很复杂，决策过程的五个阶段都将发生；有时则十分简单，决策过程的某些阶段可能会省略。

3. 消费者决策的内容

（1）是否消费（whether or not）。

消费者必须首先决定是否获取、使用或处置产品或服务，要决定是进行消费还是储蓄。

（2）消费什么（what）。

消费者要做出购买什么的决策，要在产品的类别上做出选择，例如买部手机还是买份保险；有时需要在品牌之间做出选择，如购买手机选择苹果手机还是三星手机。

（3）为什么消费或为什么不消费（why or why not）。

消费行为的发生可能有许多原因，其中最重要的是产品能够满足消费者的需要、价值或目标。例如，消费者买同一款手机，有的是因为手机功能强大，有的是觉得手机外观好看，有的则将其作为群体身份的标志。

营销人员更想知道为什么消费者不想消费，如不想买保险是因为不相信坏运气会降临到自己头上，还是觉得买了也没用？

（4）如何消费（how）。

消费者获取、使用、处置产品的方式，会给营销带来深刻的影响。消费者如何在现金、信用卡或电子支付系统间做出选择？汽车是买的、租的、借的、换的还是别人送的？

（5）何时消费（when）。

消费者对产品的获取、使用和处置随着季节的不同而不同，冬天的时候对羽绒服、取暖器的需要会增加，而对啤酒、冰激凌的需要则会下降。一天中不同时段也会影响消费者的决策。麦当劳发现，正午时段发布的在线广告可以促使消费者在午餐时购买更多公司所宣传的餐点。像出生、毕业、结婚、怀孕、生子、退休这样的生活变化，也会影响消费者对产品或服务的获取、使用或处置。

任务 1.2　认识消费心理及行为分析

任务描述：

理解消费心理及行为分析的对象及内容，完成案例分析。

任务准备：

课前知识学习。

1.2.1　消费心理及行为研究的发展历程

理解消费心理及行为分析的内容及作用

消费心理及行为研究最早可追溯到 18 世纪，距今已经有百余年的历史，总体可以分为以下三个阶段：

1. 萌芽与初创阶段

在此阶段，西方国家有关消费行为研究的理论基础主要来自工业经济学和农业经济学，着眼于整个宏观市场并且带有很浓的实证主义色彩。从 19 世纪末到 20 世纪 30 年代，有关消费者行为与心理研究的理论开始出现，并有了初步的发展。

19 世纪末 20 世纪初，资本主义国家尤其是美国，在工业革命后劳动生产率大幅度提高，生产能力开始超过市场需求，导致企业之间竞争加剧。在这种情况下，一些企业开始注重对消费者需求的刺激和产品推销。与此同时，一些学者根据企业销售的需要，开始从理论上研究产品的需求与销售之间的关系，研究消费者行为与心理同企业销售之间的关系。

1895 年，美国明尼苏达大学的心理学家盖尔采用问卷调查的方法，研究消费者对广告的态度以及对广告中所宣传产品的态度，根据消费者的态度分析广告影响消费者的效用。

1899 年，美国社会学家凡勃伦出版了《有闲阶级论》（*Theory of the Leisure Class*）一书，提出了炫耀性消费及其社会意义。他认为，人们对服装、首饰、住宅等物品的过度消费，源于向别人炫耀自己的社会心理。

1908 年美国社会学家罗斯发表了《社会心理学》，着重分析了个人和群体在社会生活中的心理与行为。

1901 年 12 月 20 日，美国心理学家斯科特在美国西北大学做报告，提出了广告学应成为一门学科，心理学可以在其中发挥重要作用的见解，被认为是第一次提出了消费心理学的问题。1908 年，斯科特汇编了多年研究成果，出版了《广告原理》一书。此书较为系统地谈及影响消费心理的各种因素，标志着消费心理学的雏形——广告心理学的诞生。

1910 年，出现了全面研究消费者购买动机和行为的市场学。斯科特的书出版以后差不多半个世纪内，美国的许多心理学家都围绕广告与心理的问题进行调查和研究，推动了消费心理学的发展。1912 年，主持哈佛大学心理实验室工作的闵斯特伯格出版了《工业心理学》一书，着重阐述了产品销售中广告和橱窗陈列对消费者的影响。同时，还有一些学者在市场营销学、管理学等著作中研究了有关消费者心理与行为的问题。这一阶段所处的背景，正是第一次世界大战后，西方国家市场竞争加剧，许多企业从过去只关注产品的生产问题转向更加关注产品的销售问题，因此需要研究现实消费者和潜在消费者的心理现象，推销人员成了 20 世纪 20 年代这一时期企业的宠儿。

20 世纪二三十年代的经济大萧条使许多资本主义国家出现了生产过剩和产品积压问题，刺激消费成为渡过危机的重要措施。了解消费者的需求，促进消费者了解产品，引发消费者的购买动机，这些解决当时经济危机的办法，极大地促进了对消费心理学的研究。

2. 显著发展阶段

从 20 世纪 30 年代末到 20 世纪 60 年代末，消费者行为研究的结论被广泛地应用于市场活动中并得到迅速发展。

市场中的产品严重过剩，销售十分困难，这时的市场主要表现为供过于求的态势。企业要想在竞争中战胜竞争者，求得生存，必须首先解决产品销路问题。为此，企业对消费者行为研究成果表现出越来越浓厚的兴趣。关于消费者心理和销售心理的各种专门研究不断发展，为第二次世界大战以后消费者行为研究的发展奠定了基础。

第二次世界大战以后，西方主要发达国家生产技术水平发展较快，市场上的产品激增，消费者的需求和愿望也在不断变化，其购买行为更加捉摸不定，企业开始重视和加强市场调研。预测消费趋势成为企业赢得竞争优势的重要前提。在此背景下，越来越多的心理学家、经济学家、社会学家都转入这一领域的研究，并相继提出了许多理论。例如，经济学家凯恩斯指出，刺激经济最活跃的动力因素来自“个人的多血质和成就动机精神”。凯恩斯关于消费心理与经济危机关系的学说，对于推动西方各国建立以消费者为核心的经济指标体系发挥了很大作用。

20 世纪四五十年代，最引人注目的是关于消费者购买动机的研究。受弗洛伊德精神分析学说的影响，一些研究人员试图探究消费者购买或不购买某种产品的深层动机。其中，1950 年由梅森·海尔主持的关于速溶咖啡的研究最具有代表性。

20 世纪 50 年代初，美国著名心理学家马斯洛提出的“需求层次理论”认为，消费者只有在较低层次的需求得到满足以后才会产生较高层次的需求。同一时期，盖斯特和布朗开始对消费者在购买产品的活动中所表现的品牌忠诚性进行研究。谢里夫、凯利和谢巴托尼等人开展了对参照群体影响的研究。此外，风险知觉和潜意识与广告等方面的专题研究也达到了前所未有的水平，从而大大拓展了消费者行为学研究的内容。

进入 20 世纪 60 年代以后，消费心理学的研究得到了迅猛发展。1960 年，美国心理学会正式设立消费心理学会分科学会。有人认为，这一事件是消费心理学作为一门独立学科诞生的标志。之后又相继出现了《广告研究》杂志和《市场研究》杂志，进一步推动了消费心理学研究成果的传播。美国一些大学和研究生院的心理系、社会系、经营管理系都讲授消费行为学课程。这期间，对消费心理的研究，人员明显增多，质量大为提高。比较有代表性的学者有：密歇根大学的卡陶纳（Katona），他研究了影响消费者行为的期望和态度；哥伦比亚大学的拉扎斯费尔德（Lazarsfeld），他研究了“人格的影响”；哈佛大学的鲍尔（Bauer），他研究了消费者在不确定条件下的反应等。

1968 年，恩格尔、科拉特、布莱克威尔等人合著的《消费者行为学》是第一本正式的研究消费者行为学的教科书。该书总结并归纳了作者多年的研究成果，吸收了其他学者的理论，考虑了影响购买决策的内部、外部因素，提出了消费者行为决策的模式，即恩格尔—科拉特—布莱克威尔购买行为模式（简称“EKB 模式”）。这个消费者行为模式考虑了个体内部因素以及社会环境、商业环境对消费者产生的影响，将消费者购买过程的各个环节清晰地勾勒出来。

3. 变革与创新阶段

从 20 世纪 70 年代至今，这一时期捉摸不定的消费时尚给营销工作增加了难度，相关人员不得不对消费者行为进行深入的、多角度的、跨学科的研究，有关消费者行为研究的论文、调查报告、专著急剧增加。许多新学科，如计算机科学、经济数学、行为学、社会学等，也被广泛运用于消费者行为、营销决策行为等研究中。自 1968 年以后，消费心理学在美国、日本等国家得到了相当充分的发展，在学科林立的时代巩固了自身的地位，在理论上也逐渐形成了广告研究、市场研究、消费者研究等系统。在此阶段，研究人员愈加重视“费”与“利”的关系，在提高消费者行为研究的质量方面下了大功夫，消费者行为研究的理论基础也不断得到巩固，资料比以往任何时候都丰富，结论也更加清晰。据美国学者统计，仅 1968 年到 1972 年发表的关于消费者心理方面的文章，就超过了 1968 年以前的总和。据统计，1967 年到 1976 年的 10 年间，美国国内共发表了近一万篇有关消费心理学的文章。日本从 20 世纪 70 年代开始大量引进美国关于消费者行为方面的研究成果，美日两国的学术交流日益增多。日本在这一方面出版的专著有马场方子的《消费心理学》以及小岛外弘的《消费者研究》等。

1.2.2 消费心理及行为分析的内容

消费心理及行为分析（consumer behavior）是研究消费者在获取、使用、消费、处置产品和服务过程中所发生的心理活动特征和行为规律的一门科学。这一学科通过对消费行为进行有效解读，使人们深入理解消费行为的内在动因，进而研究如何影响消费行为。

了解消费心理及行为研究的内容

1. 消费心理分析的内容

消费心理分析的内容主要包括消费心理过程、消费个性心理和消费心理状态 3 个部分：

（1）消费心理过程是指消费者的心理形成及其活动的过程，它包括认识过程、情感过程和意志过程。认识过程是指消费者认识事物现象的心理活动过程，主要包括感觉、知觉、记忆、想象和思维。由于客观事物与消费者存在某种联系，消费者在认识客观事物的过程中，总会产生一定的态度和主观体验，引起满意、喜爱、厌恶、恐惧等，这就是情感过程。消费者对客观事物不仅感受、认识，还要处理、改造，这种自觉地支配行动以达到预期目标的心理活动过程被称为意志过程。

（2）消费个性心理主要包括消费者个性倾向性和个性心理特征。消费者个性倾向性是消费者个性结构中最活跃的因素，也是消费者进行消费活动的基本动力，主要由需要、动机、兴趣、信念、理想和价值观等构成。消费者个性倾向性决定消费者对现实的态度，决定消费者对认识活动的对象的趋向和选择。消费者个性心理特征是指消费者身上经常地、稳定地表现出来的心理特点，主要包括能力、气质和性格，它集中反映了消费者心理的独特性。消费者的心理特征是千差万别的，有些消费者聪明伶俐、足智多谋，有些消费者能歌善舞、多才多艺，这是消费者的个性差异在能力方面的表现；有些消费者寡言少语、稳健持重，有些消费者开朗健谈、直爽热情，这是消费者个性差异在气质方面的表现；有些消费者在待人接物中表现得谦虚礼貌、不卑不亢，而有些消费者则显得轻浮傲慢、虚伪狡猾，这是消费者个性差异在性格方面的表现。

（3）消费心理状态是指消费心理活动在一段时间里出现的相对稳定的持续状态，它既不像消费心理过程那样变动不羁，又不像消费个性心理那样稳定持久。消费者的心理活动总是在不同状态下展开的，这些不同的心理状态体现着消费者的心理激活程度和脑功能的活动水平。

2. 消费行为分析的内容

作为一种客观存在的经济行为，消费行为如同其他经济行为一样，有其独有的活动方式和内在运行规律。消费行为分析就是研究消费者在消费活动中的行为特点及其规律，以便适应、引导、改善和优化消费行为的一门现代经营管理科学。

在实际生活中，消费行为表现形式多样，涉及消费群体、社会环境、市场营销、消费者个人心理特性、购买行为等诸多方面。为此，消费行为分析的对象在具体内容上又可分为以下 5 个方面：

（1）消费群体行为。个人消费，在直接形态上表现为消费者个人的行为活动。但从社会总体角度来看，消费者的个人消费行为又带有明显的群体性。在现实生活中，某些消费者由于职业、收入水平、社会地位、年龄、性别、宗教信仰相同或接近，所以在消费需求、消费观念、消费习惯、消费结构及消费能力等方面表现出很大的相似性或一致性。具有上述相同消费特征的若干消费者构成了一定的消费群体。消费群体是社会消费活动的客观存在。研究不同消费群体在消费行为方式上的特点和差异，有助于从宏观角度把握社会总体消费的运动规律，同时对商品生产者和经营者准确地细分消费市场、制订合适的营销策略具有指导意义。因此，消费群体行为所涉及的模仿、暗示、从众、群体规范、群体压力、消费习俗及消费时尚等，就成为消费行为分析的对象。

（2）消费行为与社会环境。在现实生活中消费行为都是置于一定的社会环境之中，在某种特定的社会环境条件下进行的。因此，一方面，无论是消费者个人还是消费群体，其消费行为在很大程度上都受到社会环境因素的影响和制约；另一方面，消费者的消费行为在适应社会环境的同时，也会以不同方式影响和作用于社会环境。具体分析各种社会环境因素（如社会文化、亚文化、社会阶层、相关群体、家庭、舆论导向等）与消费行为的相互影响和作用方式，对于了解消费行为活动的成因并掌握其运动规律，具有一定的意义。

（3）消费行为与市场营销。在市场经济条件下，消费者接触最多、受到的影响最为深刻的环境事物就是企业的市场营销活动刺激。市场营销是商品生产者和经营者围绕消费者需求所从事的产品设计、制造、包装装潢、命名、定价、广告宣传、渠道分销、购物环境布置、销售方式选择和服务等一系列活动，其目的在于通过满足消费者的需要，激发其购买动机，促成购买行为，实现商品的最终销售。因此，市场营销的一切活动都是直接围绕消费行为进行的。显然，营销活动刺激会对消费行为产生直接影响。同时，企业所采取的市场营销策略、手段又必须以消费行为为基础，最大限度地迎合消费者的需求、欲望、消费习惯、购买能力等。换言之，市场营销活动的效果好坏和成功与否，主要取决于对消费行为适应程度的高低。

消费行为与企业的市场营销活动之间有着极为密切的内在联系，两者既相互影响，又相互作用。市场营销既是适应消费行为的过程，又是对消费行为加以诱导，促成其购买的过程。分析这一过程中消费者如何对各种营销活动做出反应，以及怎样针对消费行为特点改进营销策略、提高营销效果，是消费行为分析的主要对象和内容之一，也是其分析的目的和任务所在。

（4）消费者的个人心理特征。消费行为分析是通过分析消费者的能力、气质、性格、自我概念等个性心理特征，了解消费心理现象的个别性或特殊性，进而解释不同消费者之间在行为表现上存在的各种差异。同时，对影响消费者行为的诸多心理因素中最重要、最直接的因素，如需要、动机等，加以深入分析，系统分析现代消费者的需求内容、动机类型及其发展变化趋势，从而为购买行为的分析奠定基础。

（5）消费者的购买行为。购买行为是消费者心理活动的集中外在表现，是消费行为活动中最有意义的部分。在消费行为分析中，要将影响消费者的心理因素与其行为表现紧密联系起来，深入分析消费者的购买信息收集过程、购买决策的形成过程，以及态度、偏好、逆反心理、预期心理等对购买行为的影响。通过对消费者购买过程中产生消费需求及购买动机、收集有关信息、进行比较选择、形成购买决策、实际购买、购后评价等若干阶段及其相互联系的逐一分析，可抽象出消费者购买行为的基本模式。在购买行为过程中，决策始终是关键性环节。

消费行为研究的基本主题概括起来至少包括四个方面：认识并辨析消费者的特征（who）、理解消费者的心理行为（what）、解释消费者的行为（why）、如何影响消费者（how）。本书正是以这四个方面的主题为基础，确定了消费心理及行为分析的主体框架。

3. 消费心理与行为分析的原则

（1）客观性原则。

在产品经营活动中，消费者的购买心理与行为活动是由客观存在引起的。消费心理外在的行为表现是生动具体的、可以观察到的。对消费心理的分析研究，需要在消费者消费活动的外部条件下进行。例如，在千变万化的市场促销活动中，在商品价格优惠打折的吸引下，消费者所产生的购物倾向心理就是一种客观存在。

遵循客观性原则，要求分析者在消费者的购买行为活动过程中去研究消费者的消费心理活动。只有根据消费者所想、所说、所作所为，才能正确判断其消费心理与行为特点。同时，还应当在对消费者进行调查的基础上，对所得到的全部事实进行全面的分析，在分析事实的基础上再得出结论。

（2）发展性原则。

万事万物都是处在运动和不断变化之中的，消费者的心理与行为也是随着客观情况的发展变化而变化的，这就要求在消费心理与行为分析研究中坚持发展性原则。

改革开放以来，随着我国经济的持续稳定高速增长，国民收入大幅度提高，消费者的消费水平实现了从温饱向小康的转变，出现了从单纯的物质消费转向物质与精神文化消费相结合的发展趋势。而且，在市场供求关系中，出现了由卖方市场转变为买方市场的新形势。这些变化会从多个侧面影响消费者的消费心理与行为，使其消费心理发生许多变化，从而产生许多新的消费行为特点。

遵循发展性原则，不仅要阐明消费者已经形成的心理与行为，还要阐明那些潜在的、刚刚产生的、新的心理与行为特点；不仅要看到消费者现实的个性心理特征和行为状态，还要预测其发展趋向；不仅要熟悉消费者已经形成的心理品质和行为习惯，还要看到其发展前景，用发展的眼光去看待市场活动中消费者的心理现象与购买行为。

（3）分析与综合原则。

在纷繁复杂的市场营销活动中，消费者对待不同商品、服务和各种接待方式的营销人员的态度，能够表现出不同的心理特点和行为个性。尤其是进入 21 世纪以后，消费者的消费需求出现多层次性和个性化特点，尤其是个性在消费心理与行为的分析研究中具有越来越突出的地位。消费者在多次购买行为中，无论实际的购买活动怎样，每个消费者总是会保持其心理与行为特征的稳定。之所以在分析消费心理与行为的活动过程中遵循分析与综合原则，是因为分析研究可以帮助研究者认识个别消费者在不同的生活、活动条件下的心理与行为成分。而且，综合的研究有助于研究者弄清大量的个别心理与行为表现出来的相互联系，从而找出表明某个消费者特征的稳定的因素。例如，有位消费者性子急，挑选商品时匆匆忙忙、不仔细，结果购买回来的商品质量有问题，遭到家人的抱怨。俗话说，“吃一堑，长一智”，在此后购买商品时，这位消费者对商品的挑选就特别细致。通过对这位消费者的多次购买行为的分析，可以认为，这位消费者比较稳定的心理特点是有耐心、个性强。

（4）联系性原则。

首先，影响和制约消费的内部、外部因素是相互联系的，如商店环境的优劣会影响消费者的情绪，而消费者的心境又制约着消费者对环境的体验。其次，消费者的心理过程和行为状态是相互联系的，如消费群体对商品的认识过程，就与当时的心理行为状态紧密相连。最后，消费心理与行为这门学科处于许多学科的结合点上，它涉及生理学、哲学、社会学、经济学、管理学等诸多学科。这种交叉学科的特点，要求研究者在分析研究中要练习其他相关学科的成果进行研究，而不能孤立地分析消费心理与行为的现象。

4. 消费心理及行为分析的作用

（1）为企业制订营销策略奠定基础。

消费者行为研究向营销管理者提供了制订营销战略和战术的关键信息。美国营销学会对营销的定义是：营销是一项组织职能，包括一系列为消费者创造、沟通和传播价值的过程，以及按最有利于组织和利益相关者的方式管理客户关系。从这一定义可以看出，为了有效地营销产品，营销管理者必须清楚地理解消费者行为的价值。营销观念与推销观念的一个重要区别，就在于是否将顾客的优先性放在组织本身之上。消费者是整个营销策略的核心，所有的营销策略，包括市场细分策略、定位策略与营销组合策略（产品策略、定价策略、渠道策略和促销策略），都必须根据其对消费者行为的正确阐释与解读来拟定。无数的事例表明，对消费者行为的研究，在提高营销决策水平、增强营销策略的有效性方面确实有着重要意义。企业对消费者行为的漠视，是导致营销失败的直接原因。

（2）为政府及其他非营利机构的决策及公共政策的制定提供依据。

政府机构致力于制定、执行公共政策来保护消费者免受不公平、不安全或不适当营销行为的损害。在20世纪60年代，美国总统就宣布消费者有安全权、知情权、选择权、投诉权和索赔权，后来政府又加上了享受干净和健康环境的权利和保护少数族裔与贫穷消费者的权利。人们通过消费者行为研究，可以从保护消费者权益的角度，向立法人员和公共政策制定者提供制定公共政策的基础信息。政府采取什么样的法律、采取何种手段保护消费者权益、政策能否更加有效，很大程度上离不开对消费者行为深入细致的研究。同时，人们通过对消费者行为的了解，可以知道政府公共政策对于消费者行为可能造成的改变。

（3）为消费者本身带来利益。

通过对消费者行为的深入研究，企业可以为消费者创造出更好的产品以满足消费者的需要，令消费者满意，使消费者受益。作为消费者，如果对消费者行为的知识有所了解，能够获得消费的一些基本事实，如消费者报告之类的资料，将能够做出更有效的决策。同时，当消费者具备了消费者行为的一些相关知识，理解了企业如何运用消费者行为的知识进行营销，就能识破企业所运用的一些不当的销售手段和伎俩，从而使消费决策更加明智。消费者协会等权益团体更能利用关于消费者行为的研究报告来倡导公众警惕不适当行为，通过媒体宣传和发起抵制行动对目标企业和其他消费者施加影响。而且，大多数人既是消费者，同时也服务于其他消费者，因此，理解消费者行为也有助于维护其自身的利益和有效地履行职责。

5. 本书的内容框架

消费心理及行为分析以认知心理与行为决策为研究视角，基于消费者的心理与行为规律分析，通过深入研究消费者的心理及行为特征与其心智模式之间的内在联系，为现代企业提供以消费心理及消费行为为基础的管理决策视角。因此，本书的消费心理及行为分析的研究对象是消费者在市场环境中的心理活动及其行为规律，通过研究在外界条件刺激下消费者做出行为决策的心理过程及其影响因素，帮助企业进行科学、高效的管理决策。

本书的主要研究框架如图 1-1 所示。在外界环境刺激或内部心理因素激发之下，消费者会产生相应的需要和动机，进而在大脑中产生对于产品和品牌的认知。当其认知过程完成后，消费者会形成相应的态度：在消费者形成消费决策的过程中，其通过学习不断调整消费态度，并最终做出消费决策；在此过程中，内在的心理因素以及外界的文化环境因素则持续地影响着消费者的心理活动过程。消费心理及行为分析研究的主要内容由此展开。

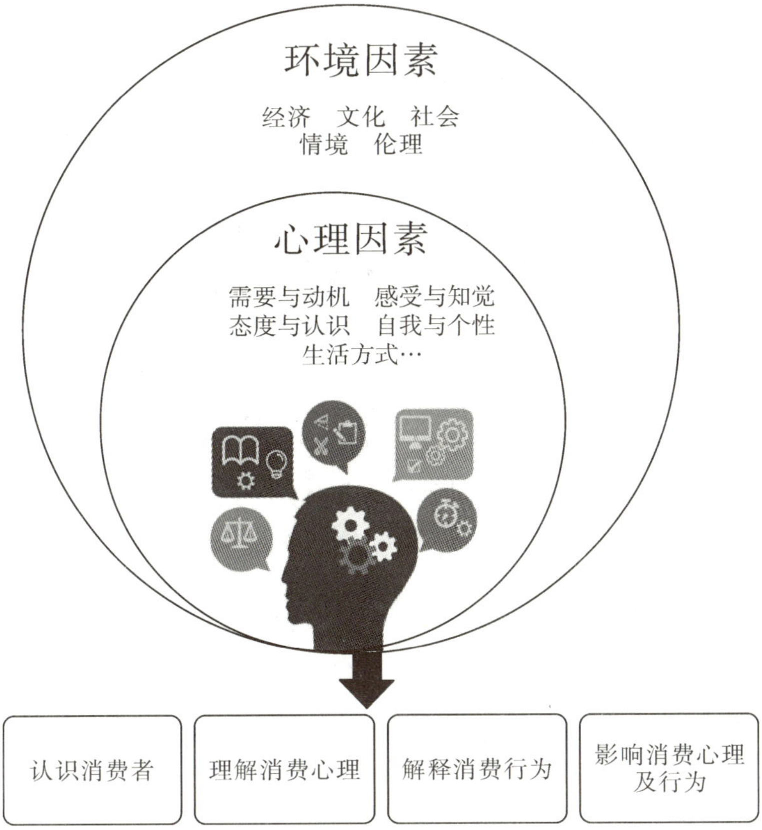

图 1-1 消费心理及行为分析框架

1.2.3 消费心理及行为分析的意义

1. 有助于全方位满足消费需求，引导消费者进行科学消费

随着社会生产力的不断提高，科学技术的飞速发展，产品更新换代速度的加快，许多消费者在购物时难以做出正确、合理的选择，不知道怎样科学地进行消费决策。消费者对商品不太了解、认知水平存在偏差、消费观念相对落后等因素造成消费盲目、效果较差甚至消费者利益受损的现象随处可见。由于消费者心理的不成熟、不稳定，某些畸形消费心理与行为在部分消费者中也时常存在。因此，在营销中加强消费心理与行为分

析，对于消费者树立正确的消费观念，改善消费行为，实现科学、文明消费具有重要的意义。

2. 帮助企业优化营销组合，提高经济效益和社会效益

市场不是抽象的，而是由许多消费倾向、消费需求、消费偏好互不相同的消费者和消费群体构成的。所以只有研究消费者心理及行为，了解消费者对各种产品属性的评价，并且以消费者的需求为依据设计、开发、生产及改进产品，才能取得市场经营的主动权，才能增强企业的市场竞争能力，才能实现更好的经济效益和社会效益。

3. 有助于企业员工提高综合素质，提高服务水平

在消费过程中，消费者不仅仅想购买到适合的商品，而且还想得到周到、热情的服务，体验购物带来的精神享受。消费心理与行为分析可以指导企业对其员工进行改善服务质量、提高服务水平等技能方面的培训，从而使消费者得到良好的服务，提高消费者的满意度。

4. 助于企业开拓国际市场，增强企业和产品的国际竞争力

随着我国市场经济的发展及全球经济一体化进程的加快，我国越来越多的企业参与到国际市场竞争中。为了使我国的产品打入和占领国际市场，有关企业必须研究其他国家、地区、民族的消费者，对其消费需求、习惯、偏好、道德观念、文化传统、风俗民情等方面的特点和差异，以及世界消费潮流的发展与变化趋势进行分析判断，在此基础上制订国际市场营销策略，使产品在质量、性能、款式、包装、价格、广告宣传等方面更加符合目标市场国家的目标顾客的消费心理与行为特点。可见，在营销中加强消费心理与行为分析，对于我国企业开拓国际市场、增强企业和产品的国际竞争力也是非常有必要的。只有如此，我国的企业和产品才能在激烈的国际竞争中立于不败之地；反之，忽略不同社会文化条件下的消费心理与行为差异，则往往会遇到某些意想不到的销售障碍，甚至引起消费者的反感和抵制。可见，加强对消费心理与行为的分析，对我国进一步开拓国际市场、增强企业及产品的国际竞争力具有十分重要的现实意义。

5. 促进非营利机构活动的开展及公共政策的制定

许多非营利机构，如政府、艺术团体、慈善机构等，也需要通过满足消费者的需求和欲望来确定其政策。消费心理与行为方面的知识有助于帮助非营利机构更好地理解各式各样消费者的动机，从而制订服务沟通方案，改变他们的行为。例如，公共服务机构鼓励司机开车系安全带等。

任务 1.3 认识消费心理及行为分析相关岗位

任务描述：

正确运用 WWH 模型来阐述一个典型的消费者心理及行为分析的相关岗位。

任务准备：

课前知识学习。

1.3.1 消费心理及行为分析相关岗位

认识消费心理及行为分析相关岗位

在现代商业活动中，几乎所有的消费品销售和营销都建立在对消费者心理及行为的有效理解和洞察之上。一个企业的主要业务部门，运营、财务、市场营销、产品开发和销售等部门里都隐含着消费心理及行为分析的相关技能要求。因此，对于消费者心理和行为分析的岗位能力的认识就显得尤为重要了。

表 1-4 整理了 7 种常见的消费心理及行为分析相关岗位，其中基层岗位 3 个，中层岗位 2 个，中高层岗位 2 个。

表 1-4 消费心理及行为分析相关岗位

序号	岗位名称	岗位层级	所属行业	主要职责
1	消费者运营专员/客户运营专员	基层	批发/零售服装/纺织/皮革	1. 擅长消费者关怀活动的策划、宣传、运营工作，开拓会员渠道，建立会员沟通平台，完善积分制度，制订会员群运营方案等； 2. 制订会员运营方案，挖掘消费需求，并推动实施，根据其效果予以反馈优化，催化会员活跃度，提升会员渗透率，增加老客户消费次数； 3. 有效收集消费者信息，建立客户信息数据库，进行信息处理及分析，制定和执行会员营销策略，策划、组织和实施各类消费者促销活动、会员增值活动，提高消费者的忠诚度； 4. 监督客户接待流程和各风险点监控，制订风险预警机制及流程再造计划； 5. 定期出具集体消费者满意度调查分析，提炼痛点解决问题
2	消费者运营专员	基层	互联网/电子商务	1. 推广（掌握电商主流平台站内/外推广方式）与数据分析（推广反馈优化、行业/竞品/店铺分析）相互结合，形成正向循环； 2. 人群洞察：利用各数据平台，深入分析行业、竞品及店铺的人群属性特征，帮助品牌发现机会； 3. 人群圈选：结合品牌的人群画像，集合品牌当期主推商品，制定清晰的人群运营策略，以及具体的对应投放策略； 4. 流量洞察：监控各大主流电商平台的流量渠道分布及走势，帮助品牌寻找流量机会，并制定清晰的流量策略； 5. 店铺诊断：通过行业及竞争对手商品、流量、人群等多维度数据对比分析，发现店铺运营存在的问题，并提出改进建议； 6. 运营总结：按周/月针对运营阶段性工作和重点项目工作撰写总结方案，提供清晰的策略建议

表1-4(续)

序号	岗位名称	岗位层级	所属行业	主要职责
3	用户研究员	基层	互联网/电子商务	1. 进行用户研究，分析用户行为习惯和痛点，建立用户行为模型，为产品使用及市场推广活动提供策略支持； 2. 建立产品的用户体验监控指标，跟踪和监督用户满意度的提升； 3. 负责产品研发部的用户体验研究工作，为产品团队提供有价值的数据洞察及分析报告； 4. 根据调研结果，提出合理的产品改进/优化建议，并强力推动用户研究建议进一步落地； 5. 跟踪用户反馈，建立快速、有效、动态的用户满意度和用户反馈机制，跟踪和监测用户痛点，为产品迭代优化提供策略引导
4	消费者运营主管	中层	互联网/电子商务	1. 基于天猫/淘宝/京东平台的直营业务搭建消费者运营全链路，规划消费者触点并制定运营策略； 2. 整合市场、行销、分销、推广、促销活动等资源，扩大 AIPL 各节点的人群规模，助力销售增长； 3. 制定并推行旗舰店会员体系，规划会员活动，沉淀用户资源； 4. 从消费者运营角度提出店铺运营优化建议
5	用户运营主管	中层	快速消费品餐饮业	1. 完成月/季/年品牌消费者增长目标； 2. 完成月/季/年品牌消费者人群运营分析； 3. 完成月/季/年品牌消费者运营框架搭建并执行
6	消费者运营专家	中高层	批发/零售	1. 协助规划公司消费者运营的策略，负责运营活动的设计和执行； 2. 协助建立消费者数据分析及应用体系，提出需求并跟进项目落地； 3. 负责私域内容营销的工作，建立以数据为基础的千人千面的内容输出，和内部团队及供应商一起落实项目执行； 4. 围绕私域商城的运营重点，提出和实施改进机会，包括选品、促销机制、内容营销、活动设计和执行等； 5. 链接私域和线上线下业务，向公司市场部、渠道市场部、新零售部门提供内容和数据
7	消费者运营总监	中高层	快速消费品	1. 会员体系管理： （1）不断推动 CRM（客户关系管理）系统的完善及优化，以适应公司发展； （2）建立与维护会员体系，对会员全生命周期进行科学化管理； （3）建立有效的 CRM 分层服务体系，实现精准化营销。 2. 会员制及专项活动推广与实施： （1）组织策划各类会员活动及增值服务，提升重复购买率和会员忠诚度； （2）负责组织（会员营销）策划活动，撰写活动文案并进行效果评估； （3）催化会员活跃度，提升会员销售额占比，促进老顾客二次消费。 3. 实施消费者需求及表现力数据分析： （1）研究消费者（会员）需求和习惯，为会员拓展方案提供数据支撑； （2）通过检测会员资产、转化率、购买力表现，划分差异化群体及执行有效的维护政策； （3）提供专题性报告及活动 ROI（投资回报率）分析

1.3.2 WWH 认知模型

“是什么（what）”是事物的定义，是外层的，也是最容易被感知的部分。就好像我们能清晰地界定这是一部手机还是一台电视机（what），却不容易弄懂中间的原理（why），更加无法做出一部手机或者一台电视机（how）。所以一般的认知顺序是：what→why→how，这个顺序适用于我们对已知事物的认知清晰的情况，那么对于未知事物的认知顺序是什么呢？汽车大王亨利·福特说过：“在汽车出现之前，问消费者想要什么，他们会告诉我：‘要一匹更快的马！’”在汽车出现之前，人们无法认知“汽车是什么”，而创造者是从“为什么（why）”开始，到“如何做（how）”，最后才创造出汽车“是什么（what）”，这就是黄金圈思维（也称黄金圈法则）。

黄金圈思维模式的提出者是西蒙·斯涅克（Simon Sinek），他在 TED“伟大的领导者如何激励行动”的演讲中提出“why→what→how”的思维模式。西蒙在他的演讲中举了一个非常精彩的例子，说明同样是销售计算机的语言，从“为什么”出发和从“是什么”出发有多么不同：

一般人是这样开展营销的：“我们生产的计算机性能非常好，外表美观，携带方便，怎么样，买一台吧？”这是在告诉大家，计算机的特色是什么（what）。苹果公司的营销是：“我们做的每一件事情，都是为了突破和创新。我们坚信应该以不同的方式思考，我们挑战现状的方式是把产品设计得十分精美，使用简单、界面友好。我们只是在这个过程中做出了最棒的计算机，想买一台吗？”苹果公司的广告语向人们传达的是它的价值观、目标，为什么制造这台计算机。我们每个人都渴望着突破自己的现状，都想追求更好的事物，这是人类的天性，苹果公司告诉你：“我也是这样，来吧，上我的船，我们是一类人！”这是在说深层逻辑（why）。黄金圈思维模式是一种由内而外的思考方式。黄金圈思维从原理开始，先弄清楚“为什么”，搞定意义和价值观；然后再回到战术层面，我们应该“怎么做”；最后才是了解我们做的“是什么”。

why：思考为什么要这么做，我们的目标、意义、价值观；

how：采用什么方法、措施；

what：我们的产品表现形式。

在汽车制造案例中：

why：消费者想要更快的马，而马做不到；消费者想要的是更快的交通工具，方便出行；

how：用工具取代马；

what：一种基于机械的交通工具，比马快！

由 what、why、how 三者组成了多种思维模式，这些都是构成人类认识事物过程的主要思维模型。我们可以运用这些思维方式去学习新的事物、创造新的事物，以及升级固有的认知。认知圈思维适合认知已有的事物，而黄金圈思维适合创造新事物，它的结构化模型如图 1-2 所示。

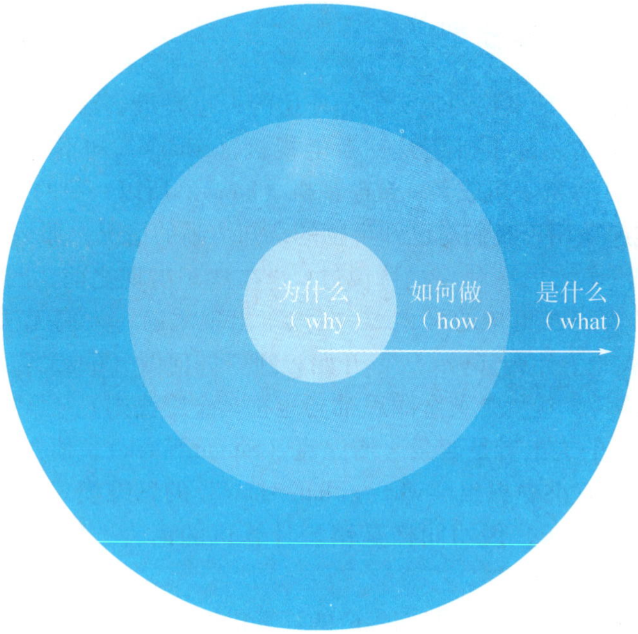

图 1-2　黄金圈思维

（资料来源：黎甜. 结构化思维［M］. 北京：文化发展出版社，1999：176-177.）

任务实施

任务准备单（分工）

<table>
<tr><td>班级</td><td></td><td>组号</td><td></td><td>组长</td><td></td></tr>
<tr><td>接单人</td><td></td><td>学号</td><td colspan="3"></td></tr>
<tr><td>组员</td><td colspan="5"><table><tr><td>姓名</td><td>学号</td><td>姓名</td><td>学号</td></tr><tr><td></td><td></td><td></td><td></td></tr><tr><td></td><td></td><td></td><td></td></tr><tr><td></td><td></td><td></td><td></td></tr><tr><td></td><td></td><td></td><td></td></tr><tr><td></td><td></td><td></td><td></td></tr></table></td></tr>
<tr><td>项目名称</td><td></td><td>任务下达时间</td><td colspan="3"></td></tr>
<tr><td>完成时间</td><td></td><td>任务通知时间</td><td colspan="3"></td></tr>
<tr><td>任务分工</td><td colspan="5"><table><tr><td>序号</td><td>分工内容</td><td>要求/标准</td><td>负责人</td></tr><tr><td></td><td></td><td></td><td></td></tr><tr><td></td><td></td><td></td><td></td></tr><tr><td></td><td></td><td></td><td></td></tr><tr><td></td><td></td><td></td><td></td></tr><tr><td></td><td></td><td></td><td></td></tr><tr><td></td><td></td><td></td><td></td></tr><tr><td></td><td></td><td></td><td></td></tr><tr><td></td><td></td><td></td><td></td></tr></table></td></tr>
</table>

任务单 1-1-1

组号：__________ 姓名：__________ 学号：____________ 检索号：__________

引导问题：

（1）什么是消费？

（2）消费的对象分为哪些类型？

（3）消费者的角色分为哪些类型？

<table>
<tr><td colspan="4">结合上面的引导问题，回忆 3 个典型的多个消费者角色的购物场景，最好是你参与其中的</td></tr>
<tr><td colspan="4">消费的含义：

消费的对象及分类：

消费者的角色分类：</td></tr>
<tr><td>消费场景再现</td><td>不同的消费者角色</td><td>消费的产品类型</td><td>相关问题/疑惑</td></tr>
<tr><td>时间
地点
人物
事由</td><td></td><td></td><td></td></tr>
<tr><td>时间
地点
人物
事由</td><td></td><td></td><td></td></tr>
<tr><td>时间
地点
人物
事由</td><td></td><td></td><td></td></tr>
</table>

任务单 1-1-2

组号：__________ 姓名：__________ 学号：____________ 检索号：__________

各组结合任务单 1-1-1，挑选 1 个典型消费场景并进行角色分配及场景表演。

引导问题：

（1）谁是提议者，提议者是如何提出购买该产品或服务的？

（2）谁是影响者，影响者是如何提出建议或表达态度，进而影响消费的？

（3）谁是决策者，决策者是否对购买的原因、数量、时机、场所做出了部分或全部决定？

（4）谁是购买者，在购买现场及购买支付的过程中是否会出现变化？

（5）谁是主要的使用者，使用者购后评价是怎样的？

（6）消费者受到了什么样的刺激进而开始购物行为？

<table>
<tr><td>消费场景名称</td><td colspan="3"></td></tr>
<tr><td>主要刺激因素</td><td colspan="3"></td></tr>
<tr><td rowspan="2">提议者</td><td>姓名</td><td>行为</td><td>语言</td></tr>
<tr><td></td><td></td><td></td></tr>
<tr><td rowspan="2">影响者</td><td>姓名</td><td>行为</td><td>语言</td></tr>
<tr><td></td><td></td><td></td></tr>
<tr><td rowspan="2">决策者</td><td>姓名</td><td>行为</td><td>语言</td></tr>
<tr><td></td><td></td><td></td></tr>
<tr><td rowspan="2">购买者</td><td>姓名</td><td>行为</td><td>语言</td></tr>
<tr><td></td><td></td><td></td></tr>
<tr><td rowspan="2">使用者</td><td>姓名</td><td>行为</td><td>语言</td></tr>
<tr><td></td><td></td><td></td></tr>
</table>

任务单 1-2-1

组号：__________ 姓名：__________ 学号：__________ 检索号：__________

结合消费心理及行为分析的内容及原则，分析下面的案例。

引导问题：

（1）宜家对消费者进行了哪些方面的分析研究？

（2）这些分析或研究对宜家的经营和发展有什么作用呢？

宜家数字可视化导流

宜家和雅虎澳大利亚网站、数据分析公司安客诚公司（Acxiom）合作，研究建立新的营销模式以触达更多购买宜家厨房用具及相关产品的客户。

首先，针对购买厨房用具的客户，宜家建立了一个数据库。宜家推出“我的厨房我做主”（My Kitchen Rules）真人秀厨艺节目，并以此发起一系列线上推广活动。参与者告知活动主办方在未来的居室改造中，改造的优先次序如何，就有赢得一次新厨房免费装修的机会。宜家通过此次推广活动，识别出“厨房优先”的客户。

宜家将“厨房优先”的客户和数据分析公司 Acxiom 的数据进行匹配，创建厨房优先细分客户群体档案。然后，宜家运用这些目标数据，与雅虎澳大利亚网站的客户数据比对，找出那些极为相似的客户，并进一步通过广告将其锁定。宜家找出那些观看过宜家厨房用具广告的客户，将这些受众信息和澳大利亚 120 万宜家家庭（Ikea Family）忠诚度客户数据库进行比对，研究这些观看过宜家厨房用具广告的客户的购买行为和那些没有观看过广告的客户的购买行为，最终了解媒体投放对厨房用具销售的直接影响。

这项线上行为对线下行为影响的研究效果显著。通过创建定制化的“网上用户转化”系统，宜家可以更好地了解、追踪网站浏览者，业务比上一年增长了 91%，且每笔交易成本降低了 51%。

任务单 1-2-2

组号：__________ 姓名：__________ 学号：__________ 检索号：__________

引导问题：

（1）谈一谈你与父母及长辈那一代相比，在消费心理和行为方面有哪些明显不同？

（2）这些不同点对于今天的企业经营或营销活动有什么启发呢？请在组内分享你的看法。

任务单 1-3-1

组号：__________ 姓名：__________ 学号：__________ 检索号：__________

引导问题：

（1）什么是 WWH 认知模型？

（2）消费心理及行为分析的典型岗位有哪些？

任务单 1-3-2

组号：__________ 姓名：__________ 学号：____________ 检索号：__________

引导问题：

（1）设定__________________为本次阐述的消费心理及行为分析的典型岗位。

（2）搜索并提炼该岗位的主要工作内容及任职资格。

任务单 1-3-3

组号：__________　姓名：__________　学号：__________　检索号：__________

引导问题：

（1）制订典型岗位阐述分享提纲。

（2）小组派代表运用 WWH 模型来分享该岗位。

任务单 1-3-4

组号：__________ 姓名：__________ 学号：__________ 检索号：__________

引导问题：

小组讨论确定典型岗位分析的最佳表现小组并说明原因。

任务单 1-3-5

组号：__________ 姓名：__________ 学号：__________ 检索号：__________

引导问题：

师生分析归纳消费心理及行为分析典型岗位的技能要求及必备的素质。

任务评价与反馈

组号：__________ 姓名：__________ 学号：____________ 检索号：__________

任务评价表

班级		组名		日期		年 月 日
评价指标	评价内容			他评分数	自评分数	教师综合分数评定
信息检索 10分	能有效利用网络、图书资源、工作手册查找有用的相关信息等；能用自己的语言有条理地去解释、表述所学知识；能将查到的信息有效地传递到工作中					
感知工作 10分	熟悉工作岗位，认同工作价值；在工作中能获得满足感					
参与态度 20分	积极主动参与工作，能吃苦耐劳，崇尚劳动光荣、技能宝贵；与教师、同学之间相互尊重、理解；与教师、同学之间能够保持多向、丰富、适宜的信息交流					
	探究式学习、自主学习不流于形式，处理好合作学习和独立思考的关系，做到有效学习；能提出有意义的问题或能发表个人见解；能按要求正确操作；能够倾听别人意见、协作共享					
学习方法 10分	学习方法得体，有工作计划；操作技能符合规范要求；能按要求正确操作；获得了进一步学习的能力					
工作过程 15分	遵守管理规程；平时上课的出勤情况和每天完成工单任务情况良好；善于多角度分析问题，能主动发现、提出有价值的问题					
思维态度 10分	能发现问题、提出问题、分析问题、解决问题					
自评反馈 25分	按时按质完成工作任务；较好地掌握了专业知识点；具有较强的信息分析能力和理解能力；具有较为全面、严谨的思维能力并能条理清晰地表达成文					
组内成员评价						
自我总结有益经验和做法						
其他反馈与建议						

模块二 Module Two

熟悉消费心理及行为的影响因素

Get Familiar with Consumer Psychology and the Influencing Factors

如果要使人性得到完善，就得使消费者转变思想，而不是去提高生产者的德性。

——［法国］巴斯夏《经济和谐论》

学习内容

任务 2.1 掌握消费心理的认识过程
任务 2.2 掌握消费心理的情感过程
任务 2.3 掌握消费心理的意志过程
任务 2.4 进行消费者教育
任务 2.5 分析影响消费者心理及行为的经济文化因素
任务 2.6 分析影响消费者心理及行为的社会因素
任务 2.7 分析影响消费者心理及行为的情境因素
任务 2.8 掌握消费者需要的含义及分类
任务 2.9 掌握消费者动机的含义及分类
任务 2.10 理解消费者行为的基本模式

在社会主义条件下发展市场经济，是我们党的一个伟大创举。

——2015 年 11 月 23 日，习近平总书记在中共十八届中央政治局第二十八次集体学习时的讲话

学习导图

- 熟悉消费心理及行为的影响因素
  - 内部因素
    - 掌握消费心理的认识过程
    - 掌握消费心理的情感过程
    - 掌握消费心理的意志过程
    - 进行消费者教育
  - 外部因素
    - 分析影响消费者心理及行为的经济文化因素
    - 分析影响消费者心理及行为的社会因素
    - 分析影响消费者心理及行为的情境因素
  - 消费者需要、动机及行为模式
    - 掌握消费者需要的含义及分类
    - 掌握消费者动机的含义及分类
    - 理解消费者行为的基本模式

【任务情景】

经过了一周的店铺导购工作，夏明对面包店的产品和消费人群都有了进一步的了解。店长姑姑在聊天中发现夏明是一位很有想法且观察力很强的同学，非常关注客户的行为及反馈。于是她告诉夏明下个月的周年庆很重要，希望夏明可以做一个活动计划来提升消费者对手工现做的新鲜面包的认知度，同时也为下个月的周年庆进行预热。夏明接到这个任务很开心，觉得自己正好学习了一些管理学和市场营销的基础知识，加上前面学习的消费心理及行为分析的内容和岗位职责的相关知识，有了大致思路，但关于消费者认知提升计划的具体做法，还需要进一步的思考。

【任务清单】

任务清单见表 2-1。

表 2-1　任务清单

任务编号	任务描述	知识目标	技能目标	综合素养
2.1	掌握消费心理的认识过程	□正确理解认识过程的含义及分类 □区分 6 种认识过程的不同特征	□能进行科学的认识过程的相关分析	培养冷静理智的工作态度； 培养科学理性的消费观念
2.2	掌握消费心理的情感过程	□正确理解情感过程的含义 □正确把握情感过程与认识过程的关系	□能够用情感过程分析相关案例及问题	
2.3	掌握消费心理的意志过程	□正确理解意志过程的含义及特征 □正确把握认识过程、情感过程以及意志过程三者的关系	□能够用意志过程分析相关案例及问题	
2.4	进行消费者教育	□掌握 SMART 目标管理原则 □理解消费者教育提升的必要性及主要内容	□能够用 SMART 原则来制定消费者教育的目标	
2.5	分析影响消费者心理及行为的经济文化因素	□熟悉不同收入人群的消费行为 □掌握文化价值观的种类和形式 □熟悉中国文化的特点及对消费者心理及行为的影响	□正确分析经济文化因素对消费心理及行为的影响	培养理性客观的工作态度； 培养宽容待人的道德品质
2.6	分析影响消费者心理及行为的社会因素	□了解社会阶层的含义及分类 □掌握参照群体的含义及影响 □了解家庭生命周期各阶段的消费行为特点	□正确分析社会因素对消费行为的影响	

表2-1(续)

任务编号	任务描述	知识目标	技能目标	综合素养
2.7	分析影响消费者心理及行为的情境因素	□掌握消费情境的构成及类型 □理解商店地理位置、商店形象及店内装饰陈列对消费心理及行为的影响	□正确分析情境因素对消费者心理及行为的影响	
2.8	掌握消费者需要的含义及分类	□正确理解需要的含义 □理解马斯洛的需要层次理论 □区分需要与需求的关系	□能运用马斯洛模型进行消费者需要的分析 □能在部分情境下进行消费者需要的分析	培养理性客观的工作态度; 培养宽容待人的道德品质
2.9	掌握消费者动机的含义及分类	□正确理解消费者动机的含义 □正确理解显性及隐性动机 □正确把握消费者需要与动机的关系	□能够用动机的含义及分类来分析相关问题 □能在部分情境下初步运用4个方法来进行隐性动机的分析	
2.10	理解消费者行为的基本模式	□了解消费者购买决策的内容 □熟悉消费者购买决策的模式 □掌握消费者购买决策的类型	□能分析消费者在具体消费情境中所面临的购买决策内容并区别其不同类型	

任务 2.1　掌握消费心理的认识过程

任务描述：

理解消费心理的认识过程，完成消费心理认识过程的表格；

运用 SMART 原则制订具体消费者认知提升的目标及计划。

任务准备：

课前知识学习。

消费者的心理活动过程是消费者在购买商品或服务的过程中内心的一种动态发展过程，包括认识、情感、意志 3 个不同阶段，它们是互相联系、互相制约的，具体又包括感觉、知觉、注意、记忆、想象、思维、情绪、感情以及意志等若干个环节。

掌握消费心理的认识过程

1. 感觉

（1）感觉的含义。

感觉是人脑对直接作用于感觉器官的当前客观事物的个别属性的反应，是人们对客观世界一切事物的认识的开始，包括外部感觉和内部感觉。外部感觉是指由人体外部客观事物的刺激所引起的感觉，它的感觉器官都位于身体表面或接近身体表面的地方。外部感觉包括视觉、听觉、嗅觉、味觉、皮肤觉等。内部感觉是指人的感受器官对自己的机体内部各种刺激的相应反应。内部感觉主要包括机体觉（内脏觉）、平衡觉、运动觉等，如饥饿感、眩晕感及运动感等。

（2）感觉的类型。

人的感觉主要有五种类型，即视觉、听觉、嗅觉、味觉、皮肤觉。

一是视觉，视觉是依靠人的眼睛来实现的一种感觉。视觉上的刺激主要包括色彩、亮度、灰度、外形、大小等。色彩感觉给人们以最丰富的视觉感性世界，直接影响人们的情绪感受。企业在营销中应充分利用视觉展现商品的特色。二是听觉，听觉是指人们对声音的频率、音量的大小、音色的感觉。听觉是依靠耳朵来实现的。在商品消费过程中，听觉所起的作用也是十分重要的，音乐、影视、戏曲表演等艺术形式的享受，离不开人的听觉器官。听觉信息也是传递商品信息的重要渠道。不同形式的音乐能够产生轻松或者刺激的情绪，企业在商业环境中可提供功能性音乐来使顾客放松或振奋。三是嗅觉，嗅觉的主要器官是鼻子。嗅觉与味觉这两种感觉是紧密相关的。嗅觉是最直接的感觉。与消费者心理密切相关的气味主要是香味，庞大的香水与化妆品市场即来源于人们对香味的消费需要。除了香味之外，商家也会利用其他气味，如食品中的不同气味、服饰中的不同气味、警戒性气味（煤气中加入的臭味）等。气味在多方面影响着消费者的反应，是由于人的想象和思维活动参与了感觉过程。四是味觉，味觉是一种很个性化的感觉。味觉的感觉器官主要是舌头。味觉的主要类型有四类：酸、甜、苦、咸。其他的味觉类型是在这四大类的基础之上综合或者复杂化而形成的，如辣的味道是在温度觉、痛觉和部分咸的感觉基础上综合形成的，酸辣的感觉又是在酸和辣的基础之上形成的复杂感觉。五是皮肤觉，皮肤觉是人的皮肤对于事物的感觉，包括温度觉（温觉、冷觉）、触觉、痛觉等感觉类型。因为温度觉的存在，人们要求自己的周围有一个比较舒适的温度环境，并因此形成了满足舒适温度环境的巨大消费市场，如电风扇、空调、季节性服装等。触觉中以手部位置使用最为频繁，所以触觉在日常生活中被称为"手感"。在服装消费中，消费者会摸一摸服装的质料，有些消费者偏好粗糙、硬性挺括的手感，有的喜欢柔软、光滑的手感。人们选购提包、手机、家具、家电等商品，会考虑商品表面的手感，有人喜欢光洁的手感，有人喜欢粗糙的手感。触觉是促进销售的一个因素，有研究表明：与侍者有适当身体接触的人付的小费更多；超市的食品示范者与顾客有轻微的身体接触，能幸运地得到更多的顾客试吃和更多的订单。日常用语中还有"质感"一词。质感是在触觉、视觉、听觉等感觉基础上形成的，这是思维活动参与感官过程所形成的对商品质量的判断。质感已经不是简单的感觉活动，而是复杂的知觉活动及更高级的心理活动。

现实中，经由不同感觉器官形成的五类感觉对于形成消费者的知觉并促使其产生态度偏好和购买行为具有非常重要的作用。营销人员利用大量的视觉因素，例如广告、产品包装、店面设计等，来沟通和传达营销信息，并借以说服消费者购买。视觉方面的刺激主要包括颜色、外形、大小等。以颜色为例，颜色可以影响人们的情绪感受，进而产生不同的反应。有研究发现，黄色的墙壁和装潢使店内的顾客移动更快；快餐店内橘色装潢使人感到饥饿；医院内的蓝色和粉红色则可以降低病人的焦虑度。

知识链接：

美国营销界总结出了"7 秒定律"，即消费者面对琳琅满目的商品，只要 7 秒钟，就可以确定对这些商品是否感兴趣。在这短暂而关键的 7 秒之中，色彩的作用在所有因素作用中的占比达到了 67%。

有人做过如下实验：请 30 多位被试者喝咖啡，每人都喝 4 杯，各杯浓度一样，只是 4 个杯子的颜色不同，分别为咖啡色、青色、黄色和红色。喝完咖啡后，要求被试者对咖啡的浓淡做出各自的评判。结果，有 2/3 的被试者都说红色、咖啡色杯子中的咖啡太浓，青色杯子中的咖啡太淡，只有黄色杯子中的咖啡浓度适中。据此，销售商便把咖啡店里的杯子全部都改成黄色，以便更好地发挥颜色的作用，结果使大多数消费者都感到满意。

音乐和声音同样是营销人员经常采用的工具，利用音乐和声音可以影响消费者的情绪、感觉与行为。针对商场背景音乐的研究发现，播放速度较快的音乐会引发顾客较高的正面情绪，顾客的购买时间较短，而单位时间内购买金额较低；同时，音乐的音量也会影响顾客，当音量大时，顾客的正面情绪较高、购买时间较短，而单位时间内购买金额较高。

嗅觉也是一个重要的营销因素，特别是对于食品和化妆品而言。有研究发现，商场里令人愉悦的气味会增加顾客在店内的逗留时间，并使顾客对商场的信息更加注意。

对于很多产品来说，触觉是非常重要的。有研究发现，消费者对于那些可以进行触觉检验的产品会产生较好的态度。英国一家名为阿斯达（Asda）的超市在销售卫生纸时，把几种卫生纸的包装都去掉，以便购买者可以更好地触摸和比较各种纸质。在商场里，导购人员经常会用这样的表达方式——“摸摸这衣服的料子，多好呀”，实际上也是希望通过良好的触觉形成消费者的正面态度。

味觉对于大部分的食品、饮料或酒类产品的营销起着不可替代的作用。很多此类产品的制造商会在销售场所提供免费品尝的样品给消费者，通过说服消费者的“舌头”来获取消费者的“心”。

（3）感觉的特性。

感觉总共有 4 种特性，包括感受性、适应性、对比性、联觉性。

①感受性。

感受性是感觉器官对适宜的刺激的感受能力。它是消费者对商品、广告、价格等消费刺激有无感觉以及感觉强弱的重要标志。感受性的大小是用感觉阈限的大小来度量的。感觉阈限是指能够引起感觉并使感觉持续一定时间的刺激量。阈限是界限、门槛的意思，例如，人的耳朵可以听到的声音频率的范围是 20~20 000 赫兹（Hz），在此界限内就产生感觉，超过这个界限就没有感觉。每一种感觉都有两种类型的感受性和感觉阈限，即绝对感受性和绝对感觉阈限以及差别感受性和差别感受阈限。要引起感觉，不仅要有适宜的刺激，还要有一定的刺激强度。例如，几十万元甚至上百万元的房产价格，商家提价几十上百元钱并不被消费者所注意；但作为日常生活开支，即使价格上涨几角钱，消费者也会很敏感。

消费者的感觉阈限制约着经营刺激信号。俗话说“耳听为虚，眼见为实”，对于商品的认识和评价，消费者首先相信的是自己对商品的感觉。但不同的客体刺激对人所引起的感觉是不相同的，而相同的客体刺激对不同的人引起的感觉也不相同。所以，在市场营销活动中，企业向消费者发出的刺激信号强度受消费者的感觉阈限的制约，如为推销商品而降价就是如此。在这里，降价的幅度对消费者而言就是刺激信号，其必须与消费者的感觉阈限相适应：降价幅度过小，刺激不够，消费者不会积极购买；而降价幅度过大，消费者又会怀疑商品的质量。另外，消费者的感觉阈限大小还与商品本身有关。如几千元的商品降价十几元并不会引起消费者的注意，而日常的生活用品，如蔬菜、肉类、蛋类，即使只上涨几角钱也会很快被消费者注意到。

②适应性。

感觉适应（sensation adaptation）是指人们的感觉器官随着刺激物的持续作用使感受性发生变化的现象。适应可以引起感受性的提高，也可以因接触过度而造成感觉的敏感性逐渐下降。例如，当消费者购买一个新产品时，觉得这个产品很新鲜，甚至会爱不释手，但过了一段时间，就觉得这个产品不那么吸引人了，这就是人们对持久、恒定作用的环境刺激产生感觉适应的表现。当个体重复经历某种刺激时，就会产生感觉适应。而个体已习惯了的刺激的数量或水平就是适应水平。

感觉的适应性也会发生在消费者对企业所传播的广告信息中。例如，消费者会注意到企业所播放的新广告，但看了几次之后，消费者对该广告产生了感觉适应，就可能不太会去注意它了；即使看见了，也不再对其进行加工，即所谓的“熟视无睹”。因此，企业常会过一段时间就更换新的广告，或者对同一个广告主题采用不同的表现形式，以保持受众对其广告的关注。感觉适应性理论认为人们对有少许差异的东西的感知更为肯定。在适应水平上，人们对刺激的偏好有所下降，但对高于或低于适应水平的偏好达到了最高水平。感觉适应性理论也可解释人们在对日用品（如牙膏、香皂等）的消费中为什么会经常更换品牌，即使他们说不出来对原有的品牌有什么不满。根据感觉适应性理论，当消费者已对原有品牌产生感觉适应时，更换品牌可使消费者偏离适应水平，从而带来产品之外的愉悦。因此，我们会看到即使产品的品牌名称不变，企业也会不断地导入新产品，以使消费者对产品产生新鲜感。

③对比性。

感觉的对比性是指不同的刺激物作用于同一感受器官而使感受性发生变化的现象。比如，白色在黑色背景中要比在白色背景中容易辨认。营销活动中的对比性有助于吸引消费者的注意。

④联觉性。

感觉的联觉性是指人体各感觉器官的感受性不是彼此隔绝的，而是相互影响、相互作用的，即一种感觉器官接受刺激产生感觉后，还会对其他感觉器官的感受性产生影响。消费者在同时接受多种消费刺激时，经常会出现由感觉间相互作用引起的联觉现象。例如，消费者在优雅柔和的音乐声中挑选商品，对色泽的感受力会明显提高；进餐时赏心悦目的各色菜肴会使人的味觉感受增强。除不同感觉器官之间的联觉外，同一感觉器官内不同部分的感受性也会发生联觉现象。

2. 知觉

（1）知觉的含义。

在认识过程中，人脑对直接作用于感觉器官的客观事物个别属性的整体反应，就是知觉。知觉是在感觉的基础上形成的。在认知过程中，消费者不仅借助感觉器官对商品的个别属性进行感受，而且能将个别属性联系、综合起来，进行整体反映。但是，知觉并不是感觉在数量上的简单相加，它往往是视觉、听觉、触觉、嗅觉、运动觉等多种感觉协同作用的结果。感觉的产生决定于客观刺激的物理特性，例如热水能让人感到热度；而知觉的产生在很大程度上依赖于主体的态度、知识经验、心理状态和个性特点，尤其是过去的知识经验。例如在寒冷的冬天洗个热水澡，会让人感到舒服、惬意。这种由热水带来的舒服、惬意属于人的知觉。

所谓消费者知觉，是消费者对所感觉到的商品或服务经过分析综合后的整体反应。消费者在形成感觉的基础上，对个别信息进行加工，形成知觉。在实践中，消费者通常以知觉的形式直接反映产品，而不是孤立地感觉其某一方面的属性。例如，我们在品尝菜肴时，通常用是否色、香、味俱全来评价，购买计算机时则通常考虑最佳的性能和价格比。因此，与感觉相比，知觉对消费者的影响更为直接和重要，它决定着消费者对消费信息的理解和接受程度，制约着消费者对产品的选择和比较，是产生购买行为的前提。

（2）知觉的特性。

①选择性。

个体对外部信息有选择地进行加工的能力就是知觉的选择性。知觉的能动性主要表现在它的选择性上。现代消费者置身于商品信息的包围之中，有大量的消费刺激作用于消费者的感觉器官，消费者不可能同时对所有这些事物做出反应，只是对其中的某些事物有清晰的反应，这就是知觉的选择性。知觉的选择性还表现在消费者能在众多的商品中把自己所需要的商品找出来，或者在同一种商品的众多特性中优先注意到某种特性。它使消费者在知觉商品中发挥“过滤”作用，使消费者的注意力集中指向感兴趣的或需要的商品及某些特性。

②整体性。

尽管知觉对象由许多个别属性组成，但是人们并不把对象感知为若干个相互独立的部分，而是趋向于把它知觉为一个统一整体。这就是知觉的整体性。在认知商品的过程中，消费者经常根据消费对象的各个部分进行整体性感知。知觉的整体性反映在消费者的购买行为上，就是消费者总是把商品的质量、价格、款式、商标、包装等综合在一起，形成对商品的整体印象。知觉的整体性使消费者能够快速将某种产品与其他商品区别开来；当环境变化时，企业可以根据消费对象各种特征间的联系使其易于识别和辨认，从而提高消费者知觉的准确度。

③理解性。

知觉是在知识经验的参与下形成的。如果缺乏必要的知识经验和相应的概念，消费者就不能形成对商品的正确知觉。人们在感知客观事物时，总是运用过去所获得的知识和经验去解释它们，这就是知觉的理解性。人的知觉的理解性受知觉者的知识经验、实践经历接收到的语言指导以及个人兴趣爱好等的影响。因此，不同的人对同一事物可以表现出不同的知觉结果。例如，具有电子专业知识的消费者在选购家用电器时，通过阅读商品说明书并进行调试比较，就能理解商品的原理、结构、性能、特点和品质，并做出正确的评判和选择。

④恒常性。

当知觉的客观条件在一定范围内有所改变时，知觉印象仍然保持相对不变，这就是知觉的恒常性。由于知识经验的参与和整体知觉的作用，人们对客观事物的印象能保持相对不变。有些传统商品、名牌等能长期保有市场份额，一个重要的原因就是消费者已经对它们形成知觉的恒常性。知觉的恒常性反映在消费者的购买行为上，就是消费者能够避免外部因素的干扰，在复杂多变的市场环境中，仍然可以根据以前购买商品后的使用经验来辨别眼前的商品。例如，某个长期受消费者欢迎的名牌商品，在包装材料上做了些许改变，或增加了一些新的附加值，消费者仍然能进行正确的知觉。但知觉的恒常性也可以阻碍新产品的推广。人们一般不愿放弃自己习惯使用的商品，所以知觉的恒常性可以成为消费者连续购买某种商品的一个重要影响因素。企业可以通过名牌商品带动其他商品的销售，或通过畅销的老商品带动新商品的销售。

（3）知觉的组织原则。

20 世纪早期的完形心理学派（gestalt psychology）认为“总体大于部分之和”，并提出了知觉组织的主要原则。

①图形—背景原则（形—底原则）。

知觉的图形是指那些受到集中注意的刺激物，知觉的背景是指处于注意“边缘”的其他刺激物。因此，知觉的图形常常是清楚的、稳定的，而背景常是模糊的、不确定的。人们倾向于从图形—背景的关系来组织信息。因此个体对刺激物的感知，从一定意义上说就是把图形从背景中分离出来的过程。图形与背景的鲜明对比是图形知觉的重要条件。在市场营销中，企业常想让消费者把自己的广告信息作为知觉的图形，而把竞争对手以及其他信息作为知觉的背景，因此，企业总是想让知觉的广告信息更加明确，更加有吸引力，能够引起受众的注意和好感。即使在企业单个的广告中，企业也总是把最想传达的信息作为知觉的图形，而把其他信息作为背景，以使产品特征能被消费者清晰地感知。

②接近原则。

人们容易把在空间上接近或者邻近的刺激物组织在一起。组织的接近原则是指人们在对某一刺激物进行认识时，会把它与接近的刺激联系起来。在广告的创意中，企业常把该产品放置在使用该产品的情境中，这样可使消费者在相似的环境和气氛中想起该产品。例如，企业把给孩子洗澡的情境与用品联系在一起，消费者在这样的时刻自然就会想起使用该产品了。

③相似原则。

人们倾向于把在形状、颜色、功能以及其他方面相似的刺激物归于一类，这就是知觉组织的相似原则。策划人员经常会利用这种知觉的相似性进行广告创意设计。例如，某些化妆品广告把眼睛的鱼尾纹与鱼的形状体现出来，形象说明了该产品的功效就是要减缓和消除鱼尾纹的产生。一些企业常利用这种知觉的相似性来使自己的产品与一些名牌产品相似，以提高其产品的信誉。

④连续性原则。

知觉组织的连续性原则是指视觉对象的内在连贯性。企业在广告中，也会利用这种连续性的原则，通过手势或者眼睛的视线而把受众的注意力引向产品、企业的标志。

⑤闭合性原则。

人们倾向于把不完全的刺激物知觉为完整的刺激。也就是说，人们通过过去的经验可把刺激物中的缺失补充起来，从而形成完整的形象。

（4）感觉与知觉的区别和联系。

①感觉与知觉的区别。

首先是来源不同，感觉是介于心理和生理之间的活动，主要来源于感觉器官的生理活动及客观刺激的物理特性。知觉是在感觉的基础上对客观事物的各种个别属性进行综合和解释的心理活动过程。其次是反应的具体内容不同。感觉是人脑对当前客观事物个别属性的反应，知觉是对客观事物个别属性的整体反应。最后是生理机制不同，感觉是单一分析器活动的结果，知觉是多种分析器协同活动对复杂刺激物或刺激物之间的关系进行分析综合的结果。

②感觉与知觉的联系。

感觉是知觉产生的基础。没有对客观事物个别属性反映的感觉，就不可能有反映客观事物整体的知觉。知觉是感觉的深入与发展。一个人若对某客观事物或现象的感觉越丰富、越完善，那么对该事物的知觉就越完整、越准确。知觉是高于感觉的心理活动，它是在个体知识经验的参与下以及个体心理特征的影响下产生的。

3. 记忆

（1）记忆的概念。

记忆是人脑对感知过的事物、思考过的问题和理论、体验过的情绪或做过的动作的反应。

（2）记忆的类型。

通常情况下，记忆分为瞬时记忆、短时记忆、长时记忆三个系统。

瞬时记忆——外界刺激以极短的时间一次呈现后，保留一瞬间的记忆。

短时记忆——外界刺激以极短的时间一次呈现后，保持时间在 1 分钟以内的记忆。

长时记忆——外界刺激以极短的时间一次呈现后，保持时间在 1 分钟以上的记忆。

（3）记忆的四个环节。

①复述（rehearsal），是指个体在内心对进入短时记忆的信息或刺激予以默诵或进一步加工的努力。复述具有两大功能：一是保持信息在短时记忆中被激活，二是将短时记忆中的信息转移到长时记忆中。复述最初是指个体在短时记忆中对信息的机械重复，后来复述被描述为处理容量的分配，这种容量分配是与个体的目标和任务密切联系的。例如，消费者记住某一产品价格或某些产品特征，并不是反复默诵或复述的结果，而是将其与他已了解、掌握的信息相联系的结果。

②编码（encoding），是指对短时记忆的信息赋予意义，将其与长时记忆中已经存在的信息建立联系并纳入长时记忆内的信息储存体系的过程。编码分为感觉意义的编码和语义意义的编码两种。消费者有可能只凭感觉意义（sensory meaning）简单处理刺激，如根据颜色或者形状。当消费者看到刺激画面的时候，就会激活这种感觉意义。例如，消费者看到饮料上的冰山图案，激发凉爽的感觉。在许多情况下，刺激是在更抽象的水平上进行语义意义（semantic meaning）的编码。例如消费者对“冰川时代”这一刺激，就是理解其象征意义、品牌形象。

③储存（storage），是指个体将业已编码的信息留存在记忆中，以备必要时供检索之用。信息经编码加工后，在头脑中储存，这种存储虽然是有秩序、分层次的，但不能理解为像放文件一样一成不变。随着时间的推移和经验的影响，储存在头脑中的信息在质和量上均会发生变化。

④提取（retrieval），是指个体将信息从长时记忆中抽取出来的过程。个体对熟悉的事物，提取几乎是自动的和无意识的；对有些事物和情境则很难回忆，需要经过复杂的搜寻过程，甚至借助于各种外部线索和辅助工具，才能完成回忆任务。提取和编码、储存等环节是相互作用、相互影响的。

有时记忆中的信息提取不出来可能与编码有关。个体对刺激物编码时，是同时将刺激物编成形码、声码和意码，并将 3 种代码置于长期记忆中的不同部位，如果 3 种代码联结上出现困难，只能解出形码与意码，提取声码失败，就会出现诸如叫不出人的名字、说不出某个物品名称的情形。提取失败或信息提取不出来，有时也可能与信息在记忆中的放置位置有关，或者是由于个体在信息搜寻过程中迷失了位置，即在错误部位搜寻。所以，人们在很多情况下，需要用纸笔或文字材料作为记忆的辅助工具。长时记忆中的信息提取，也可看作一个解码的过程。一些学者认为，这一过程并不是对以前进入记忆中的信息原封不动地予以恢复，而很可能是采用“重建”或“重构”的方式，即运用先前储存在记忆中的部分线索或信息，重新构建识记时的情境。

（4）遗忘及其影响因素。

①遗忘的定义。

遗忘是个体对识记过的内容不能再认和回忆，或者表现为错误的再认和回忆。从信息加工的角度看，遗忘就是信息提取不出来，或提取出现错误。最早对遗忘现象进行实验研究的是德国心理学家艾宾浩斯。艾宾浩斯以自己为被试，以无意义音节作为记忆材料，用时间节省法计算识记效果。实验结果制成的曲线被称为艾宾浩斯曲线。该曲线表明了遗忘变量与时间变量之间的关系：遗忘进程是不均衡的，个体在识记最初一段时间遗忘很快，以后逐渐减慢，过了一段时间后，几乎不再遗忘。可以说，遗忘的发展历程是先快后慢，呈负加速型。

②影响遗忘的因素。

一是识记材料对消费者的意义与作用。凡不能引起消费者兴趣、不符合消费者需要、对消费者购买活动没有太多价值的材料或信息，往往被遗忘得很快，相反的材料或信息则被遗忘得较慢。如有关笔记本电脑的宣传材料，准备购置笔记本电脑的消费者与从未想到要购置的消费者对它的记忆保持时间会存在明显差别。

二是识记材料的性质。一般来说，熟练的动作遗忘得最慢。贝尔发现一项技能在一年后只遗忘了29%，而且个体稍加练习即能恢复。同样，有意义的材料较无意义的材料、形象突出的材料较平淡且缺乏形象性的材料遗忘得慢。对于广告主来说，要使广告内容被消费者记住，并长期保持，广告主题、情境、图像等就要有独特性或显著性，否则广告内容可能很快被人遗忘。广告中经常运用对比、新异性、色彩变化、特殊规模等表现手法，目的就是突出宣传材料的显著性。

三是识记材料的数量以及系列位置。识记材料的数量越大，个体识记后遗忘得也就越多。实验表明，个体识记5种材料的保持率为100%，识记19种材料的保持率为70%，识记100种材料的保持率为25%。一般而言，系列性材料开始部分最容易被记住，其次是末尾部分，中间偏后的内容则容易被遗忘。之所以如此，是因为前后学习材料相互在干扰，前面学习的材料受后面学习材料的干扰，后面学习的材料受前面学习材料的干扰，中间材料受前后两部分学习材料的干扰，所以个体更难记住，也更容易遗忘。

四是学习的程度。一般来说，个体学习强度越高，遗忘越少。过度学习达到150%时，记忆效果最佳。低于或超过这个限度，记忆的效果都将下降。所谓过度学习，是指一种学习材料在达到恰好能背诵时个体仍继续学习的状况。

五是学习时的情绪。个体心情愉快时习得的材料记忆保持时间更长，而焦虑、沮丧、紧张时所学习的内容容易被遗忘。实验表明，积极的情绪状态会使个体从记忆中提取出更为广泛和更加完整的各类知识，从而有助于对当前输入信息的编码。营销者应努力营造一种气氛，使消费者在接触或接收有关企业产品的信息时，产生一种愉快的或积极的情绪。比如，营销者在广告中使用幽默手法，或在向客户介绍产品时给客户一些小礼品，以便尽可能使受众或目标顾客产生积极愉快的情绪。

（5）记忆在营销活动中的应用。

一是促成消费者的有意记忆，在其他条件相同的情况下，有意记忆比无意记忆的效果好得多。当消费者面对众多商品难以确定购买目标时，营销人员应积极主动宣传介绍，当好参谋，帮助消费者确定购买目标，以形成有意记忆，从而促成交易。

二是理解有助于记忆，建立在理解基础上的意义识记，有助于人们全面、准确、牢固地记忆信息内容。在商品广告中，把新产品与消费者熟悉的事物联系起来，便于消费者理解并增强记忆，提高信息传播效果。

三是商业活动有助于增强记忆，当所识记的内容成为人们活动对象或结果时，记忆的效果会明显提高。在商业活动中采取措施吸引消费者参与到商品的促销活动中，可以增强消费者对商品的记忆。

四是情绪和情感对记忆产生影响，当人的情绪处于愉快、激动、兴奋或气愤等状态时，就会形成深刻的记忆，并能长时间保持。在营销活动中，通过为消费者提供优质服务，利用情绪、情感等诉求手段可加强消费者对企业、商品的记忆。

4. 注意

（1）注意的概念。

注意是一种心理现象，它是伴随着感觉、知觉、记忆、想象和思维同时发生的心理过程。

（2）注意的特征。

指向性，表现为心理活动对一定事物的选择。例如，消费者在逛商场时，他们的心理活动并非指向商场内所有的商品，而是他们关心的某些商品。

集中性，表现为心理活动能在特定的选择和方向上保持并深入下去，同时排除一些不相干的因素。例如，消费者在选购商品时，总是集中在要购买的商品上，以获得对所选商品的准确反映。

指向性和集中性相互联系、密不可分，指向性是集中性的前提和基础，而集中性是指向性的体现和发展。

（3）注意的分类。

注意通常分为无意注意和有意注意。事先没有预定目的，也不需要做出意志努力，不由自主地指向对象的注意被称为无意注意。人们自觉的、有预定目的的，必要时还需要做出一定意志努力的注意被称为有意注意。

（4）注意的功能。

①维持功能。

维持功能是指消费者把对选择对象的心理反应保持在一定方向上，并维持到心理活动的终结。由于注意的作用，消费者在对消费对象做出选择后，能够把这种选择贯穿于认知商品、做出决策乃至付诸实施的全过程中，而不致中途改换方向和目标，由此使消费者心理与行为的一致性与连贯性得到保证。

②选择功能。

选择功能是指消费者选择有意义的、符合需要的消费对象加以注意，排除或避开无意义的、不符合需要的外部影响或刺激。面对浩如烟海的商品世界，消费者不可能同时对所有对象做出反应，只能把心理活动指向和集中于少数商品或信息，将它们置于注意的中心，而使其他商品或信息处于注意的边缘或注意的范围以外。这样，消费者才能清晰地感知商品，深刻地记住有关信息，集中精力进行分析、思考和判断，在此基础上做出正确的购买决策。

③调整功能。

调整功能是指注意能使消费者的心理活动处于一种积极状态，能使他们及时调整和修正由外界干扰产生的错误和偏差，保证感知的形象清晰和完整，从而更好地进行思维和意志活动，提高消费活动的效率。

（5）影响注意的因素。

任何一种客观事物都可能成为刺激物，作用于人的感官而引起反应。刺激物因素是指刺激物本身的特征，如大小、颜色、位置、运动等，是营销者可以控制的，所以常用来吸引消费者的注意。

①大小与强度。

一般来说，大的刺激物比小的刺激物更容易引起人们的注意。相关研究显示，广告版面扩大 10 倍，注意率提高 7 倍。因此广告的惯用策略是大尺寸广告，如瑞士钟表广告直径大到 16 米，重 6 吨，垂挂在东京的摩天大楼上；国外的一些户外广告用大屏幕有 3 层楼高，面积有几百平方米；有的飞机广告喷浓烟，在天空中拼写文字广告，每分钟喷 2.83 万立方米的浓烟 30 个左右，方圆 32.2 千米内的人们都可看见。相关的研究表明，刺激要引起反应必须达到一定的强度，在一定的范围内，随着强度的增加，个体的反应也会变强。高强度刺激物如强光、强音响、突出位置容易引人注意。因此广告中多采用色彩明亮的印刷广告、响亮的广告声。反复、高频率也是提高刺激物强度的方法。如某些墙壁上，连续贴满许多广告，一张不能吸引注意，但连续几张就有强烈的刺激性；广播广告中同一内容需要播报 3~6 个月，否则效果不佳。

②色彩与运动。

彩色画面比黑白画面更易引起人的注意。黑白广告的注意率为 3%，彩色广告的注意率为 50%；黑色与单色结合的广告，比黑白广告的注意率高出 7%；四色广告比黑白广告高出 54%。一项涉及报纸广告色彩效果的研究发现，减价品新增销售的 41%是由于零售商在黑白报纸广告中增加了一种颜色。另外，某些颜色如红色、黄色更引人注目。具有动感的、变化的刺激物更容易引起注意。所以，电视广告吸引注意力的效果强于印刷广告。平面广告是静止的，就要采用似动效果，用活动的布局、表现动态活跃的照片来增强吸引力。

③位置与隔离。

刺激物的位置不同，所引起的个体的关注也可能不一样。如视野正中的物体较处于边缘的物体更容易被人注意，所以企业对与视线平行的货架位置争夺激烈。对于杂志来说，位于封面的广告要比位于封二、封三以及封底的广告更容易引起关注。就电视节目之间所插播的系列广告来说，系列开始以及末尾的广告更容易引起人们的关注。隔离是将某些特定刺激物与其他物体分隔开。隔离有助于吸引注意力。如报纸或印刷媒体，将大部分版面空下来而不是用文字或图画填满整个版面，采用空白、花边、边框等形式将某广告与其他广告相区别。同样，广播广告之前的片刻沉默或电视广告之前画面的片刻消失，都是运用了隔离的原理。

④对比与刺激物的新颖性。

对象与背景有显著差异、形成明显对比的刺激物，更能吸引人们的注意，因为对比会造成人们的认知冲突，激活和提高信息处理水平。对比有强度对比，如明亮、暗淡、字体大小、声音的骤然增强等；有颜色对比，如黑白、红黑、红绿、黄黑对比等，黑白广告在众多彩色广告后更引人注目；有动静对比等。由于人的感觉器官有适应性，缺乏新奇的刺激时难以被激活。所以，当刺激物具有新颖性时，出乎意料的不平常的刺激特性，与人们预期大相径庭的画面、内容、带音乐或声音的印刷广告，更能引人注意。

⑤格式与信息量。

格式是指信息展示的方式。通常，简单、直接的信息呈现方式比复杂、间接的信息呈现方式更容易被人们注意。缺乏明确观点，移动不当如太快、太慢的广告，会增加人们处理信息的难度。同样，晦涩的文字、难懂的口音、不当的背景杂音，均会降低注意率。但有时，适当的模糊信息也会提高注意率。过多的信息会使消费者处于信息超载状态，滋生受挫感和沮丧感，从而降低信息处理水平。研究发现，随着收到的商品目录数的增加，消费者购买的商品也增加，但到一定阶段，商品目录数的进一步增加反而会使消费者购买商品的数量减少。其原因在于发生了信息超载现象，在此状态下消费者会停止阅读任何商品目录。因此，企业应考察消费者能够利用多少信息，只提供最重要的信息，更详细、具体的信息及次要信息可以用表格、产品宣传单、电子邮件等形式提供给那些感兴趣的消费者。

（6）注意在营销活动中的应用。

首先，要发挥注意的功能，引发消费需求。企业在营销活动中，应正确地运用和发挥注意的心理功能，采取有效的刺激手段，引起消费者的无意注意，并帮助其由无意注意转移到有意注意，从而引发消费者的需求。

其次，广告设计制作要运用影响因素来吸引消费者的注意。一则广告成功的前提是引起消费者的注意。在商品广告制作中，可以运用客观刺激目标的内容、措辞、色彩、大小、位置、活动、对比及时间间隔等来引起消费者的注意。

最后，要用多元化经营调节消费者的注意转换。虽然有意注意能引发消费者的明确需求，但若一直处于有意注意状态，人很容易疲劳，难以保持对购买目标的兴趣，甚至会中止购买行为。因此，零售业态集购物、休闲、娱乐和餐饮于一体的多元化经营，可使消费者在购物活动中，时而产生有意注意，时而产生无意注意，利于延长消费者在商店的逗留时间，得到更多的销售机会。

5. 想象

想象是以头脑中事物的表象为材料，对其进行加工、改造、重新组合，形成新形象的心理过程。心理学上把客观事物作用于人脑后，由人脑产生的对这一事物的形象叫作表象。

对已经形成的表象，经过人脑的加工、改造，并创造出没有感知过的新形象的过程叫作想象。想象应具备 3 个条件：必须有过去已经感知过的经验；必须依赖于人脑的创造性；想象创造的是一个新的形象，是主体没有直接感知过的事物。

想象主要分为无意想象和有意想象。无意想象是没有特殊目的、不自觉的想象，是想象中最简单、最初级的形式。有意想象是根据一定的目的自觉进行的想象，与无意想象相对应，并带有一定的目的性和自觉性。消费者在评价商品时，常常有想象活动参与其中，如某件衣服穿在自己身上会是什么样子等。营销人员的工作也需要想象活动的参与，如商品的推荐、介绍等，都需要营销人员充分发挥自己的想象力。

6. 思维

思维是认识过程的理性阶段，是人脑借助于语言对客观事物的本质属性、内在联系和发展规律的认识，是人类具有的高级心理现象。思维是一个复杂的心理过程，具体表现形式分为：

①分析，把整体分为部分，把复杂的问题分解为简单的要素，列出它们的本质属性和彼此之间的关系。

②比较，在人的头脑中把各种事物加以对比，来确定它们的区别与联系。比较是在分析的基础上进行的。

③抽象，在人脑中把各种对象和现象的共同属性、本质特征同其他属性、次要特征分离开来的过程。

④综合，在分析比较的基础上，把事物的个别部分与属性联合为一个整体。

⑤概括，将抽象出来的对象的本质特征及相互关系、规律性等加以概括，从而形成概念。

⑥系统化和具体化，通过分析、综合，把整体的各个部分归入一定的类别系统之中，也就是加以归类，并将概括得到的知识和原理运用到具体解决问题的过程中去。消费者的思维过程也就是其决策过程。由于消费者在思维方法和思维能力方面存在差异，消费者购买决策的方式与决策时间也就各不相同。

任务 2.2　掌握消费心理的情感过程

任务描述：

理解消费心理的情感过程，完成消费心理情感过程的表格。

任务准备：

课前知识学习。

通过消费心理的认识过程，消费者可对各种商品特性进行由表及里的全面了解，而在知道了商品的用途后，他们往往会衡量该商品是否能满足自己的需要。这时消费心理就从认识过程过渡到情感过程。

掌握消费心理的情感过程

1. 情绪与情感的概念

情绪和情感是人们因客观事物符合或不符合自己的需要、愿望而产生的态度体验。人们在认识客观世界、改造客观世界的过程中，客观事物会对人类产生某种意义，因而人们对这些事物就会产生某种态度，这种对客观事物的态度总是以带有某些特殊色彩的体验形式表现出来的。情绪与情感反映的不是客观事物本身的属性，而是反映客观事物属性与人们的需要之间的关系。例如，买到优惠价商品的消费者往往会十分高兴，没买到优惠价商品的顾客会比较失落，而买到质量有问题的商品的顾客则会非常生气。通常消费者的情绪与情感直接表现为消费者的主观心理感觉，是消费者对其需求被满足与否，以及被满足的程度、方式的主观心理感受。消费活动是一种满足需要的活动，它是通过商品的实际购买、使用来实现的。消费者在选购过程中，对于符合心意、满足实际需要的商品和服务会产生积极的情绪与情感，它能增强消费者的购买欲望，促进购买行为的发生。

2. 情绪与情感的类型

（1）情绪的分类。

如果被问及情绪的分类，大部分人可以毫不迟疑地列举出多种情绪，但这些往往缺乏框架和逻辑。因而对情绪分类进行研究就显得很有必要了。美国芝加哥大学的学者提出用“愉悦、激发、支配”（PAD）这三个基本维度来说明所有的情绪，认为特定的情绪是这三个方面的不同组合和不同水平的反映。表 2-2 列举了这三个基本维度和与其相联系的一系列情绪或者情绪类别，以及用来测量这些情绪的项目或指标。

表 2-2　情绪基本维度、情绪和情绪指标

情绪基本维度	情绪	情绪指标
愉悦	责任	道德的、善良的、有责任感的
	信仰	虔诚的、崇拜的、神圣的
	骄傲	自豪的、优异的、可尊敬的
	喜爱	爱的、慈爱的、友好的
	天真	天真的、纯洁的、无可指责的
	宁静	平静的、安宁的、舒服的、镇定的
	渴望	向往的、渴望的、恳求的、希望的
	喜悦	欢乐的、高兴的、欣喜的、满意的
	能力	自信的、可控的、能干的
激发	兴趣	关注的、好奇的
	萎靡不振	厌倦的、瞌睡的、懒惰的
	激活	激起的、活泼的、兴奋的
	惊奇	惊奇的、震惊的
	似曾相识	不引人注目的、未被告知的、不激动的
	投入	参与的、见识广的、开朗的、受益的
	烦乱	心烦意乱的、盘踞心头的、粗心大意的
	轻松	嬉戏的、娱乐的、无忧无虑的
	轻蔑	嘲笑的、蔑视的、不屑一顾的
支配	冲突	紧张的、受挫的、冲突的
	内疚	心虚的、懊悔的、遗憾的
	无助	无力的、无助的、被支配的
	悲哀	悲哀的、痛苦的、悲伤的、沮丧的
	恐惧	害怕的、担心的、忧虑不安的
	耻辱	羞耻的、尴尬的、卑贱的
	愤怒	生气的、激动的、暴躁的
	过分活跃	恐慌的、混乱的、疯狂的
	厌恶	厌恶的、憎恶的、烦恼的、强烈憎恶的
	怀疑	多疑的、可疑的、不信任的

资料来源：HOLBROOK M B，BATRA R. Assessing the role of emotions on consumer responses to advertising [J]. Journal of consumer research，1987 (3)：404-420.

其中常见的几种情绪包括：

快乐，是指消费者个体的目标得到实现、需要得到满足时的态度体验。快乐又可分为满意、愉快、欢乐、狂喜等不同程度的状态。企业的营销活动应当全方位地让消费者在消费过程中得到快乐，这有助于培养消费者的忠诚消费行为。

愤怒，是指消费者个体的行为目标受到干扰、破坏、打击而无法实现目标的态度体验。愤怒可分为不满意、生气、愤怒、暴怒等不同程度的状态。

恐惧，是指消费者个体由于缺乏心理准备，不能应付、处理或摆脱突然出现的某种可怕的或危险的情景所产生的态度体验。恐惧可分为紧张、焦虑、害怕、惊恐等不同程度的状态。

悲哀，是指消费者个体失去所钟爱的对象或追求的目标而产生的态度体验。悲哀可分为遗憾、失望、难过、悲伤、哀痛等不同程度的状态。

（2）根据情感的内容分类。

道德感，是指消费者个体根据社会行为标准评价自己或他人的言行时所产生的态度体验，是一种最高级形式的社会情感。在消费过程中，营销人员良好的职业道德和热情的服务态度，对激励消费者的购买行为起着重要的影响作用。

理智感，是指消费者个体的求知欲望得到满足而产生的态度体验。它是在认识过程中产生和发展起来的，会推动认识过程的深入进行。例如，消费者对时尚新潮的服装会产生好奇，好奇心会促使其进一步去了解这些产品，而在接触和了解这些产品之后，他们其他的情绪与情感又会被引发。因此，理智感对消费者在购买过程中的情绪变化起着重要的推动作用。

美感，是指消费者的审美需要得到满足而产生的态度体验。由于消费者的社会地位、经济条件、文化修养、社会实践等方面存在差异，其审美标准各不相同。一般来说，同一个社会群体的成员有着近似的美感。企业在产品定位后，一定要把握消费者的审美标准，做到商品的外在美与内在美相统一，以赢得更多消费者的青睐。消费者在产生情感反映后，就很容易支配其消费行为。因此，商家必须杜绝容易对消费者的情绪和情感产生负面影响的营销做法，真正做到让消费者乘兴而来，满意而归。

因为情绪和情感的形成周期和稳定性不同，企业在实际经营及市场营销活动过程中，更多通过对影响因素的调节，实现对情绪的更为直接的调节，进而在更长的周期内沉淀更为稳定的情感。下面我们来重点说明情绪的影响因素。

3. 情绪的主要影响因素

（1）商品因素。

在消费者对商品进行感知的过程中，会格外关注商品的品牌、包装、款式、花样、性能、质量、价格等因素，消费者的情绪与情感，也会经常受到这些因素的直接影响，并进而左右其消费行为的发生。因此，企业应该重视利用商品本身的各种因素来赢得消费者的好感。

（2）环境因素。

购物环境的硬件条件及其所营造出来的购物氛围，对消费者的消费情绪起着重要的刺激作用，尤其是在消费者将逛购物场所变成了休闲生活方式的今天，商家也比以往任何时候都更加注重对购物环境的精心设计和布置，以吸引消费者前来消费。

（3）人员因素。

人员因素主要是指购物场所的营业人员的服务态度以及营业员与消费者的交往状态，这些都会对消费者的情绪与情感产生一定的影响。商家应该对营业员的仪表、服务语言、服务态度等提出规范化的要求。同时，营业员应该不断总结和提高与消费者交往的服务技巧，以充分发挥人员因素对消费者的积极影响。

（4）心态因素。

消费者的心态直接影响和激发其情绪与情感，这种情绪与情感反过来又影响消费者的心理状态，两者相互影响，共同推动消费者购买行为的发生。一般来说，消费者的兴趣越浓，需求水平越高，购买心情就越佳，购买动机就越强，购买目标就越明确；相反地，购买心情越差，购买动机就越弱，购买目标也就越不明确。

情绪是一种相对难以控制且影响行为的强烈情感。情绪与需要、动机和个性紧密相关，没有被满足的需要会产生激发某种情绪成分的动机。没有被满足的需要往往会激发负面的情绪，而被满足的需要则能激发正面的情绪。因此，能产生正面消费情绪的产品或品牌将增强消费者的满意度和忠诚度。个性在其中也起着重要作用，例如，有些消费者比其他消费者更加情绪化，用来描述这个特质的专门的术语就是情感强度（affect intensity）。情感强度高的消费者能体验到更强的情绪，并且更容易被情感诉求所打动。

任务 2.3　掌握消费心理的意志过程

任务描述：

理解消费心理的意志过程，完成消费心理意志过程的表格。

任务准备：

课前知识学习。

2.3.1　意志的概念

掌握消费心理的意志过程

意志是指消费者自觉地确定购买目的，并主动支配、调节购买行动，克服困难，以实现预定目标的心理过程。意志是人的大脑所特有的产物，是人的意识的能动作用的表现。人们在进行某种活动之前，活动的结果已经作为意志行动的目的而观念性地存在于头脑之中。要把观念转变为现实，必须以预定的目标来指导、激励自己的行动，排除干扰，克服困难，从而达到行动的目的。因此，意志过程是人的内部意识向外部动作转化的过程。

消费者在复杂的购买活动中，不仅要通过感知、记忆、想象、思维等活动来认识商品，伴随着认识产生一定的情绪体验，而且依赖于意志过程来确定购买目标，并排除各种主客观因素的影响，采取行动，以实现消费目的。意志具有以下 3 个方面的特征：

①目的性。消费者的活动是有意识、有目的、有计划的活动。在消费行为中，正是意志的目的性使得消费者在行动之前确定明确的购买目的，并有计划地根据购买目的支配和调节自己的购买行为，以期实现既定目标。

②能动性。为了实现既定目标，消费者会自觉、主动地采取行动来改变环境，以满足自己的需要。因此，意志集中体现出消费者的心理活动的自觉能动性。

③调节性。意志对消费行为的调节表现为发动和制止两个方面。发动是指推动消费者去从事能达到目的所必需的行动，而制止则是指阻止不符合预定目的的行动。意志对心理的调节性表现为可以调节认识活动和情绪活动。

2.3.2 意志过程分析

在消费者的实际购买活动中，意志过程表现为一个复杂的影响消费行为的过程。为方便大家了解和理解这一排除干扰、克服困难、支配行为的过程，本书将消费心理的意志过程分为消费决策的制订阶段、消费决策的执行阶段和体验执行效果阶段这 3 个相互联系的阶段。

（1）消费决策的制订阶段。

这是消费者决定购物之前的准备阶段，是消费活动的初始阶段。在内、外部刺激的作用下，消费者会产生对商品的消费需求和购买动机。具体消费需求和购买动机的多样性，导致在实际变化的情境中往往会发生一些矛盾，消费者必须搜集相关信息，根据主、客观的实际情况来权衡各种购买动机，对需求目标进行取舍，以确定必要的购买目标。再加上消费者还要在制订购物计划时考虑购买时机、购买方式、购买价格等问题，这使得这一决策过程中的一系列活动，必须依靠意志来支配和调节；否则，消费者就很难理性地做出消费决策，从而会影响其消费活动的质量。

（2）消费决策的执行阶段。

这是消费者决定购物的实施阶段，是消费活动的完成阶段。消费者为了实现消费目的，会按照消费决策时所制订的计划深入购物地点，选择具体的商品。但消费者可能会遇到各种内外干扰因素的影响，如商品价格的上涨、商品型号的变化、商品数量的减少、抢购人员的增多、等候结账时间的延长等，这使得消费者必须要用意志来调控自己的认知、情绪和行为反应，克服这些因素的不良影响，重新调整消费决策，以理性的行为保障消费目的和权益的实现。

（3）体验执行效果阶段。

完成购买行为之后，其实消费者的意志过程并未结束，通过对商品的使用，消费者还要体验执行购买决策的效果，如商品的功能是否良好，使用是否方便，外观设计与使用环境是否协调，实际效果与预期效果是否一致等。在上述体验的基础上，消费者将评价自己本次购买行为是否明智。消费者对购买决策的检验和反省对其以后的购买行为具有一定的参考价值，它将决定消费者以后是重复购买还是拒绝购买，是扩大购买还是缩小购买此商品。

2.3.3 意志品质分析

意志在影响消费行为的过程中，会体现出截然不同的性质，这就是意志的品质。归纳起来，良好的意志品质主要有自觉性、果断性、坚韧性；与此相对应，不良的意志品质主要有盲从性、犹豫性、脆弱性。意志的品质也是消费者性格特征的一部分，它使消费者的行为具有独特的个人色彩。

（1）自觉性。

自觉性是指消费者对自己的消费需求有着清醒的认识，在自身消费需求的支配下，主动制订购物计划，并按计划寻找合适的消费目标。如果遇到干扰因素，也会自觉调整购物计划，独立调控自身的行为，使消费活动始终在理性思维的指导下进行。与自觉性品质相对立的是盲从性，表现为消费者缺乏主见，易受他人和营销手段的影响，易发生冲动的购买行为。

（2）果断性。

果断性是指消费者具有丰富的消费知识和消费经验，在消费决策的过程中能够快速思考，正确做出方案抉择。即使是面对购物计划外的商品，这类消费者也总能全面地思考，准确判断商品的效能和性价比，及时把握购物的好时机。与果断性品质相对立的是犹豫性，表现为消费者缺乏决断力，在消费决策时不是优柔寡断就是草率武断。

（3）坚韧性。

坚韧性是指消费者在购物活动过程中表现出持久的耐力和顽强的毅力，在消费信念和决心的指引下，保持较高的购物热情，能够克服各种困难，直到实现消费目的。与坚韧性品质相对立的是脆弱性，表现为消费者缺乏足够的耐力和品牌的忠诚，在遇到困难时容易改变或中止自身的购买行为。

任务 2.4　进行消费者教育

任务描述：

理解消费者教育的含义及主要内容；

运用 SMART 原则设定消费者教育的目标。

任务准备：

课前知识学习。

2.4.1　理解消费者教育的内涵

进行消费者教育

消费者教育是企业综合运用消费者心理认识过程、情感过程、意志过程进行品牌营销推广的一项典型活动。比如近两年，洗涤用品生产企业推出的洗衣凝珠产品，作为新型洗涤产品形式的独特性产品，它打破了一些传统液体洗涤剂的配方限制，为消费者提供了更多、更方便的洗涤体验。实际上，洗涤用品生产企业策划了大量的消费者教育活动，才顺利打开市场。那么什么是消费者教育，消费者教育又包括哪些内容呢？

1. 消费者教育的含义

所谓消费者教育，是指企业通过特定的手段，向目标消费者传递企业产品、服务、品牌等企业专属知识，以及企业所在行业的消费知识，从而对目标消费者进行观念教育和行为引导，培养消费者对其产品、服务及品牌的认可度与忠诚度，并引发最终特定的消费行为的一种活动。

2. 消费者教育的内容

常见的消费者教育主要包括：

（1）培养消费者消费需求，这是消费者教育的首要内容。消费者教育的形式不限，方式各异，通常包括现场人员宣传、消费者体验营销、媒体广告宣传等多种方式。通过丰富多彩的形式，企业可以近距离地接触消费者，向消费者传递有关企业最新产品及服务的信息及采购知识。在这一过程中，企业将利用对消费者感觉、知觉、记忆、注意等一系列心理认识过程的教育，培养消费者对特定产品的消费需求。

（2）提高消费者对产品的鉴别能力，并引导消费者进行选择，这是消费者教育的重要内容。目前，消费者在进行购物选择的过程中，常常由于相关知识的缺乏及经验的不足，而出现选择上的困扰及消费过程中的不满。对于企业而言，想要让消费者真正了解到其产品的优质性与独特性，则必然要进行相应的消费者教育，让消费者学会如何自主地选择最适合自己的产品，并进而认识到该企业产品的优势所在。因而，提高消费者鉴别与选择能力在目前的消费者教育中具有十分重要的地位。

（3）建立品牌认可度与忠诚度，是消费者教育的核心内容。在经济社会中，企业进行消费者教育，最终目的都是引导消费者对其产品及服务产生最终的消费行为。为了达到这一目的，企业常常会选择消费者教育这一方式，在消费者群体中树立其独特的品牌形象，并令消费者潜移默化地对该企业的品牌建立认可度与忠诚度，从而最终引发对该企业产品及服务的消费行为并持续地保持该消费行为。

2.4.2 掌握消费者教育的基本工作流程

1. 明确消费者教育前提

一方面，企业要以优质的产品为前提。消费者教育要正常宣传企业产品，不能无中生有，把不具有的商品信息和服务呈现给消费者；要做到实事求是，不能去欺骗消费者，更不能去诱导消费者，不然消费者教育就成了另外一种形式的欺诈。另一方面，企业要结合自身品牌战略及营销策略，突出产品的鲜明特征或优势，形成品牌活动的系统性和一致性。

2. 设定消费者教育的目标

消费者教育的存在有明确的目的性。一方面从消费者自身需要来说，由于产品多样化以及市场广阔化，消费者需要接受相关教育来帮助自身学会正确消费、合理消费。另一方面，从企业需要来说，企业主动进行消费者教育有助于企业建立品牌认知度，促进企业的影响力提升和业务规模发展壮大。那么如何进行消费者教育的目标设定呢？我们可以运用 SMART 这个目标管理工具来做。一个好的目标应满足 SMART（srecific，measurable，agreed，realistic，time-limited）原则的要求，具体如下：

（1）目标应具体明确。

S 代表 specific（具体的），要求目标必须是具体的。实现项目目标是一个复杂的过程，但是，目标本身不是一个复杂的系统，目标要用简要的语言或者数据指标描述，描述目标的时候要尽可能具体、明确，而不应抽象、模糊。例如，华为品牌要进行消费者教育，就会聚焦到主要目标人群、具体某款新产品以及具体到在零售终端店铺内去进行消费者教育。

（2）目标应可以度量。

M 代表 measurable（可以度量的），要求目标是可以度量的，也就是说，量化描述目标，便于判断目标是否达成。判断目标是否实现的指标必须是可以度量的，验证这些指标的数据或者信息是可以获得的。有的目标很好量化，其数据也能够获得。项目成本目标和项目进度目标就是典型的例子，达到了就是达到了，没有达到就是没有达到。例如，“项目成本不超过 1 000 万元”，该目标不但可以衡量，数据也可以获得；又如，“建筑面积 100 万平方米的博物馆”，可以客观测量实际建筑面积是不是 100 万平方米。然而，有的目标不太好量化，如建一座“中国古典建筑风格的博物馆”，该目标描述中，虽然“中国古典建筑风格”在建筑界的含义比较明确，但要客观度量还是比较困难。

（3）目标应获得同意。

A 代表 agreed（获得同意的），目标应获得消费者教育项目组主要关系人的认同。目标是由执行人去实现的。目标设置要坚持执行者参与、上下左右沟通，使拟订的工作目标在组织及个人之间达成一致。

（4）目标应能够实现。

R 代表 realistic（可实现的），要求目标必须是可以实现的。制定目标的目的之一是确定考核基准。实现了目标将会得到奖赏，没有实现目标就会受到惩罚，从而起到激励作用。目标应可以在执行者付出努力的情况下实现，但同时目标也要具有一定的挑战性，决策者要避免设立过高或过低的目标。目标定得太高，使人感到可望而不可即，会使人丧失信心，挫伤人们的积极性，不能产生激励的效果。

（5）目标应有时间限制。

T 代表 time-limited（有时限的），要求目标具有时间限制。根据工作任务的权重、事情的轻重缓急，拟订出完成目标项目的时间要求，没有时间限制的目标没有办法考核，或可能造成考核不公。例如，“××年××月××日完成项目”，××年××月××日就是一个确定的时间限制，在那一天到来时，项目完成了就是实现了目标，否则，就是没有实现目标。

3. 策划消费者教育的主题

消费者具有多样化特征，不同消费者掌握的知识不同，需求不同，个人认知不同，个性体现不同。企业要针对不同人群采用不同的教育形式，消费者教育才能达到更好的效果。

4. 实施并分析消费者教育效果反馈

教育形式具有多样化特征，消费者教育会因消费者的不同及不同的教育内容而取得不同的效果。企业要及时获取教育效果的反馈并进行有效分析，从而进一步提高消费者教育质量。由此可知，在做到企业成本最小的同时也要保证客户对消费者教育的满意度最高，这是进行绩效评价的重要指标。

任务实施

任务单 2-1-1

组号：__________ 姓名：__________ 学号：__________ 检索号：__________

引导问题：

（1）感觉和知觉的区别有哪些？

（2）记忆及注意的分类有哪些？

（3）想象和思维的分类有哪些？

<table>
<tr><td rowspan="6">消费心理的认识过程</td><td>过程</td><td colspan="2">感觉</td><td colspan="3">知觉</td><td colspan="3">记忆</td><td colspan="2">注意</td><td>想象</td><td>思维</td></tr>
<tr><td>定义</td><td colspan="2"></td><td colspan="3">是消费者对所感觉到的商品或服务经过分析综合后的整体反应，是在感觉的基础上对个别信息进行加工而成的</td><td colspan="3"></td><td colspan="2">它是随着感觉、知觉、记忆、想象和思维同时发生的一种心理现象</td><td>是以头脑中事物的表象为材料，对其进行加工、改造、重新组合，形成新形象的心理过程</td><td>是人脑借助于语言对客观事物的本质属性、内在联系和发展规律的认识，是人类具有的高级心理现象</td></tr>
<tr><td rowspan="2">分类</td><td>内部感觉</td><td>外部感觉</td><td>时间知觉</td><td>空间知觉</td><td>运动知觉</td><td></td><td></td><td></td><td></td><td></td><td rowspan="2"></td><td rowspan="2">分析
比较
抽象
综合
概括
系统化
具体化</td></tr>
<tr><td></td><td></td><td></td><td></td><td></td><td>极短</td><td>1分钟以内</td><td>1分钟以上</td><td></td><td></td></tr>
<tr><td>特征</td><td colspan="2"></td><td colspan="3"></td><td colspan="3"></td><td colspan="2"></td><td></td><td></td></tr>
</table>

任务单 2-1-2

组号：__________ 姓名：__________ 学号：____________ 检索号：__________

引导问题：

（1）什么是感觉？什么是知觉？

（2）感觉和知觉是如何影响消费心理或行为的？

（3）注意是如何影响消费心理或行为的？

（4）思维是如何影响消费心理或行为的？

小组讨论列举以下品牌在消费者心目中的不同认知。

品牌	消费者认知	主要差异
麦当劳		
肯德基		
汉堡王		
德克士		
华莱士		
任选上述一个品牌，分析其是如何建立消费者对该品牌的独特认知的，写在下面方框内		

任务单 2-1-3

组号：__________ 姓名：__________ 学号：__________ 检索号：__________

引导问题：

（1）根据自己的经历，你回忆最近一次购物过程并写下来。

时间：

地点：

事件：

过程：

（2）分析此次购物过程中，自己的心理认识过程是如何影响你的。

任务单 2-2-1

组号：__________ 姓名：__________ 学号：____________ 检索号：__________

引导问题：

（1）什么是消费心理的情感过程？

（2）情感过程在消费分析中的意义是什么？

任务单 2-3-1

组号：__________ 姓名：__________ 学号：__________ 检索号：__________

引导问题：

（1）什么是消费心理的意志过程？

（2）意志过程在消费分析中的意义是什么？

任务单 2-4-1

组号：__________ 姓名：__________ 学号：____________ 检索号：__________

引导问题：

（1）SMART 目标制定的五大原则分别是什么？

（2）目标如何量化？

（3）目标如何获得同意？

（4）如何确保目标可实现？

任务单 2-4-2

组号：__________ 姓名：__________ 学号：__________ 检索号：__________

引导问题：

（1）小组讨论，运用 SMART 原则，设定__________________品牌消费者教育的目标。

任务单 2-4-3

组号：__________ 姓名：__________ 学号：____________ 检索号：__________

引导问题：

（1）制订消费者教育的计划。

（2）小组派代表向市场部负责人汇报并推荐你的计划（情景模拟）。

任务决策单 2-4-4

组号：__________ 姓名：__________ 学号：____________ 检索号：__________

引导问题：

（1）小组讨论确定最优的消费者教育计划。

任务复盘单

组号：__________ 姓名：__________ 学号：__________ 检索号：__________

引导问题：

（1）师生讨论并归纳科学进行消费者教育必备的关键要素。

任务评价与反馈

组号：__________ 姓名：__________ 学号：__________ 检索号：__________

任务评价表

班级		组名		日期		年 月 日
评价指标	评价内容			他评分数	自评分数	教师综合分数评定
信息检索 10 分	能有效利用网络、图书资源、工作手册查找有用的相关信息等；能用自己的语言有条理地去解释、表述所学知识；能将查到的信息有效地传递到工作中					
感知工作 10 分	熟悉工作岗位，认同工作价值；在工作中能获得满足感					
参与态度 20 分	积极主动参与工作，能吃苦耐劳，崇尚劳动光荣、技能宝贵；与教师、同学之间相互尊重、理解；与教师、同学之间能够保持多向、丰富、适宜的信息交流					
	探究式学习、自主学习不流于形式，处理好合作学习和独立思考的关系，做到有效学习；能提出有意义的问题或能发表个人见解；能按要求正确操作；能够倾听别人意见、协作共享					
学习方法 10 分	学习方法得体，有工作计划；操作技能符合规范要求；能按要求正确操作；获得了进一步学习的能力					
工作过程 15 分	遵守管理规程；平时上课的出勤情况和每天完成工单任务情况良好；善于多角度分析问题，能主动发现、提出有价值的问题					
思维态度 10 分	能发现问题、提出问题、分析问题、解决问题					
自评反馈 25 分	按时按质完成工作任务；较好地掌握了专业知识点；具有较强的信息分析能力和理解能力；具有较为全面、严谨的思维能力并能条理清晰地表达成文					
组内成员评述						
自我总结有益经验和做法						
反馈与建议						

任务 2.5　分析影响消费者心理及行为的经济文化因素

【任务情景】

在店铺做导购的工作过程中，夏明发现面包店的顾客消费情况有一些特点：一部分顾客进店以后一般就买单个面包，但另一部分顾客进店以后会购买多个面包；在平时工作日和周末面包店的进店客户数量差异很大；有的面包总是很畅销但有的面包款式就很难有高销量…… 这些差异引起了夏明的思考，在思考的过程中，夏明认为对于面包店的顾客而言，其消费行为的影响因素是比较多的，如果不能把握住分析的方向，分析结果肯定不理想。在学习了对消费心理行为的个体影响因素之后，还有一些属于外部的影响因素需要梳理，于是，夏明在这个阶段把目光聚焦在了影响消费心理及行为的外部环境因素之上。

任务描述：

熟悉不同收入人群的消费行为；

掌握文化价值观的种类和形式；

熟悉中国文化的特点及对消费者心理及行为的影响；

正确分析经济和文化因素对消费心理及行为的影响。

任务准备：

课前知识学习。

2.5.1　影响消费者心理及行为的经济因素

分析影响消费者心理及行为的经济文化因素

1. 收入与消费者行为

对于绝大多数人，收入是其消费或支出的主要来源。一些人能住别墅、开汽车、穿着时髦的服装，而另外一些人住房简陋，穿普通衣服，出门骑自行车或坐公共汽车，原因主要在于他们的收入存在差别。收入作为购买力的主要来源无疑是决定消费购买行为的关键因素，也是营销者十分关心和希望了解的。

（1）消费者的收入。

①收入的构成。

我们一般认为收入由工资、奖金、津贴、红利和利息等构成。不同的人群，收入构成存在较大的区别。在我国城镇地区，工资和奖金是居民收入的主要来源。农村居民的收入来源则较复杂，大部分居民以种植或养殖为主，他们收获的农副产品一部分是自用，另一部分则作为商品在市场出售。随着越来越多的农民进入城市谋生，很多农村家庭可能既有成员在家务农，又有成员外出经商或进城打工，由此使收入的来源和结构趋于多样化。由于收入来源的差别和职业的不同，不同的个体，其收入构成可能千差万别。比如有的人是以工资为收入的主要来源，另外一些人奖金超过工资，还有的人大部分收入是红利、利息、股票收入等。

②收入的测量。

GNP（国民生产总值）是指本国常住居民在一定时期（通常是 1 年）生产的产品与服务的总价值，它包括居住在本国的常住居民所生产的最终产品的市场价值与本国公民在国外的资本和劳务所创造的价值。GDP（国内生产总值）同样是用来反映一国经济在一定时期内所创造的产品与服务的总价值。它包括居住在本国的常住居民所生产的最终产品的市场价值与外国公民在本国的资本与劳务所创造的全部产值与收入。由于 GDP 较 GNP 能更准确地反映一国经济的实际运行状况，所以自 20 世纪 90 年代以来，世界上绝大多数国家均采用 GDP 这一指标。人均 GDP 反映了一个国家或一个地区的消费者的购买力水平，是分析消费者收入的一个基本参照点。

③收入的分类。

按照可支配程度，个人收入可分为个人可支配收入和个人可任意支配收入。个人收入是指个人在一年内获得的工资、奖金、红利、利息和其他福利收入。个人可支配收入则是个人收入扣除税款和非税负性负担（如强制性保险）后的余额，它是支出与储蓄的来源。个人可任意支配收入是指个人可支配收入中扣除用于维持个人与家庭生存所必需的支出（如房租、水电、食物、燃料、保险等）后的那部分收入。由于人们只有在保证日常生活开支之后才考虑购买高档耐用品、奢侈品和外出度假、旅游，因此，提供这类产品和服务的企业，尤其需要关心、研究消费者的个人可任意支配收入。

按照时间的先后来划分，收入可分为现期收入、过去收入与未来收入。消费者既受现期收入的影响，也受过去收入和对未来收入的预期的影响。一个人过去收入很高，即使现期收入水平已大幅度地下降，他仍可能保持过去的某些消费习惯。一个对未来充满信心的人，或认为未来收入将比现在有较大提高的人，可能突破现行收入的限制，通过信贷等方式扩大消费能力。消费者对未来收入的预期，涉及消费信心问题。消费信心对耐用品的购买、是否举债消费、消费中储蓄与支出的安排均产生重要影响。

（2）收入对消费者需求结构的影响。

德国统计学家恩格尔早在 1857 年就发表了有关收入与食品支出之间关系的研究报告，并得出著名的恩格尔定律：随着家庭收入的增加，食物支出的比重在整个家庭支出中的比重逐步下降，而用于住房、教育、健康、休闲等方面的支出比重增加。

尽管各个家庭在花钱方式上不可能完全相同，但大体上来说，大部分家庭在支出类别的分配方面的模式还是比较一致的。对不同收入水平的家庭进行的数据分析表明：贫困的家庭将大部分收入用在食品、住房和基本的服装上。随着收入的不断增加，食品种类更加丰富，非主食食品也越来越多，但食品上的花费占其收入的比例却下降了。在收入很低的层次中，住房上的花费占收入的比例会随着收入水平的提高而提高，但随着收入水平提高到一定程度，它的比例就趋于稳定。随着收入水平的提高，人们用在服装、汽车和奢侈品上的花费比例增长很快，一直到收入水平增加到一个非常高的上限时其比例的增长才会停止。对于大部分家庭，储蓄会随收入的增加而大量增加，而且不容易下降。

（3）不同收入人群的消费行为特点。

首先，不同收入人群获取信息的渠道不同。一般来说，高收入的消费者比低收入的消费者更多地利用多种渠道获取商品信息。其次，不同收入人群对商店的选择不同。不同收入人群的消费者喜欢光顾的商店类型明显不同。高收入的消费者乐于去高档、豪华的商店购物，因为在这种环境里购物会使他们产生优越感和自信，得到一种心理上的满足。低收入的消费者在高档购物场所则容易产生自卑、不自在的感觉，因而他们通常选择在与自己地位相称的商店购物。再次，商品投向有差异。高收入人群一般拥有较多财富，这一人群是名贵珠宝、古董、高级时装、高等住宅及品牌商品的消费者。最后，新产品使用程度不同。在影响新产品使用的因素中，消费者的经济状况的影响较大。具体来说，收入高的消费者，在消费心理方面表现为求新、求好，因此常常是新产品的最先使用者；收入一般的消费者，在消费心理方面表现为谨慎、求实，因此是新产品的晚期使用者；当消费者收入很低的时候，他/她一般不可能对新产品产生任何的奢望，因而表现在消费心理方面是守旧者。

2. 财产与消费者行为

财产或净财产是指个人所拥有的资产的总现金价值与所有负债的总现金价值之差，是一个人富裕程度的重要指标。从长期来看，它与收入存在高度相关性。然而，收入与财产不能画等号。具体到个体而言，高收入并不意味着一定拥有大量财产。同样，拥有大量财产的人，也可能是通过继承或过去投资获得这些财产的，现在的收入不一定很高。即使其他条件不变，完全处于同一收入水平的两个人和两个家庭，所拥有的财产也可能存在很大差别，因为他们可能采取完全不同的消费和储蓄的模式。

（1）财产的构成。

财产既包括住房、土地等不动产，又包括股票、债券、银行存款、汽车、古董及其他藏品。财产可以通过继承，投资股票、珠宝或艺术品，中彩票等方式获得。政府机构和私人组织很少系统地收集居民财产及其分布的数据，因此，营销者以财产为依据分析市场和制订营销策略相对比较困难。

（2）不同财产拥有者的消费行为特点。

拥有较多财产的家庭相对于拥有较少或很少财产的家庭，将会把更多的钱用在接受服务、旅游和投资上。富裕的家庭一般处于家庭生命周期的较后阶段，不一定特别在意装修新房子和购买大件商品之类的事情，因此他们在这方面的支出并不高。由于特别珍惜时间，他们对商品的可获性、购买的方便性、产品的无故障性和售后服务等有很高的要求，并且愿意为此付费。另外，富裕家庭的成员对仪表和健康十分关注，因此，他们是高档化妆品、皮肤护理产品、健康食品、维生素、美容美发服务、健身器材、减肥书籍和减肥服务项目的主要购买者。为了保证身体和财产安全，他们还大量购买家庭保护系统、保镖、各种保险、防火与防盗器材等。

3. 信贷与消费者行为

我国各商业银行已经陆续开办了个人住房消费贷款、个人大额耐用消费品贷款、旅游消费贷款、教育助学贷款、汽车消费贷款等消费信贷业务，这是国家为扩大国内需求而采取的重要货币政策，且被大多数人认同。在某些领域如住房、汽车等领域，消费信贷已得到相当程度的发展并取得显著效果。

2.5.2 影响消费者心理及行为的文化因素

了解消费习俗、流行因素与消费心理的关系

1. 文化概述

（1）文化的含义。

“文化”一词源于古拉丁语，原意是指“耕作”“教习”和“开化”。在中国，最早把“文”和“化”两个字联系起来的是《易经》，提出了“观乎天文，以察时变；观乎人文，以化成天下”的主张，其意思是用儒家的诗书礼乐来教化天下，使社会变得文明而有秩序。广义的文化是指人类创造的一切物质财富和精神财富的总和，狭义的文化是指人类精神活动所创造的成果，如哲学、宗教、科学、艺术、道德等。在消费者行为研究中，由于研究者主要关心文化对消费者行为的影响，所以我们将文化定义为一定社会长期发展形成的、用以指导消费者行为的信念、价值观和文化规范的总和。

信念包括大部分社会成员所共有的知识、神话、宗教信仰、传说等有形认知，是大量的心智或语言的表达（如我相信……），这些表达反映了一个人有关某物的特有知识和评价。价值观是个体为了达到终极性存在的最终状态而提供的各种具体行为或判断的指南或观念。价值观不等于信念，它们在数量上相对少一些，是某一特定文化的指导，具有持久性且难以改变，并不局限于特定事物或情况，为一定社会的成员所普遍接受。

文化规范，是反映特定社会的文化价值，规范社会成员行为的标准。这种规范不仅影响消费者产品和品牌的选择，而且影响消费者购买方式、购买场所的选择以及产品的使用方式。根据行为的约束力和重要性，我们可将文化规范分为风俗、社会习俗、法律规范。风俗一般与传统习惯相关，是指支配人们的饮食、着装、礼仪、礼节等日常行为类型的规范。社会习俗是社会道德价值的具体表现。对父母的尊敬、对长辈的尊重，是“应该做”的积极规范；但有些习俗是“不应该做”的消极规范，如近亲不通婚，这种消极规范被称为社会禁忌。法律规范是一种明确而正式化的规范。一个社会的文化为社会中的成员应付各类问题提供了普遍的答案和可行的手段，在外显行为上，也就规定了人们在特定场合及情境中应以何种方式行事。

（2）文化的特点。

①文化的习得性。

文化不是通过人体的基因遗传得到的，而是通过学习得到的。学习有两种类型：

一是所谓的“文化适应”（enculturation），即学习自己民族（或群体）的文化。人类学家认为，文化适应分为三种不同形式：正式习得，即家长或年长的亲人教家里的小孩子“怎样为人处事”；非正式习得，即模仿那些特定成员如家人、朋友或电影明星的行为；技术性习得，即学校里的正规训练。正是这种文化适应，保持了民族（或群体）文化的延续，并且形成了独特的民族（或群体）个性。二是“文化移入”（acculturation），即学习外来文化。一个民族（或群体）的文化在演进过程中会不可避免地学习、融进其他民族（或群体）的文化内容，甚至使其成为本民族（或群体）文化的典型特征。

②文化的动态性。

文化不是静止不变，而是不断变化的。尽管文化变化通常十分缓慢，但文化确实会随着环境变化而改变。当一个社会（或群体）面临新的问题或机会时，人们的价值观念、行为方式、生活习惯、偏好就可能发生适应性改变，形成新的文化内容。在文化的适应性演进过程中，新文化模式的形成或引入会受到人们感兴趣的程度和原有价值观念、行为准则的影响。有关研究表明，那些社会多数人最感兴趣而又与现有价值观念、行为准则分歧程度最小的新事物最容易被人接受。

③文化的群体性。

文化是特定社会群体的大部分成员共有的，因此，文化通常被看成把一个社会成员联系起来的群体习惯。每个民族或国家、每个城市、每家企业，乃至每个部落和家庭，都会形成相应的文化特质，从而形成各自特有的社会（或群体）文化。

④文化的无形性。

文化是无形的、看不见的，它对人的影响也是潜移默化的，在大多数情况下，人们根本意识不到文化对他们的影响。人们总是与同一文化下的其他人一样行动、思考、感受，这样一种状态似乎是天经地义的。只有当人们被暴露在具有不同文化价值观或习惯的社会（或群体）中时，人们才会意识到自己特有的这种文化对自己及社会（或群体）成员的观念、思维和行为的影响。

⑤文化的规范性。

由上代传承下来的习惯和思维模式，包含着促进同一文化中成员之间的相互交往、相互作用的社会实践。共同的语言，对象征、符号和生活方式的共同理解，以及共同的沟通方式和信息传递方法，是某一文化区别于另一文化的主要标志。正是这些共同的语言、理解和信息传递方式，促进了同一文化中成员间的相互了解以及同一文化群体的内部和谐和群体的相对独立性。“社会规则”是文化的重要组成部分，文化通过提供行为准则和规范来维持社会的秩序。某一社会和群体越是坚持某种行为准则，集体对违反这种准则的成员进行惩罚的可能性就越大。文化还通过提供基本价值观念告诉人们什么是对的、好的和重要的。因此，文化是满足社会存在和发展需要的重要因素。

（2）亚文化。

根据人口特征、地理位置、宗教信仰、国家和伦理背景等的不同，我们可以将一种文化分成几种亚文化。所谓的亚文化（subculture，又称副文化、次文化），是指某一文化群体所属次级群体的成员共有的独特信念、价值观和生活习惯。亚文化群体在共享整体文化的同时还享有他们独特的文化要素。在同一亚文化群体内部，人们的态度、价值观和购买决策要更加相似。因此，营销人员往往可以根据各亚文化群体所具有的不同需求和消费行为，选择不同的亚文化群体作为自己的目标市场。

①民族亚文化。

大部分国家都是由多个民族所构成的。不同的民族各有其独特的风俗习惯和文化传统。我国各民族虽然都带有明显的整个中华民族的文化烙印，但是各民族还都继承和保留着自己传统的宗教信仰、消费习俗、审美意识与生活方式。

②宗教亚文化。

不同的宗教群体具有不同的文化倾向、习俗和禁忌。我国有佛教、道教、基督教、伊斯兰教等，这些宗教的信仰者都有各自的生活方式和消费习惯。宗教因素对于企业营销具有重要意义。宗教可能意味着禁用一些产品，如印度教禁食牛肉，伊斯兰教禁食猪肉。这些禁忌一方面限制了消费者对部分产品的需求，另一方面又会促进消费者对另一产品特别是替代产品的需求。同时宗教可能带来与一定宗教节日有关的高需求、高消费期，如基督教的圣诞节。对企业来说，宗教节日往往是一年当中难得的商机。

③种族亚文化。

种族是指一个人由遗传决定的所属人种。白种人、黄种人、黑种人各有其独特的文化传统、文化风格和态度。他们即使生活在同一个国家甚至同一个城市，也会有自己特殊的需求、爱好和购买习惯。

④地理亚文化。

自然地理环境不但决定一个地区的产业和贸易发展格局，而且间接影响一个地区消费者的生活方式、生活水平、购买力的大小和消费结构。地理环境上的差异也会导致人们在消费习惯和消费特点上的不同。例如，在中国闻名的川菜、鲁菜、粤菜等八大菜系，风格各异，就是因地域不同形成的。长期形成的地域习惯一般比较稳定。同是面食，北方人喜欢吃饺子，南方人喜欢吃包子，西北人喜欢吃饼和馍。

⑤年龄亚文化。

消费者年龄不同，其生理机能和心理活动也不同，因而其购买行为表现出不同的特点。按照一般的分类方法，消费者在年龄段上被分成儿童、少年、青年、中年和老年。儿童的消费具有模仿成人、情绪化、娱乐化等特点。少年处于依赖与独立、成熟与幼稚、自觉性与被动性交织在一起的时期，消费上表现出独立消费意识逐渐成熟、消费受同伴影响大的特点。青年消费表现出追求时尚、追求新颖、重感情、追求个性、表现自我等特点。中年人在消费方面具有理性购买多于冲动性购买，计划性购买多于盲目性购买，注重商品的实用性和便利性等特点。老年人的消费特点表现在对消费品的种类和结构具有特殊需求，有比较稳定的消费习惯和品牌忠诚，购买商品讲究方便等。

2. 消费者的文化价值观

（1）文化价值观的含义。

价值观（values）指的是在同一文化下被大多数人所信仰和倡导的关于理想的最终状态和行为方式的持久信念，它代表着一个社会或群体对理想的最终状态和行为方式的某种共同看法。文化价值观为社会成员提供了关于什么是重要的、什么是正确的以及人们应追求一个什么最终状态的共同信念。它是人们用于指导其行为、态度和判断的标准，而人们对于特定事物的态度一般也是反映和支持他的价值观的。因此，学界在研究一定社会文化对消费者行为的影响时，研究文化价值观的影响是其中重要的一环。

（2）文化价值观的种类。

文化价值观有核心价值观和次要价值观之分。文化的核心价值观是指特定的社会或群体在一定历史时期内形成并被人普遍认同和广泛持有的占主导地位的价值观念。所谓文化的次要价值观，则是特定的社会或群体在一定时期内形成和持有的居于从属地位的价值观念。每一社会或群体都有居于文化核心地位的价值观。例如，对于中国广大老百姓来说，“成家立业”是一种核心价值观，应该早婚或“多子多福”就是一种次要的价值观。核心价值观和次要价值观之间是相辅相成的关系，两者共同构成文化的核心，但是两者的地位又不一样。核心价值观居于主导的、核心的地位，并具有极强的稳定性。次要价值观则居于从属的、次要的地位，服从于核心价值观，并体现核心价值观的内涵。

文化价值观的另一种分类方法是由心理学家米尔顿·J. 诺克奇提出来的。他把价值观区分为终极价值观（terminal values）和工具性价值观（instrumental values）。终极价值观是人们理想的终极状态，即人们期望最终实现的生活理想。工具性价值观是指人们为达到理想的终极状态所采取的基本方法。表 2-3 显示的是一组诺克奇价值量表（Rokeach value scale）。

表 2-3　诺克奇价值量表

终极价值观	工具性价值观
舒适生活	有野心的
刺激的生活	宽容的
成就感	有能力的
平等	兴奋的
自由	整洁的
完美无缺	独立的
家庭安全	理智的
幸福	富有想象的
快乐	有逻辑头脑的
内心的平静	有责任感的
自尊	有自制力的
社会承认	眼界开阔的
聪明	有勇气的
忠诚的友谊	助人的
成熟的爱	服从的
世界和平	有礼貌的
美丽的世界	真诚的
拯救	充满爱的

某一社会或群体的人们所共同持有的核心价值观，具有极强的稳定性，在相当长的历史时期内不会改变。这些价值观念是该群体所共有的，即使这一群体的成员不断更新，它们也会被延续下去，并且具有较强的抵制变革的惯性。对于这些核心的价值观，任何企业都无法或很难改变，合理的策略选择应是努力去适应，并在其经营理念中有所反映，保持企业理念与社会核心价值观念的一致，否则，失败将是难免的。

（3）与消费者行为有关的文化价值观。

德尔·L. 霍金斯认为，企业要了解不同消费者行为上所体现的文化差异，首先要了解不同文化背景下人们价值观的差异。他把影响消费者行为的价值观分为三种形式：有关社会成员间关系的价值观、有关人类环境的价值观以及有关自我的价值观。

①有关社会成员间关系的价值观。

这一类价值观反映的是社会对于个体之间、个体与群体之间以及群体与群体之间应如何相处或建立何种关系的基本看法，这些看法对消费者的行为会产生重大的影响。

在自己与他人之间的关系上，有的文化强调个人利益和自我满足，有的强调社会利益和满足他人方面。

在个人与集体的关系上，有的文化强调的是团队协作和集体行动，并且往往把成功的荣誉和奖励归于集体而不是个人；相反，有的文化强调的是个人成就和个人价值，荣誉和奖励常常被授予个人而不是集体。

在成人与孩子的关系上，有的文化是围绕孩子的需要而不是成人的需要。

在青年与老年的关系上，有的文化强调荣誉、地位、重要的社会职务都属于老年人；有的文化则可能强调它们属于年轻人。

在男女关系上，在具有不同文化的社会中，男人与女人的社会地位可能存在很大差异。

在竞争与协作的关系上，有的文化崇尚竞争，信奉“优胜劣汰”的自然法则，有的文化则倾向通过协作取得成功。

在男女的浪漫主义关系上，在法国、美国等许多国家中，浪漫主义的广告主题容易获得成功；而在婚姻由父母包办，青年人没有恋爱、择偶自由的社会文化中，浪漫主义主题的广告容易遭受冷落。

②有关人类环境的价值观。

这类价值观反映的是一个社会对其经济、技术和物质环境之间相互关系的看法。在个人成就与出身关系上，有的文化注重个人成就取向，机会、报酬和具有较高荣誉的社会职位会更多地提供给那些个人表现和成就突出的人。有的文化重视家庭出生和家庭背景，个人的机会往往取决于他的家庭、家庭的社会地位及其所属的社会阶层。

在传统与变革的关系上，有的文化非常重视传统，有的文化则比较容易接受变革，允许人们打破传统，建立新的模式。在重视和维护传统的社会里，新产品往往受到人们的抵制。

在风险与安全的关系上，有的社会文化具有很强的冒险精神，勇于冒险的人受到社会的普遍尊敬；另一些文化则可能具有很强的逃避风险的倾向，把从事冒险事业的人看作是十分愚蠢的。

在乐观与悲观的关系上，有的文化注重用信心去克服困难和灾难，而有的文化注重听天由命，采取宿命论的态度。当宿命论者购买到不满意的产品时，一般都不会提出正式的抱怨。

在有关清洁的价值观上，发达工业社会与落后的农业社会之间具有明显的差异。在一个重视清洁卫生和环境保护的社会，人们对清洁卫生产品存在大量的需求。

关于自然的价值观，一些人觉得他们受到自然的奴役，另一些人认为他们与自然之间是和谐的，还有些人认为他们能够征服自然。

③有关自我的价值观。

有关自我的价值观反映的是社会各成员的理想生活目标及其实现途径。这些价值观对消费者和企业的市场营销都具有重要的影响。例如，在一些崇尚及时行乐的社会里，消费者信贷有着巨大的市场；而在一个崇尚节俭的社会里，消费者信贷的推行将是艰难和缓慢的。

在动与静上，不同的社会文化会导致人们对各种社会活动持有不同态度，并且形成不同的“好动”或“好静”的倾向。

在物质与非物质主义的价值观上，有的社会文化奉行极端的物质主义，广告诉求一般强调产品能给购买者带来物质利益和效用；有的社会文化更加强调非物质的内容，营销者做广告时如果注意消费者的精神方面的需求如宗教信仰、民族气节与自尊等，可能更为有效。

在工作与休闲的关系上，有的文化使人们较倾向于在工作中获得自我满足，有的文化则使人们在基本的经济需求满足后倾向于更多地选择休闲。

在现在与未来的关系上，为今天而活还是为明天而活，这对于企业的促销和分销策略，鼓励消费者储蓄或使用消费信贷，都具有重要意义。

在欲望与节制的关系上，社会文化的差异体现在是倾向于自我放纵、无节制，还是倾向于克制自己、节制欲望等方面。

在幽默与严肃的关系上，社会文化的差异体现在幽默在多大程度上被接受和欣赏，以及什么才算是幽默等方面。

（3）中国文化的特点及对消费者购买行为的影响。

①中国文化的特点。

中国文化是中华民族在生活的这片广袤的土地上创造的一种独特文化，它深刻影响着中国人的消费模式和消费习惯。中国文化有强大的生命力和凝聚力，具体体现在文化心理的自我认同和超越地域、国界的文化群体归属感方面。中国文化具有多样性与异质性，不同地理区域的人们形成了不同的生活方式、思想观念和风俗习惯。安土乐天的文化心态，以人为本的人本主义，尊老崇古的传统观念，重整体、倡协同的文化内核，构成了中国文化的特质。

②中国文化对消费者购买行为的影响。

文化作为企业重要的宏观环境因素，对消费者行为，进而对企业营销的影响，广泛而深远。文化的各个要素，如价值观、规范、习俗、物质文化等，对消费者行为都具有一定的影响。

认识问题阶段。认识问题即消费者察觉到了需要解决的问题，产生了对产品的需要，这是购买决策的起点。在不同社会文化背景下，有的需要被肯定和强化，有的需要则被贬抑和压抑。例如，中国人在“君子谋道不谋食”的传统观念的影响下，个人的物质欲望和生理需要往往受到压抑，“知足常乐”“节欲有度”“居安思危”的生活观和人生观得到提倡和鼓励。传统宗法观念和知恩图报的观念使人情消费非常突出。在勤俭节约观念的影响和支配下，消费者的需求，特别是高档奢侈产品的需求及其增长相对受限，消费者在购买中也会更多重视产品的实际效用和价值，避免盲目攀比和铺张浪费。

文化价值观也反映在人们对各种外在刺激（广告、橱窗陈列等）的态度上。中国素以“礼仪之邦”著称，以性为主题的广告对于消费者来说不仅不会引起需要和欲望，反而会激发他们的反感。

信息收集阶段。一般来说，消费者的信息来源主要有四个途径：个人来源、商业来源、大众来源和经验来源。其中，商业来源告诉消费者信息，而其他非商业来源则对这些信息起验证和评价作用，非商业来源往往是购买行为的最终决定因素。如果文化背景不同，人们对各种信息来源的依赖和信任程度将会不同。中国的消费者对待商业信息更加谨慎，更容易相信和接受非商业来源信息，更依赖于口头传播的信息。

此外，符合特定社会的文化价值观的广告内容也更容易引起目标受众的关注并激发他们的兴趣和购买欲望。例如，中国人一般具有很强的家庭观念，因此，许多广告便出现了以幸福的家庭生活为背景的广告诉求。

判断选择阶段。消费者通过信息收集，获得大量的属于同类产品的各种不同品牌的信息，在对这些品牌进行评价和选择的过程中，会受到文化价值观的影响和制约。一个人的文化价值观会影响他的生活方式、社会活动、媒体习惯、个人兴趣等，这些因素又会进一步影响他所可能熟知的品牌，从而形成不同的熟知品牌组。

文化价值观同样也会影响消费者所考虑以及重点考虑的品牌。在我国，一些具有崇洋崇名倾向的消费者，或者较为强调社会身份地位和声望的消费者，在许多产品的购买中往往只考虑进口品牌或知名品牌，对其他品牌的价值常常做出不公正的评价。一些崇尚节俭的消费者，则往往重点考虑价格较低的品牌，对高档定位的品牌不重视或不感兴趣，没有关于这些品牌的太多知识。

由于中国文化传统塑造了群体效应，消费者一般具有较高的品牌忠诚度和企业忠诚度。他们往往只选择已赢得其信任的企业和品牌，并且通常只光顾少数几家零售商店。他们乐于购买熟人推荐的产品或品牌。在中国人看来，市场上占有较高市场份额的品牌是得到了大多数人认可的，占统治地位的品牌是最好的，人们不应该怀疑它。这种群体倾向引导了消费者消费观念的形成，并为品牌忠诚提供了暗示作用，从而确保了主导品牌的生存。

购买决策阶段。经过评价后，消费者会产生一定的购买意图。文化价值观在这时也会产生一定的影响作用。中国文化强调群体意识，要求个人服从整体，这一文化特点在消费者购买决策中有多重体现：在购买决策方式上，人们往往以集体为单位进行决策，如家庭成员的大部分收入都集中起来统筹安排；在具体购买决策中，特别是单笔支出的较大的购买决策，还需要家庭成员的集体讨论。在产品和品牌选择上，人们较少标新立异，强调与他人保持一致。在购买决策的最后确定上，特别是在购买一些社会意义较强的产品如汽车、服装等的时候，他人态度具有重要甚至决定性的影响。

另外，中国文化强调理性优先的价值原则，因此，在家庭和个人消费中强调节欲勤俭，主张精打细算、量入为出，反对奢侈浪费，更反对及时行乐的生活态度，从而使收入变化对购买决策具有迅速和直接的影响。当收入减少时，消费者会很快节省开支，先前开支额较大而又非必需的购买意图将被最先取消或者被暂时搁置起来。

购后评价阶段。文化价值观也影响着消费者购后的评价和购后行为，如重复购买、退换货、投诉、抱怨以及产品的处置等。我国的消费者在遇到不满意的购买或者感到自己的权益受到商家的侵害时，一部分消费者会向商家投诉，少部分人也会用诉诸法律的途径获得权益的保障，但大多数消费者会忍气吞声，最多只是向朋友、同事、邻居或其他熟人倾诉不满，因嫌麻烦而放弃投诉，这就是受到了“和为贵”“息事宁人”“多一事不如少一事”的传统思想的影响。

在对产品和包装的处置上，中国消费者在“节俭”的思想观念的影响下，直接扔掉显得太浪费，同时受“轻利重义”的传统思想的影响，用于交换、出租、出借的市场行为也较少，因此大多数喜欢采取保留、出售的方式；而且出售多以卖废品的方式进行，而不是像西方国家的消费者那样通过“跳蚤市场”“二手货市场”来处理。

3. 文化意义的传递与消费

（1）文化习得的基本工具。

不管是学习本土的文化，或是学习外来的文化，人们在文化的学习上经常使用的工具都包括语言、神话、符号与仪式。

①语言。

语言是最基本的文化学习工具。营销人员必须正确理解语言的正式内涵，才能将产品介绍给不同文化下的消费者。

②符号。

符号（symbols）是指具有代表某些文化意涵的任何事物，往往具有象征意义，例如“奔驰”对某些人可能是身份地位的象征。个人由于自身知识和经验等的不同，对符号的理解有差异。例如，珠光宝气对于某些人可能意味着美感与高贵，但对于另外一些人则可能代表着俗气与低品位。

由于人脑具有处理符号的功能，因此人类具有象征性学习的能力，象征能够帮助人们以最小的努力迅速地进行复杂思想的沟通。例如，中国人用红豆代表相思，用白鸽代表和平。如在美国，鹰象征着强大、勇敢、爱国精神，希望树立这种形象的公司可以在它们的广告或包装上使用鹰的标志。

为实现与目标市场的沟通，营销者要使用适当的符号传达想要表现的产品形象和特征。这些符号包括口头的和非口头的。口头符号包括电视宣传或广播中的广告，非口头符号包括通过数字、颜色、图形甚至质地来进一步表达的广告、商标、包装或产品设计的意义和内涵。消费者必须处理符号来萃取其含义。特别要注意的是，一个符号可能具有若干意义甚至是相互矛盾的意义，因此，营销者在使用符号时必须明确究竟该符号在向目标受众传递什么信息。

③神话。

神话（myth）是指包括象征性元素的故事，这些元素代表文化中共同的情感和思想。故事通常叙述一些对立势力的冲突，其结局构成人们的道德指南。这样，神话故事给人们提供了处世指引。每个社会都有一系列神话故事来详细阐明文化内涵，表达一个社会关键的价值取向和思想观念。神话故事在现代流行文化的许多方面都有所体现，包括连环漫画、电影、节日和商业广告。神话的存在对于市场营销者非常重要。各种虚构的神话创造了巨大的市场，营销者要善于虚构神话。

④仪式。

仪式（ritual）是指一种由一系列步骤（多种行为）组成的具有象征意义的活动，该步骤以固定顺序出现并且随时间重复出现。现实生活中，仪式伴随着人类生命从出生到死亡，例如生日、毕业典礼、婚礼、新年、结婚纪念日、升迁、退休等。这些仪式可能是公开的也可能是私人的。仪式往往有一定的步骤，而且可以重复不断地发生。

典型的仪式包括四个因素：象征物、仪式脚本、扮演角色以及观众。象征物（ritual artifact，也叫仪式器物）是指那些举行仪式所必需的、可用来强化仪式内涵的产品，如婚礼上的戒指、生日蛋糕、中秋节的月饼等。有些象征物是依风俗习惯自然形成的，但有的象征物是营销人员所创造出来的，如情人节要送巧克力；而且随着时间的推移和营销人员的努力，很多仪式的象征物也会发生变化。仪式脚本（ritual script）用来描述仪式的相关事宜，确定需要使用的象征物、使用程序以及使用者等，如毕业典礼程序、婚礼程序等。在仪式中，由各种相关人员扮演一定的角色（performance roles）。当然，仪式也需要很多观礼的人，他们扮演观众（audience）。没有观众，仪式也没有意义。

常见的仪式包括修饰仪式、送礼仪式、节日仪式、占有仪式和剥夺仪式，见表2-4。

表2-4　五种常见的仪式

序号	仪式类型	含义	说明
1	修饰仪式	指一个人如何从私下的自我转变成公共的自我，以及由公共自我转变回私下的自我的一连串行为	修饰仪式中表现出来的二元对立是私下/公开和工作/休闲，许多美容化妆产品、服装配饰、瘦身服务都是以协助消费者修饰仪式的成功为诉求的
2	送礼仪式	指消费者取得理想的物品（象征物），将其除去价格标签，并仔细包装（象征性地将普通商品转变为独特的礼品），然后把它送给接收者	礼品的形式可以是从商店购得的物品、自制物品或者服务，也可以是点播一首歌曲等
3	节日仪式	指人们离开日常的生活来进行一些与节假日有关的仪式活动	借助于营销人员的营销活动，节假日被赋予了更多的仪式活动和仪式象征物。如情人节，经过营销人员的大力推广，变成未婚男女表达彼此爱意与仰慕的重要节日
4	占有仪式	指个人用来宣称、展示以及保护其占有物的一些行动	例如人们搬入新家时的宴请，开业时放鞭炮等
5	剥夺仪式	指个人用来清除其先前占有物意义的一些行动	如人们在搬离旧房或退休时，仔细看一遍屋子，对工作场所做最后的巡礼，就是典型的剥夺仪式

（2）消费中文化意义的传递方式。

①文化意义转移模型。

文化的意义是如何通过消费品传递给消费者的呢？麦克拉肯（McCracken，1986）提出了一套模型来说明文化与消费的关系，如图2-1所示。从这个模型我们可以看到，文化的意义通过广告系统、流行系统凝聚在消费品上，再通过仪式传递给单个消费者。

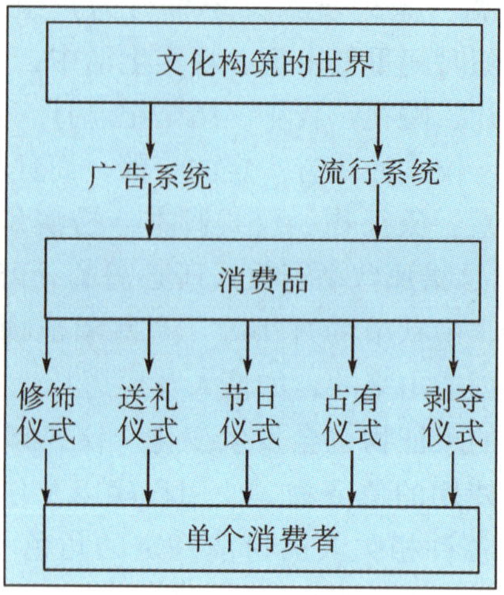

图 2-1　文化意义转移模型

文化所构筑的世界规定着社会的价值取向、风俗习惯、行为规范，形成指示人们如何行动的蓝图，通过广告系统和流行系统将文化的信念与价值等加诸消费品上。

广告系统是将文化所构筑的世界与消费品两者加以联结的渠道，通过此渠道，厂商将含义注入产品。如动感地带使用“我的地盘我做主”作为广告主题，目标就是要把这一品牌打造成渴望自由独立、无拘无束的形象。通过这一定位过程，文化的意义就传递到了产品身上。

流行系统是指一群较广泛且具渗透力的传播媒介，包括杂志、报纸、意见领袖等。消费者往往经由流行系统来取得最新的流行信息以避免自己落伍。通过流行系统，文化的信念与价值观也被赋予在产品身上。

消费品经由广告系统和流行系统被赋予文化上的意义后，再通过各种仪式传达给个别消费者。因为个别消费者会经历这些仪式，通过这些仪式的运作，消费品便与个别消费者联结起来。

②手段—目的链模型。

关于文化价值观是如何影响特定消费决策的问题，我们可以从价值观信仰体系结构来理解。图 2-2 描述了从终极价值观到特定领域价值观再到商品属性评价的顺序。

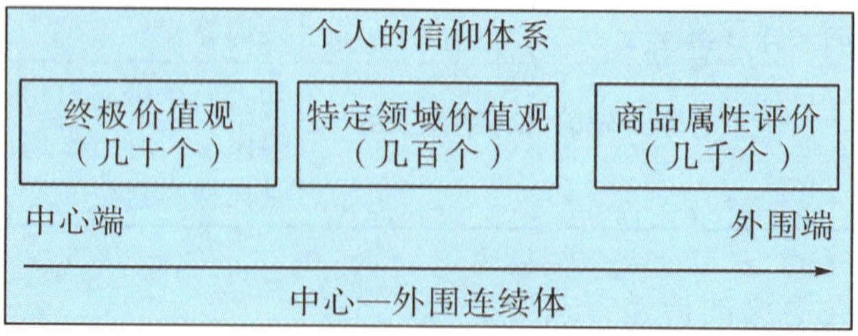

图 2-2　价值观—信仰体系的结构

终极价值观是人们对所要求的状态的持久信仰，特定领域价值观是人们对更为具体的消费活动的看法。如厂商应该提供及时的服务、保证产品质量、帮助消除环境污染、要诚实可靠等。消费者对商品属性的评价是对单个商品更具体的看法，如雪佛莱汽车操作性、维修服务等。持不同终极价值观的人，他们的特定领域价值观和商品评价也不同。个人终极价值观的不同解释了消费者对商品偏好的明显不同。例如，终极价值观强调逻辑、刺激和自尊的人比较偏好小型汽车和户外娱乐，而终极价值观强调国家安全和拯救的人更喜欢标准型汽车和电视机。

手段—目的链模型确定了消费者对特定产品特点的要求与抽象的概念之间的联系。如一个人想要买装有小型高效发动机的汽车，这是基于3个好处做出的决策：节省燃料、购买和养护成本低、保护环境。这些好处导出一种节俭的生活方式，这种生活方式又导出终极价值观——干净的环境。总之，购买装有小型发动机的车子，是达到干净环境这一最终状态的一种方法。探测并确定手段（也就是商品特点）与终极价值观之间的联系的过程叫作阶梯过程。

③产品的意义的发现与传递。

消费者选择产品是由许多价值和意义决定的。大多数消费产品具有多重意义，这些意义或者是公开的或者是隐蔽的，并且有多种来源。

A. 效用意义（utilitarian meanings）。

效用意义又称功能意义，是指消费者感知到的关于产品功能完好的功能性、有用性。功能价值是产品的功能或物理属性，通常这些属性与性能、可靠性、耐用性、产品特征等有关。效用意义对于消费者选择产品种类或品牌非常重要。营销者在产品宣传中，一般应找准消费者所看重的功能性或效用性主题。

B. 享乐意义（hedonic meanings）。

享乐意义是指产品具有的特别感情或感觉。产品的价值同时也是基于享乐或美学的价值。当产品与某种具体的情感相联系或产品引发并维持某种情感，产品就具有享乐意义。如去游乐园玩的兴奋感是由快乐与唤醒两部分组成的。

音乐、艺术和宗教器物以及消费者消费它们都与情感价值和享乐意义有关。这些产品也可能代表过去的时代和其他重要的事情。那些影响自我形象的产品，如衣服、化妆品、整容手术、健康食品、文身以及其他在公众场合展示的产品，也有着享乐的意义。

C. 社会意义（social meanings）。

产品的社会意义是指产品所具有的传达或改变社会关系的能力。社会价值对产品和品牌决策都有重大的影响，在社会关系和个人消费品之间有一种反射关系，产品能够表明它们的消费者是谁以及它们在社会上与哪些人联系在一起。如贺年卡、服饰、打高尔夫球等就具有明显的社会意义。

D. 神圣与世俗意义（sacred and secular meanings）。

神圣消费（sacred consumption）是将物品或事件由正常活动中抽离出来，并赋予某种程度的尊敬与畏惧。神圣消费不一定与宗教相关。例如，收藏品对于收藏者来说就是一种神圣不可侵犯的物品。神圣消费除了表现在实体商品上，也表现为针对特定地点（如宗教圣地、名人故居）、人物（如迈克尔·杰克逊以及他的歌迷）与事件（如“神六”登天）等的消费。世俗消费（secular consumption or profane consumption）则是指对于日常普通而不具任何特殊意义的物品、事件或地点的消费。世俗消费并非指低贱、不入流的消费，而是指与具有神圣色彩的神圣消费相对立的消费。根据神圣消费和世俗消费的概念，在产品中存在着两种现象——神格化（sacralization）与除神化（desacralization）。神格化是将原本一般性的物品、事件与人物赋予某一文化或某一特定群体的神圣色彩。神格化有两种方式：一是收藏（collecting），只要物品被收藏，该物品对于收藏者而言就具有独特的神圣价值；二是晕染（contamination），当物品沾染上某些神圣的事件或神圣的人物，其本身也变得神圣，如北京奥运圣火传递使用过的火炬或迈克尔·乔丹穿过的球鞋。除神化则是将先前被视为神圣的物品、人物转变为普通的物品或人物，如将佛像制成饰品，在失恋后将原先的爱情信物、共有物品丢弃、放弃等。

任务 2.6　分析影响消费者心理及行为的社会因素

任务描述：

了解社会阶层的含义及分类；

掌握参照群体的含义及影响；

了解家庭生命周期各阶段的消费行为特点；

正确分析社会因素对消费者心理及行为的影响。

任务准备：

课前知识学习。

2.6.1　社会阶层与消费者行为

分析影响消费者心理及行为的社会因素

1. 社会阶层概述

（1）社会阶层的含义。

社会阶层（social class）是由具有相同或类似社会地位的社会成员组成的相对持久的群体。每一个个体都会在社会中占据一定的位置，有的人占据非常显赫的位置，有的则占据一般的或较低的位置。这种社会地位的差别，使社会成员分成高低有序的层次或阶层。产生社会阶层的最直接原因是个体获取社会资源的能力和机会的差别。所谓社会资源，是指人们所能占有的经济利益、政治权利、职业声望、生活质量、知识技能以及各种能够发挥能力的机会和可能性，也就是能够帮助人们满足社会需求、获取社会利益的各种社会条件。

（2）社会阶层的特征。

①社会阶层展示一定的社会地位。

一个人的社会阶层和他的特定社会地位相联系。处于较高社会阶层的人，通常拥有较多的社会资源，在社会生活中具有较高的社会地位。由于决定社会地位的很多因素如收入、财富不一定是可见的，因此人们需要通过一定的符号将这些不可见的成分有形化，如通过购买珠宝、名牌服装等奢侈品或从事打高尔夫球、滑雪等活动显示自己的身份和地位。

②社会阶层的多维性。

社会阶层并不单纯由某一个变量如收入或职业决定，而由包括这些变量在内的多个因素共同决定。决定社会阶层的因素有经济、政治和社会层面的因素。

③社会阶层的层级性。

从最低的社会地位到最高的社会地位，社会形成了一个地位连续体。社会阶层的每一个成员不管愿意与否，都处于社会地位连续体的某一个位置。那些处于较高位置的人被归于较高层级，反之被归入较低层级，由此形成高低有序的社会层级结构。

④社会阶层对行为的限定性。

大多数人在和自己处于类似水平和层次的人交往时会感到很自在，而在与自己处于不同层次的人交往时会感到拘谨甚至不安。这样，社会交往较多发生在同一社会阶层之内，而不是不同社会阶层之间。同一社会阶层成员有更多互动，会强化共有规范与价值观，从而使阶层内成员间的相互影响增强。不同阶层之间较少互动，会限制产品、广告和其他营销信息在不同阶层人员之间的流动，使得彼此的行为呈现更多差异性。

⑤社会阶层的同质性。

同一社会阶层的社会成员在价值观和行为模式上具有共同点和相似性。这种同质性很大程度上是由他们共同的社会经济地位所决定的，同时也和他们彼此之间更频繁的互动有关。对营销者来说，同质意味着处于同一社会阶层的消费者会订阅相同或类似的报纸，观看类似的电视节目，购买类似的产品，到类似的商店购物，这为企业根据社会阶层进行市场细分提供了依据和基础。

⑥社会阶层的动态性。

随着时间的推移，同一个个体所处的社会阶层会发生变化，从原来所处的阶层跃升到更高的阶层，或从原来所处的阶层跌入较低的阶层。越是开放的社会，阶层的动态性表现得越明显；越是封闭的社会，社会成员进入另一个阶层的机会就越小。

（3）社会阶层的决定因素。

吉尔伯特和卡尔将决定社会阶层的因素分为三类：经济变量、社会变量和政治变量。经济变量包括职业、收入和财富，社会变量包括个人声望、社会联系和社会化，政治变量则包括权利、阶层意识和流动性。

2. 社会阶层的划分与演变

（1）社会阶层的划分。

①单一指标法。

单一指标法是指用一个社会经济变量来评定社会成员所处的阶层。常用的指标是教育、职业、收入。

A. 教育。

教育是提高社会地位的主要途径，也是评价社会地位的一项重要指标。一个人的受教育程度直接影响着他的能力、知识、技术、价值观、审美观等，而且随着社会的发展，它在划分社会阶层中所起的作用越来越大。在一般情况下，一个人受教育程度越高，他的社会地位就越高。

B. 职业。

在大多数消费者研究中，职业被视为表明一个人所处社会阶层的最重要的单一性指标。一个人的工作会极大地影响他的生活方式，并赋予他相应的声望和荣誉，因此职业提供了个体所处社会阶层的很多线索。不同职业的人消费差异是很大的。比如，蓝领工人的食物支出占收入的比重较大，而经理、医生、律师等专业人员则将收入的较大部分用于在外用餐、购置衣服和接受各种服务上。

C. 收入。

传统上，收入是划分社会地位和社会阶层的常用指标。一方面，收入高低与个体所处社会阶层有着较密切的联系；另一方面，收入是维持一定生活方式的前提条件。收入不仅制约着人们的购买能力，而且也影响人们对工作、休闲和购物等活动的看法。但是收入作为衡量社会阶层的基本指标也存在一定的局限，有可能出现收入高而阶层不够高的情况。

②综合指标法。

综合指标法综合多个社会经济因素从不同侧面对社会阶层进行测量。综合指标法比单一指标法能更好地反映社会阶层的复杂性。划分社会阶层的综合方法很多，我们重点介绍霍林舍社会地位指数法。

霍林舍社会地位指数法是从职业和教育两个层面综合测量社会阶层的一种方法。

该方法在消费者行为研究中得到广泛应用。表 2-5 列示了编制霍林舍社会地位指数的量表、项目权重、汇总计算公式及地位等级体系。必须指出，霍林舍社会地位指数是用来衡量、反映个人或家庭在某个社区或社会集团内部所处的社会地位的。某个变量上的高分有可能补偿另一变量上的低分。例如，以下三人均被划分为中层：A. 受过 8 年教育的成功的中型企业业主；B. 4 年本科毕业的推销员；C. 专科毕业的政府行政部门文职人员。同一社会，这三类人的社会地位相差无几。然而，他们的消费过程至少对部分商品的消费过程仍有可能有较大差异。由此说明，总体社会地位可能掩盖某些地位因素与特定产品消费之间的联系。

表 2-5 霍林舍社会地位指数法

职业量表（权重为 7）	
职业名称	得分
大企业的高级主管、大企业业主、重要专业人员	1
业务经理、中型企业业主、次要专业人员	2
行政人员、小型企业业主、一般专业人员	3
职员、销售员、技术员、小业主	4
技术性手工工人	5
操作工人、半技术性工人	6
无技能工人	7
教育量表（权重为 4）	
学历	得分
专业人员（文、理、工等方面的硕士、博士）	1
4 年制大学本科（文、理、医等方面的学士）	2
1~3 年专科	3
高中毕业	4
上学 10~11 年（高中没毕业）	5
上学 7~9 年	6
上学少于 7 年	7
社会地位分=职业分×7+教育分×4	

社会地位等级体系		
社会地位	分数区间/分	在人口中的比重
上层	11~17	3%
中上层	18~31	8%
中层	32~47	22%
中下层	48~63	46%
下层	64~77	21%

（2）社会阶层的演变。

产生社会阶层的最直接原因是个体获取社会资源的能力和机会的差别。社会阶层具有一定稳定性但并非一成不变，个体可以通过教育、职业来改变自己所处的阶层。

A. 向上流动（upward mobility）。

向上流动是指个体从较低社会层次向较高社会层次转变。一般来讲，良好的教育、好的工作机会和成功的创业都能帮助个人从较低的社会阶层上升到较高的社会阶层。

B. 向下流动（downward mobility）。

向下流动是指个体从较高社会层次向较低社会层次转变。个人由于家庭破产或虽受到较高教育但是并未获得好的职业的情况，通常都被视为社会阶层的向下流动。

C. 社会阶层的破碎（social class fragmentation）。

社会阶层的破碎是指随着经济社会的发展，原本存在的社会阶层失去其存在的基础，阶层成员分散到其他阶层的社会状况。例如，在国有企业改革过程中，有许多企业的工人下岗，这些下岗工人部分失去生活来源，不得不需要社会救济，阶层向下流动；

而也有一部分人通过自身创业和再就业，重新回到原来的社会阶层甚至向上流动。

3. 社会阶层对消费的影响

“属于不同社会阶层的消费者在购买动机上有差异”的假设被市场营销者所引用后，社会阶层就成为细分市场的一个标准。为维持一定的社会地位，有些消费者需要购置一些具有象征意义的产品；因羡慕一定的社会阶层，有些消费者会模仿那个社会阶层的消费行为。

（1）社会阶层对消费的影响方式。

①炫耀性消费和地位符号。

炫耀性消费概念的提出者凡勃伦认为，产品的主要作用在于制造炫耀性差别的目的，即消费是为了通过展示财富和权力以求引起别人的艳羡。产品表现地位的能力要取决于它们的排他性，如果太多的人炫耀同一种产品，这种产品代表的象征的使用太广泛，就被称为虚假象征，它们的价值就会降低。

与炫耀性消费相关的概念是地位符号（status symbols）。由于人们经常根据所拥有的产品来做出判断，因而产品就成了地位符号用来标志所有者在社会等级中的地位。如豪华游轮、私人飞机是上层的地位符号，而在麦当劳和肯德基就餐是中下层的地位符号。通过购买本社会阶层成员往往买不起的产品或服务，消费者可以增加自我价值的感受，如一位白领女性就有可能用三个月的薪水购买一个路易威登（LV）手袋。如果某些地位符号被大量拥有，它们就将失去暗示的意味而成为欺骗性符号（fraudulent symbols），如一些豪华品牌往往受到大众市场上低价仿货的侵害，因此，豪华品牌通过对产品重新设计等方法来进行区别。

②补偿性消费。

补偿性消费（compensatory consumption）也同社会阶层有关，是指用消费作为抵消缺陷或缺少尊重的手段。一位遇到烦心事或难题的消费者，特别是在遇到职业发展或地位问题时，可能用购买期望的地位符号（如汽车、住房、好的衣服）来补偿未能成功的事实，这样的购买能够挽回丢失的面子。

通常，补偿性消费是工薪阶层的购买模式，他们可能赌上自己的明天来购买住房、汽车和其他地位符号。近年来许多中层或中高层消费者也表现出补偿性的消费行为，有些消费者没有达到他们父母的职业成就和财富，为了抵消失望感，往往通过补偿性消费来寻求自我满足。考虑到这部分消费者的需要，营销者可以创建新的、相对便宜的奢侈品品牌。

③金钱的意义。

金钱代表一个人的消费能力，同时也是一个人所处社会阶层的关键因素之一。金钱被视为一种购买的手段，它不仅能够带来快乐和满足，还可以带来地位和名望。金钱让消费者可以购买象征社会地位的产品，还被视为一种提高社会地位的途径。

（2）不同社会阶层消费者的行为差异。

①支出模式上的差异。

不同社会阶层的消费者所选择和使用的产品是存在差异的。在国外，有的产品如股票、到国外度假的服务更多地被上层消费者购买，而另外一些产品如廉价服装与葡萄酒则更多地被下层消费者购买。科曼发现，特别富裕的中层美国人将其大部分支出用于购买摩托艇、野营器具、大马力割草机、雪橇、后院游泳池、临湖住宅、豪华汽车或跑车等产品；而收入水平与之差不多的上层美国人则花更多的时间和金钱于私人俱乐部、孩子的独特教育、古董、字画和各种文化事件与活动上。

在住宅、服装和家具等能显示地位与身份的产品的购买上，不同阶层的消费者差别比较明显。例如，在美国，上层消费者的住宅区环境优雅，室内装修豪华，购买的家具和服装讲究档次和品位。中层消费者一般有很多存款，住宅也相当的好，但他们中的很大一部分人对内部装修不是特别讲究，服装、家具不少但高档的不多。下层消费者住宅周围环境较差，在衣服与家具上投资较少。

②休闲活动上的差异。

社会阶层与消费者的娱乐和休闲活动选择具有密切关系。一个人所偏爱的休闲活动通常是同一阶层或临近阶层的其他个体所从事的某类活动，他采用新的休闲活动往往也是受到同一阶层或较高阶层的影响。虽然在不同阶层，用于休闲的支出占家庭总支出的比重相差无几，但所从事的休闲活动类型却差别很大。例如，较高阶层的消费者可能出入戏院、打桥牌以及观看大学的足球比赛。较低社会阶层的消费者则倾向于花更多的时间看电视，成为钓鱼爱好者，或喜爱露天电影和棒球运动。

③信息接收和处理上的差异。

信息搜寻的类型和数量也随着社会阶层的不同而存在差异。处于社会底层的消费者信息来源有限，对误导和欺骗性信息缺乏甄别能力。出于补偿的目的，他们在购买决策过程中可能更多地依赖亲朋好友提供的信息。中层消费者比较多地从媒体上获得各种信息，而且会更主动地从事外部信息搜寻。随着社会阶层的上升，消费者获得信息的渠道也越来越多。

④购物方式上的差异。

社会阶层对消费者的购买方式会有重要影响，上层消费者购物时比较自信，喜欢单独购物，他们虽然对服务有很高的要求，但对于销售人员过于热情的讲解、介绍反而感到不自在。通常，他们特别青睐那些购物环境幽雅、品质和服务上乘的商店，而且乐于接受新的购物方式。中层消费者比较谨慎，对购物环境有较高要求，他们也经常在折扣店购物，对这一阶层的很多消费者来说，购物本身就是一种消遣。下层消费者由于受资源限制，对价格特别敏感，多在中低档商店购物，而且喜欢成群结队逛商店。

2.6.2 社会群体与消费者

1. 社会群体概述

（1）社会群体的概念。

群体（group）或社会群体（social group）是指通过一定的社会关系结合起来进行共同活动而产生相互作用的集体。群体规模可能比较大，如几十人组成的班集体，也可能比较小，如经常一起上街购物的两位邻居。群体人员之间一般有较经常的接触和互动，从而能够相互影响。

社会成员构成一个群体，应具备以下基本特征：

①群体成员需以一定纽带联系起来。如人们以血缘为纽带组成了氏族和家庭，以地缘为纽带组成了邻里群体，以业缘为纽带组成了职业群体。

②成员之间有共同目标和持续的相互交往。公共汽车里的乘客、电影院里的观众不能称为群体，因为他们是偶然和临时性地聚集在一起的，缺乏持续的相互交往。

③群体成员有共同的群体意识和规范。

从消费者行为学的角度来看，研究群体影响至关重要。首先，群体成员在接触和互动过程中，通过心理和行为的相互影响与学习，会产生一些共同的信念、态度和规范，它们对消费者的行为将产生潜移默化的影响。其次，群体规范和压力会促使消费者自觉或不自觉地与群体的期待保持一致。即使是那些个人主义色彩很重、独立性很强的人，也无法摆脱群体的影响。最后，很多产品的购买和消费是与群体的存在和发展密不可分的。比如，某个人加入某一球迷俱乐部，不仅要参加该俱乐部的活动，而且还要购买与该俱乐部形象相一致的产品，如印有某种标志或某个球星头像的球衣、球帽、旗帜等。

（2）社会群体的类型。

①正式群体与非正式群体。

正式群体是指有明确的组织目标、正式的组织结构，成员有着具体的角色规定的群体，如大学里的教研组、工厂里的新产品开发小组。非正式群体是指人们在交往过程中，由于共同的兴趣、爱好和看法而自发形成的群体，其成员的联系和交往比较松散、自由。

②主要群体与次要群体。

主要群体或初级群体是指成员之间经常性面对面接触和交往，形成亲密人际关系的群体，包括家庭、邻里、儿童游戏群体等。次要群体或次级群体指的是有目的、有组织地按照一定社会契约建立起来的社会群体，规模一般比较大，人数比较多，群体成员不能完全接触或接触比较少。在主要群体中，成员之间不仅有频繁的接触，而且有强烈的情感联系。正因为如此，像家庭、朋友等关系密切的主要群体，对个体来说是不可或缺的。

③隶属群体与参照群体。

隶属群体或成员群体是消费者实际参加或隶属的群体，如家庭、学校等。参照群体是指这样一个群体，该群体的看法和价值观被个体作为其当前行为的基础。因此，参照群体是个体在某种特定情境下作为行为指南的群体。美国社会学家 H. 海曼于 1942 年最先使用参照群体这一概念，用以表示在确定自己的地位时与之进行对比的人类群体。当消费者积极参加某一群体的活动时，该群体通常会作为他的参照群体。也有一些消费者虽然参加了某一群体，但这一群体可能并不符合其理想标准，此时，他可能会以其他群体作为参照群体。

（3）与消费者密切相关的社会群体。

①朋友群体。

朋友构成的群体是一种非正式群体，它对消费者的影响仅次于家庭。追求和维持与朋友的友谊，对大多数人来说是非常重要的。个体可以从朋友那里获得友谊、安全，还可以与朋友互诉衷肠，与朋友讨论那些不愿和家人倾诉的问题。不仅如此，结交朋友还是一种独立、成熟的标志，因为与朋友交往意味着个体与外部世界建立联系，也标志着个体开始摆脱家庭的单一影响。朋友的观点和偏好对于消费者在最终决定选择某种产品、某种品牌时会起到重要作用。在诸如品牌服装、快餐食品和酒精饮料等的广告中，营销者意识到同伴群体的影响力量，并经常性地在广告中描绘友谊的重要。

②社会组织群体。

学校校友会、业余摄影爱好者协会等组织均属于正式的社会群体。人们加入这类群体，可能基于各种各样的目的，如结识新的朋友、新的重要人物，获取知识、开阔视野，追求个人的兴趣与爱好。虽然正式群体内各成员不像家庭成员和朋友那么亲密，但彼此之间也有讨论和交流的机会。群体内那些受尊敬和仰慕的成员的消费行为可能会被其他成员谈论或模仿。正式群体的成员还会消费一些共同的产品，或一起消费某些产品。比如，滑雪俱乐部的成员一起购买滑雪服、滑雪鞋和其他滑雪用品。

③购物群体。

为了消磨时间或为了购买某一具体的产品而一起上街的几位消费者，就构成了一个购物群体（shopping group）。购物群体内的成员通常是有空余时间的家庭成员或朋友。人们一般喜欢邀请乐于参谋且对特定购买问题有知识和经验的人一起上街购物。消费者与他人一起购物，不仅会降低购买决策的风险，而且会增加购物过程的乐趣。在大家对所购产品均不熟悉的情况下，购物群体很容易形成，因为此时消费者可以依赖群体智慧，从而对购买决策更具信心。

④工作群体。

工作群体也可以分为两种类型：一种是正式的工作群体，即由一个工作小组里的成员组成的群体，如同一个办公室里的同事，同一条生产线上的装配工人等。另一种是非正式工作群体，即由在同一个单位但不一定在同一个工作小组里工作且形成了较密切关系的一些人组成。由于在休息时间或下班时间，成员之间有较多的接触，所以非正式工作群体如同正式工作群体，会对所属成员的消费行为产生重要影响。

⑤消费者行动群体。

在消费者保护运动中涌现出一种特别的社会群体，即消费者行动群体（consumer-action group）。它可大致分为两种类型：一种是为纠正某个具体的有损消费者利益的行为或事件而成立的临时性团体，如对某一缺陷产品的索赔群体。另一种是针对某些广泛的消费者问题而成立的相对持久的消费者组织，如反吸烟或反酗酒组织。大多数消费者行动群体的目标是唤醒社会对有关消费者问题的关注，对有关企业施加压力和促使他们采取措施以矫正那些损害消费者利益的行为。

⑥品牌群体。

有学者认为，营销的下一个发展目标是建立品牌群体。品牌群体被定义为一个专业化的、无地理界线的社区，建立在某个品牌忠诚顾客所构成的一系列社会关系之上。它以拥有相同的仪式、礼仪、传统和道德责任感为标志。吉普（Jeep）公司在发展品牌群体方面做了大量的努力。Jeep 公司（www.jeep.com）发动了 Jeep 聚会（集中在公路沿线驾驶的地区性汽车聚会）、Jeep 野营（提供公路沿线驾驶和与产品相关的全国性汽车聚会活动）和 Jeep101（一个沿公路驾驶的与产品相关的活动与展览）等活动。在 Jeep 野营和 Jeep101 活动中都有“野营顾问”，他们为参加者提供免费的饮料、产品介绍和免费的公路沿线线路介绍。因此，品牌群体就是“顾客中心”，正是消费者的经历而不是品牌本身为品牌群体提供了意义。

2. 参照群体对购买行为的影响

（1）参照群体及其类型。

参照群体（conference group）实际上是个体在形成其购买或消费决策时，用以作为参照、比较的个人或群体。参照群体最初是指与家庭、朋友等个体具有直接互动的群体，但现在也涵盖了与个体没有直接面对面接触但对个体行为产生影响的个人和群体。

参照群体具有规范和比较两大功能。规范功能在于建立一定的行为标准并使个体遵从这一标准，比如受父母的影响，子女在食品的营养标准、如何穿着打扮、到哪些地方购物等方面形成了某些观念和态度，个体在这些方面所受的影响对行为具有规范作用。比较功能是指个体把参照群体作为评价自己或别人的比较标准和出发点，如个体在布置、装修自己的住宅时，可能以邻居或仰慕的某位熟人的家居布置作为参照和仿效对象。

（2）参照群体的影响方式。

虽然每个人希望自己富有个性和与众不同，但个体总是无意识地和群体保持一致。参照群体对消费者的影响，通常表现为三种形式，即规范性影响、信息性影响、价值表现上的影响。

①规范性影响（normative influence）。

规范性影响是指由于群体规范的作用而对消费者的行为产生影响。规范是指在一定社会背景下，群体对其所属成员行为合适性的期待，它是群体为其成员确定的行为标准。无论何时，只要有群体存在，无须经过任何语言沟通和直接思考，规范就会迅速发挥作用。规范性影响之所以发生和起作用，是由于奖励和惩罚的存在。为了获得赞赏和避免惩罚，个体会按群体的期待行事。广告商声称，消费者如果使用某种商品，就能得到社会的接受和赞许，利用的就是群体对个体的规范性影响。同样，广告商宣称不使用某种产品就得不到群体的认可，也是运用规范性影响。

②信息性影响（informational influence）。

信息性影响是指参照群体成员的行为、观念、意见被个体作为有用的信息予以参考，由此在其行为上产生影响。当消费者对所购产品缺乏了解，凭眼看手摸又难以对产品品质做出判断时，别人的使用和推荐将被视为非常有用的信息。群体在这一方面对个体的影响取决于被影响者与群体成员的相似性，以及施加影响的群体成员的专长性。例如，某人发现好几位朋友都在使用某种品牌的护肤品，于是她决定试用一下，她认为这么多朋友使用它，意味着该品牌一定有其优点和特色。

③价值表现上的影响（identificational influence）。

价值表现上的影响是指个体自觉遵循或内化参照群体所具有的信念和价值观，从而在行为上与之保持一致。例如，某位消费者感到那些有艺术气质和素养的人通常会留长发、蓄络腮胡、不修边幅，于是他也留起了长发，穿着打扮也不拘一格，以反映他所理解的那种艺术家的形象。此时，该消费者就是在价值表现上受到参照群体的影响。个体之所以在没有外在奖惩的情况下自觉依群体的规范和信念行事，主要是基于两方面力量的驱动。一方面，个体可能利用参照群体来表现自我，提升自我形象。另一方面，个体可能特别喜欢该参照群体，或对该群体非常忠诚并希望与之建立和保持长期的关系，从而视群体价值观为自身的价值观。

知识链接：

营销实用技能：如何增强参照群体的影响

- 证明产品使用/不使用的奖励和惩罚，如表现好友对购买某品牌的赞赏。
- 为群体行为创造规范，如在某场合应该做什么。
- 建立统一性压力，努力将某一产品与某一特定的群体建立联系。
- 通过专家建立信息性影响，如运动鞋生产商聘请体育明星做代言人。
- 为信息性影响创造情境，如赞助或主持一个与产品有关的特殊活动。
- 传递为某一群体所倡导、认同的价值观。

（3）决定参照群体影响强度的因素。

①产品使用时的可见性。

一般而言，产品或品牌的使用可见性越高，群体影响力越大；反之则越小。拜尔顿（Bearden）和埃内尔（Etzel）的研究从产品可见性和产品的必需程度两个层面将消费情形分类，然后分析在这些具体情形下参照群体所产生的影响。

②产品的必需程度。

对于食品、日常用品等生活必需品，消费者已形成了习惯性购买，此时参照群体的影响相对较小。相反，对于奢侈品或非必需品，如高档汽车、时装、游艇等产品，消费者在购买时受参照群体的影响较大。

③产品与群体的相关性。

某种活动与群体功能的实现关系越密切，个体在该活动中遵守群体规范的压力就越大。例如，对于经常出入豪华餐厅和星级宾馆等高级场所的群体成员来说，着装是非常重要的；而对于只是在一般酒吧喝啤酒或在一个星期中的某一天打一场篮球的群体成员来说，着装的重要性就小得多。

④产品的生命周期。

亨顿认为，当产品处于导入期时，消费者的产品购买决策受群体影响很大，但其品牌决策受群体影响较小。在产品成长期，参照群体对消费者的产品及品牌选择的影响都很大。在产品成熟期，群体影响在消费者的品牌选择上大而在产品选择上小。在产品的衰退期，群体影响在消费者的产品和品牌选择上都比较小。

⑤个体对群体的忠诚程度。

个体对群体越忠诚，他就越可能遵守群体规范。当参加一个渴望增加互动的群体的晚宴时，在衣服选择上，消费者可能更多地考虑群体的期望；而参加无关紧要的群体晚宴时，消费者的这种考虑可能就少得多。

⑥个体在购买中的自信程度。

研究表明，个体在购买彩电、汽车、家用空调、保险、冰箱、媒体服务、图书杂志、衣服和家具时，最易受参照群体影响。这些产品，如保险和媒体服务的消费，既非可见又同群体功能没有太大关系，但是它们对于个体很重要，而大多数人对它们又只拥有有限的知识与信息。这样，群体的影响力就由于个体在购买这些产品时信心不足而强大起来。常见的参照群体概念在营销中的运用见表2-6。

表2-6　参照群体概念在营销中的运用

名人效应	名人或公众人物如影视明星、歌星、体育明星，作为参照群体对公众尤其是对崇拜他们的受众具有巨大的影响力和感召力。对很多人来说，名人代表了一种理想化的生活模式。正因为如此，企业花巨资聘请名人来促销其产品。研究发现，用名人作支持的广告较不用名人的广告获得的评价更正面和积极，这一点在青少年群体上体现得更为明显。企业运用名人效应的方式多种多样。企业可以用名人作为产品或公司代言人，即将名人与产品或公司联系起来，使其在媒体上频频亮相；也可以用名人作证词广告，即请名人在广告中引述广告产品的优点和长处，或介绍其使用该产品的体验；还可以将名人的名字在产品或包装上使用
专家效应	专家是指在某一专业领域受过专门训练，具有专门知识、经验和特长的人。医生、律师、营养学家等均是各自领域的专家。专家所具有的丰富知识和经验，使其在介绍、推荐产品时较一般人更具权威性，从而产生专家所特有的公信力和影响力。当然，营销者在运用专家效应时，一方面应注意法律的限制，如有的国家不允许医生为药品作证词广告，另一方面应避免公众对专家的公正性、客观性产生怀疑
普通人效应	运用满意顾客的证词来宣传企业的产品，是广告中常用的方法之一。由于出现在荧屏上或画面上的证人或代言人是和潜在顾客一样的普通消费者，这会使受众感到亲近，从而使广告诉求更容易引起共鸣。宝洁公司、北京大宝化妆品公司都曾运用过“普通人”证词广告。还有一些公司在电视广告中展示普通消费者或普通家庭如何用广告中的产品解决其遇到的问题，如何从产品的消费中获得乐趣等。由于这类广告贴近消费者，反映了消费者的现实生活，它们可能更容易获得认可
经理型代言人	越来越多的企业在广告中用公司总裁或总经理做代言人。大公司的总裁或主管像明星一样拥有很多光环，他们的成就和不平凡的经历颇受一般民众仰慕。他们出现在广告中，一方面能吸引更多的人对广告感兴趣，另一方面，也表明公司高层对消费者利益的关注，从而可能激起消费者对公司及其产品的信心

2.6.3　家庭与消费者

1. 家庭

（1）家庭的含义。

一般认为，家庭（family）是指以婚姻关系、血缘关系和收养关系为纽带而结成有共同生活活动的社会基本单位。正常的家庭至少由两人组成，一个人不能成为完整意义上的家庭。社会学家一般将家庭分为四种形式或类型：

核心家庭，即由父母双方或其中一方和他们的未婚子女组成的家庭，以及只有一对夫妇的家庭。

主干家庭，指一个家庭中至少有两代人，且每代只有一对夫妇（含一方去世或离婚）的家庭，这种家庭的最典型的形式是三代同堂的家庭。

联合家庭，指由父母双方或其中一方同多对已婚子女组成的家庭，或兄弟姐妹婚后仍不分家的家庭。

其他类型的家庭，指上面三种类型以外的家庭，如未婚兄弟姐妹组成的家庭。

（2）家庭的功能。

①经济功能。

在小农经济社会，家庭既是一个生产单位，又是一个消费单位，它发挥着重要的经济功能。在现代社会条件下，家庭的经济功能尤其是作为其重要内容的生产功能有所削弱，然而为每一个家庭成员提供生活保障仍然是家庭的一项主要功能。传统上，丈夫是家庭经济来源的主要提供者，由此他在家庭中占有支配性地位。而现在，越来越多的妇女参加工作，她们对家庭所做出的经济贡献越来越大。

②情感交流功能。

家庭是思想、情感交流最充分的场所。一个人在工作、生活等方面遇到困难、挫折和问题，能够从家庭得到安慰、鼓励和帮助。家庭人员之间的亲密交往和情感建立在亲缘关系的基石上，具有较为牢固的基础。在现代竞争日益激烈的社会里，人们对获得家庭的关爱有更强烈的要求。

③赡养与抚养功能。

抚养未成年家庭成员和赡养老人、丧失劳动能力的家庭成员，这是人类繁衍的需要。家庭的这类功能将随着社会保障制度的完善而部分地由社会承担，但它不可能完全外移。

④社会化功能。

家庭成员的社会化尤其是儿童的社会化，是家庭的主要或核心功能。人从刚出生时的一无所知，到慢慢地获得与社会文化相一致的价值观、行为模式，这一过程大部分是在家庭中完成的。与消费者行为研究相关的是儿童的消费者社会化（consumer socialization）。消费者社会化被定义为一个过程，通过这一过程，儿童获得技巧、知识和作为消费者所必需的态度和经历。儿童通过观察他们的父母和哥哥姐姐形成自己的消费行为准则，父母和孩子一起购物的“共同购物”经历也给了儿童学习商场内购物技巧的机会。不同类型的母亲会与孩子分享不同的购物技巧。

社会化过程中，值得关注的还有代际影响，也称为代与代之间的影响（intergenerational influence，IGI），是指一代人的价值观、习惯和行为可能会传递给另一代。代际影响可以在两个方向上发生：前向（从父母到孩子）和后向（从孩子到父母）。一般说来，消费者行为研究对孩子幼时发生的前向 IGI（也就是儿童消费者社会化过程）研究较多；对于后向 IGI，也就是关于孩子长大成人后如何在消费观念、行为上影响父母的研究越来越受到研究者的重视，因为后向 IGI 在现实生活中大量存在，如成人后的孩子向父母传授使用电脑的知识、推荐旅游地点等，这对于营销者来说是具有重要意义的。

2. 家庭生命周期

家庭生命周期（family life cycle）是指一个家庭诞生、发展直至消亡的运动过程，它反映了家庭从形成到解体呈循环运动的变化规律。随着社会的发展，按照传统家庭生命周期发展的家庭比重有所下降，新的家庭模式和生活方式逐渐为社会所接受。新的家庭模式包括离异家庭、单亲家庭等。

（1）传统的家庭生命周期。

对整个家庭生命周期进行划分的标准是婚姻状况（单身、已婚、离异）、家庭成员的年龄、家庭规模、家长的工作状况（工作或退休）。在具体的划分上，家庭生命周期有 5 阶段、6 阶段、9 阶段乃至 10 阶段的划分方法。传统上用得较多的是 9 阶段，包括：单身期、新婚期、满巢Ⅰ期、满巢Ⅱ期、满巢Ⅲ期、空巢Ⅰ期、空巢Ⅱ期、孤寡Ⅰ期、孤寡Ⅱ期。它按阶段描述了大多数家庭由单身时期开始到步入婚姻，然后到家庭的成长、家庭规模缩小直至以家庭的消亡而告终的过程，这称为传统的家庭生命周期。

（2）修正了的家庭生命周期。

传统的家庭生命周期模式并不能完全代表家庭各个阶段发展的能力。随着经济、社会的发展，现代家庭模式也发生了很大的变化，研究人员正在不断地尝试找出扩展家庭生命周期的模式，以便更好地反映家庭生命周期模式。图 2-3 列出了一个家庭生命周期模式。该模式反映有别于传统家庭生命周期模式的扩展家庭生命周期模型。

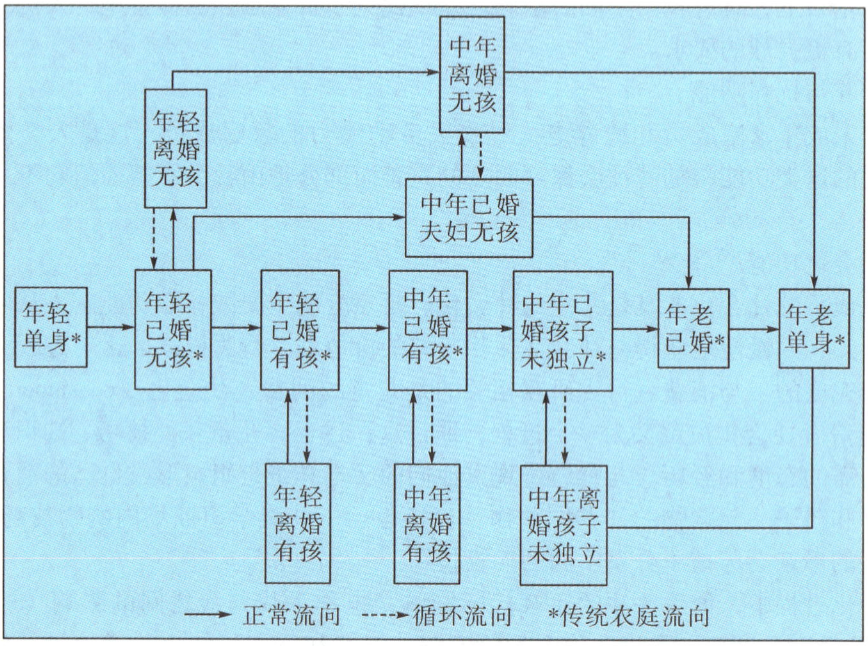

图 2-3　一个更符合实际情况的扩展的家庭生命周期模型

3. 家庭购买决策

（1）家庭中的购买角色。

一般而言，家庭消费决策过程中至少涉及五种角色：①倡议者，指提议购买某种产品或使其他家庭成员对某种产品产生购买兴趣的人。②影响者，指为购买提供评价标准和哪些产品或品牌适合这些标准之类的信息，从而影响产品挑选的人。③决策者，指有权决定购买什么及何时购买的家庭成员。④购买者，指实际进行购买的家庭成员。购买者与决策者可能不同。例如，青少年可能会授权决定购买何种汽车甚至何时购买，但是父母才是实际与经销商进行议价并付款的人。⑤使用者，指在家庭中实际消费或使用由他们自己或其他家庭成员所购产品的人。

值得注意的是，家庭中产品的使用者通常都不是购买者。例如，儿童所喝的饮料，其广告的诉求对象应该是母亲，因为她们才是产品的决定者及购买者。同样，在家庭里，母亲和妻子是大部分衣服的购买者，包括她们丈夫和孩子的衣服都由她们购买。在有的购买活动中，大部分角色都由一个人来承担；在另外的购买中，则可能由多人分别承担不同的角色。

（2）家庭购买决策方式。

家庭购买决策是指由两个或两个以上家庭成员直接或间接做出购买决定的过程。作为一种集体决策，家庭购买决策在很多方面不同于个人决策，例如在早餐麦片的购买活动中，成年人与儿童所考虑的产品特点是不同的，因而他们共同做出的购买决策将不同于他们各自单独做出的决策。

任务 2.7　分析影响消费者心理及行为的情境因素

任务描述：

掌握消费者情境的构成及类型；

正确对消费者情境因素进行分析。

任务准备：

课前知识学习。

2.7.1　理解消费者情境及其构成

消费者行为因情境的不同而有所差异。面对同样的营销刺激（如产品、服务或广告），同一个消费者在不同的情境下可能做出不同的反应。所以，我们研究消费者行为，不能忽视情境的影响。

分析影响消费者心理及行为的情境因素

1. 消费者情境的含义

消费者情境从广义上说，除消费者本人的特征与产品本身的特征以外的环境因素都是影响消费者行为的情境因素。消费者情境（consumer situation）是指消费或购买活动发生时个体所面临的短暂的环境因素，如购物时的气候、购物场所的拥挤程度、消费者的心情等。它既不是营销刺激本身的一部分，也不是一种消费者特征，但是它对消费者如何评价刺激物、是否以及如何对刺激物做出反应会产生重要影响。

2. 消费者情境的构成

贝克（Bellk）认为，消费者情境的构成主要包括以下五个方面：

（1）物质环境。

物质环境包括装饰、音响、气味、灯光、气温以及可见的商品形态或其他环绕在刺激物周围的有形物质。物质环境通过视觉、听觉、嗅觉以及触觉来影响消费者的感知，对消费者的情绪、行为具有重要影响。

①颜色。

在商场内部环境设计中，色彩起着传达信息、烘托气氛的作用。它既可以帮助顾客认识商场形象，又能使顾客产生良好的记忆和深刻的心理感受。不同的环境色彩可以引起顾客产生不同的联想和不同的心理感受。营销者在店内环境色彩的设计中应综合考虑商品因素、季节因素和顾客特征，应注意运用色彩变化和顾客视觉反应的一般规律。比如，红色有助于吸引消费者的注意和兴趣，但在有些情况下它又令人感到紧张和反感；较柔和的颜色如蓝色虽具有较少吸引力和刺激性，但被认为能引起平静、凉爽和正面的感觉。又比如，在炎热的夏季，商场的色调应以淡蓝色、淡绿色为主体，给顾客以凉爽舒适感；而在寒冷的冬季，则应以暖色调为主。

②气味。

清新宜人的气味通常会对人的生理产生积极的影响。在现代商业环境条件下，商场中的气味对顾客的影响一般是积极的、正面的，大多不会形成负面感受。越来越多的证据表明，气味能对消费者的购物行为产生正面影响。国外一项研究发现，有香味的环境会使消费者产生再次造访该店的愿望，会提高消费者对某些商品的购买意愿并减少消费时购买的感觉。当然，气味有时也有消极的一面，比如不同的人有不同的偏好，对某人来说令人愉悦的气味，其他人也许觉得难闻。商场装修中各种材料会发出不良气味，营销者在商场的布局中应该充分考虑到这一点。

③音乐。

音乐能够影响消费者的情绪，而情绪又会影响其消费行为。营销者在购物环境中播放适当的背景音乐可以调节顾客的情绪，活跃购物气氛，甚至可以缓解顾客排队等待的急躁心情。背景音乐通常被用于掩盖嘈杂声并使之不被注意。对超市和餐馆的研究表明，背景音乐确实会对消费者的行为产生影响。但是，不同消费场所播放的音乐也应有所选择，要考虑到消费环境的档次、主要的目标消费群体等，音乐的风格需要与所在环境相协调。

④拥挤状态。

商场内的拥挤状态也是构成商场环境气氛的重要因素。当很多人进入的某个商店或店铺空间过多地被货物挤满，消费者就会有一种压抑感。大多数消费者体会到拥挤时会感觉不快，他们也许会减少待在商店内的时间，同时买得更少、决策更快或减少与店员的情感交流。其后果是消费者满意度降低，产生不愉快的购买体验，并对商场产生负面情感，减少再次光顾的可能性。当然，在某些情况下人员稠密也被认为是有益的，当人们在酒吧或体育比赛现场寻求体验时，众多的参与者往往可以提高感染力。

（2）社会环境。

社会环境涉及购物或消费活动中周围其他人对消费者的影响。个体倾向于服从群体预期，当行为具有可预见性时尤其如此。社会情境对人们的行为而言是一种重要的影响力量。购物以及很多在公众场合使用的商品与品牌都是高度可见的，自然会受制于社会影响。消费者购物有时并不仅仅是为了购买产品，而是同时体验各种社会情境。

（3）时间。

时间是指情境发生时消费者可支配时间的充裕程度，也可以指活动或事件发生的时机。许多消费者都认为自己所承受的时间压力是前所未有的，这种感觉被称为“时间贫乏”（time poverty）。这种时间贫乏感使消费者对能够节省时间的产品特别关注，导致消费者对高品质、易准备的食品及其他节约时间的产品产生大量需求。这同时也引发了多元活动现象，即顾客在同一时间里做一件以上的事情，这也为营销提供了许多机会。人们对时间的体验是很主观的，并且这种体验是受到当时的偏好和需要影响的。有研究者根据人们什么时候更可能接受营销信息来给时间分类。

（4）购买任务。

购买任务通常是指消费者具体的购物理由或目的。人们购买一件产品的原因是多种多样的。例如，消费者购买葡萄酒可以是自己喝，也可以是与朋友聚会时一起喝，还可以作为礼品送人。基于不同的购买目的，消费者购买葡萄酒的档次、价位和品牌均会存在差异。购买任务一般可以分为自用购买和送礼购买。同样是作为礼物，生日礼物和结婚礼物的购买显然存在较大差异。

（5）先前状态。

先前状态是指消费者带入消费情境中的暂时性的心理和情感状态。心情是一种不与特定事件或事物相连的暂时性情感状态。心情既影响消费过程同时又受消费过程的影响。例如，电视、广播和杂志内容能够影响人们的心情和激活水平；反过来，心情又会影响人们的信息处理活动。心情还影响人们的决策过程以及对不同产品的购买与消费。正面、积极的心情与冲动性购买和“举债消费”相联系。当然，负面的心情也会增加某些类型的消费者的冲动性购买。另外，心情还会影响消费者对服务和等待时间的感知。

2.7.2 区分消费者情境的类型

消费者情境大致可以分为三种类型，即沟通情境、购买情境和使用情境。

（1）沟通情境。

沟通情境是指消费者接收人员或非人员信息时所处的具体情境或背景。无论是面对面的沟通，还是非人员性的沟通，其效果均与消费者当时的接收状态，如是否有他人在场、心情或身体状况如何等，存在密切的关系。消费者在收看电视广告时，很多情境因素会影响收视效果。例如，以亲情为主题的广告很容易唤起消费者心中温暖的情绪，给消费者愉悦而温馨的感觉，可以促进消费者对产品的正面记忆。

（2）购买情境。

购买情境是指消费者在购买过程中接触到的各种物理的、社会的以及其他方面的环境。不同的购买情境对消费者的购买行为产生直接影响。比如，父母和孩子一起购物时的决定就比没有孩子陪同时更容易受到孩子的影响；看到商场的收款处排着长龙，有的消费者可能会放弃购物。消费者对一家商场的综合感觉会受到商场内诸多因素的影响，如内部设计、来店顾客、商场营业员的服务等。

（3）使用情境。

使用情境是围绕产品的实际使用或消费的情境。使用情境回答了产品利益和定位的关系，提供了消费者购买的原因。在不同的使用情境下，消费者对同一种产品的选择标准和购买决策可能存在较大差异。为此，营销人员首先需要了解自己的产品适合或可能适合哪些使用情境，然后才能传递有关产品是如何在不同的使用情境下适合消费者的需要的信息。例如，广告中可以显示哪种品牌的法国葡萄酒适合休闲时饮用，哪种适合正式场合饮用。营销者通过列举一种产品的特性及适用对象，可以建立一个消费者使用情境模型，观察到购买该产品对应的各种使用情境。

任务实施

任务单 2-5-1

组号：__________ 姓名：__________ 学号：____________ 检索号：__________

结合前面所学知识及你自己的理解，请在正确对应的概念处，完成空白处的填写。

引导问题：

（1）消费者收入的构成有哪些？

（2）不同收入人群的消费行为有何特点？

（3）在消费者研究领域，文化的定义是什么？主要包括哪三个方面？

（4）文化习得的基本工具有哪些？在营销上如何运用？

（5）文化意义传递的方式有哪些？对于营销有何意义？

知识	阐述
消费者收入构成	
不同收入人群的消费行为特点	
消费者研究领域中文化的主要构成	
消费者文化习得的基本工具	
文化意义传递的方式	

任务单 2-6-1

组号：__________ 姓名：__________ 学号：____________ 检索号：__________

结合消费心理及行为影响因素的相关知识，分析年夜饭消费场景有哪些影响因素并说明原因。

引导问题：

（1）跟年夜饭相关的消费行为包括哪些？

（2）在这样的场景中，体现了哪些影响消费者的因素，请简要说明。

任务单 2-6-2

组号：__________ 姓名：__________ 学号：____________ 检索号：__________

引导问题：

(1) 什么是社会阶层?

(2) 霍林舍社会地位指数把社会阶层分为 5 类，它是按照哪两个标准来进行划分的?

(3) 不同社会阶层的消费者存在哪些行为差异?

(4) 什么是参照群体? 参照群体对消费者的影响表现为哪 3 种形式?

(5) 家庭决策方式分为哪 4 种?

请选定____________________ 产品，瞄准 1 个社会阶层，选择 1 个代言人并设计 1 个宣传方案。在小组内讨论分析，最后详细阐述设计的宣传方案并说明理由。

任务单 2-6-3

组号：__________ 姓名：__________ 学号：__________ 检索号：__________

引导问题：

（1）什么是家庭？

（2）传统家庭的生命周期是如何划分的？

（3）修正后的家庭生命周期是如何划分的？对营销有什么启示？

案例：

“50+”年龄群体婴儿潮时代出生的一代，最年轻的已经年满 50 岁了。但最新的调研数据表明，“50+”年龄群体的消费者感到自己被品牌排斥，认为品牌广告传递的信息反映了对该人群的理解失误。针对“50+”年龄群体设立的全球性网站 High50 进行了一项调研，调研结果表明，该年龄层的消费者中，只有 4%的人认为品牌广告是特别针对他们创作的，只有 11%的人认为品牌看重这个群体，而 1/5 的消费者认为自己完全被品牌排斥。现在营销者只把重点锁定在 25~35 岁的消费人群身上，这种做法是错误的。对比之下，年轻群体并不像较年长的消费者那样富裕。一些品牌的产品专门针对更年长的人群，为此企业精心选了一个奢侈品设计师，但却创作了一些女孩子穿的产品，而那些宣传品牌服装的模特也都是二十几岁，这种做法显然是矛盾的。意大利某女性服装品牌的目标是吸引“成熟”女性，而其品牌设计的基础是消费者反馈的需求信息和消费者洞见。该品牌拥有“奢华基本款”系列，目标人群是那些进入更年期的女性，或者有其他身体问题的女性，因为很多身体症状会影响人的正常体温，而“奢华基本款”系列服装的材料和设计可以对身体起到特殊的保护作用。

该系列服装用的材料是天丝棉，可以吸收身体的汗液并排出体外。虽然“50+”年龄群体对品牌广告的印象普遍不佳，但他们对于自己的年龄都感觉良好。50~59 岁人群中，71%的人表示对自己的年龄感觉良好；而在 60~64 岁的人群中，这一数字上升到 78%。近一半参与调研的消费者认为，他们对现状很满意，因为有更多的时间做自己喜欢的事情，而 44%的人表示现在的自己更清楚自己想要什么。“这种现象表明品牌与消费者有很大的脱节。一方面，50+年龄群体对自己的年龄感觉良好，他们希望享受生活并且对家庭开支拥有掌控权；另一方面，广告商和营销人员却没能重视这一情况，缺乏和该群体的对话交流。” High50 首席执行官詹姆斯·贝鲁斯（James Burrow）说，“这个群体最有经济能力。因此，我们是时候摒弃旧观念，不要认为 50+年龄群体正遭受某种危机，要意识到，对于很多人而言，踏入 50 岁意味着下半生美好生活的开始。广告也必须有所转变。在针对这个群体的广告中，你将看到一些 50~70 岁的模特。这是一种观念转变，传统的观念认为年长的群体不能打扮得很时尚，而新广告将转变人们的这种观念。”

该请结合上述案例，分析：

（1）从家庭生命周期来看，“50+”群体是一个什么样的群体？具有什么特征？

（2）你认为，针对“50+”群体，相关品牌的广告诉求点或重点应该聚焦在什么地方？

____

____

____

____

____

____

任务单 2-7-1

组号：__________ 姓名：__________ 学号：____________ 检索号：__________

引导问题：

（1）什么是消费者情境？

（2）消费者情境的构成包括哪些？

（3）分析消费者情境的类型对营销有何意义？

任务单 2-7-2

组号：__________ 姓名：__________ 学号：__________ 检索号：__________

请结合前面的知识点及相关拓展内容制作一个思维导图。

导图的主题是：影响消费者心理及行为的外部因素。

任务评价与反馈

组号：__________ 姓名：__________ 学号：____________ 检索号：__________

任务评价表

班级		组名		日期		年　月　日
评价指标	评价内容			他评分数	自评分数	教师综合分数评定
信息检索 10 分	能有效利用网络、图书资源、工作手册查找有用的相关信息等；能用自己的语言有条理地去解释、表述所学知识；能将查到的信息有效地传递到工作中					
感知工作 10 分	熟悉工作岗位，认同工作价值；在工作中能获得满足感					
参与态度 20 分	积极主动参与工作，能吃苦耐劳，崇尚劳动光荣、技能宝贵；与教师、同学之间相互尊重、理解；与教师、同学之间能够保持多向、丰富、适宜的信息交流					
	探究式学习、自主学习不流于形式，处理好合作学习和独立思考的关系，做到有效学习；能提出有意义的问题或能发表个人见解；能按要求正确操作；能够倾听别人意见、协作共享					
学习方法 10 分	学习方法得体，有工作计划；操作技能符合规范要求；能按要求正确操作；获得了进一步学习的能力					
工作过程 15 分	遵守管理规程；平时上课的出勤情况和每天完成工单任务情况良好；善于多角度分析问题，能主动发现、提出有价值的问题					
思维态度 10 分	能发现问题、提出问题、分析问题、解决问题					
自评反馈 25 分	按时按质完成工作任务；较好地掌握了专业知识点；具有较强的信息分析能力和理解能力；具有较为全面、严谨的思维能力并能条理清晰地表达成文					
组内成员评述						
自我总结有益经验和做法						
反馈与建议						

任务 2.8　掌握消费者需要的含义及分类

【任务情景】

在一段时间的店铺实习工作后，夏明对影响消费者心理和行为的因素都有了比较系统的了解。他明白消费者的一般心理过程和个体心理特征是引导消费行为的心理动因，同时外部环境因素又是消费的强大外援。但内外影响因素都明确的情况下，顾客进入面包店购买的最大的动力来自哪里？顾客又是在怎样一种内外部因素的系统作用之下最后顺利做出购买行为的呢？消费者在购买决策过程中怎样进行决策，这些决策又属于什么类型呢？这些问题让夏明有些困惑。针对这些情况，本项目将通过对消费者需要、动机、决策模式的学习，帮助夏明理清思路。

任务描述：

正确理解需要的含义；

理解马斯洛的需要层次理论；

区分需要与需求的关系；

能运用马斯洛模型进行消费者需要的分析；

能在部分情境下进行消费者需求的挖掘。

任务准备：

课前知识学习。

2.8.1　消费者需要的含义及特征

掌握消费者需要的含义及分类

消费者一般心理活动过程是消费者在购买商品或服务的过程中内心的一种动态发展过程，包括认识、情感、意志三个不同阶段，它们是互相联系、互相制约的，具体又包括感觉、知觉、注意、记忆、想象、思维、情绪、感情以及意志等若干个环节。

1. 消费者需要的含义

消费者需要（need）是指消费者生理和心理上的匮乏状态，即感到缺少什么，从而想获得它们的状态。个体在其生存和发展过程中会有各种各样的需要，如饿的时候有进食的需要，渴的时候有喝水的需要，在与他人交往中有获得友爱、被人尊重的需要等。需要是和人的活动紧密联系在一起的。人们购买产品，接受服务，都是为了满足一定的需要。一种需要满足后，又会产生新的需要。因此，人的需要绝不会有被完全满足和终结的时候。正是需要的无限发展性，决定了人类活动的长久性和永久性。

需要虽然是人类活动的原动力，但它并不总是处于唤醒状态。只有当消费者的匮乏感达到了某种迫切程度，需要才会被激发，并促进消费者有所行动。需要一经唤醒，就可以促使消费者为消除匮乏感和不平衡状态采取行动。但它并不具有对具体行为的定向作用。在需要和行为之间还存在着动机、驱动力、诱因等中间变量。

2. 消费者需要的特征

（1）消费需要的多样性。

不同消费者的收入水平、文化程度、职业、性别、年龄、民族和生活习惯不同，价值观念和审美标准不同，对消费品的需要也是千差万别的，就同一消费者而言，消费需要也是多方面的。

（2）消费需要的发展性。

随着生产力的发展和消费者个人收入的提高，人们对商品和服务的需要也在不断发展。如许多人过去未曾消费过的高档商品进入了大众消费领域；过去大众消费得少的高档耐用品现在被大量消费；过去消费讲求价廉、实惠，现在追求美观、舒适等。

（3）消费需要的伸缩性。

消费者购买商品，数量、品级等均会随购买水平的变化而变化，随商品价格的高低而转移。其中，基本的日常消费品需要的伸缩性比较小，而高中档商品、耐用消费品、穿着用品和装饰品等选择性强，消费需要的伸缩性就比较大。

（4）消费需要的层次性。

人们的需要是有层次的，一般说来，人们总是先满足最基本的生活需要（生理需要），然后再满足社会交往需要和精神生活需要。随着生产力的发展和消费水平的提高，以及社会活动的扩大，人们消费需要的层次必然逐渐向上移动，购买的商品越来越多地是为了满足社会性、精神性需要。

（5）消费需要的时代性。

消费需要常常受到时代精神、风尚、环境等的影响。时代不同，消费需要和爱好也会不同。例如，在当今时代，消费者随着文化水平的提高，对文化用品的需要日益增多，这就是消费需要的时代性。

（6）消费需要的可诱导性。

消费需要是可以引导和调节的。这就是说通过企业营销活动的努力，人们的消费需要可以发生变化和转移。潜在的欲望可以变为明显的行动，未来的需要可以变成现实的消费。

（7）消费需要的联系性和替代性。

消费需要在有些商品上具有关联性，消费者往往顺便连带购买。如：商家出售皮鞋时，可能附带出售鞋油、鞋带、鞋刷等。商家经营有联系的商品，不仅会给消费者带来方便，而且能扩大商品销售额。有些商品有替代性，即某种商品销售量增加，另一种商品销售量减少，如食品中的肉、蛋、鱼、鸡、鸭等，其中某一类销售多了，其他食品的销量就可能会减少等。

2.8.2 马斯洛的需要层次理论

美国心理学家马斯洛于1943年提出了著名的“需要层次理论”，1954年在他出版的《激励与人格》一书中，对此理论做出了进一步的完善和发展。

1. 需要层次理论

该理论把人的需要分成生理需要（physiological needs）、安全需要（safety needs）、爱和归属感需要（love and belonging needs，或社交需要）、尊重需要（esteem needs）和自我实现需要（self-actualization needs）五类。生理需要和安全需要是较低层次的需要；社交需要、尊重需要和自我实现需要是较高层次的需要。按其发生的先后顺序排列成一个需要等级，如图 2-4 所示。

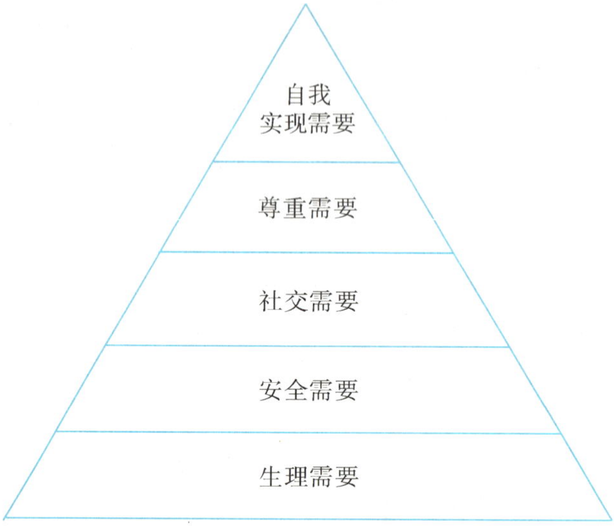

图 2-4　马斯洛的需要层次理论

（1）生理需要。

生理需要是最低层次的需要，是维持体内生理及生化平衡的最基本、最原始的需要。这种需要包括食物、水、空气、睡眠和性的需要等。马斯洛认为，只有当这些最基本、最原始的需要被满足到维持生命所必需的程度后，其他需要才能成为新的激励因素。

（2）安全需要。

安全需要，即个体在生理及心理方面免受伤害，获得保护、照顾和安全感的需要，如要求人身的健康，安全、有序的环境，稳定的职业和有保障的生活等。当生理需要得到满足以后，下一层次的需要将成为驱动人们行为的动机。这个层次的需要可称为安全需要，它包括经济安全，希望对医疗、养老及人身意外有保障；职业安全，希望不要失业，希望对不确定的未来有保障；社会安全，希望免于天灾人祸或战争威胁；劳动安全，希望工作安全，不出工作事故；心理安全，希望摆脱严厉的监督，免于不公平的待遇等。

（3）社交需要。

社交需要也被称为爱和归属感需要。当人们的生理需要和安全需要得到满足后，社交需要就成为其行动的动因。如社交的欲望，希望得到别人的安慰，离群独居会感到悲哀和痛苦，希望同伴之间、同事之间相处和谐，关系融洽，保持友谊和忠诚，相互信任和友爱。同时人们希望得到别人的认同、接受和支持，并以成为群体中的一员而感到自豪。社交需要与人们的经历、教育、家庭、民族、宗教和文化都有关系。

（4）尊重需要。

尊重需要，即个体希望获得荣誉，受到尊重和尊敬，博得好评，得到一定的社会地位的需要。尊重需要是与个人的荣誉感紧密联系在一起的，它涉及独立、自信、自由、地位、名誉、被人尊重等多方面内容。其一般可以分为两种：一是与自尊有关的需要，如自尊心、自信心、自我成长；二是与他人尊重有关的需要，如威望、名誉、知名度。尊重需要的满足会引发人们的自信情感，使人感到有力量、有能力，可以在社会上大有作为。反之，一旦受挫，个体就很可能会产生自卑、弱小的情感，令人丧失信心。

（5）自我实现需要。

自我实现需要，即个体希望充分发挥自己的潜能、实现自己的理想和抱负的需要。自我实现需要是人类最高层次的需要，它涉及求知、审美、创造、成就等内容。这种需要要求最充分地发挥人的潜力，实现个人的理想、抱负和目标。这种需要主要体现在两个方面：一是胜任感，表现为追求卓越并出色地完成任务，喜欢承担具有挑战性的工作，在工作中彻底发挥创造力；二是成就感，主要表现为进行创造性活动并获得圆满成功。

上述5种需要是按从低到高的层次组织起来的，只有当较低层次的需要得到某种程度的满足，较高层次的需要才会出现并要求得到满足。一个人生理上的迫切需要得到满足后，才能去寻求安全保障；也只有在基本的安全需要获得满足之后，爱与归属的需要才会出现，并要求得到满足，依此类推。人的各种需要存在高低顺序，或者说各种同时出现的需要中存在优势需要。人们的需要在不同时期和不同条件下，总有某种需要处于优势地位，即主导需要，其需要强度最大，对人的行为的影响也最大。就一般而言，处于较低层次的需要，只有在更低层次需要得到满足或部分满足后才会成为优势需要。换句话说，已经满足的需要不再是优势需要，亦不再是行为的决定性力量。5个层次的需要在某种程度上反映了人类的共同需要，但这些需要还与社会经济状况及文化教育普及程度等密切相关。5种层次的需要并不完全适用于每一个人，个体例外的情况大量存在。

马斯洛强调他的需要层次理论的核心是自我实现，把主导需要上升为自我实现的人称为“理想的人”。马斯洛的人本主义心理学为其美学理论提供了心理学基础。其心理学理论核心是人通过“自我实现”，满足多层次的需要系统，达到“高峰体验”，重新找回被技术排斥的人的价值，实现完美人格。自我实现的需要是超越性的，追求真、善、美，将最终导向完美人格的塑造，高峰体验代表了人的这种最佳状态。

创造美和欣赏美，是自我实现的一个重要目标，审美需要源于人的内在冲动，审美活动因而成为满足自我实现需要的必要途径。审美活动的形象性、无直接功利性、超时空性、主客体交融性，使之对完美人格的创造具有极其重要的意义；同时，审美与完美的紧密关系，使美具有真的、善的和内容丰富的性质。这样，通过审美活动，包含真、善、美于一身的完美人格便形成了，审美活动成为人的一种基本的生存方式。

高峰体验是审美活动的最高境界，完美人格的典型状态。高峰体验可以通过审美活动以外的知觉印象的寻求获得，只要是能获得丰富多彩的知觉印象的活动，都可能带来高峰体验，如爱的体验、神秘的体验、创造的体验等。高峰体验中主客体合一，既无我，也无他人或他物；对于对象的体验被幻化为整个世界，同时意义和价值被返回给审美主体；主体的情绪是完美和狂喜，主体在这时最有信心，最能把握自己、支配世界，最能发挥全部智能。

2. 需要层次理论的应用

从消费者行为分析角度看，这一理论对解释消费者行为动机，对于企业针对消费者需要特点制订营销策略，具有重要价值。首先，它提醒我们，消费者购买某种产品可能出于多种需要与动机，产品、服务与需要之间并不存在一一对应的关系。在现代社会，如果认为消费者购买面包仅仅是为了充饥，那将大错特错。其次，只有低层次需要获得充分满足后，高层次需要才会更好地得到满足。企业在开发、设计产品时，既应重视产品的核心价值，又应重视产品为消费者提供的附加值，因为前者可能更多地与消费者的某些基本需要相联系，后者更多地与其高层次需要相联系，用产品的附加功能取代其核心功能是注定要失败的。再次，越是涉及低层次需要，人们对需要的满足方式与满足物就越明确，越是涉及高层次需要，人们对需要的满足方式与满足物越不确定。对如何满足获得别人尊重、获得友谊、使生活更美好等高层次的需要或以何种方式满足，消费者并不完全清楚。这实际也意味着越是满足高层次需要的产品，企业越有机会和可能创造产品差异。最后，越是高层次的需要，越难以得到完全满足，原因在于，满足需要的愉快体验又会产生更高的需要。

任务 2.9　掌握消费者动机的含义及分类

任务描述：

正确理解消费者动机的含义；

正确理解显性及隐性动机；

正确把握消费者需要与动机的关系；

能够用动机的含义及分类来分析相关问题；

能在部分情境下初步运用 4 个方法来进行隐性动机的分析。

任务准备：

课前知识学习。

2.9.1　动机的含义

掌握消费者动机的含义及分类

1. 动机的概念

动机（motivation）这一概念是由伍德沃斯（R. Woodworth）于1918 年率先引入心理学的。他把动机视为决定行为的内在动力。一般认为，动机是“引起个体活动，维持已引起的活动，并促使活动朝某一目标进行的内在作用”。人们从事任何活动都由一定动机所引起。动机的产生有内外两类条件，内在条件是需要，外在条件是诱因。个体本身会寻求一种平衡状态或动态平衡（homeostasis），当需要未满足时，就破坏了平衡，产生紧张感，当紧张达到某一程度时，便会唤醒内驱力以促使消费者采取行动以降低其紧张感。需要只为行为指明大致的或总的方向，而动机就规定具体的行动线路，促使消费者采取行动，实现目标。即使个体缺乏内在的需要，单凭外在的诱因，有时也能引起动机和产生行为。饥而求食，这是一般现象，然而无饥饿之感时若遇美味佳肴，也可能会使人顿生一饱口福之动机。当目标达成，需要满足，消费者的紧张感降低，动态平衡得以恢复，个体就会停止这种行为，直至平衡被打破，又开始新的行为。动机的产生过程如图 2-5 所示。

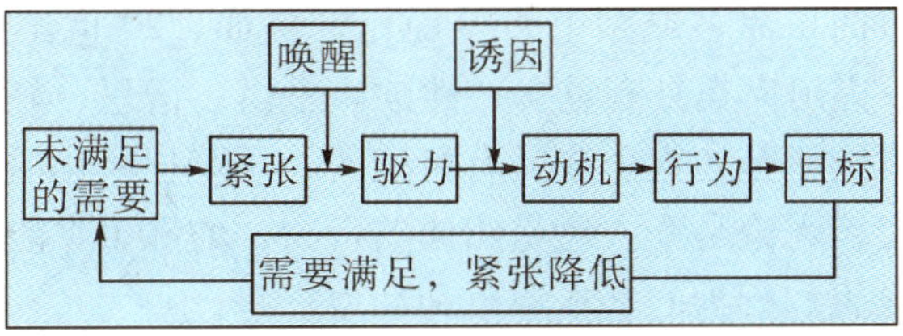

图 2-5 动机的产生

2. 动机的特征

（1）动机的不可观察性或内隐性。

动机是联结刺激与反应的中介变量，只能通过对某些外显行为指标的研究做出推断，动机本身是无法被直接观察到的。一些人购买名牌产品可能是出于显示身份、地位这一动机，企业如果据此设计高品质产品，并通过其他营销手段维持其产品的名牌形象，很可能会迎合这部分消费者的需要，从而获得成功。如果真是如此，企业采用的以身份、地位为追求目标的策略的成功，恰恰印证了消费者具有追求身份、地位的强烈动机。

（2）动机的多重性。

消费者对产品或品牌的选择，很可能是由某种动机所支配和主宰的，然而，这并不意味着某一购买行为是由单一的动机所驱使的。事实上，很多购买行为都隐含着多种动机。消费者购买某种名牌产品，既可能是出于显示地位和身份的动机，也可能含有获得某一群体的认同、减少购买风险等多种动机。所以，企业在设计产品和制定营销策略时，既应体现和考虑消费者购买该产品的主导动机，又应兼顾非主导动机。

（3）动机的实践性与学习性。

动机包含着行为能量与行为方向两个方面的内容。行为能量很大程度上是由需要的强度所决定的，而行为方向则受个体经验以及个体对环境、对刺激物的学习的影响。动机的习得性实际上意味着动机并非一成不变，而是伴随个体的学习和社会化而不断改变的。

（4）动机的复杂性。

动机的复杂性至少可以从 4 个方面体现出来：一是任何一种行为背后都蕴含着多种

不同动机，而且类似的行为未必出自类似的动机，类似的动机也不一定导致类似的行为。二是同一行为后的各种动机有着强度上的差别，哪种动机处于优势地位，哪种动机处于弱势地位，并不容易分清。三是动机并不总是处于显意识水平或显意识状态，也就是说，对为什么采取某一行动，消费者自身也并不一定能给出清楚的解释。四是没有一种动机是孤立的，即使是人类最基本的饥饿动机，虽在性质上属于生理性质，但也很难完全以纯生理的因素予以解释。人类的行为十分复杂，而行为背后的动机比行为更为复杂。

3. 动机的相关理论

（1）本能说。

本能说是解释人类行为的最古老的学说之一。最初的本能理论只不过是人类对所观察到的人类的行为予以简单命名或贴上标签而已。例如，20 世纪初，美国心理学家麦独孤（W. McDougall）提出人类具有觅食、性欲、恐惧、憎恶、好奇、好斗、自信等一系列本能。按照本能说的解释，人生来具有特定的、预览程序化的行为倾向，这种行为倾向纯属遗传因素决定，无论是个人还是团体的行为，均源于本能（instinct）倾向。换句话说，本能是一切思想和行为的基本源泉和动力。

本能行为必须符合两个基本条件：其一，它不是通过学习而获得的；其二，凡是同一种属的个体，其行为表现模式完全相同。像蜜蜂将蜂巢筑成六角形、蝙蝠倒挂着睡觉、候鸟定期迁徙，都属于本能行为。人类也有很多本能行为，如婴儿天生就有对母亲的特殊反应倾向，有对黑暗的恐惧感等。从市场营销角度来看，本能行为的价值在于，它能使针对这些行为的特定的营销刺激更有效。例如，在广告宣传中以母爱为诉求，可能很容易唤起成年人对某些儿童用品的好感，从而有助于这些产品的销售。相对于多样、复杂的人类行为，本能行为只是很小的部分，而且很多被视为具有“人类天性”的行为也可以通过学习来改变。基于此，现在很少有学者坚持用人的天性或本能作为人类复杂行为的动因。

（2）精神分析说。

精神分析说的创始人是奥地利精神病学家、心理学家弗洛伊德（Freud）。弗洛伊德的精神分析学说重视对无意识的研究，将无意识视为人类行为的根本性决定因素。弗洛伊德认为，人的精神由 3 部分构成：意识、潜意识和前意识。意识是与直接感知有关的心理部分，即出现在我们的意识中、为我们所感知的要素或成分。潜意识是指个人的原始冲动和各种本能以及由这种本能所产生的欲望，它们为传统习俗所不容，被压抑到意识阈限之下，是人的意识无法知觉的心理部分。前意识是介于意识与潜意识之间、能从潜意识中召回的心理部分，是人们能够回忆起来的经验，它是意识与潜意识之间的中间环节与过渡领域。弗洛伊德进一步认为，如果把人的精神比作一座冰山，意识只是露出水面之冰山一角，前意识是水面下的一部分，随着海水的起落时隐时现，潜意识则是深藏在水面之下的冰山主体，在人的精神生活中处于基础性地位。因此人们理解人类行为背后潜藏的动机，只分析意识和前意识层次，是不充分也是不恰当的，而应当深入到潜意识的层次。潜意识虽然不能被直接感知，但它总是在不停地、积极地活动着，并以各种衍生形式表现自己，梦、过失、冲动性行为、俏皮话、精神病都是通往潜意识的曲径。弗洛伊德特别重视对梦的分析，他认为梦是“愿望的达成”，是被压抑的欲望的某种变了形的满足。人们通过对梦的分析或释梦，不仅可以发现潜意识中的各种需要与欲望，而且还极有可能揭示或重现人类祖先的经验和精神活动，因为现代人的心理结构和潜意识中极有可能积淀着人类祖先的经验遗产。

弗洛伊德认为，人格结构由 3 大系统组成，即本我、自我和超我。3 大系统作为一个整体，只有相互协调，才能使人有效地与外界环境交往，使人的基本需求与欲望得到满足；反之，会使人处于失常状态，降低活动效率，甚至危及人的生存与发展。本我处于人格结构的最底层，是人格结构中最原始、最隐秘、最模糊而不可即的部分。它靠遗传本能源源不断地提供能量，不与外界发生直接的交流，是个体获得经验之前就已存在的内部世界，是构成人的生命力的内在核心。本我不受任何理性与逻辑准则的约束，也不具有任何价值、伦理、社会和道德的因素，它的唯一机能是躲避痛苦，寻求快乐。实际上，本我所反映的是人的原始的欲望和冲动，是人的生物性的一面。本我凭冲动性行为和想象、幻想、幻觉、做梦等途径予以实现，消除紧张，但这样做并不能真正满足人自身的需求和欲望。想象、幻想、幻觉、做梦并不能代替现实，冲动会导致外界的惩罚，反而增加紧张和痛苦的程度。人只有靠适应和支配外界环境，才能满足自己的需求和欲望。人与环境的交往要求形成一个新的心理系统，即自我。自我是在本我的基础上分化和发展起来的，是幼儿时期通过父母的训练和在与外界交往的过程中逐渐形成的。它是人格结构中的行政管理机构，是本我与外界相连接的中介。它一方面要立足于本我，反映本我的要求，实现本我的意图，但另一方面又不能赤裸裸地反映这些意图与要求，而要正视现实条件，考虑社会需要，把本我的冲动纳入社会认可和条件许可的范围之内。总之，自我的主要机能是自我保存、趋利避害，它不断地告诫本我，要求本我为了人的长远快乐而忍受暂时的紧张和痛苦。超我是人格结构中专管道德的司法部门，它是人在儿童时代对父母道德行为的认同，对社会典范的仿效，是在接受传统文化、价值观念、社会理想的过程中逐步形成的。超我以“自我理想”和“良心”为尺度，提示人们该做什么，不该做什么，劝人戒恶从善，主动压抑自我的原始冲动，观察、评判自我，并通过精神性和生理性手段奖赏与惩罚自我。超我继承文化历史传统，按照社会伦理规范和价值标准行事，为一切本能的冲动设置最后的、最严密的障碍，避免任何危及社会和他人的过失行为，控制和引导自我从善向美，把人培养成为遵纪守法的社会成员。超我是社会化的产物，它反映了人的社会性的一面。精神分析学说认为，人的行为与动机主要由潜意识支配，因此，研究者研究人的动机必须深入人类的内心深处，需要在研究方法上进行新的探索。20 世纪 30 年代至 50 年代，动机研究正值鼎盛时期，研究者们发展起了诸如语意联想法、投射法等间接了解消费者动机与态度的研究方法。这些方法的大量运用，应当说与精神分析学说在行为分析领域的渗透和影响存在密切的联系。

虽然我们不能确切地知道消费者行为是否像弗洛伊德所描绘的那样主要受无意识支配，但可以肯定的是，消费者确实有冲动和不理智的时候，消费者的有些行为用完全理性的模式是无法解释的。如果消费者的某些行为确实是受无意识驱动的，那么消费者就不一定能清楚地意识到自己购买某种品牌的真实动机，因而我们仅仅通过观察消费者行为和询问消费者都不可能获得消费者的真实购买意图。精神分析学说还提醒我们，在分析消费者行为时，应特别重视研究消费者深层的心理需要，以及这些需要以何种形式反映到商品的购买上。狄希特（E. Dicher）认为，物体内也存在精神，人们把自己投射到各种商品中，实际上购买的商品或劳务项目是自己人格的延伸。譬如，貂皮大衣是社会地位的象征，树木是生命的象征等。这些研究结论无疑对企业制定广告、促销策略，决定采用何种产品外观或包装图案具有重要指导价值。

（3）驱力理论。

与本能论的观点不同，驱力理论假定任何动物的行为均受内部能量源的驱动，是经学习而不是由遗传所引起的。驱力是由个体生理或心理的匮乏状态所引起并促使个体有所行动的促动力量。驱力为个体消除匮乏感或满足其需要的各种活动提供能量，它总是与个体生理或心理上的失衡状态相联系；驱力的减少伴随着个体的愉快感和满足感，因此，它是个体所追求的。驱力减少所带来的奖赏效果会导致个体的学习行为，经由学习积累经验，会使个体对那些满足物和采用何种方式消除其匮乏感有深刻认识，并在此基础上形成习惯。所以，驱力为行为提供能量，而学习中建立的习惯决定着行为的方向。

美国学者霍尔（Hull）提出的 $E=D\cdot H$ 公式实际上反映了驱力理论的观点。公式中，E 表示从事某种活动或某种行为的努力或执着程度，D 表示驱力，H 表示习惯。霍尔的公式表明，消费者追求某种产品的努力程度将取决于消费者由匮乏状态而产生的内驱力，以及由观察、学习或亲身经历所获得的关于这一产品的消费体验。霍尔特别强调在经验基础上的习惯对行为的支配作用。他认为，习惯是一种习得体验：如果过去的行为导致好的结果，人们有反复进行这种行为的倾向；如果过去的行为导致不好的结果，人们有回避这种行为的倾向。

（4）诱因论。

诱因论侧重从外部刺激物对行为的影响能力来分析行为动机，但并没有否定个体内在动机的地位与作用，而只是将关注点放在潜伏于个体身上的内在动机在多大程度上能够被特定的外在刺激物所激活和引导。将动机研究的侧重点放在外部刺激上，对市场营销有极为重要的现实意义。营销人员是无力对消费者的原始驱力甚至衍生驱力予以控制的，然而，却可以通过对刺激物的操纵达到影响消费者行为的目的。比如生产企业可以通过测试消费者来决定产品应具备哪些特征，以便更好地适应目标市场需要；经营高档时装的零售企业可以通过各种方式营造一种气氛和环境，使购买者产生激动人心的预期。总之，营销人员可以通过对营销变量的有效组合，引发消费者对购买品的收益预期，从而促使消费者采取购买行动。

2.9.2 消费者的购买动机

很长时间以来，关于消费者购买动机的研究从未间断过。购买动机理论研究的中心问题是消费者为什么购买。动机是由需要引发的，人的需要有很多种，因此也就有了形形色色的动机，即使是同一购买行为，其背后也往往存在多种动机（见表 2-7）。

表 2-7 人们为何购买

动机		描述
个人动机	角色扮演	购物是一种习得性行为，它被视为某种社会角色如母亲、父亲、家庭主妇所不可或缺的组成部分
	消遣	购物是一种娱乐，它提供了一种不同于日常活动的消遣
	自我犒赏	有些人纯粹为了排解压抑感而花钱买东西。此时，上街购物并不是为了获得消费所带来的预期效应，而是为了领略购买过程本身所带来的效用。因此，情绪状态可能有助于解释某人为什么和何时上街购物
	了解新潮流	上街购物为消费者提供反映生活方式和态度的趋势、潮流和产品象征等方面的信息
	体育锻炼	购物为消费者提供了相当程度的活动，这对生活在城市的居民尤其具有吸引力
	感官刺激	购物使消费者置身于琳琅满目的商品里，可以一饱眼福，同时还能感受店铺里悦耳的背景音乐和令人心旷神怡的芳香
社会动机	家庭之外的社交体验	购物可以结识新朋友和遇见老朋友，为社会互动提供了机会
	与有共同兴趣的人交流	出售有关垂钓、集邮等个人嗜好的用品和提供装修等生活服务的商店，为具有相同兴趣和需求的消费者提供了相互交流的机会
	参照群体的吸引	光顾某家商店有时反映了渴望加入某一参照群体，与参照群体成员在一起的心情与想法
	地位和权力	购物使消费者获得一种被服务的地位感和权力感
	讨价还价的乐趣	很多购物者以讨价还价和获得更低的价格为乐趣

为了更好地认识不同的消费者购买动机，我们将动机分为显性动机和隐性动机。显性动机是消费者意识到并且承认的动机。隐性动机是消费者没有意识到或不愿意承认的动机。因为隐性动机的隐蔽性，我们对消费者购买动机的学习重点也正在于此。

1. 发现消费者的隐性动机

如果问一位消费者为什么买“凯迪拉克”轿车、西服或衬衣，他很可能会说“大汽车更舒适”“它是具有上佳表现的高品质汽车”“我很多朋友都开‘凯迪拉克’的汽车”。然而，也许他还有不愿承认或没有意识到的原因：“它能显示我的成功”“它们使我显得强有力和性感”。消费者意识到并承认的动机被称为显性动机，消费者没有意识到或不愿承认的动机被称为隐性动机。一般而言，与一个社会占统治地位的价值观相一致的动机较与其相冲突的动机更易为人所意识和承认。图 2-6 说明了这两种动机是如何影响消费者购买行为的。

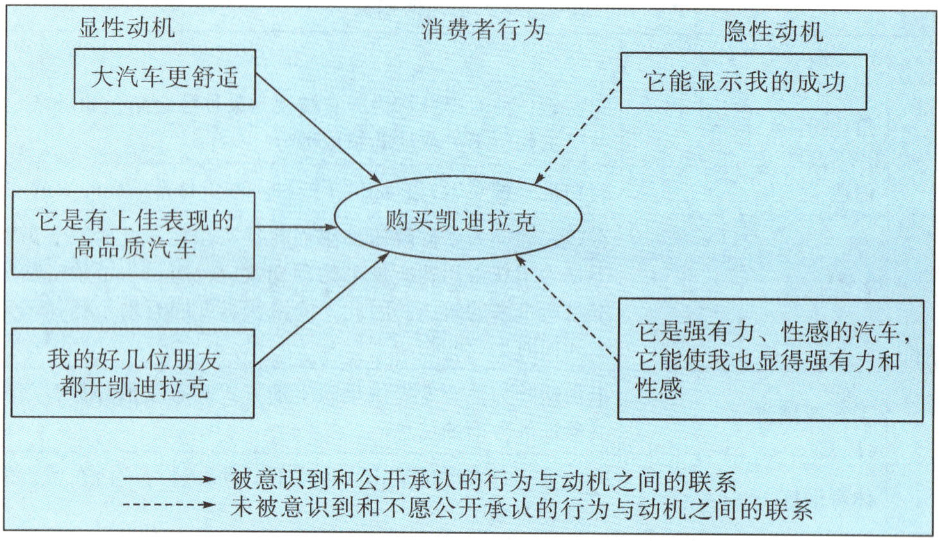

图 2-6 消费者购买“凯迪拉克”轿车的隐性动机与显性动机

对于显性动机，一般可用直接询问法获得，而确定消费者购买某一产品的隐性动机则要复杂得多。营销者通常用动机研究技术或投射技术（project technique）获得有关隐性动机方面的信息（见表 2-8）。动机研究技术在 20 世纪 50 年代和 60 年代初很流行，在 20 世纪 70 年代和 80 年代较少被采用，但自 20 世纪 90 年代以来，它又重新受到重视。

表 2-8 投射技术——3 种动机研究的方法

1. 联想法	
词语联想	给消费者看一张文字表，然后要求他把反应过程中最初涌现在头脑中的那个词语记录下来
连续词语联想	给出一张文字表，每念出表上的一词，要求消费者将所联想到的词语记录下来，如此直到表上的每个词念完
分析与运用	消费者做出的反应被用来分析，看是否存在负面联想。对反应的延迟时间进行测量，以评估某个词的情感性。这些技巧能挖掘出比动机研究更丰富的语意学含义，并被运用于品牌命名和广告文案测试中
2. 任务法	
语句完成	消费者完成一个诸如“买凯迪拉克的人”的语句
故事完成	消费者完成一个未叙述完的故事
分析和运用	分析消费者回答的内容以确定所表达的主题。另外，还可分析对不同主题和关键概念的反应
3. 构造法	
卡通技巧	让消费者看一幅卡通画，然后要求填上人物对白或描绘某一卡通人物的想法
第三人称技术	让消费者说出为什么“一个正常的女人”“大多数医生”或“大多数人”购买或使用某种产品。购物单方法（描述一个会买这些东西的人具有哪些特点）、“丢失的钱包”方法（描述丢失这个钱包的人可能会有什么特点）都属于第三人称技术
看图说话分析和运用	给消费者一张画着购买或使用某种产品的人物的照片，让他以此编一个故事

表 2-8 列出的几种主要的动机研究方法都属于投射技术。近年来，还涌现出一些新的动机研究方法。一种较新的技术是“手段—目的法”或称利益链法：让消费者列举出某种产品或某品牌所能提供的利益，再列出这些利益提供的好处，如此继续，直到消费者再列不出进一步的好处为止。例如，应答者可能会把“减少感冒”作为每天服用维生素的好处之一，当问到“少患感冒”的好处时，他也许会列出“工作效率更高”和“精力更好”，另一个人也许会列出“气色更好”。两位消费者都服用维生素以防感冒，但其最终目的则不相同。这类信息，对广告主题的确定无疑是有启示意义的。

2. 动机与营销策略

（1）基于多重动机的营销。

企业在识别消费者购买其产品的各种动机后，接下来就应针对这些动机制订相应的营销策略。比如，如果图 2-6 所列举的动机真实地反映了目标消费者的状况，那么“凯迪拉克”的营销者应采取什么样的传播策略呢？很明显，由于消费者购买“凯迪拉克”具有多重动机，产品应提供多种利益，广告则应传递、反映这些利益。例如，它的一则广告称：“从三重抛光的表面涂层（一重用水，两重用油）到极精致的‘凯迪拉克’座椅，高品质在‘凯迪拉克’车上得到完美体现。”显然，这一广告直接迎合了消费者追求高品质产品的显性动机。

对于隐性动机，由于人们不愿公开承认，需要采用间接的沟通方式。上面所说的“凯迪拉克”广告在画面上展现的主要不是其产品的高品质，而是一位看上去很富有的人驾车来到一家豪华的俱乐部门前。该广告实际上采用了双重诉求方式：广告文案中的直接诉求侧重于产品品质，而画面上的间接诉求则集中于消费者追求的地位。在一则广告中，诉求重点只能放在一个或少数几个购买动机上，否则会冲淡广告的主题。然而，在整个传播过程中，企业需要考虑目标顾客所追求的所有重要动机。换言之，企业应使各种传播活动与消费者的显性和隐性动机相配合，而不能对其中的一些动机视而不见。

（2）基于动机冲突的营销。

动机冲突实际上是消费者面临两个或两个以上购买动机，其诱发力大致相等但方向相反。许多情况下，企业可以对消费者面临的冲突进行分析，提供缓解的办法，以吸引消费者选择本企业的产品或品牌。通常，消费者面临 3 种类型的冲突。

双趋冲突，这是指消费者具有两种以上倾向选择目标而只能从中选其一时所产生的动机冲突。在这种情形下，被选目标或产品的吸引力越旗鼓相当，冲突程度就越高。获得一笔年终奖金后，是到新马泰旅游还是添置一套高级音响？星期天是和朋友一起郊游还是去看一场精彩的电影？此类抉择均是双趋冲突的典型代表。在广告宣传中强化某一选择品的价值与利益，或通过降价、延期付款等方式使某一选择更具有吸引力，均是解除双趋冲突的有效方式。

双避冲突，这是消费者有两个以上希望避免的目标但又必须选择其中之一时面临的冲突。当家里的洗衣机经常出故障时，消费者可能既不想花钱买一台新的，又觉得请人来修理不甚合算，处于不知怎么办的境地。此时，消费者就面临双避冲突。同样，一些人一方面害怕出现龋齿，另一方面又不敢去看牙医，此种矛盾心态反映的实际上也是双避冲突。企业应付或解除消费者双避冲突的方式很多。首先，消费者可能对冲突中的问题存在不正确的信念，如把看牙医看成是十分可怕的事情。此时，企业就应该通过宣传来消除或部分消除这种不全面或错误的信念。其次，双避冲突情形可能恰恰为企业提供了新的市场机会。如在前述出故障的例子中，企业通过推出以旧换新推销方式，或通过为新洗衣机提供更长时间的保修承诺，均可能促使消费者采取购买行动来解除冲突。最后，在没有完全满意的选择方案下，企业承认这一事实也无妨，只要能令消费者相信企业所推荐的选择方案是最好的，双避冲突也可能被解除，如一些医疗机构在宣传某种戒毒方法、疾病治疗方法时常常采用这一策略。

趋避冲突，这是消费在趋近某一目标时又想避开而造成的动机冲突。当被购买的产品既有令人动心和吸引人的特征又有不尽如人意的地方时，趋避冲突就会由此而生。在购买某些高档产品、耐用品时，消费者可能一方面对所选的商品爱不释手，但另一方面又嫌商品价格太高，或担心所选商品一旦出现质量问题会带来很多麻烦，一些消费者正是在这种游移不定的状态下放弃了购买。经验丰富的销售人员在发现这种趋避现象后，常常会灵活地采用各种方法消除消费者的冲突，比如提供保修承诺，保证在一定时期内消费者发现了以更低价格出售同类产品的商家就返回差价甚至予以奖励等。美国米勒酿酒公司针对一些顾客既爱喝啤酒，同时又担心摄入酒精后影响身体健康的心理，开发出不含酒精的啤酒，就是对消费者趋避冲突的一种反应。

任务 2.10　理解消费者行为的基本模式

任务描述：

理解消费者购买决策的内容；

正确区别不同的消费者决策类型；

能在具体情境下运用典型的消费者决策行为模式来分析相关问题。

任务准备：

课前知识学习。

2.10.1　消费者购买决策的内容及模式

掌握消费者购买决策的类型及典型行为模式

1. 消费者购买决策的内容

消费者购买行为是由一系列环节、要素构成的完整过程。在这个过程中，购买决策居于核心地位，决策的正确与否直接决定购买行为的发生方式、指向以及效用大小。

消费者购买决策是指消费者为了满足需要实现购买行为，在两个或以上方案中做比较、选择，得到使自己最满意方案的选择过程。消费者在决策中借助各种信息和经验，经过复杂的心理活动，最终实现自身想要实现的目标。

消费者决策过程要解决以下几个问题，即通常所说的5W1H问题。

（1）为什么买？（why）这是解决购买动机的问题，是对产品功能的需要。买一个布包呢，还是出于身份、地位的需要，买一个品牌包呢？

（2）买什么？（what）购买对象是建立在购买需要的基础上而做出的选择，购买对象主要取决于消费者是想要满足哪个层面的需要。如消费者想要买一辆小轿车，若为了满足交通工具的生理层面的需要，在城市里最好买一辆小排量的经济实惠型小轿车；但若出于面子而消费，就会想选择大排量、大气的小轿车。消费者出于不同的目的会选择不同的对象。

（3）在哪买？（where）购买地点的选择会受到很多因素影响，如购买地点的便利性、购物环境、商家的信誉、产品种类、价格水平、历史、规模、配套设施情况等。

（4）何时买？（when）购买时间也是商家非常关心的问题。购买时间的紧迫性也与消费者满足需要的紧迫性有关。这种需要未满足的紧张感越强，则消费者想要实现的内在动机越强，消费者购买选择的时间就越短。消费者购买时间还会受到外部因素的影响和刺激，如有无促销、促销力度、购买情景因素、经济因素等。

（5）由谁买？（who）购买者及参与者，与消费者购买商品的类型有关。若是日常用品，多是家庭主妇进行采购；若是大宗商品，一般家庭成员都会参与决策。习惯型购买一般参与者少，若是复杂型购买参与者就多。

（6）如何买？（how）是到实体店里购买呢，还是网购？现在还有邮购甚至代购。是用现金购买呢，还是用第三方支付或信用卡支付？还有分期付款等多种方式。

2. 消费者购买决策模式

消费者购买行为是指人们为满足需要和欲望而寻找、选择、购买、使用、评价及处置产品时介入的过程活动，包括消费者的主观心理活动和客观物质活动两个方面。

对消费者购买决策模式的研究是为了研究消费者在做出购买行为时如何整合各种外部信息，形成内在知觉机制，其购买动机受了何种因素的影响而最终形成购买行为的路径的探索。下面介绍几种购买决策模式：

（1）马歇尔模式。

经济学家马歇尔认为购买者是“经济人”，追求的是“最大边际效用”，即每个消费者都根据本人的消费偏好、产品的效用和相对价格，来决定其购买行为。

马歇尔模式有几点假设：价格越低，商品的销售量越大；本品价格越低，替代品越难销售；某商品价格下降，其互补品销售看涨；推销费用越高，销售量越大等；边际效用递减，消费者消费单位产品所增加的满足感递减，购买行为减弱；消费者收入水平高，则需求总量增加，价格作用相对减弱，偏好的作用增强。

（2）巴甫洛夫模式。

巴甫洛夫认为，人的需求行为实质上是一种“条件反射”过程，而购买行为是一种“刺激—反应”过程，这种刺激反应间的关系可分为内驱力、诱因、反应和强化4个步骤，见图2-7。

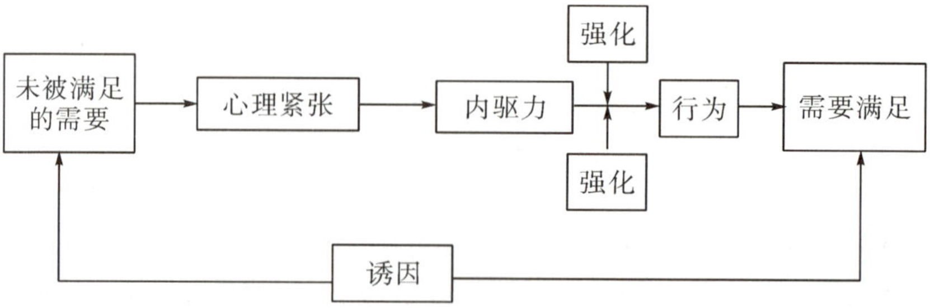

图 2-7　内驱力、诱因、反应和强化过程

内驱力是一种诱发购买行为的内在力量，如饥饿、恐惧、疲劳、危险、尊严等。诱因是能够满足或缓解内驱力的某种产品或劳务，如食品、服装、交通工具、各种服务等。反应是需求者对诱因的一种指向性行为，即为了满足需求而寻求某种产品或劳务的行为——购买行为。强化是加强诱因和反应之间的联系，若诱因和反应之间的联系经常得到加强，也就是强化，就会变成习惯，导致消费者重复购买。

没有内驱力和诱因，就没有购买行为，也就谈不上强化。按照这种模式，广告是一种重要的诱因，重复广告对消费者的购买行为影响很大。巴甫洛夫模式强调了决定消费者购买行为的心理机制和心理过程。

（3）刺激—反应模式。

市场营销学家菲利普·科特勒提出的刺激—反应模式，如图 2-8 所示。他认为消费者心智是一个黑箱，看不见，摸不着。在购买决策过程中能够看见的是两个部分：一部分是来自外部的刺激因素，另一部分是消费者的行为反应。外部的刺激因素包括企业的营销刺激和外部的环境刺激两类刺激。当营销刺激和环境刺激因素共同作用于消费者，它能引起消费者注意，唤起消费者需要的认知，消费者通过内在的心理黑箱进行信息加工和处理，形成购买决策过程，最后做出购买活动。我们能够看到的消费者行为的反应行为，包括产品的选择、品牌的选择、经销商的选择、购买时机的把握、购买数量决策。

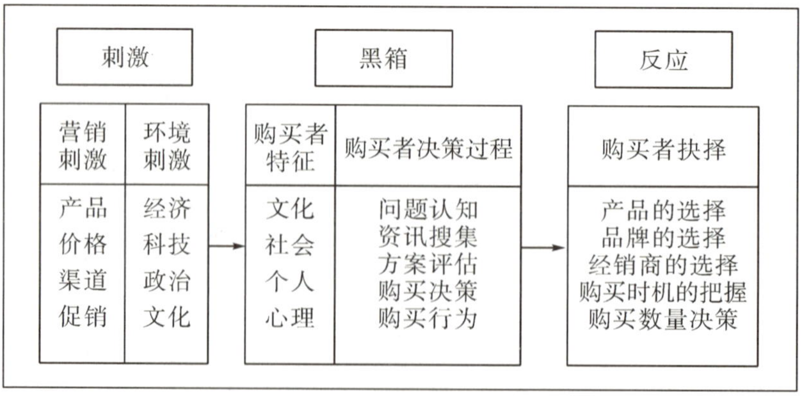

图 2-8　菲利普·科特勒的刺激—反应模式

(4) 恩格尔—科拉特—布莱克威尔模式。

恩格尔—科拉特—布莱克威尔模式，又称 EKB 购买行为模式或 EKB 模式，为目前消费者行为中较为完整而清晰的一个理论，其重点是从购买决策过程入手分析。EKB 模式强调了购买者进行购买决策的过程。这一过程始于问题的确定，终于问题的解决。在这个模式里，消费者心理成为“中央控制器”，外部刺激信息（包括产品的有形特征和社会压力等无形因素）输入“中央控制器”；在“中央控制器”中，输入内容与“插入变量”（态度、经验及个性等）相结合，便得出了“中央控制器”的输出结果——购买决定，由此完成一次购买行为，如图 2-9 所示。

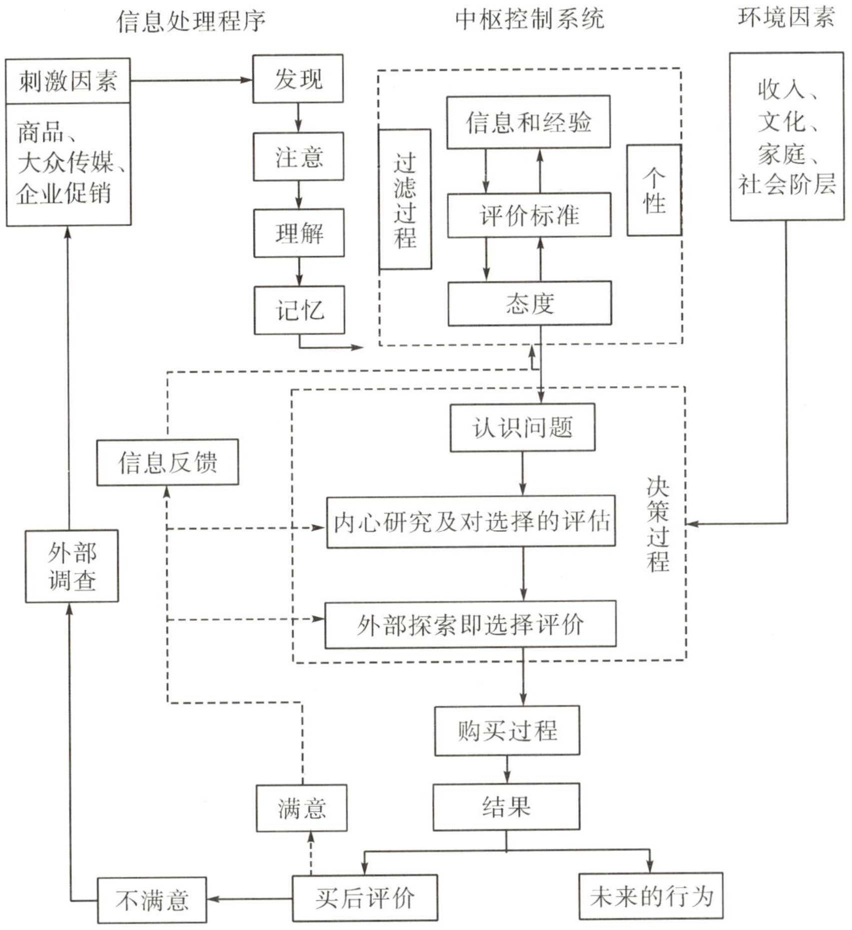

图 2-9 EKB 购买行为模式

EKB 模式描述了一次完整的消费者购买行为过程：在外界刺激物、社会压力等有形及无形因素的作用下，使某种商品暴露，引起消费者的知觉、注意、记忆，并形成信息及经验储存起来，由此构成消费者对商品的初步认知。在动机、个性及生活方式的参与下，消费者对问题的认识逐渐明朗化，并开始寻找符合自己愿望的购买对象。这种寻找在评价标准、信念、态度及购买意向的支持下向购买结果迈进。经过产品品牌评价，进入备选方案评价阶段，消费者在评价的基础上做出决策，进而实施购买并得到输出结果，即商品和服务。最后消费者对购买结果进行体验，得出满意与否的结论，并开始下一次消费活动过程。

当消费者依照前面的购买过程买了某项产品之后，可能发生下面两种情况：满意或不满意。如果消费者所购买的产品无法满足自己预期的需要，便会造成不满意的结果，则重复购买同一品牌的概率及对品牌忠诚度会降低；如果购买的产品能满足当初的期望，则重复购买同一品牌的概率便会提升，进而提升对该品牌的忠诚度。

（5）霍华德—谢思模式。

霍华德—谢思模式是一个复杂的理论。这种模式包括4个变量，即刺激或投入因素、内在因素、外在因素和反应或产出因素。4个因素的综合作用，导致消费者的购买行为产生和发生变化，如图2-10所示。

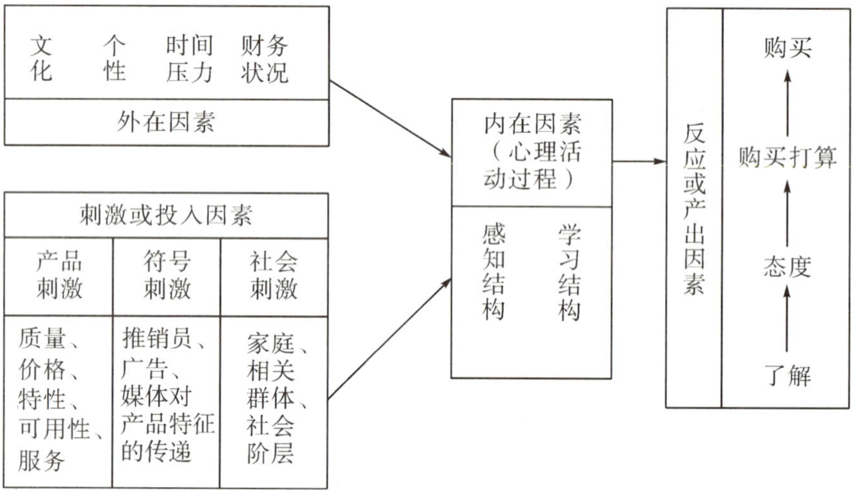

图2-10 霍华德—谢思模式

①刺激或投入因素（输入变量）。

刺激或投入因素，是指由销售部门控制的因素，它包括3个刺激因子：产品刺激因子、符号刺激因子和社会刺激因子。产品刺激，如某产品的质量、价格、特征、可用性及服务等。符号刺激，如通过推销员、广告、媒体等把产品特征传递给消费者。社会刺激，如家庭、相关群体、社会阶层等。

②外在因素（外在变量）。

外在因素，是指购买决策过程中的外部影响因素，如文化、个性、财力等。外在因素包括相关群体、社会阶层、文化、亚文化、时间压力和产品选择性等。时间压力是指消费者主观认为在购买前可花时间的多少，或实际上只能花在购买上的时间有多少。通常情况下，时间压力能抑制或缩短消费者的购买决策过程，使消费者仓促决策，并可能导致不理想的购买。

③内在因素（内在过程）。

内在因素，是指介于投入因素和产出因素之间起作用的因素。它是霍华德—谢思模式最基本、最重要的因素。它主要说明投入因素和外在因素如何在心理活动中发生作用，从而引出结果。这种模式认为：消费者内心接受投入因素的程度受到需求动机和信息反应敏感度的影响，而对信息反应的敏感度又取决于消费者购买欲望的强度以及“学习”的效果。消费者往往对有兴趣的产品显示出“认知觉醒”，对无关的产品信息则表现出“认知防卫”。至于消费者的选择偏好，则受内心“决策仲裁规则”的制约。所谓“决策仲裁规则”，是指消费者根据动机强度、需求紧迫度、预期的欲望满足程度、消费需要性以及对过去消费产品的感觉等，将各种产品按序排列，侧重实施购买的一种心理倾向。

④反应或产出因素（结果变量）。

反应或产出，是指购买决策过程所导致的购买行为，它包括认知反应、情感反应和行为反应 3 个阶段。认知反应是指注意和了解；情感反应是指态度，即购买者对满足其动机的相对能力的估计；行为反应包括购买者是否购买或购买何种品牌的认知程度预测和公开购买行动。

霍华德—谢思模式来自“刺激—反应”概念，整个模式包含 3 部分：

第一部分为投入，借外界的刺激让消费者接收信息，此部分包括了 3 种刺激来源，分别为产品刺激、符号刺激及社会刺激；第二部分为知觉与学习建构，此部分主要是描述消费者得到刺激或信息后，如何处理在脑中所形成的印象，加上消费者本身的动机、信心等因素后如何产生意愿的过程；第三部分为产出，消费者在经过前述的刺激、认知和学习等反应后，最后的结果便是产生购买行为，分别为注意、品牌认知、态度、意愿及购买行为。

霍华德—谢思模式认为投入因素和外界因素是购买的刺激物，它通过唤起和形成动机，提供各种选择方案信息，影响购买者的心理活动（内在因素）。消费者受刺激物和以往购买经验的影响，开始接收信息并产生各种动机，对可选择产品产生一系列反应，形成一系列购买决策的中介因素，如选择评价标准、意向等，在动机、购买方案和中介因素的相互作用下，便产生某种倾向和态度。这种倾向或者态度与其他因素，如购买行为的限制因素结合后，便产生购买结果。购买结果形成的感受信息也会反馈给消费者，影响消费者的心理和下一次的购买行为。霍华德—谢思模式利用心理学、社会学和管理学的知识，从多方面解释了消费者的购买行为。霍华德—谢思模式与前面阐述的 EKB 模式有许多相似之处，但也有诸多不同点。两个模式的主要差异在于强调的重点不同。EKB 模式强调的是态度的形成与产生购买意向之间的过程，认为信息的收集与评价是非常重要的方面；而霍华德—谢思模式更加强调购买过程的早期情况：知觉过程、学习过程及态度的形成。

2.10.2 消费者购买决策的类型

1. 阿塞尔的消费者购买类型——根据介入度高低及品牌差异大小划分

在购买活动中，每个消费者的购买决策都与他人不同，这就使得对于购买决策的分析趋于复杂化。因此，有必要按照一定的标准对消费者的购买决策进行分类，以便为全面认识消费者行为奠定基础。

美国学者 H. 阿塞尔根据顾客购买时介入度的高低和品牌的差异，把消费者购买行为分为 4 大类别：复杂的购买行为、减少失调感的购买行为、习惯性购买行为、寻求多样化的购买行为，见表 2-9。

表 2-9　阿塞尔的消费者购买模型

项目	高度介入	低度介入
品牌间差异很大	复杂的购买行为	寻求多样化的购买行为
品牌间差异很小	减少失调感的购买行为	习惯性购买行为

不同消费者购买决策过程的复杂程度不同，究其原因，是受诸多因素影响，其中最主要的是参与程度和品牌差异大小。同类产品不同品牌之间的差异越大，产品价格越昂贵，消费者越是缺乏产品知识和购买经验，感受到的风险越大，购买过程就越复杂。

（1）复杂的购买行为。消费者需要经历大量的信息收集、全面的产品评估、慎重的购买决策和认真的购后评价等各个阶段。由于产品间存在很大的差异，且消费者并不太了解各种品牌的属性，消费者需要仔细了解、仔细挑选并慎重决策。例如，贵重物品，风险大的产品（房子），大型耐用品，容易引起别人注意的产品。复杂购买行为实际上是一个典型的学习过程，消费者逐步了解产品信息并形成对产品的偏好，做出慎重选择。针对消费者复杂的购买行为采取的营销策略：帮助购买者掌握产品知识，充分利用商店营业员的专业介绍。营销者应制订策略帮助购买者掌握产品知识，运用各种途径宣传本品牌的优点，影响最终购买决定，简化购买决策过程。

（2）减少失调感的购买行为。此类行为针对这种情况：消费者并不广泛收集产品信息，也不精心挑选品牌，购买决策过程迅速而简单，但是在购买以后会认为自己所买产品具有某些缺陷或其他同类产品有更多的优点，进而产生失调感，怀疑原先购买决策的正确性。由于产品的各种品牌之间没有多大差别，且产品具有较大的购买风险或花钱较多，消费者需要高度介入才能够慎重决策，但购买后，有时消费者会产生一种不协调的感觉，觉得自己选择的品牌还不如其他未选择的品牌，于是开始通过各种方法试图做出对自己有利的评价，并证明自己当初的决策是完全正确的，以减少不协调的感觉。如各种档次相当的家电。针对消费者减少失调感的购买行为采取的营销策略：提供完善的售后服务，通过各种途径经常提供有利于本企业和产品的信息，使顾客相信自己的购买决定是正确的。

（3）寻求多样化的购买行为。这是指消费者购买产品有很大的随意性，并不深入收集信息和评估比较就决定购买某一品牌，在消费时才加以评估，但是在下次购买时又转换其他品牌。转换的原因是厌倦原口味或想试试新口味，是寻求产品的多样性而不一定有不满意之处。这种情况下，一般来说品牌之间存在极大的差异，但产品价格不贵或品牌购买风险不大，所以消费者低度介入并不断变换品牌。例如：各种相当的护肤用品和饼干等。消费者寻求多样化的购买行为的原因：并不是对产品不满意，而是同类产品拥有多种品牌，消费者由于求新和求异的动机才不断进行尝试。针对多样化的购买行为，商家可采取的营销策略：这类消费者往往是新产品的扩散所要吸引的对象，通过产品新奇的功能、新鲜的使用体验来吸引这类消费者，增加购买参与程度和品牌差异。挑战者则会以较低的价格、大的折扣、赠券、免费赠送样品和强调试用新品牌的广告，来鼓励消费者改变原习惯性购买行为。

（4）习惯性购买行为。这是指消费者对那些品牌间没有太大差异、价格低，经常购买的日用消费品常采取低度介入，其购买行为并没有经过一般的形成信息和态度，然后再采取行动的过程，而是以一种不假思索的方式直接采取行动。针对消费者的习惯性购买行为，商家可采取的营销策略：利用价格与销售吸引消费者试用，开展大量重复性广告加深消费者印象，增加购买参与程度和品牌差异。

2. 布莱克·韦尔决策类型——根据消费者购买决策收集信息程度划分

（1）扩展型决策（extended decision making）。

消费者对某类产品或对这类产品的具体品牌不熟悉，而且也未建立起相应的产品与品牌评价标准，更没有将选择范围限定在少数几个品牌上，此时，就是扩展型决策。

消费者是否广泛搜集信息取决于 3 方面因素：一是消费者对购买的介入程度是属于高度介入，二是各种备选产品或备选品牌的差异程度较大，三是购买的时间压力相对较小。

（2）有限型决策（limited decision making）。

又称解决限定问题的决策，通常是指消费者对某一产品领域或该领域的各种品牌有了一定程度的了解，或者对产品和产品品牌的选择建立起了一些基本的评价标准，但还没有建立起对某些特定品牌的偏好，因此还需要进一步搜集某些信息，以便在不同的品牌之间做出较为理想或满意的选择。消费者的决策也需经过认识问题、搜集信息、评价选择、采取购买行动、购后评价 5 个步骤。

（3）习惯型决策（nominal decision making）。

实际上就其本身而言并未涉及决策，基本上是由于习惯或忠诚进行消费决定。消费者形成重复和习惯性购买的原因：一是减少购买风险，二是简化决策程序。

3. FCB 方格——根据消费者介入度、认知、情感划分

1980 年出现了应用性很强的 FCB 方格模型，见图 2-11。这个模型是一个被广泛用来描述消费者购买决策行为特征的工具，对于广告策略的制定有导向性作用。FCB 方格根据购买者“高介入度—低介入度”和“理性（认知）—感性（情感）”两个维度形成了四个方格，每一方格内分布的产品，其购买者有着不同的购买决策行为特征。

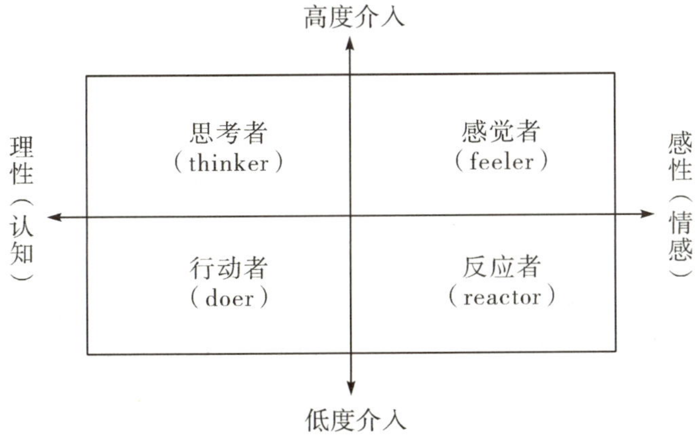

图 2-11 FCB 方格

方格1：消费者类型是思考者（thinker）。特征是高度介入、理性；购买产品如汽车、住房、家具等。购买决策遵循模式为：学习（learn）—感觉（feel）—行动（do）。对此类消费者，广告应重视足够理性的诉求支持，鼓励试用比较。方格2：消费者类型是感觉者（feeler）。特征是高度介入、感性；购买产品如香水、时尚服饰。决策模式为：感觉（feel）—行动（do）—学习（learn）。对此类消费者，广告应重视感性的打动。方格3：消费者类型是行动者（doer）。特征是低度介入、理性；购买产品是一些介入程度低的日用产品，多为追求方便的习惯性购买。决策模式为：行动（do）—学习（learn）—感觉（feel）。对此类消费者，广告应重视购买后的认同。方格4：消费者类型是反应者（reactor）。特征是低度介入、感性；购买产品主要是满足个人的特殊嗜好，如雪茄、电影等。决策模式为：行动（do）—感觉（feel）—学习（learn）。对此类消费者，广告应重视消费者的体验和自我感觉。

4. 根据消费者购买目标选定程度分类

（1）确定型。消费者在购买之前，已有明确的目标，对所要购买的品牌、产品、种类、型号、花色品种、款式等都有明确的要求和标准。消费者进入商店后，一旦商品符合标准，会快速决断购买商品。

（2）部分确定型。此类消费者对商品信息有一定的了解和大致的购买目标，但具体到产品型号、种类、花色品种等，还没有清晰的要求，还需在商场通过商品之间的比较、销售人员的介绍等来做出判断。因此，终端销售对这类消费者就非常重要，如商场的销售氛围、导购员的专业介绍等容易影响他们的判断和选择。

（3）不确定型。这类消费者属于随意型的购物者，逛商场可能是一种休闲娱乐，不抱任何购买目标和购买目的，他们对商品的选择和浏览是一种无意注意，经常是漫无目的地收集有关商品信息。一旦遇到感兴趣的商品，他们会积极比较、评价、选择甚至购买。所以商场导购人员要善于吸引此类顾客，让他们对商品关注和感兴趣。

5. 根根据消费者态度和要求划分

（1）习惯型。这类消费者在购买中往往较看重以往的经验和使用习惯，长期惠顾某个商店或长期购买某一个品牌，形成了习惯性的购买行为。

（2）理智型。这类消费者购买行为以理智为主，很少产生冲动购买。他们在购买之前已经做了一定的市场信息的收集和了解，并且会货比三家，通常购买行为都是在深思熟虑后做出的。这类消费者一般较少受现场气氛和广告的影响，在购买过程中始终保持理智，很少冲动。

（3）经济型。这类消费者购买商品多从经济角度出发，对商品的价格非常敏感，容易受价格折扣等相关信息的影响。经济实惠往往是他们购物的根本动机。

（4）冲动型。这类消费者比较感性，随意性也强。容易受外界信息的影响，往往凭直觉和感觉进行冲动购物。这类消费者的购物行为常常与情绪活动有关。

（5）疑虑型。这类消费者内倾性较强，不自信，对外界事物充满疑虑和怀疑，做事谨慎小心，犹犹豫豫，决策较慢。

6. 据消费者现场情感反应划分

（1）沉静型。这类消费者性格比较沉静、稳重，反应缓慢，灵活性较低，在购买活动中受外界环境的影响较小，性格内向，不善于交际，沉默寡言，感情不外露，抑制性强。

（2）温顺型。这类消费者往往态度随和，缺乏主见，容易随大众消费，很少有较张扬的消费主张。在购买过程中容易和销售人员建立信任，购买决策往往较迅速。

（3）活泼型。这类消费者性格外向活泼，接受外界新鲜事物较快，和营销人员沟通较畅通，容易互动，在购物中较灵活，决策也较迅速。

（4）反抗型。这类消费者一般对新鲜事物有抵触情绪，往往带着怀疑和批判的眼光对待新鲜事物。这类消费者很有主见，往往不易受营销人员的影响和左右，内心易有警觉和不信任感。这类消费者决策时间相对也较长，往往对商品要反复比较和思考。

7. 根据消费者购买频率分类

（1）经常性购买行为。经常性购买行为是购买行为中最为简单的一类，指购买人们日常生活所需、消耗快、购买频繁、价格低廉的商品，如油盐酱醋茶、洗衣粉、味精、牙膏、肥皂等。

（2）选择性购买行为。这一类消费品单价比日用消费品高，购买后使用时间较长，消费者购买频率不高，不同的品种、规格、款式、品牌之间差异较大，消费者购买时往往愿意花较多的时间进行比较选择。

（3）考察性购买行为。消费者购买价格昂贵、使用期长的高档商品多属于这种类型，如购买轿车、商品房、成套高档家具等。消费者购买该类商品时较为慎重，会花很多时间去调查、比较、选择。

在日常生活中，消费者购买行为是多种多样的，因而对消费者购买行为分类的标准也有很多，每一种分类方法都可以从侧面反映消费者行为的特点，在具体应用时，需结合具体的情境来具体分析。

任务实施

任务单 2-8-1

组号：__________ 姓名：__________ 学号：__________ 检索号：__________

请结合前面所学知识及自己的理解，将下面表格中的描述与下面两组概念进行对应打钩，并完成空白处的举例。

引导问题：

（1）需要是什么？

（2）需要分为哪几类？

（3）需要和需求的区别是什么？

	需要	需求
人们感到某种缺乏而力求获得满足的心理倾向		
人们未来满足物质和文化生活需要而对物质产品和服务的具有货币支付能力的欲望和购买能力的总和		
买一杯咖啡来喝		
专注而愉快的工作氛围		
头晕疲乏想要提提神		
加班到深夜有点饿，想找点东西吃		
想要点个烧烤外卖送到家里		
	√	
		√

任务单 2-8-2

组号：__________ 姓名：__________ 学号：__________ 检索号：__________

结合马斯洛需要层次理论的相关知识，完成下面的讨论。

引导问题：

（1）马斯洛需要层次理论将人类的需要分为几层，分别是什么？

（2）人们需要朋友、爱人和亲人的关怀，这属于什么需要？

（3）人们要求稳定、安全、受到保护、有秩序的欲望，这是什么需要？

阅读下面的材料，讨论后面的两个问题：

有个公司为了激励员工在工作中达标，提出凡是达标的员工，可以获得一万元的奖金。

对这笔奖金有下面这三种描述方式——

A. 想想这一万块钱能干什么吧，你可以用它给家里换个好一点的电冰箱！

B. 把这一万元存起来，可以增加你的财务安全！

C. 想想这一万元意味着什么，它代表的是公司对你业绩的肯定，是对你的重视！

（1）你更喜欢哪个说法？哪个说法更能打动你呢？为什么？

（2）你觉得哪个说法最能打动大部分的员工呢，为什么？

组内讨论，将主要观点记录在下方。

序号	选择（A/B/C）	主要原因
1		
2		

任务单 2-9-1

组号：__________ 姓名：__________ 学号：____________ 检索号：__________

引导问题：

（1）什么是动机？

（2）什么是隐性动机？

（3）常见的消费者购买动机有哪些？

◆ 求实购买动机	◆ 从众购买动机	◆ 馈赠动机
◆ 求新购买动机	◆ 求便购买动机	◆ 补偿性动机
◆ 求美购买动机	◆ 求安全购买动机	◆ 攀比性动机
◆ 求名购买动机	◆ 习惯性动机	◆ 求心理平衡动机
◆ 求廉购买动机	◆ 储备性动机	

（1）判断上述消费者购买动机，哪些是显性动机，哪些是隐性动机，并分别写在下方空白处。

（2）分享一个你或身边人的购买经历，要求阐明显性动机和隐性动机，并在组内分享。

任务单 2-9-2

组号：__________ 姓名：__________ 学号：__________ 检索号：__________

引导问题：

（1）什么是投射技术？

（2）投射技术通常有哪些常用方法？

案例：

20 世纪 40 年代，当速溶咖啡这个新产品刚刚投放到市场时，厂家自信它会很快取代传统的豆制咖啡而获得成功。因为它的味道和营养成分与豆制咖啡相同而饮用方便，不必再花长时间去煮，也不用再为刷洗煮咖啡的器具而费很大的力气。厂家为了推销速溶咖啡，就在广告上着力宣传它的这些优点。出乎意料的是，购买者寥寥无几。心理学家们对消费者进行了问卷调查，请被试回答不喜欢速溶咖啡的原因和理由。很多人一致回答是因为不喜欢它的味道，这显然不是真正的原因。为了深入了解消费者拒绝使用速溶咖啡的潜在动机，心理学家们改用了间接的方法对消费者真实的动机进行调查和研究。他们编制了两种购物清单，具体内容如下：

购物单（一）
1 听郎福特发酵粉
2 只油煎饼面包
1 捆胡萝卜
1 听内斯速溶咖啡
1 磅半汉堡牛排
1 听德尔蒙特桃子罐头
5 磅土豆

购物单（二）
1 听郎福特发酵粉
2 只油煎饼面包
1 捆胡萝卜
1 磅咖啡豆
1 磅半汉堡牛排
1 听德尔蒙特桃子罐头
5 磅土豆

把两种购物单分别发给两组妇女，请她们描述按购物单买东西的家庭主妇是什么样的妇女。结果表明，两组妇女所描述的想象中的两个家庭主妇的形象是截然不同的。看速溶咖啡购货单的那组妇女几乎有一半人说，按这张购物单购物的家庭主妇是个懒惰的、邋遢的、生活没有计划的女人；有 12% 的人把她说成是个挥霍浪费的女人；还有 10% 的人说她不是一位好妻子。另一组妇女则把按咖啡豆购物单购货的妇女，描述成勤俭的、讲究生活的、有经验的和喜欢烹调的主妇。这说明，当时的美国妇女有一种带有偏见的自我意识：作为家庭主妇，担负繁重的家务劳动乃是一种天职，而逃避这种劳动则是偷懒的、值得谴责的行为。速溶咖啡的广告强调的正是速溶咖啡省时、省力的特点，因而并没有给人以好的印象，反而被理解为它帮助了懒人。

请结合上述案例，分析：

（1）该案例中采用了哪些消费者动机的分析方法？

（2）两张不同的购物清单有什么不同？

（3）心理学家最后运用了什么方法来调查消费者的真实动机？效果如何？

____

____

____

任务单 2-9-3

组号：__________ 姓名：__________ 学号：____________ 检索号：__________

请结合前面的知识点及相关拓展内容制作一个思维导图，导图的主题是：如何分析消费者的购买动机。

引导问题：

（1）消费者动机分析可以采用哪些方法？

（2）投射技术的优点主要有哪些？

任务单 2-10-1

组号：__________ 姓名：__________ 学号：__________ 检索号：__________

“饥饿”能坚持多久

“售完！缺货！暂停销售！”从第一代 iPhone 开始到 iPhone 4S，苹果的每一款新产品大玩“饥饿”游戏。以 iPhone 4S 为例，2011 年 10 月 14 日在美国上市后，32GB 售价为 749 美元（按当时汇率约人民币 4 774 元），而比美国上市时间晚了 3 个多月的中国内地市场，售价却高达 5 888 元。2012 年 1 月 13 日，iPhone 4S 上市首日，中国各地疯抢“苹果”。北京甚至还出现黄牛打架、惊动警察的事件，苹果宣布取消该店发售。1 月 31 日，为了避免内地 iPhone 4S 发布首日的“疯抢”事件再度上演，苹果香港网站宣布推出一个 iPhone 摇号预订系统，规定每人最多预订两台。在层出不穷的消息刺激下，消费者的胃口被越吊越高，饥饿感也越来越强。

小米手机也在玩“饥饿”游戏：2011 年 8 月 16 日，小米手机召开发布会；9 月 5 日，小米手机正式开放网络预订，从 5 日 13 时至 6 日 23:40，预订超 30 万台，小米网站随即立刻宣布停止预订并关闭了购买通道；2011 年 12 月 18 日晨，小米手机开始面向普通消费者直接销售，每人限购两台。在开放购买 3 小时后，小米网站称，12 月在线销售的 10 万库存全部售罄；2012 年 1 月 4 日下午，第二轮上线的 10 万台小米手机，在两个小时内被抢购一空……因此，小米手机的逐步发售过程是一幕徐徐展开的剧目，从发布会起，到预订，经历产能不足的曲折，进而达到消费者牢骚满腹的高潮，每一个细节都被妥帖地顾及，每一个时间点都有足够的话题。

［资料来源：王新业.“饥饿”能坚持多久？[J]. 销售与市场（管理版），2012（22）：79-81.］

思考并分析：

（1）根据消费者购买决策的内容，分析饥饿营销是如何激发消费者购买兴趣的。

（2）手机的购买是属于哪种消费者购买决策类型？

企业如何吸引消费者？通过什么手段让消费者关注商品，产生兴趣甚至购买？消费者关注的商品又能够给他们带来什么样的价值？消费者在什么时间、什么地点能够买到企业的产品？对于这些问题，企业都要精确地研究消费者，精心地策划，把握消费者需求，刺激消费者购买欲望，让消费者产生购买的冲动。

任务评价与反馈

组号：__________ 姓名：__________ 学号：____________ 检索号：__________

任务评价表

班级		组名		日期		年 月 日
评价指标	评价内容			他评分数	自评分数	教师综合分数评定
信息检索 10 分	能有效利用网络、图书资源、工作手册查找有用的相关信息等；能用自己的语言有条理地去解释、表述所学知识；能将查到的信息有效地传递到工作中					
感知工作 10 分	熟悉工作岗位，认同工作价值；在工作中能获得满足感					
参与态度 20 分	积极主动参与工作，能吃苦耐劳，崇尚劳动光荣、技能宝贵；与教师、同学之间相互尊重、理解；与教师、同学之间能够保持多向、丰富、适宜的信息交流					
	探究式学习、自主学习不流于形式，处理好合作学习和独立思考的关系，做到有效学习；能提出有意义的问题或能发表个人见解；能按要求正确操作；能够倾听别人意见、协作共享					
学习方法 10 分	学习方法得体，有工作计划；操作技能符合规范要求；能按要求正确操作；获得了进一步学习的能力					
工作过程 15 分	遵守管理规程；平时上课的出勤情况和每天完成工单任务情况良好；善于多角度分析问题，能主动发现、提出有价值的问题					
思维态度 10 分	能发现问题、提出问题、分析问题、解决问题					
自评反馈 25 分	按时按质完成工作任务；较好地掌握了专业知识点；具有较强的信息分析能力和理解能力；具有较为全面、严谨的思维能力并能条理清晰地表达成文					
组内成员评述						
自我总结有益经验和做法						
反馈与建议						

模块三 Module Three

学会测量与解读消费行为

Learn to Measure and Interpret Consumer Behavior

仁中取利真君子，义中求财大丈夫。

——中国古代谚语

学习内容

任务 3.1　了解消费心理学的研究方法

任务 3.2　掌握测量消费行为的方法

任务 3.3　掌握解读消费者行为的方法

在社会主义条件下发展市场经济，是我们党的一个伟大创举。

——2015 年 11 月 23 日，习近平总书记在中共十八届中央政治局第二十八次集体学习时的讲话

学习导图

- 学会测量与解读消费行为
  - 了解消费心理学的研究方法
    - 消费心理研究方法概述
    - 对消费心理学具有影响的学科
    - 消费心理调查研究的意义
  - 掌握测量消费行为的方法
    - 消费者调研方法
    - 消费调查研究的过程
    - 消费者行为研究中的伦理问题
  - 掌握解读消费者行为的方法
    - 系统研究方法
    - 归纳演绎研究方法
    - 分析综合研究方法
    - 定性定量研究方法
    - 对比分类研究方法

【任务情景】

2012年中秋、国庆双节前期，中央电视台推出了《走基层·百姓心声》特别调查栏目“你幸福吗?”。央视走基层的记者们分赴各地采访包括城市白领、乡村农民、科研专家、企业工人在内的几千名各行各业的工作者，“幸福”成为媒体的热门词汇。但原本严肃、稳重的央视栏目，却在采访时，屡遭“神回复”：“我姓曾”“我耳朵不好”“接受你采访被别人插队”之类。请结合自己的经历，谈一谈当别人问你诸如是否幸福、是否满意之类的问题时，你会如实告诉别人自己的真实感受吗？原因是什么？采访场面如图3-1所示。

图3-1 采访场面

【任务清单】

任务清单见表3-1。

表3-1 任务清单

任务编号	任务描述	知识目标	技能目标	综合素养
3.1	了解消费心理学的研究方法	□了解观察法、实验法、调查法、测验法等消费心理学的研究方法 □掌握投射法的应用场景和应用技巧	□能够正确使用各种消费心理学的研究方法	融入绿色低碳消费理念、培养学生实事求是的工作态度，在学习和工作中践行社会主义核心价值观
3.2	掌握测量消费行为的方法	□掌握消费调研的方法及步骤 □掌握制订消费者调研计划的方法 □掌握设计消费者调查问卷的方法	□能够针对要解读的消费者消费心理现象选择研究方法，并制订调研计划	
3.3	掌握解读消费者行为的方法	□掌握消费者数据分析的方法 □了解选择消费分析机构的方法 □掌握编写消费分析报告的技巧	□能够运用统计结果和数据，进行消费数据分析，并完成消费分析报告	

任务 3.1　了解消费心理学的研究方法

任务描述：

观看消费心理学研究方法教学视频，总结每种方法的特点和应用范围。

任务准备：

课前知识学习。

了解消费心理学的研究方法

3.1.1　消费心理研究方法概述

消费心理研究方法是人们研究消费心理问题、预测消费行为，并为企业提供营销及经营建议的途径与手段。对消费心理的研究，要根据研究任务的需要，选择适当的研究方法，主要以心理学的研究方法为基础，再结合具体营销活动，形成完整的、系统的科学调查或实验研究方法体系。

消费心理学的心理学理论基础是普通心理学，因此在研究方法上，可以借鉴和采纳普通心理学的一些方法。常用的方法主要有观察法、调查法、实验法和投射法 4 种（如图 3-2 所示）。

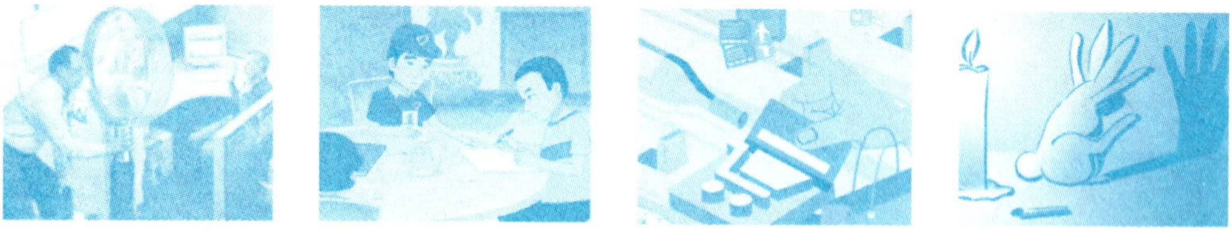

观察法　　调查法　　实验法　　投射法

图 3-2　消费心理学常用研究方法

1. 观察法

观察法是研究者在未经控制的日常生活条件下，直接观察、了解和分析他人的言行、表情、动作、行为等以判断其心理活动的一种方法（如图 3-3 所示）。随着现代科学技术的发展，在消费心理学的研究中，可以利用各种测量仪器和技术，借助于录音、录像等各种电子技术手段来观察心理现象和过程，从而大大提高了观察的深度、广度和精确度。

图 3-3　观察法

在实践中，调查人员可通过对顾客购物行为的观察，猜测某种商品的销售情况；观察顾客与售货员的谈话，来判断消费者对商品属性的认知；观察顾客谈话时的面部表情等身体语言的表现，来判断顾客对商品是否满意；观察顾客进出商店以及在商店逗留的时间，分析卖场布局及商品陈列与促销是否合理；观察人们对广告文字内容的反应，来设计、策划商品广告。

观察法的优点在于应用广泛、方便，看到的情景最真实、可靠。缺点是研究者处于被动地位，时机难以把握，难以对所得材料进行定量分析，且主观因素难以控制。

知识链接：

阿尔法鹰眼测试韩雪、撒贝宁摸牛蛙（如图 3-4 所示）。谈一谈人工智能应用给生活带来的方便，以及可能面临的威胁。

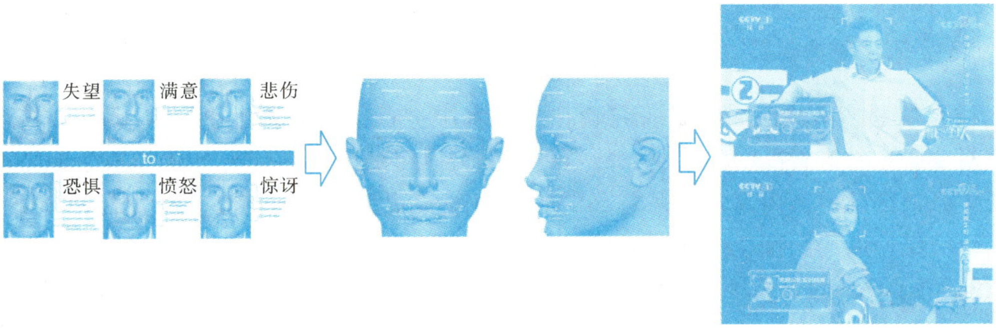

图 3-4 阿尔法鹰眼测试

2. 调查法

调查法是通过提问收集被调查者的有关材料，间接了解其有关心理活动的研究方法。这是消费心理学的主要研究方法之一。调查法包括访谈调查法和问卷调查法。

（1）访谈调查法。访谈调查法是研究者事先初步拟定一定的问题同被试者进行谈话，通过面对面的口头交谈，了解其心理特点的方法。

（2）问卷调查法。问卷调查法是研究者通过内容明确、表达清晰的调查表格，让被调查者根据个人情况填写，来了解其心理活动的方法（如图 3-5 所示）。常用的方法有：是非法、选择法、等级排列法等。

2021 年消费者购房意向调查问卷

被访者姓名_____电话__________访问人_______访问时间_____

● 基本资料

性别：□男 □女

年龄：□24 岁以下 □25-34 岁 □35-54 岁 □55 岁以上

职业：□私营企业主 □政府人员 □企事业员工 □普通职员 □自由职业者

● 您近期是否有购房计划

□打算买房子 □没有这个打算 □未定

● 如果计划购房，您的用途是什么？

□自住 □给父母买 □给孩子买 □其他______

● 您认为自己居住的房子，最重要的是什么？

□实用 □方便 □舒适 □美观 □质量

● 如果计划购买房子，您会考虑哪些因素？

□地段 □交通便利 □小区环境 □户型设计

□周边自然环境 □小区规模 □价格 □朝向、采光

□配套设施 □物业管理 □购物 □生活方便

□独立产权 □开发商品牌 □升值潜力 □子女教育

● 您认为近两年内周围房价涨跌情况？

□还会快速上涨 □平稳上涨 □保持平稳 □有所下降

图 3-5 消费者关于购房的调查问卷

3. 实验法

实验法是指有目的地控制或创造一定的条件，对应试者给予一定的刺激，从而引发应试者的某种反应，进而加以分析研究，找出有关心理活动规律的方法。该方法通常可以分为自然实验法和实验室实验法两种。

（1）自然实验法，又称为现场实验法。这种方法就是在正常的工作条件下，适当地控制与实际生产活动有关的因素，以促成被试者某种心理现象的出现。

知识链接：

消费心理实验

实验场景：有一家家具店正在清仓大甩卖，你看到一套餐具，有 8 个菜碟、8 个汤碗和 8 个点心碟，共 24 件，每件都是完好无损的，那么你愿意支付多少钱买这套餐具呢？如果你看到另外一套餐具有 40 件，其中 24 件和刚刚提到的完全相同，而且完好无损，另外这套餐具中还有 8 个杯子和 8 个茶托，其中 2 个杯子和 7 个茶托都已经破损了。你又愿意为这套餐具付多少钱呢？

实验结果：在只知道其中一套餐具的情况下，人们愿意为第一套餐具支付的平均价格为 33 美元，愿意为第二套餐具支付的平均价格仅为 24 美元。

（2）实验室实验法。它是研究者在实验室中进行的研究。由于研究者可以借助实验室对实验条件进行严密的控制，故这种研究可以帮助研究者有效地确定各变量之间的因果关系。因此，其内部效度是最高的。但由于实验室的环境与真实的工作环境不同，故其研究结论的局限性也是很明显的。其缺陷就在于其外部效度较低。

4. 投射法

投射法用来测量消费者在一般情况下不愿或不能披露的情感、动机或态度，是“根据无意识的动机作用来探询人的个性深蕴的方法”。

常用的投射法有很多，如词语联想法、句子和故事完型测试法、漫画测试法、照片归类法、绘图法等（见表 3-2）。比如，在绘图法中，实验者向被试描述某种情景，然后让被试充当情景中的某一角色，观察被试在该情景中的反应，从而取得实验结果。这是一种间接调查的方法，让被试在不知不觉中自然地流露出自己的真实动机和态度。

表 3-2　常用的投射法

类型	描述	典型应用
词语联想法	提供一个词，要求迅速（3 秒）说出脑海中出现的一串词语	考察消费者对某一产品的印象，品牌意象
句子和故事完型测试法	提供一个不完整的句子或故事，要求将其补完整	购买×××式的手机的人是…
漫画测试法	提供漫画或其他图像，要求补充画面说明或人物对话等	测试对某两种设计的不同态度的评价
照片归类法	出示一组与测试目的相关的照片，让被试者进行归类	将×××产品的照片与可能使用该类产品的用户对应起来
绘图法	要求被试者画出自己的感受，或者对事物的认知	画出你最喜欢的手机样式

投射法的最大优点在于主试者的意图、目的藏而不露。这样创造了一个比较客观的外界条件。采用投射法可以测试出被试人人格更真实的一面，使测试的结果比较真实。它真实性强，比较客观，对被试人的心理活动了解得比较深入，有利于提高促销方法的科学化程度，有利于促进新方法在促销工作领域中的应用。它的缺点是分析比较困难，

需要有经过专门培训的主试人。

以上 4 种消费心理学的研究方法适用于针对不同消费现象或行为的研究，在一次具体的消费活动调查研究过程中，可能会用到上述 4 种消费心理研究方法的一种或几种。在应用过程中，应注意区分各种方法的应用范围，以及在应用过程中需要注意的事项。通过观察、调查、实验和投射的研究方法，商家可将消费者消费过程中的心理现象和规律总结成消费分析报告，最终为市场营销和产品研发提出建议和指导。4 种研究方法的对比见表 3-3。

表 3-3 研究方法对比

研究方法	优点	缺点	应用范围
观察法	应用广泛、方便，看到的情景最真实、可靠	研究者处于被动地位，时机难以把握，难以对所得材料进行定量分析，且主观因素难以控制	用于了解消费者对产品或服务是否满意、消费者对消费行为的态度、消费行为习惯、兴趣偏好等
调查法	应用范围广泛	调查结果的可靠性受受试者影响大，不合作的态度会降低研究效度，调查问卷编制的质量和适用范围也会影响调查结果	用于了解消费者的人口统计学特征、行为特点等方面的内容
实验法	实验法可用于发掘消费者主观情感、不易察觉的消费行为或习惯	实验的假设和实验条件的设置与真实消费环境下存在差异，会导致实验法的结论存在一定差异	用于了解消费者对商品属性变化如品种、价格、广告陈列、包装等变化的反应
投射法	可用于对消费动机强弱的定量研究	难以大规模使用	用于了解消费者的情感、动机、态度等

3.1.2 对消费心理学具有影响的学科

消费心理学作为营销学领域的一门重要学科，深受营销观念的影响。对于消费者行为学科产生过重要贡献的学科主要是心理学、社会学、社会心理学、人类学、经济学，其他还有人口统计学、历史学、地理学等。这些学科分别以各自独特的视角来研究消费者行为，发挥对消费者行为学科的影响。对消费心理学产生过重要影响的学科有以下 6 门学科：

1. 心理学

心理学（psychology）是研究人的心理现象及其规律的科学。心理学对消费心理学的贡献主要在于对个体心理的研究。心理学的基本概念构成消费心理学的核心概念，如消费者的需要、动机，感觉、知觉、学习、记忆、态度、个性、自我等。各心理学分支学科，如实验心理学、生理心理学、临床心理学、发展心理学等，都能为人们理解消费者行为提供帮助。

2. 社会心理学

社会心理学（social psychology）主要研究人（包括个体和群体）在与社会交互中的社会心理现象及其从属的社会行为。社会心理学对消费心理学的贡献主要在于其对个体在群体中行动的研究，主要涉及消费者态度的形成与改变、人际互动、信息传播、参照群体对消费者行为的影响等。

3. 社会学

社会学（sociology）是研究社会结构及其内在关系与社会发展规律的科学，它侧重于对社会组织、社会结构、社会功能、社会变迁、社会群体等的研究。社会学对消费心理学的贡献主要在于对社会群体的研究，主要涉及文化、亚文化、社会阶层、社会群体、家庭、社会角色对消费者行为的影响。

4. 人类学

人类学（anthropology）主要研究人类文化的起源、发展变迁的过程、世界上各民族各地区文化的差异，试图探索人类文化的性质及演变规律。人类学对消费心理学的主要贡献在于关于社会、文化对单个人影响的研究，涉及比较价值观、比较态度、跨文化分析等。它在人类的婚姻家庭、亲属关系、神话宗教、传说民俗、原始艺术等方面的研究对分析消费者行为具有直接的应用价值，帮助人们理解消费仪式、象征等现象，理解消费的意义及其重要性。此外，人类学的研究方法，如自然探询法、痕迹判断法，对消费心理学的研究也很有帮助。自然探询法是指在日常的生活、工作和娱乐环境中，研究人员通过观察、记录等方式，甚至通过自身的直接参与，了解有关事件和活动。痕迹判断法是指研究人员通过观察消费者的外显行为，掌握事实，然后根据行为或事件的相互联系以及所观察到的外显行为，来推断其内隐行为，如观察消费者所遗弃的生活垃圾，以了解他们的消费情况。

知识链接：

消费者行为奥德赛

消费者行为奥德赛是一个研究项目，即一组顶尖级的消费者研究者组成跨学科的学术研究小组，拜访各种各样的消费场所。他们于 1986 年夏天驾车进行了一次环太平洋的发现之旅。他们运用的数据收集方法包括录音访谈、静止摄影、现场笔录、个人旅程日记等。

研究者们去了百货商店、乡村集市和旅游景点、戏剧表演场所和摇滚音乐会、野餐场所和婚礼场所，几乎所有他们经过的消费场所他们都去了，目标就是在所到之处以一种不打扰别人的方式来观察人们对产品的购买、消费和处置行为。

他们的研究有许多有趣和重要的发现，如：机动化活动住房和非机动化活动住房拥有者或租赁者在消费经历上的巨大差别；旧货交易市场上买方和卖方的心理特点；参观博物馆的技术性消费者（买了门票不参观，去了就满足）和传统消费者（花时间参观博物馆，以获得教育为满足）的区别。

5. 经济学

经济学（economics）是一门研究稀缺资源配置和利用的社会科学。经济学对消费心理学的贡献在于关于个体、家庭对经济利益考虑的研究，主要涉及个人或家庭经济资源的分配、边际效用理论、购买决策、风险规避等。

6. 其他

人口统计学（demographic statistics）是关于人口属性的研究，有利于分析消费者行为与人口统计特征之间的关系。历史学（history）是关于对过去事件的研究，有助于人们理解各类消费行为、消费现象的产生与发展。地理学（geography）的贡献在于人与地理环境关系的研究，涉及商店吸引力模型（区位、可达性、商店面积等）、零售引力、空间偏好、零售环境、营销地理系统和零售配置等。

3.1.3 消费心理调查研究的意义

1. 消费心理调查研究是营销决策和制订营销策略的基础

消费者行为研究向营销管理者提供了制订营销战略和战术的关键信息。美国营销学会对营销的定义是："营销是一项组织职能，包括一系列为消费者创造、沟通和传播价值的过程，以及按最有利于组织和利益相关者的方式管理客户关系。"从这一定义可以看出，为了有效地营销产品或服务，营销管理者必须清楚地理解消费者行为的价值。营销观念与推销观念的一个重要区别，就在于是否将顾客的优先性放在组织本身之上。消费者是整个营销策略的核心，所有的营销策略，包括市场细分策略、定位策略与营销组合（包含产品策略、定价策略、渠道策略和促销策略），都必须根据其对消费者行为的正确阐释与解读来拟定。无数的事例表明，对消费者行为的研究，在提高营销决策水平、增强营销策略的有效性方面确实有着重要意义。企业对消费者行为的漠视，是导致营销失败的直接原因。

2. 消费心理调查研究为政府公共政策的制定提供依据

政府机构致力于制定、执行公共政策来保护消费者免受不公平、不安全或不适当营销行为的损害。在20世纪60年代，美国就开始倡导消费者享有安全权、知情权、选择权、投诉权和索赔权，后来美国政府又加上了享受干净和健康环境的权利和保护少数族裔与穷人消费者的权利。人们通过消费者行为研究，可以从保护消费者权益的角度，向立法人员和公共政策制定者提供拟定公共政策的基础信息。政府采取什么样的法律、采取何种手段保护消费者权益、政策能否更加有效，很大程度上离不开对消费者行为深入细致的研究。同时，人们通过对消费者行为的了解，可以知道政府公共政策对于消费者行为可能造成的改变。

3. 消费心理调查研究为消费者本身带来利益

通过对消费者行为深入研究，企业可以为消费者创造出更好的产品以满足消费者的需要，赢得消费者满意，使消费者受益。作为消费者，如果对消费者行为的知识有所了解，能够获得消费的一些基本事实，如消费者报告之类的资料，将能够做出更有效的决策。同时，当消费者具备了消费者行为的一些相关知识，理解了企业如何运用消费者行为的知识，就能识破企业所运用的一些不当的销售手段和伎俩，从而使消费决策更加明智。消费者协会等社群权益团体（advocacy group）更能利用关于消费者行为的研究报告来推动公众对不适当行为的警惕，通过媒体和发起抵制行动对目标企业和其他消费者施加影响。而且，大多数人本身既是消费者，同时也必须服务于其他消费者，因此，理解消费者行为也有助于维护自身的利益和有效地履行职责。

任务 3.2　掌握测量消费行为的方法

任务描述：

阅读消费者调研报告，归纳总结消费者调研的步骤。

任务准备：

课前知识学习。

3.2.1　消费者调研方法

掌握测量消费行为的方法

调查研究简称调研，指通过各种调查方式系统客观地收集信息并研究分析，对各产业未来的发展趋势予以预测，为投资或发展方向的决策做准备。

消费调研是运用消费心理学研究方法，对消费者的消费活动进行调查，经过科学分析和合理推断，对消费者消费行为进行预测和分析的方法，帮助企业了解各行业当前最新发展动向，把握市场机会，做出正确投资决策和明确企业发展方向。目的是获得系统客观的信息研究数据，为决策做准备。对消费者消费行为的现状进行调查统计是基础，更重要的是在统计数据的基础上进行消费行为的预测和消费者需求分析，为企业经营提供决策参考。

思考：

A 公司是生产糕点的企业，随着消费者消费习惯的转变，越来越多的人重视自己的健康饮食管理，逐渐减少了高热量食品的消费量，因此 A 公司产品的销量逐渐下滑，A 公司总经理准备带领公司进行转型，计划组织一次消费者调研了解一下消费者对糕点口味和消费习惯的转变，以及消费者健康饮食的偏好，看能否转型成为给大家提供健康饮食的食品公司。请思考 A 公司在哪里能够找到调研的消费者人群，用什么方式才能联系到消费者，并完成调研。

消费心理调查的研究范式。范式（paradigm）是指研究者看待研究对象的方式和视角，也就是研究者对于“研究什么、如何研究”的基本假设。当前用以研究消费者行为的两个不同类型的范式是实证主义和阐释主义。

实证主义（positivism）又称现代主义（modernism），研究的假设是消费者是理性的，行为的原因与影响是可以识别和分隔的，个体是能参与信息处理的问题解决者，事物是可被客观测量的。因此，实证主义研究的目的是预测消费者行为，采用的研究方法是定量研究（quamtitative rcsearch），包括调查法、实验法和观察法，在研究中研究者与被研究者是分离的，研究的结果是描述性（deseriptive）的，如果数据收集是随机的（如概率抽样），结果可推广到更大的人群。

阐释主义（interpretivism）又称为后现代主义（postmodemism），强调象征性主观经验的重要性，强调了意义存在于个人精神中的观点，也就是说，每个人根据自己特有的和共有的文化经验来构建自己的意义，因而所有的价值观都没有对错，每一个消费体验都是独特的。因此，阐释主义的研究目的是了解消费者行为，获得新观点，采用的研究方法是定性研究（qualitative research），包括深入访谈、焦点小组、隐喻分析、拼图研究以及投射技术等，在研究中研究者和被研究者进行互动与合作，研究的结果是主观性的、推论性（inferential）的，由于样本较小，研究结果不能推广到更大的人群。

在实际研究中，研究者通常将实证主义和阐释主义的研究结合起来。研究者们已经发现，这两种研究范式在本质上是互补的，与单独使用某一种方法相比，综合利用实证主义和阐释主义的研究可以更好地展示消费者行为。

3.2.2 消费调查研究的过程

消费调研首先是研究消费者购买行为（包括产品信息的了解途径，主要的获取方法、关键性的影响因素、习惯的使用方式等），其次是研究消费者的消费态度，即消费者对某一产品/服务所持有的一种比较稳定的赞同或不赞同的内在心理状态等。市场营销的实质是提供满足消费者需求的产品，而在市场竞争环境下，可供消费者选择的产品是多种多样的，这就需要经营者在进行市场营销的过程中能够尽可能地了解和满足消费者的购物心理，让产品销售更顺利——这也正是消费者研究存在的意义。消费调查研究主要包括以下 9 个步骤：

1. 界定研究问题与研究目标

消费者行为研究的第一步是清楚地界定研究问题与找出研究的目的（objectives）。这些研究问题与目的通常是由决策者（使用消费者行为研究结果的人）与研究人员一起达成的共识。研究目标的明确可以确保研究设计的合理性。

2. 进行背景分析

研究者在界定粗略的研究问题之后，需要对该研究问题做一个背景分析。背景分析（background analysis）是指针对个别或是特殊的消费者研究问题，做广泛的背景调查。背景分析包括 3 部分：与问题相关的组织或市场信息的搜寻、二手资料的收集与分析，以及相关的文献探讨。

首先是与问题相关的组织或市场信息的搜寻。与问题相关的组织或市场信息是指研究者应该搜寻有关公司产品、市场、营销及竞争者的信息，得到这些信息，可以检验所界定的消费者研究问题与研究目的的适当性。

其次是二手资料的收集与分析。二手资料是指为了某一目的而采集的被用于另一目的的数据，如政府可能为了征税而采集人口数据，消费者行为研究者可以利用政府调查的结果作为二手资料来估计市场规模。寻找二手资料被称为间接研究。间接研究有时能对手头上的问题提供足够的信息。更多的时候，它能为直接研究提供线索和方向。二手资料的来源包括内部来源和外部来源。内部来源是内部早期研究生成的资料以及公司的销售、财务部门所收集的顾客信息，如公司盈亏报告、资产负债表、销售数据、销售拜访报告等。外部来源包括商业出版的报纸、期刊、书籍，政府数据，营销研究公司以及开展其他基于网络的营销活动的数据。

3. 确定调查研究方法

(1) 数据收集方法。

数据收集方法包括调查研究法和实验研究法。

调查研究法（survey research）是指研究人员通过询问获得消费者的购买偏好和消费体验的一种研究方法。调查研究法可以分为邮件调查、电话调查、个人访谈、在线调查4种，这些调查方法各有优缺点，研究者在选择时要加以权衡。

邮件调查（mail survey）的操作是把问卷直接寄到个体家中，能够快速地接触到大量的样本。邮件调查的主要问题是回收率低。研究者可以采用先通知再发问卷，馈赠小礼品或促销券，提供贴上邮票、写好回信地址的信封等方法以提高回收率。

电话调查（telephone interview）能够获得受访者的立即响应，也能有效接触到大量的样本，但受访者可能很冷淡甚至怀有敌意。与和人交谈相比，许多受访者并不愿意与电子声音相互交流。

个人访谈（personal interview）的最大好处是能深入地探讨问题，对一些较复杂或情绪性的问题极为适合；缺点是昂贵又费时，访谈者的外形、性别与访谈技巧会大大影响受访者或回收数据的品质。个人访谈分为3种：卖场访谈（mall interview），指访谈者到百货店、零售商店、超市等卖场访问；街头拦截访谈（intercept interview），指访谈者直接在街头拦截受访者进行访谈；入户访谈（in-home interview），指访谈者到受访者家中进行访谈。目前，街头拦截访谈比家庭访谈运用得更广泛，因为职业女性不在家的情况很多，而且很多人并不情愿让陌生人进入家中。

在线调查（internet interview）是被调查者直接通过计算机到研究者的网站回答问题，因此样本带有自我选择性。在线调查一般要求被调查者完成一组人口统计学的问题，以便研究者进行分类研究。有些研究者认为互联网的匿名性可鼓励被调查者更直率和更诚实地回答问题，但也有一些研究者认为在线被调查者的回答并不能反映他们自己的想法和行为。

实验研究法（experimental research）也叫因果研究法，是控制1个或1个以上的自变量，使其他因素保持不变，探究自变量与因变量之间的关系的一种研究方法。研究者可用它来研究包装设计、价格、促销手段、广告文案主题等变量与销售吸引力之间的关系。实验研究法需选出相对应的受试者的配对（如实验组与控制组），分别给予不同的变换或处理，并控制其他变量，然后检测所观测到的因变量是否具有统计显著性差异。

实验研究法可以分为实验室实验法和实地实验法两种。实验室实验法是在受控的实验室环境或非真实的商业或实际环境下进行，如可以将教室布置成卖场，来进行卖场布置对购买意图的实验研究。实地实验法是指在真实的商业环境或实际环境下所做的实验，如市场测试。新产品投放市场之前，研究人员在对其销量进行预测与可能的市场反应进行测量时，包装、价格、促销都是可控的因素。

案例:

啤酒和纸尿裤

沃尔玛百货将纸尿裤和啤酒并排摆在一起销售，结果纸尿裤和啤酒的销量双双增长！为什么看起来风马牛不相及的两件商品这样一搭配，能取到惊人的效果呢？

因为沃尔玛很好地运用了大数据技术，成功地发现了“纸尿裤”和“啤酒”的潜在联系。当沃尔玛发现这两件商品存在联系的时候，详细分析了其原因。原来，美国的太太们常叮嘱她们的丈夫下班后为小孩买尿布，而丈夫们在买尿布后又随手带回了两瓶啤酒。这一消费行为导致了这两件商品经常被同时购买。所以，沃尔玛索性就将它们放在了一块，既方便了顾客，又提高了产品销量。

（2）定性研究方法。

定性研究又称质化研究，指研究者采用定性的方法，并不将消费者的反应或答案局限在某一预设的答案架构和类别中。定性研究的答案大多数是言辞的数据，而非数量的数据。所以，定性研究的答案类别往往无法预先决定，甚至研究者也不知道有哪些可能的答案。定性研究的研究方法虽然有所不同，但它们都是根源于心理分析与临床心理知识，它们都强调可以随意修改的和可自由回答的问题，以刺激受访者暴露出他们内心的想法与信念。定性研究的研究者必须经过专业的训练。定性研究的方法主要有深度访谈、焦点小组、投射技术、隐喻分析技术、日记法。

①深度访谈（depth interiew）是由专业的访谈者通过促使受访者自由畅谈他自己对于所研究的主题（例如产品类别或品牌）以及相关的活动、态度以及兴趣，以了解受访者本身的观点的一种研究方法。深度访谈是一种非结构化的访谈，通常历时 30 分钟到 1 个小时。专业访谈者在确立要讨论的主题之后，应该尽量减少自己的参与。在某些访谈中，研究人员希望了解消费者做出购买决策的过程，可以派专业访谈人员陪同消费者在百货店里购物，了解他们的想法。

记录访谈过程的手稿、录像带，以及受访者用来传达其态度和动机的情绪、手势或者“肢体语言”，如肌肉抽搐、烦躁、视线转移、音调变化等，事后都要被仔细地研究。这种研究能给市场营销者提供许多有价值的信息。

②焦点小组（focus group）是指研究者聚集 8~10 名受访者，针对某一主题进行讨论，而受访者被鼓励自由地表达他们对这一主题的看法的一种研究方法。焦点小组有一位分析主持与他们一块讨论，“聚焦”于一种特殊的产品或产品种类（或者其他有研究兴趣的话题）。受访者被鼓励讨论他们的兴趣、态度、反应、动机、生活方式，以及对该产品种类的感情、使用体验等。

一个焦点小组每次需要 2 个小时才能完成讨论，可以录音、录像，通常在装有单面镜的特殊设计的会议室中进行。但研究者也开始使用基于计算机的焦点小组技术，受访者可以在计算机房看到自己的评论以匿名的形式出现在大屏幕上。但匿名的做法无法观察到传统焦点小组中可以观察到的面部表情、身体语言等非言语的反应。

焦点小组的受访者在消费者特征描述基础上被招募而来，并可获得一定的报酬。有时某企业品牌的使用者被聚集到一个或数个群体之中，他们的回答可以再和其他未使用过该品牌的受访者进行对比。

与深度访谈相比，有的研究者喜欢焦点小组，因为只要花较少的时间就可以完成研究，同时他们感到焦点小组和团体动力作用可以产生更多的新观点。有的研究者则更喜欢采用个体深度访谈，因为他们觉得受访者没有团体压力，如果研究的课题是敏感的、可能令人尴尬的、保密的或情绪性的，那么深度访谈比焦点小组更合适。

案例：

最新研究：塔吉特公司对焦点小组的运用

焦点小组的活动不一定在正式的研究室中进行。当塔吉特（Target）超市调查大学新生宿舍用品（这是一个价值92亿美元的大学细分市场）的需求时，研究公司邀请高中生和大学新生小组到一名大学生的房间来玩一款以宿舍生活为中心的桌面游戏（board game）。在游戏过程中，参与者们交换各自的故事和问题，这些交流表露出他们对宿舍生活的关心和期望。

以这样的研究为基础，塔吉特公司推动了一条新的产品线——Todd Oldham 宿舍用品系列，其中包括厨具集中箱（基本的宿舍用厨具的组合）和印有水洗和干洗注意事项的洗衣袋。

③投射技术（projective technique）是通过投射来找出消费者行为背后真正动机的方法。由于消费者会在意识层面掩饰很多动机，因此，研究者可以通过投射技术找出个体潜在的、真正的动机。不论是无意识的理性还是有意识隐藏的努力，这些动机都可以由一系列隐蔽的、包含各种不明确的刺激物的"测试"反映出来。常用的投射技术包括：

语句完成法（sentence completion）：要求将某一未完成的句子加以完成，如"我觉得可乐是一种（饮料）"。

单词联想法（word aesociation）：要求被试自由响应某一字句，将出现在头脑中的词语记录下来，如"情人节"。

卡通技巧（cartoon techniques）：要求被试将某一幅卡通画内的空白对话填上或描绘某一卡通人物的想法。

墨迹测验（inkblot test）：要求被试自由解释墨迹的意思和含义。

角色扮演（play roles）：要求被试扮演他人的角色，如扮演"在大型百货商场选购手袋的白领女性"。

投射技术可以与深度访谈、焦点小组一起合并使用。

④隐喻分析技术（metaphor analysis）是20世纪90年代出现的消费者研究的一种新趋势。它的基本观点是认为大多数的沟通是非语言性的，人们在考虑问题时不是用文字而是用意象来思考，意象比言辞更容易表达出内心的想法。研究者借助于图片、绘画、音乐、声响、描述的使用来掌握消费者心中的意象。用一种表达形式来描述和展示对其他事物的感觉，这种方法就叫作隐喻（metaphor）。利用隐喻对研究对象进行分析便是隐喻分析。

隐喻分析技术有多种。有的研究者要求消费者叙述关于产品的经验，叙述内容既可以是真实的经历，也可以是假设情境下的故事。有些研究者采用的方法是出示关于消费者经历的图片，以帮助消费者联想到自己的类似经历并且提供更完整的报告。有的研究者要求消费者收集一批能够反映其生活形态的图片，以此为基础询问关于图片及其背后的含义。还有一些研究者使用图片来分析消费者对其他消费者或他们所使用的产品的感受，如一家轿车生产商会要求消费者将不同的轿车照片与不同类型的消费者进行对应等。研究者通过这些方法可以得到关于产品、商店、购买环境等有价值的信息。

⑤日记法是指研究者要求消费者记日记，披露其行为的深入信息，包括产品购买和媒体使用。如，研究者可能要求儿童和少年记日记，这些日记通常会披露朋友和家庭如何影响他们关于服装、音乐、快餐、录像、音乐会等的决策。研究公司 NPD 集团在全世界范围内征集 200 万消费者在线记录日记，汉堡王快餐连锁公司利用 NPD 的系统分析不同年龄群体、地区和每天不同时段里汉堡的消费情况，来改善市场定位或改进促销、规划新的产品以及其他营销决策。

4. 设计数据收集工具

数据收集工具是作为研究设计的一部分被开发出来的，它使收集的数据系统化，并确保所有的被调查者按照系统的顺序回答相同的问题。工具主要包括问卷、个人量表、编制的讨论提纲、访谈指南等。

问卷是收集数据的主要工具。问卷要求被研究者对一系列预定的研究问题做出回答。问卷可以根据其真实目的分为隐蔽与非隐蔽问卷两类，隐蔽性问卷有时会得到更诚实的回答。研究者通过问卷必须能够获得研究所要的信息，所以，问卷的题目应容易了解并具有明确的目标。问题可以是开放式的或封闭式的：开放式问题可产生更多的有深刻见解的信息，但是编码与分析也相对困难些；封闭式问题相对容易编码和分析，但所提供的选择性答案受到较大的限制。问题的排序很重要：问题必须按逻辑顺序继续下去；人口统计学问题应该放在最后。研究者通常要告诉被调查者该调查的保密性和匿名性。

个人量表也是收集数据的一种主要工具。个人量表会陈列一连串的陈述，而要求被试针对该陈述表示同意或不同意的程度。常见的个人量表很多，如衡量一个人在扮演意见领袖上的意见领袖（opinion leadership）量表，对事情是否会穷追到底的认知需求（need for cognition）量表，用来收集消费者对展示的一系列产品属性的相对感觉与评价的态度量表（attitude scales）等。最常用的态度量表包括李克特（Likert）量表、语义差别量表、行为倾向量表和等级顺序量表。

讨论提纲、访谈指南大多用在定性研究中，例如焦点小组、深度访谈都需要先拟出一个讨论提纲。讨论提纲为研究者在进行群体讨论或一对一访谈上提供了一个参考依据（见表 3-4）。

表 3-4　讨论提纲

1	你为什么决定使用当前的产品？	
2	你使用现有产品多久了？	
3	你转换过其他产品吗？什么时候、什么原因促使了这种转换？	
4	你认为当前的产品服务质量如何？	
5	你选择产品的主要标准是什么？	

不论哪种数据收集工具，通常都要做预调查并修改有缺陷的部分，并保证研究的信度和效度。

5. 定义抽样程序

当研究者决定了收集原始数据的工具后，下一步就是决定如何去选择一个样本，这就是抽样（sampling）。抽样的目的就是以样本来代替母体，因为普查会花费很多的精力和经费。

抽样设计强调3个问题：抽取谁（样本单位）、抽取多少（样本量）以及如何抽取（抽样程序）。研究者首先要界定研究母体的内涵，这样才知道抽样的对象是谁。样本量取决于预算的大小与对该研究的信度的要求。抽样的方法有两种：一是概率抽样（probability sampling），又称随机抽样，可以把结果推广到整体人群；二是非概率抽样（nonprobability sampling），可以让结果反映有“代表性”的人群。

随机抽样要求严格遵循概率原则，每个抽样单元被抽中的概率相同，并且可以重现。随机抽样常常用于总体个数较少时，它的主要特征是从总体中逐个抽取。随机抽样可以分为单纯随机抽样、系统抽样、分层抽样以及整群抽样。

（1）单纯随机抽样的主要方法有：

①抽签法。一般地，抽签法就是把总体中的N个个体编号，把号码写在号签上，将号签放在一个容器中，搅拌均匀后，每次从中抽取一个号签，连续抽取n次，就得到一个容量为n的样本。抽签法简单易行，适用于总体中的个数不多时。当总体中的个体数较多时，将总体“搅拌均匀”就比较困难，用抽签法产生的样本代表性差的可能性很大。

②随机数法。随机抽样中，另一个经常被采用的方法是随机数法，即利用随机数表、随机数骰子或计算机产生的随机数进行抽样。

（2）分层抽样是指在抽样时，将总体分成互不相交的层，然后按照一定的比例，从各层独立地抽取一定数量的个体，将各层取出的个体合在一起作为样本的方法。层内变异越小越好，层间变异越大越好。

（3）整群抽样又称聚类抽样，是将总体中各单位归并成若干个互不交叉、互不重复的集合，称之为群；然后以群为抽样单位抽取样本的一种抽样方式。应用整群抽样时，要求各群有较好的代表性，即群内各单位的差异要大，群间差异要小。

6. 实际收集数据

研究者进行数据收集，可以用自己的研究机构，也可委托外部的机构来进行，如委托学术机构、广告公司、专门的消费者研究或营销研究公司。公司的内部人员必须与所委托的研究机构共同工作。

数据的收集包括了许多前期的准备工作，如问卷印制、问卷邮寄、访员招募、访员甄选、访员训练以及工作的分配等。如果使用访员来收集数据，要特别注意访员的训练结果好坏会直接影响研究的成败。访员的训练包括如何开场，如何维持受访者兴趣，如何处理特殊事件以及如何避免对样本产生不当影响等。

知识链接：

小资料：常用数据来源

政府网站：

中华人民共和国统计局 http://www.stats.gov.cn/

中华人民共和国商务部 http://www.mofcom.gov.cn/

营销类网站：

中国营销传播网 http://www.emkt.com.cn/

中国市场营销网 http://www.ecm.com.cn/

中国营销网 http://www.sellcn.com/

哈佛商业评论网 http://www.hbrchina.com/

中国企业新闻网 http://www.cenn.cn/

第一营销网 http://www.cmmo.cn/

环球企业家 online.http://gemag.com.cn/

中国市场调查研究中心 http://www.cmir.com.cn/

商业数据：

益普索（中国）市场研究咨询有限公司：拥有品牌与广告研究（IPSOS-ASI）、营销研究（IPSOS-Insight）、满意度和忠诚度研究（IPSOS Loyalty）和预测、模型和咨询（IPSOS FMC）4个专业品牌。

上海AC尼尔森市场研究公司：零售研究，研究覆盖全国主要城市和城镇的70多类非耐用消费品；专项研究，包括一些独创的研究工具，如预测新产品销售量的BASES、顾客满意度研究、测量品牌资产的优胜品牌；广告测试服务，其提供的电视收视率数据和报刊广告费用监测已成为媒体和广告行业的通用指标。

盖洛普（中国）咨询有限公司：自1994年起，其持续进行的两年一度的全国消费者生活方式和态度调查，用数据准确而生动地描述了近年来中国社会和经济生活的深刻变化。

央视—索福瑞媒介研究有限公司：主要致力于专业的电视收视市场研究，为中国传媒行业提供不间断的电视观众调查服务，已成为中国规模最大、最具权威的收视研究机构。

7. 数据的分析与解释

研究者在收集完数据后，就进行数据分析，分析的目的是解释并且从大量的资料中找出结论，以解决所要研究的问题。分析数据大概分为以下几项工作：

（1）数据编码：将问卷的数据转换成数字符码，以便后续的统计分析。

（2）统计分析：根据研究目的及资料性质，选择适合的统计分析技术或方法，来进行统计分析。此部分可借助于计算机标准程序及套装的统计分析软件。目前运用较普遍的统计分析软件有SAS、SPSS等。

（3）解释与验证：根据统计分析的结果来验证研究假设、进行统计推论并解释研究发现与结果；同时更应进一步衍生及推论其管理上的含义，此种含义往往具有营销上的指引价值。

8. 准备与报告研究结果

数据分析结束后，研究者就必须准备书面与口头的报告，将结果与建议提供给管理当局或营销主管人员，这是整个研究程序的关键步骤。如果研究人员希望管理当局去执行这些建议，就必须让管理当局明白这些结果是可信的而且是经过客观的资料收集与判断得出来的。报告的内容必须清楚具体。报告首先要对研究目标进行简单的说明，再针对研究设计与方法做完整、简练的解释，并对主要的研究结果进行摘要报告，最后的结论应是对相关管理者的建议。

9. 后续跟进工作

消费者研究的最后一个步骤是后续跟进工作，研究人员必须知道管理者是否执行或为何不执行报告上的建议，提供决策的信息是否足够，应再做哪些事情让报告的内容对管理者更为有用。确认研究建议的执行是落实研究结果的一项重要任务。

3.2.3 消费者行为研究中的伦理问题

消费者行为研究中最大的担忧是可能侵犯消费者隐私。消费者担心研究人员对他们了解过多，其个人资料、财务资料和行为资料都可能在不知情或未经允许的情况下被出售给其他企业或用于不正当的用途。

另外，不道德的研究人员可能有欺诈性的行径。如：研究的发起机构名义上是非营利机构，实际上是营利机构；研究人员承诺受访者对回答保密，实际上却在答案中加入个人信息，事后跟踪受访者。

任务 3.3 掌握解读消费者行为的方法

3.3.1 系统研究方法

掌握解读消费者行为的方法

系统研究方法是按照系统论的原理对调查材料进行分析，找到事物之间的关联性，从而把握其内在规律性的方法。调查材料具有复杂性，在运用系统研究方法分析复杂调查材料时要做到以下几点：

一是注重集合性。在研究过程中，把调查材料当作反映客观情况的集合体来看待，分析已获得的材料是否全面，以判断是否需要进一步调查，充实材料。

二是注重整体性。在研究过程中，把调查材料当作互相联系的有机整体来看待，从系统的整体功能着眼进行分析，防止以偏概全。

三是注重相关性。在研究过程中，既要关注材料之间的内在联系，又要关注与其相关的客观环境，综合分析调查对象。

3.3.2 归纳演绎研究方法

归纳意指汇总个别例证，从个别例证导出一般法则的思考分析方法。相对来说，演绎则是从一般法则出发，根据三段论等逻辑导出个别答案的思考分析方法。二者均属推断事物的方法论，常被结合运用于调查研究中。

归纳法又可分为完全归纳法和不完全归纳法。完全归纳法是指根据某类中每一对象具有（或不具有）某一属性，概括出该类事物全部具有（或不具有）某一属性的推理。不完全归纳法是指根据某类中部分对象具有（或不具有）某一属性，推断该类事物全部具有（或不具有）某一属性的推理。

演绎法在运用过程中要注意两个方面：一是据以得出结论的大前提（一般性原理）是否真实反映对客观规律的正确判断，二是运用的推理形式是否违反有关的推理规则。演绎推理只有形式正确才能保证从真实的前提推出真实的结论，否则即使大前提正确也不能保证结论可靠。

3.3.3 分析综合研究方法

分析是从整体到部分、从复杂到简单的思维过程。分析法是把事物的整体分解为各个部分、各个方面再分别加以研究的方法。调查研究中分析法的运用，有利于人们透过现象看到本质，找到规律。

综合是思维活动从部分到整体、从简单到复杂的过程。综合法则是以分析为基础，将对事物各个部分、各个方面的认识组合为一个整体再加以认识的方法。综合并非简单叠加，而是探寻事物的主要矛盾以及矛盾的主要方面，揭示事物各组成部分之间错综复杂的内在联系，从而得出对事物本质和规律的认识。

分析和综合互相依存，互相影响。二者的有机结合、互相促进，可以使研究更深入、更科学。

3.3.4 定性定量研究方法

定性研究是在对调查材料进行去粗取精、去伪存真、由此及彼、由表及里的分析综合的基础上，对事物性质进行定性判断，也就是通过对事物质的规定性的研究来认识事物的方法。

定量研究是通过对调查材料运用统计原理和概率计算，对数量特征、数量关系进行分析，从而揭示事物各个方面的数量关系和变化趋势，也就是通过对事物各种数量关系的探究来认识事物的方法。

只有将定性研究和定量研究紧密结合，才能得出逻辑严密的可靠结论。在进行定量研究之前，研究者须借助定性研究确定所要研究的现象的性质；在进行定性研究过程中，研究者又须借助定量研究确定现象发生质变的数量界限和引起质变的原因。

3.3.5 对比分类研究方法

对比法是对两个或多个对象进行比较研究，在将一个事物和其他事物进行对比或将事物不同阶段的情况进行对比的过程中，分析发现其相同点和不同点，从而就事物的属性和特点找到规律性认识，得出科学性结论的方法。

对比研究法又可分为横向对比和纵向对比。横向对比是将某一调查对象的情况与其他同类对象的情况进行比较；纵向对比则是将同一调查对象不同时期的情况进行对比。

分类法是根据调查对象的属性或特征的相同或不同性，按照一定的标准将调查对象区分为不同种类，进行分门别类的研究的方法。

常见的分类方法有现象分类法和本质分类法。根据事物的外部标志或外部联系进行分类的方法叫作现象分类法，根据事物的本质特征或内部联系进行分类的方法叫作本质分类法。

对比法和分类法密切联系，不可分割。通过对比法找到的事物之间的相同点和不同点，可以作为分类的根据，而对事物的科学分类又为对不同类事物进行更深入的比较研究，从而找到本质上的差别提供了可能。

调查研究工作中，使用哪种调查方法与研究方法并没有明确的界限，有时往往需要几种方法交互使用。具体调查研究过程中，要根据工作需要灵活加以运用。

任务实施

任务准备单（分工）

班级		组号		组长	
接单人		学号			

组员

姓名	学号	姓名	学号

项目名称		任务下达时间	
完成时间		任务通知时间	

任务分工

序号	分工内容	要求/标准	负责人

任务单 3-1-1

组号：__________ 姓名：__________ 学号：__________ 检索号：__________

引导问题：

（1）什么是消费调研？

（2）消费调研方法有哪些类型？

（3）投射法调研的目的是什么？

结合上面的引导问题，回忆 3 个典型的多个消费者角色的购物场景，最好是你参与其中的
消费调研的含义：   消费调研方法分类：   投射法在消费调研中的应用：

调研场景再现	受访对象	受访问题	调研结果
时间 地点 人物 事由			
时间 地点 人物 事由			
时间 地点 人物 事由			

任务单 3–1–2

组号：__________ 姓名：__________ 学号：__________ 检索号：__________

各组结合任务单 3–1–1，挑选 1 个典型消费场景并进行角色分配及场景表演。

引导问题：

（1）消费调研问题有哪几种分类？

（2）确定调研活动的策划者、执行者和调研报告的撰写者。

（3）调研方法如何选择，调研问题对调研方法的选择有什么影响？

（4）调研对象如何确定，如何找到调研对象？

（5）调研数据如何处理？

（6）根据调研结果可以对商业活动提出什么建议？

调研问题			
调研方法选择			
策划者	姓名	行为	语言
执行者	姓名	行为	语言
调研报告撰写者	姓名	行为	语言
调研对象	姓名	行为	语言
调研服务对象	姓名	行为	语言

任务单 3-2-1

组号：__________ 姓名：__________ 学号：__________ 检索号：__________

引导问题：

测量法调研消费者价格阈限。

选择 10 位同学和 1 件夹克，活动流程如下：

10 位同学分为 5 组，依次竞拍夹克；

第 1 组同学上场，拿出夹克，底价为 100 元，每次加价 10 元，最终得出成交价格；

依次第 2 组、第 3 组、第 4 组和第 5 组竞拍。

比较 5 个成交价格。

任务单 3-3-1

组号：__________　姓名：__________　学号：__________　检索号：__________

引导问题：

实验法测验消费者心理账户原理。

选择 20 名同学，分为 A、B 两组。

假设以上 20 名同学都购买了一张价值 50 元的电影票和一张价值 50 元的公交卡；

小组 A 的同学在出发看电影时，发现自己的电影票不见了；

小组 B 的同学在出发看电影时，发现自己的公交卡不见了；

此时，统计两个小组的同学还是否会选择继续看电影。

小组 A	小组 B

任务单 3-3-2

组号：__________ 姓名：__________ 学号：____________ 检索号：__________

利用问卷星等调研软件制作网络调查问卷

被访者姓名______ 电话__________ 访问人________ 访问时间______

- 基本资料

性别：□男 □女

年龄：□24 岁以下 □25-34 岁 □35-54 岁 □55 岁以上

职业：□私营企业主 □政府人员 □企事业员工 □普通职员

□自由职业者

- 您近期是否有购房计划？

□打算买房子 □没有这个打算 □未定

- 如果计划购房，您的用途是什么？

□自住 □给父母买 □给孩子买 □其他______

- 您认为自己居住的房子，最重要的是什么？

□实用 □方便 □舒适 □美观 □质量

- 如果计划购买房子，您会考虑哪些因素？

□地段 □交通便利 □小区环境 □户型设计

□周边自然环境 □小区规模 □价格 □朝向、采光

□配套设施 □物业管理 □购物 □生活方便

□独立产权 □开发商品牌 □升值潜力 □子女教育

- 您认为近两年内周围房价涨跌情况是？

□还会快速上涨 □平稳上涨 □保持平稳 □有所下降

任务单 3-3-3

组号：__________ 姓名：__________ 学号：__________ 检索号：__________

引导问题：

（1）调研结果分析的方法与步骤。

（2）根据调研结果给实际经营生产提出的建议。

任务单 3-3-4

组号：__________ 姓名：__________ 学号：__________ 检索号：__________

引导问题：

（1）制订消费调研典型岗位阐述分享提纲。

（2）总结归纳调研活动中的主要参与人员。

任务决策单 3-3-5

组号：__________ 姓名：__________ 学号：__________ 检索号：__________

引导问题：

小组讨论确定典型岗位分析的最佳表现小组并说明原因。

任务复盘单

组号：________ 姓名：________ 学号：________ 检索号：________

引导问题：

师生分析归纳消费心理及行为分析典型岗位的技能要求及必备的素质。

任务评价与反馈

组号：__________ 姓名：__________ 学号：__________ 任务检索号：__________

任务评价表

班级		组名		日期		年　月　日
评价指标	评价内容			他评分数	自评分数	教师综合分数评定
信息检索 10 分	能有效利用网络、图书资源、工作手册查找有用的相关信息等；能用自己的语言有条理地去解释、表述所学知识；能将查到的信息有效地传递到工作中					
感知工作 10 分	熟悉工作岗位，认同工作价值；在工作中能获得满足感					
参与态度 20 分	积极主动参与工作，能吃苦耐劳，崇尚劳动光荣、技能宝贵；与教师、同学之间相互尊重、理解；与教师、同学之间能够保持多向、丰富、适宜的信息交流					
	探究式学习、自主学习不流于形式，处理好合作学习和独立思考的关系，做到有效学习；能提出有意义的问题或能发表个人见解；能按要求正确操作；能够倾听别人意见、协作共享					
学习方法 10 分	学习方法得体，有工作计划；操作技能符合规范要求；能按要求正确操作；获得了进一步学习的能力					
工作过程 15 分	遵守管理规程；平时上课的出勤情况和每天完成工单任务情况良好；善于多角度分析问题，能主动发现、提出有价值的问题					
思维态度 10 分	能发现问题、提出问题、分析问题、解决问题					
自评反馈 25 分	按时按质完成工作任务；较好地掌握了专业知识点；具有较强的信息分析能力和理解能力；具有较为全面、严谨的思维能力并能条理清晰地表达成文					
组内成员评价						
自我总结有益经验和做法						
其他反馈与建议						

模块四 Module Four

掌握影响消费心理及行为的方法

Master the Methods of Psychology and Behavior Influencing Consumption

工欲善其事，必先利其器。

——《论语·卫灵公》

学习内容

任务 4.1　影响消费者购买决策

任务 4.2　管理消费者购后行为

任务 4.3　维护与消费者的关系

在社会主义条件下发展市场经济，是我们党的一个伟大创举。

——2015 年 11 月 23 日，习近平总书记在中共十八届中央政治局第二十八次集体学习时的讲话

学习导图

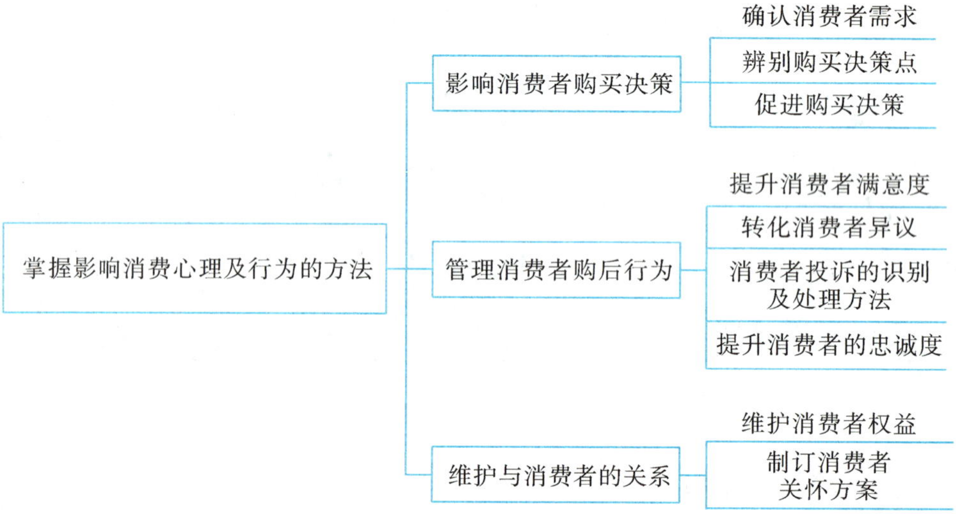
掌握影响消费心理及行为的方法
影响消费者购买决策
确认消费者需求
辨别购买决策点
促进购买决策
管理消费者购后行为
提升消费者满意度
转化消费者异议
消费者投诉的识别及处理方法
提升消费者的忠诚度
维护与消费者的关系
维护消费者权益
制订消费者关怀方案

【任务情景】

小陈夫妻俩是一线城市的中产之家，再过两个月，家中将迎来二胎宝宝。为了照顾新生宝宝，小陈的父母将住到家中。在出行方面，家里的小轿车略显拥挤，二人商量着换一辆更大的车。面对市面五花八门的汽车品牌和众多的车型，小两口陷入纠结。如果你是汽车销售人员，你打算怎样说服他们成为你的客户？

【任务清单】

任务清单见表 4-1。

表 4-1　任务清单

任务编号	任务描述	知识目标	技能目标	综合素养
4.1	能进行消费者需求挖掘，进而辨别消费者购买决策点，并能采用有效方法促进购买决策	□掌握消费者需求的分类 □掌握消费者购买决策基本环节（确认需求、收集信息、评估方案、做出决策、购后行为） □掌握促进消费者购买决策的方式	□掌握进行消费者需求挖掘的方法 □掌握辨别消费者购买决策点的方法，并能准确运用相关方法影响和管理消费者购买决策的各个环节 □能够用策略，促进消费者购买决策的形成	培育良好的服务意识和职业道德，培养敢为人先、务实创新的工匠精神
4.2	能管理消费者购后行为，提高消费者的满意度和忠诚度	□了解影响消费者满意的因素 □掌握提升消费者满意度的方法 □了解消费者异议和投诉的类型 □掌握处理客户异议和投诉的方法 □了解消费者忠诚的内容和类型 □掌握提升消费者忠诚度的方法	□能够采用恰当的方法提高客户满意度 □能够有效处理客户异议和投诉 □能够有效提升消费者忠诚度	
4.3	能采用有效的方法，维护与消费者的关系	□了解消费者权益的内容和相关法律法规 □了解消费者权益的法律责任 □掌握消费者权益的维护途径 □了解消费者关怀方案的内容和方式	□能灵活采用法律法规保护消费者权益 □能根据企业的实际情况制定消费者关怀方案	

任务 4.1　影响消费者购买决策

任务描述：

能进行消费者需求挖掘，进而辨别消费者购买决策点，并能采用有效方法促进购买决策。

任务准备：

课前知识学习。

4.1.1　确认消费者需求

影响消费者购买决策

需求就是指消费者具有货币支付能力的实际需要。具体包括两个方面的内容：一是消费者的实际需要，二是消费者愿意支付并有能力支付的货币数量。

1. 消费者需求的分类

马斯洛需求层次理论在现代行为科学中占有重要地位。在马斯洛看来，人类价值体系存在两类不同的需求，一类是沿生物谱系上升方向逐渐变弱的本能或冲动，称为低级需求和生理需求。一类是随生物进化而逐渐显现的潜能或需求，称为高级需求（如图 4-1 所示）。

人都潜藏着这 5 种不同层次的需求，但在不同的时期表现出来的各种需求的迫切程度是不同的。人的最迫切的需要才是激励人行动的主要原因和动力。人的需要是从外部得来的满足逐渐向内在得到的满足转化。

低层次的需求基本得到满足以后，它的激励作用就会降低，其优势地位将不再保持下去，高层次的需求会取代它成为推动行为的主要原因。有的需求一经满足，便不能成为激发人们行为的起因，于是被其他需求取而代之。

高层次的需求比低层次的需求具有更大的价值。热情是由高层次的需求激发的。人的最高需求即自我实现就是以最有效和最完整的方式表现他自己的潜力，唯此才能使人得到高峰体验。

人的 5 种基本需求在一般人身上往往是无意识的。对于个体来说，无意识的动机比有意识的动机更重要。对于有丰富经验的人，通过适当的技巧，可以把无意识的需要转变为有意识的需求。

马斯洛还认为：在人自我实现的创造性过程中，会产生出所谓的“高峰体验”的情感，这个时候是人处于最激荡人心的时刻，是人的存在的最高、最完美、最和谐的状态，这时的人具有一种欣喜若狂、如醉如痴、销魂的感觉。

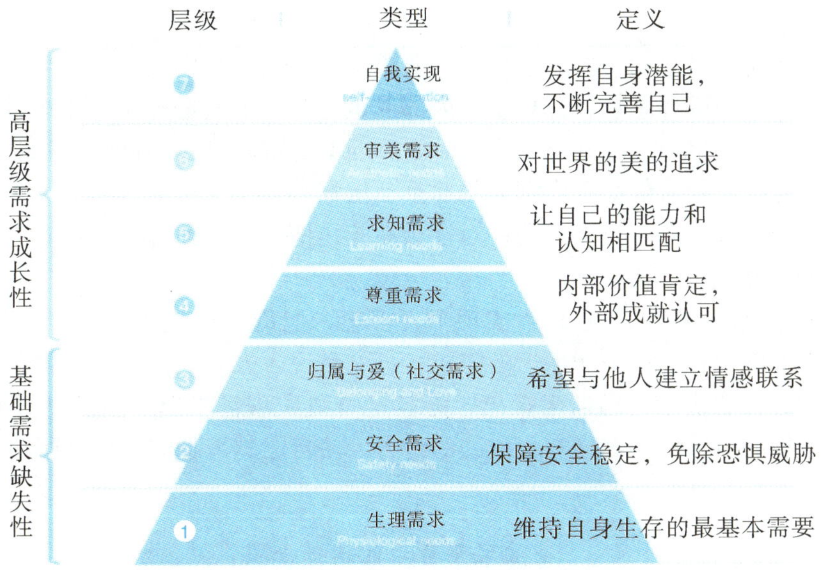

图 4-1 马斯洛需求层次

实验证明，当人们待在一个漂亮的房间里时，他们比待在一个简单的房间里更活泼、更健康；一个善良、真诚、美丽的人比其他人更能理解存在于外部世界的真善美。当人们在外部世界发现价值时，他们可以在自己的内心产生或强化这种价值。简言之，性格更好的人和处于更好环境的人更有可能有高峰体验。

各层次需求的基本含义如下：

（1）生理上的需求。

这是人类维持自身生存的最基本要求，包括饥、渴、衣、住、行的方面的要求。如果这些需求得不到满足，人类的生存就成了问题。在这个意义上说，生理需求是推动人们行动的最强大的动力。马斯洛认为，只有这些最基本的需要满足到维持生存所必需的程度后，其他的需求才能成为新的激励因素，而到了此时，这些已相对满足的需求也就不再成为激励因素了。

（2）安全上的需求。

这是人类在保障自身安全、摆脱事业和丧失财产的威胁、避免职业病的侵袭、回避严酷的监督等方面的需求。马斯洛认为，整个有机体是一个追求安全的机制，人的感受器官、效应器官、智能和其他能量主要是寻求安全的工具，甚至可以把科学和人生观都看成是满足安全需要的一部分。当然，当这种需求一旦相对满足后，也就不再成为激励因素了。

（3）感情上的需求。

这一层次的需求包括两个方面的内容。一是友爱的需求，即人人都需要伙伴之间、同事之间的关系融洽或保持友谊和忠诚；人人都希望得到爱情，希望爱别人，也渴望接受别人的爱。二是归属的需求，即人都有一种归属于一个群体的感情，希望成为群体中的一员，并相互关心和照顾。感情上的需要比生理上的需求来的细致，它和一个人的生理特性、经历、教育、宗教信仰都有关系。

(4) 尊重的需求。

人人都希望自己有稳定的社会地位，要求个人的能力和成就得到社会的承认。尊重的需求又可分为内部尊重和外部尊重。内部尊重是指一个人希望在各种不同情境中有实力、能胜任、充满信心、能独立自主。总之，内部尊重就是人的自尊。外部尊重是指一个人希望有地位、有威信，受到别人的尊重、信赖和高度评价。马斯洛认为，尊重需求得到满足，能使人对自己充满信心，对社会满腔热情，体验到自己活着的用处和价值。

(5) 自我实现的需求。

这是最高层次的需求，它是指实现个人理想、抱负，发挥个人的能力到最大程度，完成与自己的能力相称的一切事情的需求。也就是说，人必须干称职的工作，这样才会使他们感到最大的快乐。马斯洛提出，为满足自我实现需求所采取的途径是因人而异的。自我实现的需求是在努力实现自己的潜力，使自己越来越成为自己所期望的人物。

案例：

盲盒经济背后的消费心理

“盲盒第一股”泡泡玛特在港股挂牌上市时，开盘后认购价上涨100%，公司市值突破1 000亿港元。这再一次将泡泡玛特推上热搜，可见盲盒概念的火爆。盲盒，指没有任何样式提醒的纸盒，里面通常装着玩偶或者动漫周边，消费者打开盒子后才能知道内容。以泡泡玛特为例，每个盲盒系列中都有普通款和隐藏款，两者价格相同但隐藏款抽到的概率只有1/144。其官方数据显示，盲盒消费者有30%在18~24岁年龄段，26%在25~29岁年龄段，20%在30~34岁年龄段，多为学生和白领，可见其备受年轻人追捧。那么盲盒为何如此火热，如此受到年轻人喜爱，其背后究竟蕴含了当代年轻人怎样的消费心理呢？

根据马斯洛需求层次理论，在低层次物质需要得到满足之后，人会追求更高层次的情感需求。当代年轻人其物质需求得到了一定的满足，其消费需求也从单纯追求物质满足，转向关注消费体验和文化精神消费。由于当代社会发展节奏快，年轻人面对的压力越来越大，但当今社会并没有适合青年人压力调节的文化形式，这时二次元文化便成为年轻人发泄其群体反叛意识和自我意识的精神之地。盲盒作为二次元文化的衍生品，好玩、有趣、有个性，完全符合年轻人的情感消费取向，可以使其暂时逃离社会角色和社会压力的束缚，获得身心的慰藉和满足。

90后、95后，多为独生子女，加上现代社会人与人之间的冷漠加剧，年轻人对陪伴的需求在潜移默化中也映射到了盲盒消费中。为了增强陪伴感和参与感，获得养成游戏中的情感享受，年轻消费者往往会做出购买盲盒、收集盲盒、购买放置玩偶的娃屋以及相关的配件等一系列行为。这不仅是成年人的童稚化行为，更是对缺少陪伴的自我缺憾的弥补以及渴望更多同伴的真实心态写照。与此同时，年轻人在现代快消费概念的灌输下，相对于延迟满足更倾向于即时满足。泡泡玛特在全国一二线城市各大主流商场和商店投放实体店和自助机，又在网上创建了天猫旗舰店并开发了相关小程序，使盲盒消费随处可见，随时可得，充分满足了年轻人的即时需求。盲盒早已从购买物质转化为购买心情。通过盲盒经济背后蕴含的年轻消费者的消费心理，我们可以看到年轻人越来越期望通过消费张扬个性，表达自我，他们在消费过程中更加注重体验和情感的满足。对于潮流文化这种新兴文化的追求和对产品社交属性的需求也是年轻消费者的一大特征。对于年轻消费者来说，利用盲盒满足自己的消费需求和心理需求，为自己的生活带来一份小确幸是可取的，但是一定要理性消费，拒绝成瘾，别让盲盒蒙住了你的双眼。

［资料来源：班晨雪. 探析“盲盒经济”背后的年轻消费心理［J］. 大众心理学，2021（9）：2.］

2. 挖掘消费者需求的方法

准确把握消费者需求是营销人员和企业营销活动开展的前提。分析消费者需求可以通过以下 4 个步骤完成：

（1）观察。

营销人员可以通过观察客户的穿着打扮、行为举止及与同伴的谈话等，了解消费者需求，如：营销人员可以根据顾客的穿着是名牌或非名牌大致判断出该顾客的购买力水平高低，以及对本品牌态度的好坏。

（2）询问。

促销人员应该主动地询问顾客的需求，在日常的工作中顾客往往会对用途、功能、价格等比较关注，那么这就需要促销人员灵活把握。询问里又包含聆听、重复。

①聆听。

客户讲话时不要打断。当顾客说：我想要一款能够拍照的手机，但是价格不要太贵，最好不要超过×××元……这时候一定要耐心听完顾客的话，不能打断顾客说话。

②重复。

努力记住客户的话，巧妙地重复顾客的表达，以显示对其的尊重和理解。核查自己的理解也是优秀的销售人员必备的销售技巧。所以可以用自己的话表述客户的诉求，然后请客户判断准确与否。当顾客说：“你能帮我推荐一款手机吗？我经常发短信，现在的手机发短信功能不太好用，有没有一款输入法不用来回切换的？”你可以回答：“您经常要发短信，最好不用来回切换输入法是吧？发短信最好用的就是这款 A103，我拿给您看一下吧。”如果客户发现他/她的话没有被促销人员记住，就会降低对促销人员的信任，产生不满。所以，当我们有不清楚的地方，最好直接请客户再讲一遍。如：“对不起，我有些不懂您的意思，请再讲一遍好吗？”一些销售人员即使不清楚也不愿意再问，这种常见的错误想法会让后面的工作更容易出错。事实上，很少有客户会怪罪再问一遍的人；相反，没有客户会原谅忘记或没有听懂其话的销售人员。

（3）思考。

客户因其产品知识的局限，可能无法讲出他们的需求，这种情况下，销售人员应根据观察到的线索和客户的言语来确定客户的需求。如销售人员可以询问：“您是不是需要一款可以拍照的手机？”“您说的是不是我们在央视做广告的这款 T9？”“您是不是需要带有电子词典功能的手机呢？”

当然，有时候客户所表示的要求不一定是其真正的需求。促销人员要根据观察和聆听以及思考，逐步了解其真正的意思，探寻客户真实的需求。“我明白您的意思了，您需要的是发短信操作简单，能学英语的手机吧？我们 OPPO 这几款都有的，我给你看看我们的 T9 吧。”“你刚才说的那个‘短信王’其实就是我们的 T9，你可以看看我们其中的短信功能，我给你演示一下吧。”

（4）响应。

为避免客户对询问需求产生反感，询问过程中对于客户的每一句话，销售人员都要给一个简短的回答。如顾客问：“这个手机能播放 MP3 吗？”你可以回答：“这款是音乐手机，独立的音频芯片，音质浑厚，您可以听听！”

小故事：

客户是真的想要一匹很快的马吗？

100 多年前，福特公司的创始人亨利·福特先生到处去问客户：“您需要一个什么样的更好的交通工具？”几乎所有人的答案都是：“我要一匹更快的马。”很多人听到这个答案，于是立马跑到马场去选马配种，以满足客户的需求。但是福特先生却没有立马往马场跑，而是接着往下问。

福特：“你为什么需要一匹更快的马？”

客户：“因为可以跑得更快！”

福特：“你为什么需要跑得更快？”

客户：“因为这样我就可以更早到达目的地。”

福特：“所以，你要一匹更快的马的真正用意是？”

客户：“用更短的时间、更快地到达目的地！”

然后福特就发明了汽车，很好地满足了的客户的需求。

这个故事告诉我们，我们需要挖掘客户真正想要的东西，而不是停留在现有客户所说事物的表面，傻傻去找一匹很快的“马”。

4.1.2　辨别购买决策点

消费者购买决策是指消费者为了满足某种需求，在一定的购买动机的支配下，在可供选择的两个或者两个以上的购买方案中，经过分析、评价、选择后实施最佳的购买方案以及购后评价的活动过程。

1. 消费者购买决策的要素及遵循的原则

消费者在某一特定时期，为了某一特定目标，在购买过程中必须进行评价、选择、判断、决定等一系列活动。例如：在购买之前，消费者要明确自身的需要，寻找合适的满足需要的产品，决定买还是不买以及何时何地购买；在购买过程之中，消费者要对选择购买对象的质量、特性，品牌、价格、售后服务等进行评价，以决定买谁的产品和买多少；在购买之后，消费者会对产品的实际使用价值与其预期价值进行比较，得出满意还是不满意的结论，以此指导自己的再次购买行为。

简单来说，消费者购买决策包括消费需求的确定、购买动机的形成、购买方案的选择和实施，以及购买后的评价等环节。

（1）消费者购买决策的要素。

不同的消费者，购买过程的复杂程度也有所不同，这是因为消费者的购买决策受诸多因素的影响，其中最重要的因素有以下两个方面：

消费者的购买介入程度。购买介入程度是指消费者对购买活动的重视程度和感觉到的购买风险。对不同产品的购买或对同一产品在不同情形下的购买，消费者的介入程度是不同的。如果产品单价昂贵，功能比较复杂，消费者缺乏对产品有关知识的了解和购买经验，购买具有较大的知觉风险和高度的自我表现性，则这类购买行为称为高度介入购买行为。相应地，这类消费者称为高度介入购买者。如果产品价格低或消费者具备产品的有关知识和购买经验，购买无风险或无自我表现性，则这类购买行为称为低度介入购买行为，此类消费者称为低度介入购买者。

备选产品的品牌差异度。同类产品不同品牌之间的差异，也决定着消费者购买行为的复杂性。同类产品不同品牌之间的差异越大，产品价格越昂贵，消费者越是缺乏产品知识和购买经验，感受到的风险越大，购买过程就越复杂；反之，差异小，不用在不同品牌之间精心选择，购买行为就简单。例如，牙膏、火柴与计算机、轿车的购买复杂程度显然是不同的。

案例：

王太太的多元选择

王太太每个礼拜都要去一次超级市场买回家中一周所需的日用品。这天，她来到饮料专柜，这里摆放着可口可乐、百事可乐及许多其他牌子的饮料。王太太知道，家里的小孩只爱喝可口可乐，所以她没怎么思考，就从货架上取了两瓶两升装的可口可乐。然后，王太太来到了卖烟的专柜，家里的烟好像差不多没有了。虽然展柜上有十多个不同牌子的香烟，但王太太知道她先生最爱抽红塔山，于是想都没想就拿了一条红塔山。

当王太太来到卖洗发水的专柜时，稍稍停留了一下，目光在十几种不同牌子的洗发水上打了个转。家人对于好几个牌子的洗发水都挺喜欢用的，包括丝芬、海飞丝、飘柔和潘婷，买哪种好呢？这时，王太太看到海飞丝的包装瓶上写着：“新包装，容量增加20%，加量不加价。”既然几个牌子都不错，而海飞丝便宜了20%，就买它吧。就这样，王太太把一瓶海飞丝放进了购物车。

王太太最后来到了卖圣诞贺卡的专柜。因为圣诞节临近了，要借机向平时不常见面的亲朋好友表示一下关切之情。王太太盘算了一下，大概要买15张。各种款式的圣诞卡琳琅满目，少说也有一百多款。王太太很用心地逐张看它们的图案和文字，当中有许多显得太幼稚的，只适合中学生用；但有些太中规中矩的王太太也不满意，她觉得自己并不老，也喜欢活泼和新奇。所以王太太很有心思地一张一张地仔细拣择。在她这一年采购的所有东西里面，圣诞卡算是最便宜的，却占用了她最多的时间。

在以上这个例子里，当王太太采购饮料的时候，她基本上想都不用想就挑了可口可乐。在买香烟的时候也差不多，不需要怎么考虑就挑了红塔山。这种不用思考就选定一个牌子的购物过程就称为“低介入程度购买”，又称“习惯性购买”。这种购买行为最根本的特征就是，因为事前只有一个候选对象（品牌），所以事实上不需要进行选择，不需要做决策。那么，低介入程度购买者是不是就绝对没有机会考虑别的品牌呢。世事无绝对，当事前选定的品牌发生“意外”时，消费者就会被迫考虑别的品牌。何谓意外？例如，你想要的品牌断货了；或者前几天爆出新闻，你一向情有独钟的品牌中发现了质量不合格产品。

王太太购买圣诞贺卡的过程就完全是另外一种情形。她花很多心思和时间，对图案、文字等精挑细选，这种购物过程称为“高介入程度购买”，又称“决策性购买”。这种购买行为的特征是，消费者事前对于所要购买的商品所知甚少，也没什么心仪的品牌，所以要花比较多的时间和精力进行充分的信息搜集、信息比较，然后才决定选购哪个品牌。除了购买圣诞卡以外，还有很多高介入程度购买的例子，如买车、买房子、买书等都属于这类。高介入程度购买还有一个特点，就是买后时不时会后悔：“唉，当初我买××就好了。”大家可以想象，买电脑、买车的人虽事前经过深思熟虑，但事后后悔的人不在少数。这种后悔在低介入程度购买中几乎不会发生。

而王太太购买洗发水的过程，则介乎于上述两者之间，比买可乐和香烟时多费了一点心思，但又不如买圣诞卡花的心思多。消费者会花一点时间，但又不会花太多时间。消费者事前心里没有内定一个必须购买的品牌（像红塔山那样），但已有几个候选品牌（丝芬、海飞丝、飘柔和潘婷），如无意外，最终将在这几个品牌中挑选一个。这种购物过程，称为“中等介入程度购买”，又称“有限决策购买”。

（2）消费者决策的特点。

消费者购买决策的目的。消费者的决策过程有助于实现一个或多个消费者目标，这些目标本身是有用的。在决策过程中，我们应该围绕目标进行规划、选择和组织，以实现活动的目的。

消费者购买决策过程。消费者的购买决策是指消费者受到内外部因素的刺激，产生需求，形成购买动机，选择并实施购买计划，购买后的体验将影响下一个购买决策，形成一个完整的循环过程。

消费者购买决策者需求的个性。由于商品的购买是消费者主观需求和欲望的外在体现，它受到许多客观因素的影响。除了集体消费之外，个人消费者通常会做出自己的购买决定。随着消费者支付水平的提高，购买行为中独立决策过程的特征将越来越明显。

消费者购买决策的复杂性。决策过程是人脑复杂思维活动的产物，消费者在做出决策时，不仅要进行感知、注意、记忆等一系列心理活动，还要进行分析、推理、判断等一系列思维活动，计算成本和可能的收益。因此，消费者的购买决策过程一般比较复杂。

决策内容的复杂性。通过分析，消费者决定了一系列复杂的购买决策，如何时、何地、如何以及以何种价格购买。

影响购买决策因素的复杂性。消费者的购买决定受到许多因素的影响和限制，包括消费者的个性、气质、兴趣、生活习惯和收入水平；各种刺激因素，如消费者所处的空间环境、社会文化环境和经济环境，如产品本身的属性、价格、企业声誉和服务水平，以及各种形式的促销。这些因素包括复杂的交互作用，将对消费者决策的内容、方式和结果产生不确定的影响。

消费者购买决策的情境性。因为影响决策过程的各种因素随着时间、地点和环境的变化而不断变化，所以消费者的消费选择具有明显的情境特征，其具体的决策方法因情境的不同而有所不同。由于不同消费者的收入水平、购买传统、消费心理和家庭环境等因素的影响存在差异，不同的消费者也可以对同一商品做出不同的购买决策。

（3）消费者购买决策的影响因素。

①个人因素的影响。

A. 稳定因素。

这主要是指个人的某些特征，如年龄、性别、种族、国籍、收入、家庭、生命周期、职业等。稳定因素不仅影响家庭决策者，也影响决策效率。在决策过程的某个阶段，购买行为部分由稳定因素决定。例如，在信息收集阶段，一个人的年龄和收入会影响信息来源的数量和类型以及收集信息的时间。稳定因素也可能影响产品的消费者使用范围。例如：假定一个医生的年薪和一个行政官员一样多，然而这些收入的分配却有很大的差别，这是因为两种职业的不同引起的，他们的工作所需和对生活用品的需求都会有明显区别。

B. 随机因素。

随机因素指的是消费者进行购买决策时所处的特定场合和具备的一系列条件。有时，消费者购买决策是在未预料的情况下做出的，例如，某人也许要购买一张机票探望突然生病的朋友。或者某种情况的出现将延迟或缩短人们的决策过程，例如，一个正在考虑购买汽车的消费者可能会在评价与选择上耽搁，这种耽搁肯定会减慢决策过程或者会导致他放弃这种购买。但是，假如此人在另一种不同的环境下，譬如工资上涨 20%，购买决策过程可能会比工资不上涨完成得快得多。而且，随机因素对消费者行为的影响，往往还是多方面的。

②心理因素的影响。

A. 感觉。

感觉是为了获得结果而对输入的信息进行识别、分析和选择的过程。人们通过感官看、听、闻、尝和摸等接收各类信息。虽然我们每天都获得了大量的零碎信息，但只有一部分成为知觉。我们选择一些信息的同时也放弃其他大量的信息，这是因为我们无法在同一时间里去注意所有的信息。这种现象有时候我们称为选择保留。比如你正将注意力集中于某一篇文章，你可能注意不到外面的人或汽车噪声。即使你接收了那些信息，但往往自动进行了选择性屏蔽，直到特别提起这些信息时才能意识到。这就是为什么有的信息能上升为知觉，有的却不行。假如这些信息能满足眼前的需要，人们也可能让这些信息上升为意识。例如，你饿的时候，食品广告便可能被你意识到；相反，假如刚吃过饭，食品广告不被意识到的可能性更大。另外，信息输入的强度变大，被消费者意识到的可能性也变大。比如，一个商店的处理品降价幅度较小时，往往无法引起注意，这是因为其变化太小。但是如果商店降价一半或者更低，消费者注意到的可能性就大得多。

B. 动机。

动机是激励一个人的行动朝一定目标迈进的一种内部运力。在任何时候一个购买者受多种动机影响而不是仅受一个动机影响，而某一时点一些动机比另一些动机强，但这种强烈的动机在不同的时点是不同的。动机能降低或增大压力。当动机驱使我们朝向一些目标迈进时，他们减弱压力。但是，假如一些动机迫使我们向一个目标，另一些又把我们拖向另一目标时，压力可能会增加，这是因为我们一个目标也达不到。许多不同动机能立即影响购买行为。例如一个想买沙发的人可能被这种沙发的特性所吸引，诸如耐久性、经济性、式样等。假如一个市场营销者通过强调仅有的一个有吸引力的特性去吸引顾客，也许这种努力不能得到一个满意的结果。

影响人们在习惯性地点购买商品的动机被称为惠顾动机。某个购买者可能因为此动机在某一特殊商店购买商品，譬如，商品的价格、服务态度、地点、信誉、产品的多样性甚至售货员的友善等方面。利用消费者的惠顾动机，市场营销应该设法了解为什么习惯性顾客惠顾一个商店并在销售组合中突出这些特点。

动机研究能帮助市场营销者分析那些去买或不买他们产品的消费者的主要动机。动机常常处于潜意识状态，是很难加以衡量的，人们通常不知道怎样激发动机。所以市场营销者不能简单地去询问他们的动机是什么，许多动机研究依靠交谈和推测技术。

C. 经验。

经验包括由于信息和经历所引起的个人行为的变化。但一些生理条件如饥饿、劳累、身体成长变化、衰老、退休而引起的行为变化，不列入经验考虑范围。个人行为的结果强烈地影响着经验积累过程。如果个人的活动带来了满意的结果，那么他在以后相同的情况下，会重复以前的做法。如果行为没有带来满意的结果，那么将来他可能采取完全不同的做法。例如，一个消费者购买了某种牌子的香烟而且很喜欢，那么他以后还一直购买同样牌子的香烟，直到这个牌子不再使他满意为止。

一个公司要成功地推销产品，它就要帮助消费者了解产品。消费者可以通过直接经验了解产品，许多营销者都设法在消费者购买产品前向他们提供直接经验。通过推销人员和广告作用，营销者在消费者购买前就要向其提供信息以影响消费者经验，从而使消费者对产品的态度有利于销售产品。

D. 态度。

态度由知识和对目标的积极和消极的情感构成。我们有时说一个人有“积极的态度”，但这种表述不完整。只有知道了与这种态度相联系的目标时，这种表述才有意义。人们所持态度针对的目标可能是有形的或无形的，有生命的或无生命的。例如，我们有针对性别、信仰、政治等事物的态度；也有对花和啤酒的态度。然而，个人的态度基本上是保持稳定的，不会时刻变化。同样，任何时候，个人的态度产生的影响都是不同的，有的强、有的弱。消费者对公司和产品的态度，对公司营销战略的成功或失败至关重要。当消费者对公司营销实践的一个或几个方面持否定的态度时，不仅他们自己会停止使用公司的产品，他们还会要求亲戚和朋友也这样。营销者应该估计消费者对价格、包装设计、品牌名称、广告、推销人员、维修服务、商店布局、现存和未来产品的特点等各方面所持的态度，营销者有几种办法来估量消费者的态度，最简单的一种方法就是直接向人们提问题，动机调查中的推测技术也可以用来估计态度。

E. 个性。

有的个性不一定引人注目，但每个人都有这种个性。个性是和人们的经验与行为联系在一起的内在本质特征，源于不同的遗传和经历。每个人的内心世界、知识结构、成长过程都不同。个性比较典型地表现为以下一种或几种特征，如：冲动、野心、灵活、死板、独裁、内向、外向、积极进取和富有竞争心。营销者要试图发现这些特点和购买行为之间的关系，相信人的个性对所购商品的品牌和类型会有影响。例如，人们所购买的服装、首饰、汽车等类型也反映了一种或几种个性特征。通常，营销者把广告宣传瞄准在某些一般人都有的个性特点上，通过运用那些积极的有价值的个性特征来进行促销。能够通过这种方法促销的产品主要包括啤酒、软饮料、香烟及一些服装。

案例：

互联网时代的感官营销力

感官营销是指融入消费者的5种感官体验（触觉、视觉、味觉、嗅觉和听觉）并且影响消费者感知、判断和行为的营销方式。这既是一种先进的营销战略，也是一种精细的营销战术。经过研究发现，感官体验对于消费者行为都存在“意料之外，情理之中”的影响，而这些影响对于营销工作具有重要的启发意义。

在网络信息时代，大部分消费者会选择网上购物。电商平台上的商品数以亿计，消费者在浏览商品时，浏览对象能否在第一时间成为消费者的知觉对象显得尤其重要。首先，商品要能带给消费者一定的视觉冲击力，如果能够引起消费者的注意，能够非常清晰、明确地成为消费者第一眼就确定的知觉对象，那么他们就会选择点击，然后进入店铺主页，体验购物过程。在商品设计、商品描述、商品价格、环境营造等方面均需考虑到消费者知觉选择特性这一心理因素，避免造成消费者购物时的心理障碍。

因此，卖家应该充分考虑影响消费者知觉选择性的因素，以及消费者的主观情绪、爱好、兴趣等，围绕这些因素设计商品、装修店铺，通过经营商品的搭配和陈设来打造具有视觉美感的整体和谐效果，有效地刺激消费者的购买欲望。

无论购物形式如何演化与发展，感官体验在大多数情况下既是消费者消费的目的和结果，同时也是消费的过程。

③社会影响。

A. 角色和家庭。

我们当中的每个人都在一定的组织、机关和团体中占有一定位置，和每个位置相联系的就是角色。由于人们占据多种位置，他们同时扮演多种角色。例如一个男子不仅扮演父亲和丈夫的角色，而且还可能是公司主管、学会理事、体育教练或者大学夜校的学生，这样对一个人的行为就有多种期望。个人角色不仅影响一般行为，而且还影响购买行为。个人的多种角色需求可能不一致，比如上面提到过的男子打算买一辆车，他的妻子希望他买一辆广州本田车，他的儿子要买上海别克，他的同事却建议买进口宝马，因为宝马的知名度更高。可见个人的购买行为常常会受到他人意见的影响。在家庭扮演的角色直接和购买决策联系在一起。如保健品、洗漱用品、纸类产品和食品主要由妻子决定，烟酒这些商品决策由家中的丈夫决定，一些家庭的耐用品则由丈夫和妻子、子女共同参与的购买决策。

案例：

二宝出生，为家庭消费“添动力”

随着我国的二孩生育政策的放开，二孩时代已经到来。二孩的增加带动了婴儿产品的销售。2017年是二孩政策实施的第2年，也是政策效果完整显现的第1年。这一年，快速消费品整体销售增长率为4.3%，而婴儿产品（0~3岁婴儿奶粉、纸尿裤、洗护、辅食等快速消费品）的年度消费金额增长率高达9%。

有了二孩的家庭，其消费模式与只生一个孩子时有什么显著区别吗？某研究机构根据调查有如下发现。

一、提高效率的小家电销量大增

很多父母觉得属于自己的时间越来越少，但现代育儿观又让这些父母非常重视陪伴孩子，因此他们购买了可以节约时间、帮助处理琐碎家务的工具，如扫地机器人、电动吸奶器、洗碗机等。

二、注重购物效率

由于更加忙碌，闲暇时间变少，二孩父母在购物时更加注重效率。很多二孩父母喜欢囤货，对于质量好的商品他们会一次性大量购买，放在家中慢慢使用，这样可以随时取用，十分方便；他们更喜欢购买大宝使用过的品牌，因为这样的品牌早已经过检验，质量过关，也可以为他们节省选择商品的精力。

三、兼顾老大和老二的需求

二宝出生以后，父母也要关注大宝的心理感受，所以很多父母为二宝购买商品以后，也会给大宝买些商品。

可以看出，二宝出生以后，一个家庭的消费支出会明显增加，很多消费会围绕婴儿展开，家庭消费结构会发生了巨大的变化。

B. 相关群体。

相关群体是指个人对群体的认可，并采纳和接受群体成员的价值观念，态度和行为。有些人在某个时候属于某个群体，但后来他们拒绝了这个群体的价值观，并没有成为其中的一员。同样，一个人可能会采取特殊行动来避开某一特定群体。这里谈论的是对个人有积极影响的重要群体。有关团体可以作为个人的参考和信息来源，客户的行为可以与团体成员的行为和信念保持一致。例如，一个人由于受有关群体成员的影响而停止使用一种标签而使用另一种标签。相关群体对购买决策的影响取决于个人对相关群体影响的敏感性以及个人与相关群体之间结合的强度。营销人员有时试图利用广告中相关群体的影响力，宣传每个群体中的人购买特定产品并获得高度满意度。有了这一号召力，广告商希望大量的人将推荐的群体作为相关群体，并购买（更积极地响应）该产品。这种广告宣传的成功要取决于广告在传递信息方面的效果，产品的类型和个人对相关群体影响的敏感性。

C. 社会阶层。

社会阶层是具有相似社会地位的人的一个开放的群体。开放意味着个人可以自由进出。其主要影响因素包括：就业、教育、收入、健康、地区、种族、道德、信仰和财富。为了将一个人归入一个特定的阶层，没有必要考虑所有的社会标准。所选标准的数量及其重要性取决于阶层的特点和阶层中个人的价值。在某种程度上，某一阶层的成员采取了类似的行为模式，他们有相似的态度、价值观、语言风格和财富。社会阶层对我们生活的许多方面都有影响，例如，它会影响我们的职业、信仰、儿童教育和娱乐。由于社会阶层对人们生活的许多方面都有影响，它也会影响购买决策。

D. 文化。

文化是人类创造的物质财富和精神财富的总和。它是人类劳动的结晶，包括有形的东西如食物、家具、建筑、服装和工具，以及无形的概念如教育、福利和法律。文化同样也包括整个社会所能接受的价值和各种行为。构成文化的观念、价值和行为，是一代接一代地传递下去的。

文化对购买行为有广泛的影响，因为它渗透在我们的日常生活中。文化决定我们的食物、衣着、住房和交通。文化对我们如何购买和使用产品有影响，而且还影响我们从中得到的满足。由于文化在某种程度上决定了购买和使用产品的方式，从而影响到产品的开发、促销、分销和定价。例如食品商家，在他们营销过程中要做出多种变化。二十多年前，我们的许多家庭几乎每天都在一起吃饭，家庭成员一天要花 4~6 个小时来为此做准备，而现在 60%以上的 25~40 岁就职于公司的人员基本上在外就餐。

在国际贸易中，我们常看到文化对产品的购买和使用的强烈冲击。跨国企业经常发现不同地区的人具有不同的态度、价值观念和需求，从而要求运用不同的营销方法以及不同的营销组合。一些跨国企业之所以失败，往往是因为企业不能根据文化的不同而对营销观念组合进行调整。

知识链接：

短视频对消费者购买决策的影响

随着信息技术的发展，以数字技术为核心的生产方式和消费模式成为推动新经济增长的重要动力。短视频平台成为数字经济的重要表现形式，短视频带货的方式开始兴起。在传统的营销方式中，消费者的购买决策需要经过分析需求、搜集信息、评价购买方案和发生购买行为等过程。消费者的购买决策过程受到多种因素的影响。但是在网络营销中，消费者具有高度的聚集性、趋同性，个人因素和社会因素的影响不显著，平台的营销作用和相对应的载体内容就显得较为重要，短视频带货的优势就显得尤为突出。

在传统的营销方式中，消费者的购买决策行为遵循 AIDMT 法则，即注意到商家的产品（attention）、引发消费者的购买兴趣（interest）、激发消费者购买欲望（desire）、对商品产生记忆和品牌印象（memory）、产生购买交易行为（trade）。在这个消费者购买的决策过程中，如何通过营销和推广引起消费者的注意是进入消费者决策环节的重要步骤，但是随着消费者对广告营销的排斥和抵触，这种强行输入的方式也越来越低效，无法让消费者形成真正的品牌认知。

在品牌的认知方面，需要通过导购在各类终端与消费者进行互动，进行各种促销活动，从而让消费者形成对品牌的认知，激发购买欲望。在这个决策过程中，消费者购买的决策环节较长，且主要以面对面的线下沟通为主，决策效率较低。依托于互联网的媒介工具，在传统的营销理论中做改进提升，消费者的购买决策过程可以转变成 AITS 模式，即关注（attention）、兴趣（interest）、交易（trade）、分享（share）。与传统的消费者购买决策模型对比来看，在短视频带货的决策模型中，购买前的交易行为缩减为两个环节，增加一个购买后的分享环节。传统的消费者购买决策流程是线性单向流动的决策流程，短视频带货则是环形封闭的决策流程，通过不断的分享影响更多的消费者，从而实现快速裂变。

在短视频带货的营销方式中，消费者通过关注引发购买兴趣，产生交易行为，通过多渠道分享影响更多的人关注，形成自发不断的循环裂变，销售额也会呈现几何级的增长，整体销售的边际成本则会不断降低。相对于传统营销中单向的消费者决策，品牌方需要持续不断的投入营销成本来维持这种单向流动的决策过程，整体成本不仅无法实现下降，可能还会因为某个环节不畅出现增加的情况。传统营销的消费者决策过程时间较长，消费者获得的信息较为有限，通过线下的方式需要在有限的终端空间面对不同品牌的产品做出购买决策。影响购买决策的因素主要来源于大脑中对各类品牌的认知，信息获取渠道有限，专业知识不足，大都依赖于形成的品牌印象进行决策购买，整个决策过程较为理性。决策过程也很容易被外界因素干扰打断，直接影响最终的交易结果。在这个购买的过程中，消费者可能甚至不知道商品的品牌，也无法对商品的品质做出理性判断，如果短视频的内容与消费者当时的心境和情绪高度契合，很容易产生分享行为，销售额出现几何级的裂变增长。

结合短视频带货的 AITS 模式分析，可以发现影响消费者决策的主要因素是关注、兴趣和分享。在关注阶段，优质内容、奖励机制是形成消费者购买兴趣的前提，一旦形成消费者购买兴趣，就比较容易达成交易行为，在形成交易行为之后的分享，则是裂变销售的关键因素。因此，如果想让短视频带货产生几何级的裂变增长，需要重点关注消费者的关注、兴趣和分享 3 个阶段。

表 4-2 是短视频与其他互联网营销方式对比。

表 4-2　互联网营销方式对比

项目	相同之处	不同之处
短视频和长视频	录音录制播放	长视频多在 30 分钟以上，信息量大，以 PGC 为主
	短视频可以是长视频的片段	短视频从几十秒到几分钟不等，碎片化观看，以 UGC 和 PUGC 为主
短视频和直播	视频类型产品，以 UGC 内容为主	直播时长多在 1 小时以上，以个人活动等内容为主，实时播放
	突出个人特色，内容主题有相似	短视频更加多元，可以录制播放，有更好的传播效果，对主播要求不高
	都存在于短视频平台（快手、抖音等）	
短视频和微博	浏览时间碎片化、内容精简	微博以图文为主，流量聚集于明星网红，资讯性较强
	粉丝效应突出	短视频以影音为主，流量分散，娱乐性更强

在短视频传播的第一个环节，影响消费者关注的主要有短视频来源、传播账号的口碑和短视频的卖点，来源于不同平台的短视频，其目标消费者也不同。需要根据带货的类型精准选择目标消费者和契合平台，这是提升短视频带货转化率的重要环节，也直接决定短视频带货的转化率是否能达到预期目标。传播短视频账号的口碑也是重要的一个关注环节，会对短视频的传播关注效果产生影响。通过平台和账号关注的目标消费者打开短视频之后能否持续看完并进行下一步，主要取决于短视频的卖点是否能够激起目标消费者的兴趣和消费意愿，这也是决定能否进入消费者决策过程下一环节的关键。

如果短视频的卖点设计较好，符合目标消费群体的特征，消费者就会产生观看的兴趣，在从消费者打开视频到观看完的这段时间中，是短视频带货转化的关键，因此完播率也是衡量内容好坏的一个重要指标。内容是引起兴趣提升完播率的关键。在内容的设计上，品牌的影响力加上情感的沟通，对引起消费者的兴趣具有较好的改善效果。可以通过短视频与目标消费者进行有限的双向互动，引导消费者进入成交环节。

除了完播率外，弹幕和视频下方的评论也会影响消费者的购买决策，良好的口碑评论、弹幕的氛围调节都会促使消费者进入交易环节。一旦消费者产生购买的欲望，进入交易环节设置的便利程度便与交易的转化率具有正向的关联。

消费者在产生购买行为后，会因为情感和价值的认同转而分享短视频进入分享环节。在分享环节，可以设置一定的物质和精神奖励机制，促使目标消费者进行更广泛的传播和推广。进入裂变环节，不断重复这个过程，就会产生几何级数的裂变购买行为，大幅度提升短视频带货的效果。

从短视频对消费者购买决策的影响过程来看，在决策过程的每个环节，消费者的关注点都有所不同，需要针对不同的环节设置个性化和有针对性的方案。最核心的是要清楚短视频的目标消费群体画像，只有明确了目标消费群体的画像，才能精准地选择相应的内容、来源、关注点、激励机制、带货链接等内容。所以目标消费者的需求是核心，场景、体验和短视频的形式都应该围绕目标消费者需要的内容来构建。其技术支撑便是5G技术、人工智能、数据和算法。通过技术的支持挖掘目标消费者的需求，将带货的场景植入短视频，构建基于目标消费者需求的沉浸式短视频，通过视频中有限的双向互动，带来更好的带货转化效果。

［资料来源：王微微. 短视频对消费者购买决策的影响机制［J］. 商业经济研究，2022（1）：4.］

（4）消费者决策的遵循的原则。

①最大满意原则。

一般情况下，消费者总会通过选择并实施决策方案来获得最大的效用，最大限度地满足自己的需要。最大满意原则就是根据这种思想来进行决策的，不惜代价地追求决策方案和效果的完美，直至达到目标。不过，最大满意原则只是一种理想化的原则，在实际生活中只能以其他原则代替。

②相对满意原则。

面对复杂多变的市场信息，产品种类也数不胜数，消费者不大可能花费大量的时间、精力和金钱去收集制订最佳决策所需要的全部信息，即使这么做了，花费的代价也太大，根本没有必要。因此，消费者在制订购买决策时，只要做出相对合理的选择，达到相对满意即可，这就是相对满意原则。例如，消费者在购买一件上衣时，只需经过几次的比较与选择，买到质量、款式和价格都比较合适的那件，达到满意的性价比即可，不用跑遍所有商场或浏览所有网店，把每一件上衣都细细比对。

③遗憾最小原则。

由于做出任何购买决策都不可能达到绝对满意，会存在不同程度的遗憾，因此要以产生的遗憾最小为决策的依据，这就是遗憾最小原则。消费者通常要估计各种方案可能产生的不良后果，并比较其严重程度，从中选择情形较轻微的作为最终决策方案。例如，因为各种皮鞋的价格高低而犹豫不决时，有些消费者会选择价格最低的那一种，这样一来自己的遗憾就会降到最小。这一原则主要用来减少风险损失，缓解消费者可能因对产品不满意而产生的心理失衡。

④预期—满意原则。

有些消费者预先形成了对产品价格、质量、样式等方面的心理预期，在购买时会将备选方案与自己的预期标准进行比较，而与预期标准最为吻合的方案就是最终决策方案，这就是预期—满意原则。这一原则的优点在于可以缩小消费者的决策范围，加快决策进程，帮助消费者快速、准确地做出最终的购买决策。

2. 消费者购买决策的类型

购买决策是一个较为复杂的问题，从多方面对购买决策进行分类，有助于我们对购买决策的理解和应用。

（1）按照购买决策方式分类。

按照消费者购买决策方式的不同，购买决策可以划分为个人决策、家庭决策和社会协商决策。

个人决策是指消费者利用个人的知识经验和掌握的信息而做出的购买决策。人们平日大量的购买决策都是这种决策。例如，消费者对日常生活用品的购买，就是凭借自己的经验，直接做出购买决策的。也有一些特殊情况，如遇到抢购短缺商品或其他紧迫问题时，市场上的某种商品供不应求，消费者来不及和他人商量，需要个人立刻做出购买决策，这种决策方式可以提高决策效率，但容易出现失误。

家庭决策是指由主要的家庭成员共同商议，凭借大家的经验和智慧共同做出的购买决策。例如，家庭在购买所需的大件耐用商品（家用电器等）、商品房和汽车等时，就需要发挥家庭成员的决策能力，共同做出购买决策。购买商品的消费支出占家庭消费支出的比重越大，个人决策的可能性就越小。家庭决策需要花较多的时间，搜集多方信息，经过反复评价选择得出结果后再做出购买决策，因而决策比较慎重，失误较少。

社会协商决策是指消费者在购买决策过程中，通过社会化的渠道广泛搜集信息，协商讨论，凭借社会群体的经验做出的集体性决策。由于家庭成员对某类产品的了解较少，故这些产品的购买决策，仅靠家庭内部的信息是不够的，这时消费者就需要听取亲朋好友的意见、销售人员的介绍和建议、厂商的广告宣传等信息后，再做出购买决策。在这类决策中，厂商传递给消费者的信息及营销人员提供的咨询与建议均会对消费者的购买决策起到较大的作用。

（2）按照购买决策的性质分类。

按照购买决策的性质不同，购买决策可以划分为战略性购买决策和战术性购买决策。战略性购买决策是指消费者针对家庭及家庭成员的未来、长远规划所做出的购买决策，又称为家庭宏观购买决策。如，消费者决定未来家居环境要紧跟时代潮流，更加注重科技的力量，就必然要考虑在未来几年内购买什么大家电。这种购买决策主要用于家庭发展战略上。战术性购买决策是指为实现战略性购买决策目标而采取的具体方式和方法，它比战略性购买决策更具体、更现实，考虑的时间也短一些，又称为家庭微观购买决策。如消费者做出了未来家居环境向高科技化靠拢的决定，就会考虑近期先购买什么，以及购买方式、购买时间等问题。

（3）按照购买决策问题的风险分类。

按照购买决策问题的风险不同，购买决策可以划分为确定型购买决策和风险型购买决策。确定型购买决策是指影响消费者购买决策的因素是确定的，是可以预料的，因而购买决策的结果也是确定的、可以预料的。也就是说，一个方案只有一种确定的结果，消费者做出购买决策时对未来的情况已完全掌握，没有不确定的因素。

风险型购买决策是指存在多种不确定的但某种情况下又可以预测的因素，因而一个方案可能会出现几种不同结果的决策，消费者做出这种购买决策需要承担一定风险。例如，消费者投资股票、在不熟悉的网站第一次购买某种商品。消费者做出风险型购买决策时出现的各种可能的结果，大多以概率为依据。

（4）按照购买决策的重复程度分类。

按照重复程度的不同，购买决策可划分为常规性购买决策和非常规性购买决策。常规性购买决策是指消费者对经常或者例行购买行为的决策，如消费者对米、油、盐、肥皂等生活必需品的购买决策。这种类型的购买决策具有简单性、重复性、可把握性的特点。非常规性购买决策是指消费者对偶然发生或首次进行的、非重复性购买的商品的购买决策，如购买商品房、汽车等。

（5）按照购买决策的目标要求分类。

按照目标要求的不同，购买决策可以划分为最优购买决策和满意购买决策。

最优购买决策。消费者总是力求通过购买决策方案的选择、实施，取得最大效用，使某一方面的需求获得最大限度的满足，按照这一指导思想做出的决策即最优购买决策。这种购买决策的实质就是要实现理想条件下的最优目标。

满意购买决策。在现实条件下，理想条件很难存在，消费者只需要得到相对满意的购买结果。这样的购买决策，我们称之为满意购买决策。满意购买决策比最优购买决策的实用性更强。

3. 消费者决策的内容

消费者会遇到各种决策问题。但是主要有以下几个方面：

（1）为什么买（why）——购买目的或购买动机。

消费者的购买动机是多种多样的。如，同样买家庭轿车，有的人是为了工作方便，有的人是为了改善生活品质，有的人则是为了显示自己的身份、地位和财富。

（2）买什么（what）——确定购买对象。

决定买什么是消费者最基本的任务之一。它是决策的核心和首要问题。如，夏季到了，为了防暑降温，需要购买空调，必须明确空调是买分体的还是买立式的，是买“美的”牌还是“格力”牌的，买什么颜色的。

（3）为谁买或由谁买（who）——确定使用者和购买者。

为谁买，决定着购买商品的各项基本属性。如，款式、包装、装潢、物理机械性能等。消费者所使用的商品并非都由自己亲自购买。同样，购买的商品也并非都由自己使用。

（4）什么价格买（how much）——确定购买价位。

消费者的经济收入，一定程度上决定了消费者的消费档次。同样的商品，不同的购买动机也决定了其最终消费者的支出会有很大的不同。

（5）买多少（how many）——确定购买数量。

购买数量取决于消费者的实际需要、支付能力及市场的供求情况等因素。如果某种产品在市场上供不应求，消费者即使目前并不急需或支付能力不强，也可能借钱购买；反之，如果市场供给充裕或供过于求，消费者既不会急于购买，也不会购买太多。

（6）在哪里买（where to buy）——确定购买地点。

购买地点的决定受多种因素的影响。如，路途的远近，可挑选的商品品种、数量、价格以及商店的服务态度等。

（7）何时买（when to buy）——确定购买时间。

购买时间受众多因素的影响。如，消费者对某商品需要的急迫性、市场的供应情况、营业时间、交通情况和消费者自己的空闲时间等。此外，商品本身的季节性、时令性也影响购买时间。

（8）如何买（how to buy）——以什么方式购买。

如何买涉及的是购买方式的确定。如，是直接到商店选购，还是网购、邮购、预购或代购；是付现金、开支票，还是分期付款等。

4. 消费者购买决策的基本环节

消费者购买决策过程较为复杂，由一系列相关联的活动构成。菲利普·科特勒先生把决策过程划分为 5 个阶段，即认识问题或叫识别需求（problem recognition）、搜寻信息（information search）、方案评估（alternative evaluation）、购买决策（purchase）、购后行为（popurchase）（如图 4-2 所示）。

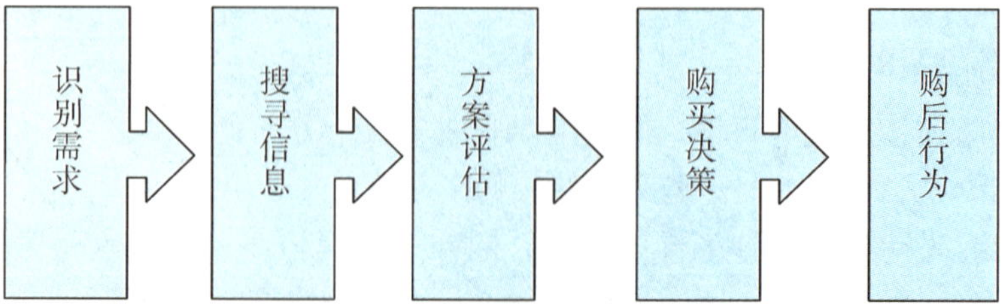

图 4-2　消费者购买决策的过程

认识问题阶段是认识某种需求的过程，如果对问题的认识非常强烈的话，就转到搜寻信息阶段。在搜寻信息阶段，为找到解决所认识到的消费问题的办法，消费者要从记忆里提取信息（内部搜寻），或者从外部搜寻相关信息（外部搜寻）。在一定程度上获得解决问题的方法以后进行方案评估，消费者要评估各种不同方案，然后选择自己喜欢的并可行的方案，在购买阶段按照所选择的方案购买产品。购买产品以后消费者在使用或消费产品的过程中会评价自己的欲望或期望的满意程度。

在这个过程，有两点需要注意：一是消费者购买产品或服务时，在一般情况下，要经历购买决策过程的全部 5 个步骤，但并不是所有的消费者决策都会按次序经历这个过程的所有步骤，这取决于消费者的购买介入程度和备选产品的品牌差异度。二是上述购买决策过程，是假定消费者最终决定购买产品。但从实际情况来看，消费者在购买决策过程的任何步骤上都可能决定不购买，决策过程就在那个步骤上停止。

为了准确分析消费者的购买决策过程，从而帮助企业及销售人员制定有效的市场营销战略，我们可以将各个决策环节所面临的问题进行分析，见表 4-3。

表 4-3 决策环节面临的问题

决策环节	所面临的问题
识别需求	产品的购买与使用用来满足哪些需求或动机（消费者追求哪些利益）？ 消费者的这些需求是潜在的需求还是激活的需求？ 目标市场的消费者以何种程度卷入产品？
信息搜寻	哪些产品或品牌的信息储存到潜在消费者的记忆里？ 消费者是否具有搜寻外部信息的动机或意图？ 消费者搜寻有关购买信息时利用哪些信息来源？ 消费者所要获得的信息是产品的哪些属性？
方案评估	消费者评价或比较购买方案的努力程度如何？ 在消费者评价对象中包括哪些品牌？ 消费者为评价方案利用了哪些评价标准？ 哪些评价标准最突出？ 评价的复杂程度如何（是利用单一的标准还是利用复合的标准）？ 消费者以哪些类型的决定方法来选择最佳方案？ 在评价项目中哪些项目最突出？ 评价的复杂程度如何？ 对各方案的评价结果如何？ 消费者是否相信各方案的特征？ 消费者对各方案的主要特性的认知程度如何？ 消费者对各方案的购买或使用持哪些态度？ 消费者购买意图如何？这些购买意图能否变成现实？
购买决策	消费者为自己所选择的方案是否付出时间或努力？ 有没有与商店（购买场所）有关的追加的决策？ 消费者偏好哪些类型的商店？

表4-3(续)

决策环节	所面临的问题
购后行为	消费者是否满意方案，满意程度如何？ 有没有满意/不满意的特殊理由？ 其他消费者是否也感觉到类似满意/不满意？ 消费者如何缓和或解决不满意？ 消费者有没有再购买的意图？ 如果没有，其理由是什么？ 如果有，那么这些购买意图里是否反映品牌的忠诚度或购买习惯？

资料来源：李东进. 消费者行为学［M］. 北京：经济科学出版社，2001：218-219.

（1）识别需求。

①识别需求的类型。

识别需求是消费决策的第一步，它是指消费者意识到理想状态与实际状态之间存在差距，从而需要采取进一步行动。比如，你也许不想让星期五晚上沉闷无聊，当你发觉自己在周末孤孤单单、心情烦躁时，你会把它作为一个问题看待，因为你的实际状态（心情烦躁）与理想状态（快乐而充实）之间有差距。怎么办？你可以看电视、租影碟、给朋友打电话、出门逛逛或干其他的事情。

虽然现实生活中的消费者问题形形色色，但从市场营销角度出发，可以将消费者问题分为主动型与被动型两种类型。主动型问题是指消费者在正常情况下就会意识到或将要意识到的问题。被动型问题则是消费者尚未意识到或需要在别人提醒之后才意识到的问题。

主动型问题认识的出发点是“理想状态”，即消费者首先对某种产品产生自己的理想状态，这种理想状态由消费者对该产品不同属性的描述构成，包括产品的物理属性和社会属性等。另一种问题认识路径叫被动型问题认识，这种认识路径的出发点是“现有状态”。被动型问题认识过程中，消费者对产品的理想状态缺乏明确的概念和理解，即他们的理想状态极为模糊，甚至有些情况下，消费者根本就没有理想状态。如此一来，理想状态与现实状态之间的差距就难以测量和感知。这会导致消费者无法认识到自己对该类产品的需求，从而延迟消费者对该产品的购买行为。

针对这两种消费者问题，企业应注意采用不同的营销策略。对于主动型问题，要提供有效证据说明该产品的优点；对于被动型问题，要使消费者注意到问题的存在，并努力让消费者相信本企业的产品可以使问题得到解决。具体可以参见表4-4。

表4-4　主动型问题与被动型问题

问题类型	含义	营销对策
主动型问题	正常情况消费者能意识到的问题	提供有效证据说明产品优点
被动型问题	消费者尚未意识或经提醒后可能意识到的问题	使消费者意识到问题存在，设法解决问题

②问题认识的过程。

消费者所追求的生活方式和现在所处的情境决定了他的理想状态和现实状态。理想状态上现实状态是否存在差异、差异的性质及其大小决定了消费者对现实状态是否满意。在不满意的情况下，可能引发问题认识，从而触发进一步的决策活动。

由于各种原因，如自身感觉、他人提醒、企业营销努力等，消费者会意识到问题的存在。但是，意识到问题存在并不意味着消费者会采取行动解决问题。消费者解决某一特定问题的愿望强度取决于两个因素：一是理想状态与现实状态之间的差距，二是该问题的相对重要性。例如，某个消费者希望自己的汽车不仅要满足他对型号与马力的要求，还要达到平均每加仑（1 加仑≈3. 79 升）至少跑 40. 2 千米的油耗水平。如果他现在的汽车油耗水平是每加仑 38. 6 千米，尽管这二者存在差距，但这一差距并没有大到促使该消费者产生购买新车欲望的地步。

即使理想与现实之间差距很大，如果问题并不十分重要，消费者也不一定会进入下一步的决策程序。某个消费者现在拥有一辆开了 10 年的旧车，他很希望能有一辆奔驰汽车，应当说差距是相当大的。但是，与他面临的其他一些消费问题（如住房、子女教育）相比，这个差距的相对重要性可能很小。相对重要性是一个很关键的概念，因为所有的消费者都要受到时间和金钱的约束，只有相对更为重要的问题才会被重视和解决。总的来说，重要性取决于该问题对于保持消费者理想的生活方式是否关键。

图 4-3 为问题认识过程，有三点需要特别强调。首先，消费者的生活方式和现在所处的情境不仅决定了消费者的理想状态，也决定了他对实际状态的认知。例如，将户外活动作为其生活重要组成部分的消费者，会有频繁参加旅游、登山、滑雪等活动的愿望，高山上的积雪、海边宜人的气候会使他们的这类愿望更加强烈。受现实资源条件的约束，有这类愿望的消费者不一定都能美梦成真。此外，当前状况，如孩子生了病、手头一个项目即将交付等，均会对消费者如何认识其所处的实际状态产生重要影响。其次，导致问题认识的是消费者对实际状态的感知，而非客观的现实状态。尽管抽烟有害健康是一个客观事实，但很多抽烟的人不以为然。其中一个重要原因是他们没有感知或没有完全感知这一现实。最后，实际状态超越理想状态也会激发或影响问题认识。参加了一个周末舞会，你的激奋状态超过原来的预期，这可能会导致你产生周末不能再待在家里看书或看电视的想法。

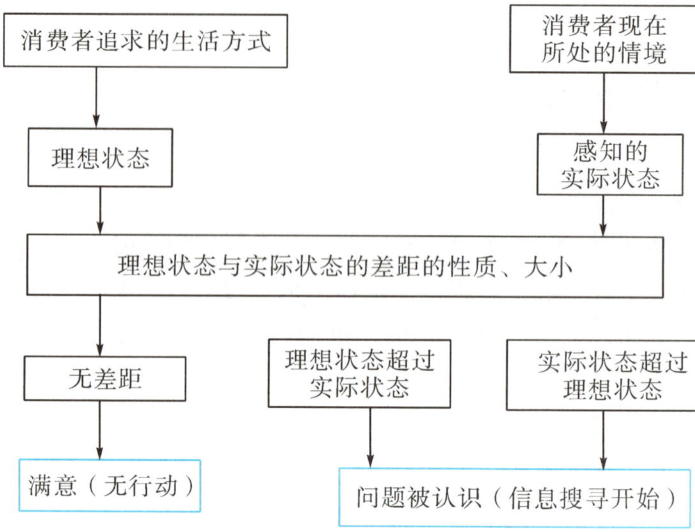

图 4-3　问题认识过程

（资料来源：符国群. 消费者行为学［M］. 北京：高等教育出版社，2001：3.）

（2）信息搜寻。

①信息搜寻的一般过程。

认识了消费问题以后，消费者为找出解决消费问题的方案就需要进行信息搜寻。信息搜寻是指有意图地激活记忆里所储存的知识或者在周围环境中获得信息的过程。

消费者决策通常需要如下的信息：解决某个问题的合适评价标准，各种备选方案，每一备选办法在每一评价标准上的表现或特征。图 4-4 描述了消费者进行信息搜集的一般过程，主要就是搜集上述 3 个方面的信息。

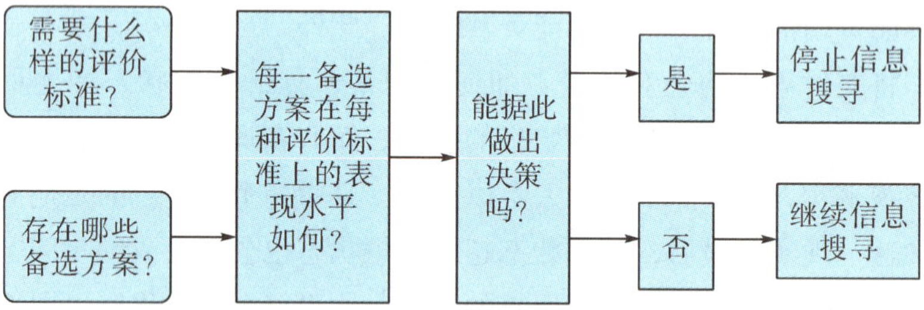

图 4-4　消费者决策中的信息搜寻

②确定合适的评价标准。

假如有人给你一笔钱买一台笔记本计算机，也许是作为毕业礼物赠送给你，而你最近好长时间没去计算机市场，你的第一个想法可能是：“我希望这台计算机有什么样的特点？”接下来你会进行内部信息搜寻来确定什么样的特点能满足你的需要。这些希望拥有的特点就是你的评价标准。如果你对计算机了解较少，你或许还需要进行外部搜寻以弄清一台好计算机应具备哪些特点。你会和朋友商量，看计算机杂志上的评论，请教销售人员，或亲自试用几种计算机。

③确定存在哪些潜在解决方案。

在选择合适的评价标准之后，消费者接着要找合适的备选方案（品牌或商店）。被考虑作为潜在备选品的若干个品牌（商店），被称为意识域或考虑域。意识域可以分为激活域、排除域和惰性域。

激活域是消费者为了解决某一特定问题将要进行评价的品牌。如果一开始你就对激活域感到满意，信息搜寻将集中于激活域中的品牌在特定评价标准上的表现。可见，激活域对于随后的信息搜寻和购买行动具有特殊的重要性。

那些你认为完全不值得进一步考虑的品牌构成了所谓的排除域。排除域中的品牌是消费者所不喜欢和不予考虑的。即使有关这些品牌的信息唾手可得，它们也会被置之一旁。

有些品牌被你意识到了，但你对它们既无恶意，也没有特别的好感。这些品牌被称为惰性域或不活跃域。消费者通常会接受有关这些品牌的正面信息，但他们不会主动搜寻这些信息。当偏爱的品牌无法获得时，惰性域中的品牌通常是可以接受的。

④确定潜在方案的特征。

为了选定最终购买的品牌，消费者会运用有关的评价标准对激活域中的品牌进行比较。这一过程要求消费者搜集在每一个评价标准下各个品牌的相关信息。例如，在购买计算机的决策中，消费者可搜集各备选品牌在价格、内存、速度、重量、屏幕清晰度、扩充内存的能力等各方面的信息。

⑤内部信息搜寻。

A. 内部信息搜寻的含义。

内部信息搜寻是消费者将储存在记忆中的有关产品、服务和购买的信息提取出来，以解决当前面临的消费问题的过程。这种信息很大程度上来自以前购买该产品的经验。假设某消费者的计算机出了问题，他可能会先回忆一下平时是怎样解决这一问题的，有哪几种解决方法，哪个维修店提供这种服务及服务质量如何等。如果通过内部信息搜寻未找到合适的解决办法，则进行外部信息搜寻，即通过朋友、熟人、专业性服务公司获得更多的解决该问题的信息。

B. 内部信息的类型。

在不同类型的决策条件下，内部信息搜寻的程度存在差异。越是复杂的、重要的购买问题，其内部信息搜寻范围越广泛。消费者从记忆中提取的信息大致有 3 种类型：

关于产品评价标准的信息，如购买计算机时希望它具备哪些基本特征，如 CPU、内存、硬盘的大小等。关于产品的品牌信息，如市场上有哪些品牌的计算机。关于备选品牌具体特征或属性的信息，如备选品牌的性能、价格、维修便捷性等的具体信息。

⑥外部信息搜寻。

如果通过内部搜寻未能找出合适的解决办法，那么搜集过程将集中于与问题解决有关的外信息，这被称为外部信息搜寻。

A. 外部信息来源。

个人来源。亲戚和朋友是典型的外部信息来源，在与亲朋好友的聊天中，人们会获得关于商品的知识和信息，并且有相当一部分的消费者喜欢接受别人的建议及购物指南，尽管介绍商品的人的认识或消息来源有时也不十分准确。

公共来源。公共来源的范围较广，可以是政府或其他组织的评奖，也可以是报纸或杂志中关于产品的评论与介绍，还可以是广播电台或电视台组织的有关商品的节目。

商品来源。商品来源包括产品广告、推销员的介绍、商店的陈列或产品包装上的说明等，不过这些途径的信息对消费者来讲有时会有先天性的偏差，消费者可以同意或相信，也可以提出问题或根据自己的经验做其他评论。

外部信息来源特征对于消费者信息搜寻和购买决策具有不同影响：其一，大众媒体信息来源不管是商业性还是非商业性，在消费者购买决策过程中都起到告知和劝说作用，帮助消费者了解产品及品牌特征；其二，非商业性来源，特别是消费者之间口头传播的购买信息，往往被认为具有更高的可信度；其三，不同来源的购买信息起到相互补充和相互增强的作用，消费者往往综合多种来源信息做出购买决策。

大量的营销活动旨在影响消费者从非商业性来源获得的信息。例如，强生公司在推出其新配方的婴儿浴液时的做法：产品信息、产品示范、研究报告、杂志广告和来信节目均以儿科医生和护士为对象，让其以健康护理专家的身份与年轻的妈妈进行直接的沟通；同时，印刷广告、优惠券刊登在各种出版物上，探讨父母与孩子纽带关系的影片被分发到教育中心、医院和医学院轮流播放。

B. 外部信息搜寻程度。

我们可以把外部信息搜寻程度理解为从外部获得有关购买资料或信息的注意、知觉或努力程度。测定消费者的这些外部信息搜寻程度时，利用的指标有消费者访问的商店数、议论消费问题的朋友或亲属等参照人数、参考的广告数、搜寻时间等。

消费者外部搜寻信息行为对企业来说是非常重要的，因为企业通过观察消费者的外部搜寻信息行为可以把握潜在消费者的情况。但是，消费者搜寻信息程度并不像我们想象得那么高。也就是说，消费者接触到的信息量非常大，但消费者搜寻的信息量相对很小。这是因为消费者平时已积累了相关的产品和品牌的信息或知识。当面临消费问题时可通过内部搜寻，利用记忆里储存的相关信息或知识来解决问题。

在一般的情况下，消费者购买决策的类型不同，搜寻信息的程度也是不一样的。在扩展型决策方式下，广泛搜寻信息，而且搜寻的信息量大；而在有限型决策方式下，消费者在有限的范围内搜寻信息，而且搜寻的信息量比较小；在名义型决策方式下，不搜寻信息或者搜寻的信息量很小。

C. 影响消费者外部信息搜寻的因素。

外部信息搜寻的收益与成本。大多数消费者都能在成本—收益分析或估计的基础上做出是否搜寻和在多大程度上搜寻外部信息的决定。

外部信息搜寻的收益可以是有形的，如更优惠的价格、更偏爱的样式或更高的产品质量。这种收益也可以是无形的，如风险的减小，对购买信心的增加，甚至是增添乐趣。消费者对这些收益的认识会随消费者的市场经验、媒体使用习惯、消费者与他人相互影响的程度或所属的参考群体的不同而存在差别。

搜寻成本可以是货币成本也可以是非货币成本。货币成本包括与搜寻活动相关的费用支出和机会成本，如交通费、停车费、损失的工资、放弃的机会，等等。搜寻的非货币成本相比之下不太明显，但可能比货币成本影响更大。几乎每一种外部搜寻活动都涉及某种体力和心力的损耗。除了疲劳之外，搜寻中的挫折，搜寻活动与其他更想做的事情之间的冲突也可能削减搜寻努力。

市场环境。市场环境包括备选方案的数目（如可选择的品牌数）、方案的复杂性（产品或品牌之间的差异）、商店分布和信息可获程度。要记住的是，影响购买行为的是消费者对市场环境的感知或信念，而并非实际的市场环境。虽然信念与现实往往是相关的，但很多情况下它们并不完全一致。

很明显，解决某一问题的备选方案（产品、商店、品牌）越多，消费者越可能进行更多的外部信息搜寻。极端的情况是，在完全垄断状态下，如接受公用事业服务，根本不用搜寻外部信息。但是，在方案之间的相似性比较大的时候，消费者搜寻信息程度就会低。店铺分布，包括店铺数目、位置、彼此之间的距离，也会影响消费者最终购买前访问商店的数量。由于访问商店要花时间、精力，很多情况下还伴随金钱支出，商店彼此邻近将增加外部信息搜寻。

产品特性。这里的产品特性包括价格、可感知风险、方案之间的差异以及重要属件的参数等。产品的价格越高，消费者可感知的风险越大，所以为减少或消除这些风险就需要搜寻更多的信息。在产品之间有显著差异的时候消费者也搜寻更多的信息。一般情况下，消费者在购买可感知风险大的产品（例如，价格昂贵、社会象征性高、技术上复杂的产品）的时候会寻找更多的信息。

个人因素。消费者个人因素如个性、人口特征、知识水平同样影响外部信息搜寻活动。具有外向性格、心胸开阔的人，以及自信心强的人，一般与更大量的信息搜寻活动相联系。对某一产品领域缺乏消费经验的消费者，更倾向于大量搜寻信息。当消费者对所涉及的产品领域越来越具有消费经验时，他的信息搜寻活动将减少。应当指出的是，消费经验与外部信息搜寻活动之间这种此消彼长的关系，只适用于已经具有某种最起码或最低经验水平的消费者。如果消费者根本没有关于某类产品的消费知识或经验，可能会因此而不敢大胆地从各方面搜寻信息，从而很少从事信息搜寻活动。

很多人口方面的特征与消费者的信息搜寻活动存在密切联系。一般来说，高收入和受过良好教育的人具有更高的信息搜寻水平；同样，处于较高职业地位的人，易有更多的信息搜寻活动。另外，随着年龄的增长，搜寻活动呈下降趋势。

情境变量。情境变量对搜寻行为具有重要影响。例如，面对拥挤的店堂，消费者最基本的反应是尽量减少外部信息搜寻。对于搜寻行为而言，时间观也许是最重要的情境变量。解决某一特定消费问题的可用时间越少，外部信息搜寻水平就会降低。另外，身体和情绪状态不佳的购物者将较其他购物者更少搜寻外部信息。

（3）方案评估。

①评价标准的内容。

消费者在信息搜寻的基础上，将对备选产品或品牌进行评价，这首先必须要建立一定的评价标准。所谓评价标准或选择标准，实际上是消费者在选择备选品时所考虑的产品属性或特征。这些属性或特征与消费者在购买中所追求的利益、所付出的代价直接相关。例如，在购买计算机之前，消费者会关心价格、速度、内存、操作系统、显示器以及售后保障，这些因素可能成为其选择计算机的评价标准。

要判定某一具体购买决策中消费者采用了什么评价标准，市场营销研究人员可采用直接方法或间接方法。直接方法包括询问消费者在特定购买决策中使用了何种信息，或者在某一特定环境中或集中小组访谈中观察消费者的言行。当然，直接方法是建立在消费者能够并且愿意提供有关产品属性信息的假设之上。

与直接方法不同的是，间接方法假定消费者不会或不能陈述他们的评价标准。常用的间接方法主要有投射技术和知觉图像。投射技术让受访者指出他人可能会采用的标准，这个“他人”当然很可能就是受访者本人，由此我们能间接确定他所应用的标准。这种方法在发现和识别情感型标准时尤为有效。知觉图像方法首先要求消费者判断备选品牌的相似性，然后将这些判断用计算机处理后得出各品牌的知觉映像（或知觉图）。消费者并没有指明具体的评价标准，而只是对所有备选品牌的相似性进行排序。最后获得一个知觉图，消费者的评价标准实际上就是这个知觉图的维度。

②选择的原则。

消费者根据决策的复杂性及其对自身的重要性，使用不同的规则来对各种备选产品或品牌做出选择。在某些情形下，这些规则是十分简单的，甚至可以仅仅凭直觉来做出选择；而在另一些情形下，在做出决定之前人们会投入更多的精力和注意力来审慎地衡量各种备选产品或品牌。

区分选择规则的方法之一是把它们分为补偿性和非补偿性两大类。非补偿性选择规则是一种决策的简化，在这种简化决策中，一种产品某一属性的不足无法由另一较好的属性来弥补。也就是说，只要备选品牌达不到某些基本标准，消费者就会将其否决。当人们对一个产品类型没有很大动力去处理复杂的信息时，他们往往使用一些简单的、非补偿性规则，如连接式规则、重点选择规则、排除式规则、编纂式规则。高参与条件下的消费者购买决定常常遵循补偿性选择规则。依据补偿性选择规则，消费者对不同品牌的主要属性进行较为全面的评估，某一属性上的低分可能得以用其他属性上的高分来加以补偿，综合得分最高的品牌将有可能被选中。

假设某位消费者正在选购一台手机，已有 5 种品牌进入了其选择范围，同时，消费者对这些品牌在价格、外观、处理器、电池寿命、售后服务和显示质量等属性上分别做出了评价（见表 4-5）。在不同的选择规则下，消费者可能会得出不同的选择结果。

表 4-5　消费者对各品牌手机的评价

评价标准	消费者评价（1 表示很差，5 表示很好）					
	华为	OPPO	苹果	小米	三星	Vivo
价格	5	3	2	5	2	4
外观	4	4	5	4	4	3
处理器	5	4	4	3	3	2

表4-5(续)

评价标准	消费者评价（1 表示很差，5 表示很好）					
	华为	OPPO	苹果	小米	三星	Vivo
电池寿命	4	4	3	3	3	3
售后服务	5	4	5	4	2	3
显示质量	5	4	5	4	5	4

A. 连接式选择规则。

在连接式选择规则下，消费者对每一评价标准设置最低可接受的表现水平，然后选择所有超出了最低标准的品牌。即便某一品牌在某些属性上的评估价值很高，但只要其中一项属性不符合最低要求，

该品牌仍将被排除在选择范围之外。假设消费者对手机各属性的最低要求如表 4-6 所示，则苹果、小米、三星和 Vivo 等品牌会被排除，因为它们没能够符合所有的最低标准。剩下的两个品牌可应用其他规则从中只选择一个。

表 4-6 消费者对手机各属性的最低要求

属性	评价
价格	3
外观	4
处理器	4
电池寿命	4
售后服务	4
显示质量	3

连接式规则首先排除那些不符合最低标准的对象，当我们购买一些如房子、汽车等耐用商品时时常可以采用连接式规则。排除了诸如价格不适合、位置不好或不能提供其他期望属性的选项，对符合这些最低标准的选项则再采用其他规则来做出选择。

B. 重点选择规则。

重点选择规则又称为分离式规则。在这种选择规则下，消费者为那些最重要的属性规定最低的表现值标准。这一标准通常定得较高，只有在一个或几个重要属性上达到了规定的标准，该品牌才会被作为选择对象。在前述的手机的购买中，如果消费者只考虑价格、外观和显示质量三个属性，而且要求这些属性的表现值均在 4 以上，那么，只有华为手机符合该选择标准，其他品牌都将被排除。

C. 排除式规则。

排除式规则要求消费者对评价标准按重要程度排序，并对每一标准设立删除点。从最重要的属性开始对所有品牌进行考察，那些没有超过删除点的被排除在外。如果不止一个品牌超出删除点，考察过程将根据第二重要的标准重复进行，这将持续到仅剩一个品牌为止。

考虑如表4-7所示的排序和删除点。根据排除式规则，价格标准将排除苹果和三星，剩余者中华为、OPPO和小米满足外观要求，最后只有华为符合第三位的显示质量要求。

表4-7　消费者对评价标准重要性的排序及删除点

评价标准	重要性（数字越小表示越重要）	删除点
价格	1	3
外观	2	4
处理器	4	4
电池寿命	6	4
售后服务	5	3
显示质量	3	4

D. 编纂式规则。

编纂式规要求消费者将评价标准按重要程度排序，然后选择最重要属性中表现最好的品牌。如果有两个或两个以上的品牌等序，它们将再按次重要属性进行评价，直到只剩下一个品牌。编纂式规则与排除式规则很相似，差别只是编纂式规则在每一步都寻求最佳表现的品牌，而排除式规则只是寻求表现满意的品牌。

E. 补偿性选择规则。

补偿性选择规则，也叫期望值选择规则。这个规则是指消费者将按各属性的重要程度赋予每一属性以相应的权数，同时结合每一品牌在每一属性上的评估价值，得出各个品牌的综合得分，得分最高者就是被选择的品牌。

（4）购买决策。

消费者在选择和评估各种方案后，将确定最令人满意的方案，做出购买决策并实施购买行为。然而，应该注意的是，购买决策和实际购买行为不是一回事。有时两者之间会有一定的时间延迟。首先，当消费者面临意外因素或意外情况时，他们会改变原来的购买意图。其次，消费者的最终购买决策也会受到风险知觉的影响。当消费者决定购买一种商品时，他们会面临一些矛盾和问题，也就是说，他们购买的商品不仅会给他们带来满足和愉悦，还会给他们带来一些不想要的、不想要的或潜在的损害，甚至一些实际的危险。消费者在购买商品之前，对商品可能对消费者带来的损失、危害，甚至是危险性的清楚意识就是消费者的风险知觉。最后，购买情境也会影响消费者的最终购买行为。在购买环节中消费者的行为较容易受到商店选择和消费者冲动情绪的影响。

商店选择。消费者决定光顾一家商店，主要有两个步骤：一是选择购物区域，二是选择该区域内的商店。交通便利、店铺集中、社会保障好的区域是消费者集中购买的首选。消费者在选择商店时，会考虑商店的位置和规模、商店的形象、促销商品的方式、消费者的个人特征等因素。

商店的位置和规模。商店的位置，主要考察其所在的区域、交通是否便利。商店的位置对消费者是否光顾有着重大影响。一般而言，商店位置离消费者越近，光顾的可能性越大，反之就越小。同样，商店的规模也会影响消费者是否在商店购买。店面越大，产品种类越多，消费者的选择越多，他们就越愿意光顾。当然，一些特别注重快速服务和便利的消费者除外。

商店形象。店面形象是消费者基于对店面各种属性的理解而形成的对店面的总体印象。这种印象不仅来自消费者对商店功能特征的感知，如价格、便利性和商品选择范围，还来自消费者对非功能特征的感受和体验，如建筑物、商店内部装饰、服务、商店氛围，消费者对商店形象要素的认识程度直接影响其对商店的选择。良好的店铺形象可以降低感知到的客户风险，提高客户对店铺的信心。

商店的促销手段。越来越多的零售店利用促销手段向消费者传递店铺特征，尤其是促销价格信息，以吸引顾客购买。促销意味着广告、会员制、抽签、礼品、折扣等。

在决定用价格广告或基于价格的广告吸引顾客时，商家面临 3 个选择：采用多大的价格折扣，是否使用参照价进行价格比较，伴随价格信息应使用什么样的表述语。

价格宣传不仅是产品的标志，也是商店的标志。由于商店属性（如价格、质量和服务）与消费者是相互关联和互动的，因此不适当的定价广告可能会对商店形象产生不利影响。因此，对于位置较偏的店铺，在使用此类广告时应更加谨慎。

研究表明，价格通常不是消费者决定进入商店的主要原因。零售商店可以通过提供更好的服务、更多的选择和强调情感兴趣来吸引顾客。

消费者的个人特征。消费者的个人特征也是影响消费者市场选择的重要因素。消费者的个人特征包括收入、个性、时间、生活方式等。例如，高收入消费者倾向于在装饰体面、价格高端的专卖店购物，而低收入消费者更倾向于在折扣店和超市购物；没有自信的消费者倾向于选择熟悉或有信用担保的商店或大型购物中心，而自信强的消费者更愿意去专卖店和新店。

案例：

北京 SKP，用灯光打造时尚购物氛围

北京 SKP 是中国销售额最高的大型购物商场之一，2020 年销售额高达 177 亿元。其秉承“时尚，是一种态度”的理念，不仅创新了时尚奢侈品百货行业的全球标准，也重新诠释了时尚奢侈百货商业的定义，为消费者建立了一个创新的时尚生活方式目的地。

北京 SKP 之所以能成功，除了其商品的优质和云集国际化大品牌之外，还有一个重要原因是其购物氛围深得消费者的喜爱，而灯光是其打造购物氛围的一个重要方面。

北京 SKP 的灯光设计为消费者打造了十分美好的购物体验。圆形灯隐藏在天花板上独特的方形凹槽之中，而且灯槽内侧有软灯带，使整个凹槽都被照亮了，呈现出一种简约而不简单、质感丰富的整体效果，如图 4-5 所示。

图 4-5 北京 SKP 的灯光设计

冲动消费，也称冲动购买，是指消费者在尚未意识到购买需求或者形成购买意图之前，进入购物场所做出的购买决定并实施购买的购买模式。影响顾客冲动购买的因素有：

商品因素。商品是满足顾客需求的基础，也是影响购买动机的最重要因素。冲动性购买行为主要发生在客户参与度低、价值低、购买频繁的便利商品上。对于日常需求，客户熟悉其整体性能、用途和功能，成本不高，但也是必要的费用。选择取决于个人偏好，冲动购买的情况很多。此外，如玩具、糖果、小食品、休闲服等休闲产品。它的外观、包装、广告宣传、价格和销售点在销售中起着重要作用。品牌随机性很强，冲动性购买也很强。

客户特征。从顾客气质分析，冲动型气质的人情绪变化剧烈，对新产品有强烈的兴趣，更注重个人物品的外观和兴趣，容易受到广告的影响。具有想象力气质的人生动活泼，容易改变注意力，兴趣多变，审美意识强，容易受到商品外观和包装的影响。

经济因素。近年来，我国城镇居民收入有了很大提高，消费者非计划购买率的提高直接关系到收入水平的提高。这主要是因为，随着人们财富的增加，人们对获取食物和日常需求等需求的风险的认识有所降低。近年来，中国超市新鲜食品销量的大幅增长证实了这一点。

环境因素。商家通过渠道设计、展示设计、灯光色彩设计、广告设计等营销手段吸引顾客，延长顾客在店停留时间，最大限度地诱发顾客冲动购买的冲动。

促销因素。现场促销形式是影响顾客冲动购买行为的直接诱因。在现场商务推广活动中，POP 广告有助于激发顾客相应的心理反应，促进其冲动性购买。

案例：

花钱如流水，支付宝账单让广大用户难以置信

2019 年 1 月份，支付宝发布了 2018 年账单，之后便火了一个词语：账单式小康。所谓账单式小康，是指明明已经穷到举步维艰，但一看账单感觉自己过去一年过得还挺不错。

在细分账单中，支付宝统计了9大子账单，包含生活费用、饮食、交通出行、通信物流、住房缴费、运动健康、文教娱乐、服饰美容与其他消费。消费多的达到了40多万，其中生活日用和服饰美容的消费占比最高。

很多用户在看完自己的账单以后被吓坏了，都表示不知道自己有这么多钱，普遍感觉收入与花费不成正比，甚至有卸载支付宝的冲动。其实，花费超出心中预期与目前的超前消费潮流有着密不可分的关系；而且随着二维码付款方式的普及，用户已经习惯了扫码支付，而这种电子支付的方式缺少了纸币支付所产生的珍惜感，无形中也容易促使人们加大消费力度。

（5）购后行为。

消费者购买了商品并不意味着购买行为过程的结束，因为其对产品的使用，对于所购买的商品是否满意，以及会采取怎样的行为对于企业目前和以后的经营活动都会带来很大的影响，所以市场营销工作者应高度重视消费者的购后行为。

图4-6反映了消费者购后行为。在某些购买行为产生后可能会出现消费者的购后不协调，即对已发生的购买行为的明智性产生怀疑。另外，有些消费者对购买的产品会闲置于某处不加使用。对大多数购买来说，即使存在购后不协调，仍会伴随产品使用。使用产品通常涉及包装和产品本身的处置。在使用过程中和使用后，顾客会对购买过程和产品进行评价。不满意的评价会使顾客产生抱怨，而厂商做出的合适反应会减少顾客的不满情绪。购后的满意与不满，要么导致顾客的重复购买与忠诚，要么导致转换品牌或不再使用此类产品。

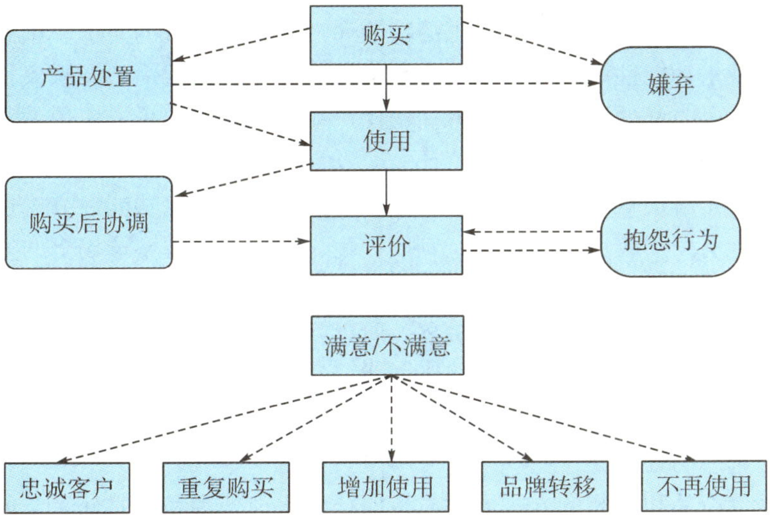

图4-6 消费者购后行为

①购后不协调。

消费者在购买产品以后对自己的购买决策感觉到心理上的不平衡，这种现象就是购后不协调。如果购买后认知不一致，那就会处于心理不平衡的紧张状态，所以购买后所感觉到的认知不协调会发展为不满意的情绪。

A. 购后不协调的决定因素。

消费后不和谐的可能性和强度取决于以下因素：第一，忠诚度或无法改变的决策程度。决定改变越容易，发生购后不协调的可能性就越小。第二，决策对消费者的重要性。决策越重要，就越有可能产生购买后冲突。第三，选择替代品种的困难。做出选择越难，冲突的可能性就越大，冲突也就越激烈。决策过程的难度取决于所选产品的数量、与每个备选方案相关的相关属性的数量以及每个备选方案提供的独特属性。第四，个人体验焦虑的趋势。有些人更容易感到焦虑，他们越焦虑，就越有可能发生购买后冲突。

B. 减轻购后不协调的方法。

一方面，消费者可以通过内部评价减少购后不协调；另一方面，收集更多外部信息以确认选择是否明智的常用方法。支持消费者选择的信息自然有助于消费者确保他们的决定是正确的。

消费者在购物后收集信息的倾向和做法，大大加强了广告和销售跟踪的作用。为了增加客户对所选品牌的信心，许多耐用消费品的企业，如散装电器和汽车企业，就会向潜在买家发送一些材料，以证明消费者购买决策的智慧和正确性。

②产品使用与处置。

消费者使用产品的方式可以分为三种类型：第一，功能性使用。大多数产品的使用都是功能性的使用，包括通过产品提供的功能属性满足消费者的需求。第二，象征性使用。产品不仅带来功能性的好处，也带来象征性的好处，因此消费者从象征的角度使用产品。第三，享乐主义的运用。消费者在使用产品时表现出快乐或愉悦的行为，尤其是使用某些服务产品时具有明显的享乐特征。

营销者需要了解消费者如何使用其产品。弄清楚产品是以功能性方式还是以象征性方式被使用，这有助于改进产品设计。例如，耐克公司通过观察球场上的篮球运动员发现，他们在比赛前穿上运动鞋和系上带子的过程充满了象征意义，从某种意义上，这一过程类似于骑士在比武或战斗之戴上头盔。所以，耐克在设计运动鞋时，充分利用了这方面的知识。企业了解消费者的产品使用方式，有助于改进产品或包装，也有助于采取相应的营销策略。

③产品与包装的处置。

消费者处置产品和包装的方式通常包括保存、永久处置和临时处置。如果产品被保存下来，它可以保留下来供将来使用，作为纪念品储存，或用于新的用途。如果产品被永久丢弃，有很多可能的选择，例如扔掉、赠送或出售。临时删除是指消费者将暂时未使用的产品出租或出借给第三方。

消费者对产品和包装的淘汰也对企业营销战略产生重大影响。第一，随着消费者环保意识的提高，对绿色产品的需求越来越大。面对这一现实，企业必须关注消费者使用后产品或包装的再利用。因为当具有高度环保意识的消费者购买产品时，他们会考虑产品或包装是否可以重复使用。因此，公司必须意识到消费者的环境保护和他们对绿色产品的需求。第二，销售、营销或供应二手产品的消费者的行为构成了一个巨大的二手商品市场。一方面，二手商品市场减少了市场对新产品的需求。例如，一些消费者在二手或二手市场购买产品，这在一定程度上影响了新产品的购买。另一方面，它也刺激了消费者对新产品的需求。例如，更新手机的速度非常快。一位消费者购买了一部手机，在不到半年的时间里一部新手机出现在市场上。这样，使用不到半年的产品就变成了二手产品。目前，另一位消费者想购买二手手机，因此前者愿意出售旧手机，购买刚刚上市的新电脑。因此，一个标准化和活跃的二手市场不仅有利于满足一些消费者的需求，而且有利于扩大新产品市场。公司还可以通过回收二手商品促进消费者购买新产品。

④购后满意与不满意。

消费者购买产品后的满意度取决于购买前预期的实现情况。如果消费者觉得产品的实用性满足或超过了购买前的预期，将感到满意。超越得越多，消费者的满意度就越高；如果产品的感知效用不符合购买前的预期，消费者会感到不满意。差距越大，不满就越大。

如果消费者在购买后的感知水平与其预期的购买前水平相差太大，则不满意的产品或品牌可能会被纳入排除范围，因此在新一轮决策中不再予以考虑。此外，还可能出现投诉和负面谣言。对产品有效性的感知对应于预期的最低水平，即当有效性水平等于或高于预期的最低有效性水平时，消费者是满意的。消费者满意度将降低下次面对相同问题时的决策水平，即满意的购买具有最大的激励效应，这将鼓励消费者在未来重复相同的购买行为。此外，满意的消费者可以通过选择的品牌进行面对面的口头交流。图 4-7 显示了消费者在购买后的满意度和不满意度。

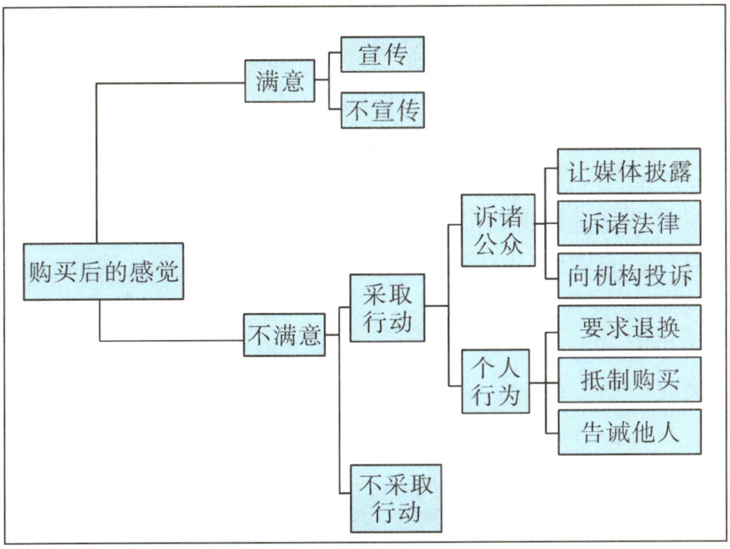

图 4-7 消费者购后的反应

消费者购物预期和产品性能认知两个方面的因素会影响消费者购后满意度。

A. 影响消费者对产品或品牌预期的因素。

产品因素。过去的产品体验、产品的外部特征以及产品价格等与产品相关的因素直接影响消费者对产品性能的预期。如果产品价格很高，或者过去表现或口碑不错，消费者就会期待该品牌产品的良好性能和不凡绩效。

促销因素。企业的促销活动和促销形式也会影响消费者对产品或服务的预期。比如，企业在广告中大力宣传其产品的可靠性、耐用性，试图树立产品的优质形象，实际上就为自己设定了一个高标准，抬高了消费者对产品性能的预期。如果消费者实际感受到的品质低于这一预期，就可能引起不满情绪。美国一家旅馆曾推出一项促销计划，声称旅客若在住宿中遇到麻烦或问题，旅店愿意免费提供一晚的住宿。但这一计划最终失败了，原因是它提高了众多旅客对旅馆服务质量的预期，由此引发大量不满意的旅客，致使旅店无法兑现其承诺。

竞争因素。消费者对某个特定品牌产品的预期受到其他同类竞争产品使用经验的影响。例如，消费者原有的产品知识和使用经验，无形中成为评价其他同类竞争产品性能和绩效的标准或预期。

消费者特征。消费者的个人特征往往影响消费者对购物的预期。有些消费者对产品或服务设定的标准高、要求严，而另一些消费者则较为宽容，对产品或服务不那么挑剔。例如，在衣着方面，多数女性消费者比男性消费者更为讲究、更加挑剔。

B. 影响消费者对产品实际性能认知的因素。

产品质量。消费者对产品的认知最终还是以产品质量为基础的。如果产品性能优良、质量可靠，即使消费者原有的预期偏高，也会做相应的调整，最终对产品感到满意；反之，若产品性能低下、质量不稳，即使消费者预期很低，也会产生不满情绪。

消费者经验与情感。消费者对产品性能的认知常常与客观情况不相符，其重要原因之一就是消费者过去购买或使用产品的经验，以及因此而产生的态度与情感。过去的购物经历或者使用经验，影响消费者对产品性能的判断、评价和认知，使之带有强烈的情感色彩，从而产生相应的偏差。

消费者对产品的期望。消费者对产品的期望与对产品性能的认知密切相关。比如，消费者若期望某家餐馆提供精美食品和优质服务，那么在就餐过程中就会有意识地寻找相关的证据来证实自己的期望. 最终是人为地抬高了对这家餐馆食品或服务的评价。

C. 消费者的不满意反应。

从图 4-7 中可以看到，消费者在购买后如果出现不满意的话，他可以采取行动或不采取行动。如果采取行动，他可能采取公开行动或私下行动。私下行动指的是停止购买该产品或者提醒朋友有关该产品或卖主的情况。公开行动包括向公司投诉、找律师或向能帮助购买者得到满足的其他组织投诉。

案例：

购车起纠纷 消委帮维权

一名老年消费者严先生于2020年10月采用“以旧换新”的方式在当地某车行购买一辆“新”电动车，用旧老年车换购新老年车，旧车折换3 000元，最终以15 000元购买到新老年车。购买后新车开出不到两千米，车子就坏了。因商家出具的票据未盖章，也无相关合格证明，严先生打电话给商家，商家说不管。严先生遂向消委会分会投诉，认为车性能不好，要求退货。

依据《中华人民共和国消费者权益保护法》第二十条“经营者向消费者提供有关商品或者服务的质量、性能、用途、有效期限等信息，应当真实、全面，不得作虚假或者引人误解的宣传”，经过调解，经营者和消费者双方调解达成一致，为消费者挽回经济损失15 000元。

5. 网络消费者的购买决策的特点

网络消费行为分为两个过程，一个是消费者购买商品之前进行决策的行为过程，另一个是消费者支付后等待收到商品的行为过程。在消费过程中，消费者的这两个行为一直互相渗透，彼此影响，最终形成消费者行为的一个完整环节。其具体表现和主要特征如下。

（1）个性化消费，体现购物主权。

传统消费下，消费者通过有限的信息渠道获取产品信息，而在网络消费情境下，消费者拥有大量的信息来源，他们对产品有充分的了解，有了属于自己的消费准则，他们作为主导者的地位更加明显。消费者能够自己掌控购物，强调个性化、定制化的产品和服务，能充分感受到购物的自由。同时，消费者更愿意相信众口相传的口碑产品，而不是被品牌商的营销“牵着鼻子走”。

（2）追求购物效率和体验。

网络消费者的构成以中青年消费者为主，根据中国互联网络信息中心（CNNIC）的数据，我国网民主要由20~49岁的人群构成，这部分人群工作繁忙，经济状况较好，愿意为节省时间的产品和服务买单。因此，速度成为影响消费者网购的关键因素，包括追求产品上新的速度与配送速度。

同时，由于年轻人有较强的接收能力和适应能力，很容易被新事物吸引，愿意接受给自己带来美好体验的新产品、新方式，品牌忠诚度较低。社交电商、直播电商等互动方式提高了消费者购物转化率和体验。

（3）购买手段和支付方式的变化。

新技术的不断出现不但导致产品周期的无限缩短、更新速度加快，而且重建了消费者的消费习惯，使购买手段发生变化。例如，根据CNNIC数据，截至2020年3月，我国网络支付用户规模达7.68亿人，较2018年年底增长1.68亿人，占网民整体的85.0%；手机网络支付用户规模达7.65亿人，较2018年年底增长1.82亿人，占手机网民的85.3%。可见，绝大多数消费者经常使用手机进行购物，这意味着消费者购买之旅往往是从移动设备开始的，包括搜索产品和购买产品等各种购物活动。因此，用移动设备购买无疑是消费者购物习惯的发展趋势。

再如，相关报告显示，全球网购消费者首选电子钱包进行付款，紧接着最常用的付款方式是信用卡和借记卡。其中，电子钱包如微信或支付宝等，能够进行在线付款并实时转账。我国的消费者采用电子支付已经非常普遍，无论是在大城市还是在小乡镇，一个人出门不用带现金，只要有手机，通过微信或者支付宝扫一扫就可以轻松完成付款，非常方便快捷。

案例：

想买就用花呗，消费信贷促进超前消费

蚂蚁花呗是支付宝提供的一种基于线上支付的消费信贷工具，消费者可以通过蚂蚁花呗极其方便地在网上“赊账”，也就是先购物，然后延期付款。蚂蚁花呗就像是低配版的信用卡，与网络购物紧密联系在一起，一经推出就迅速席卷了庞大的年轻消费者群体，也极大地刺激了网购消费的增长。

消费者使用花呗进行网购，其实是一种超前消费，作为一种消费方式和消费观念，很多时候是享受型消费，且缺乏理性思考。社会上出现了很多因为疯狂透支购物，被虚荣心吞噬的悲剧，这就是盲目地超前消费所带来的恶果。

不过，如果对自身经济水平有合理判断与预测，进行适度的超前消费是可以提高自身生活幸福感的，不至于背负超额债务。可以这样说，合理使用花呗等消费信贷产品可以激发人们的消费潜力，对社会经济发展有一定的促进作用。

（4）购物场合及购物频率的变化。

由于手机购物的普及，消费者网购可以在任何场所发生，消费者可以在上下班的路途中、度假中等，任何有需要的时候发起购物。中商产业研究院的数据显示，2021 年上半年，全国网上零售额 61 133 亿元，同比增长 23.2%。其中，实物商品网上零售额 50 263 亿元，增长 18.7%。截至 2021 年 6 月，我国网络购物用户规模达 8.12 亿人，较 2020 年 12 月增长 2 965 万人，占网民整体的 80.3%。

4.1.3 促进购买决策

1. 基于问题认识的营销策略

企业通常关注三个与问题认识相关的问题。第一，需要弄清楚消费者面临的问题是什么；第二，什么时候需要激发消费者的问题认识；第三，哪些情况下需要压制消费者的问题认识。

识别消费者面临的问题有很多种方法。如，调查和访谈，即通过个别询问或集中访谈的形式，了解消费者所面临的问题。无论是调查还是访谈，都需要运用下列三种方法之一来识别问题。这三种方法是：活动分析、产品分析、问题分析。

活动分析集中于对某一具体活动，如准备晚餐、打扫家庭卫生或洗护头发等进行分析，以发现消费者面临的问题。例如，洗发水生产企业在对消费者洗发活动进行分析时，发现消费者对去头屑和头发柔顺的要求没有得到很好地满足，因此去屑和柔顺可以成为洗发水的营销卖点。

产品分析是研究某一个特定的产品或品牌的购买与使用。例如，企业可以通过调查和访谈，了解消费者在使用本企业某特定产品时，有哪些不便利的地方，与同类产品相比有哪些不足，需要做何种改进，等等。

问题分析采用了与上述几种方法截然相反的途径。它由一系列问题开始，要求被调查者指出哪项活动、产品或品牌会涉及这些问题。例如，涉及包装的一项研究的问卷中会列出如下问题：包装是否难以开启？包装是否难以重新密封？包装是否不便于倾倒？等等。

2. 基于信息搜寻角度的营销策略

（1）广告宣传持续化，力求品牌进入消费者脑海版图。

企业的广告宣传应该是一个长期的行为，只有这样多次重复的刺激，消费者才可能记住某个品牌。即使企业已经树立了品牌，也不能在广告上偃旗息鼓，如果广告宣传中断，很快就会被新兴品牌挤出消费者的激活域。

（2）提高客户满意度，刺激口碑营销。

在所有的外部信息来源中，个人体验是最直接的感受，也是消费者最相信的信息。但并不是每种产品都可以让每个顾客体验的，所以人际关系来源的信息就变得非常重要，俗话说“金杯银杯，不如顾客的口碑”，说的就是这个道理。顾客的口头传播本身并不是为企业服务的，因此不会只说企业的好处。企业或产品不好的地方也会更容易被四处传播，所以企业要致力于服务顾客，让顾客满意，才能有正面的口碑。

（3）精准投放，减少顾客搜寻成本。

成本太大的信息搜寻方法不会被消费者采用，所以，虽然听说国外高档护肤品价格便宜，但是没有人会坐飞机去国外看看，因为来回的机票、住宿费用就远远超过能够节省下来的费用。那么对于企业来说，就要研究目标人群的生活规律，看他在什么时候能够接触到什么媒体，还有购买某种产品时会怎么去收集信息，企业的广告就要做到那个地方去。这样就便于消费者进行信息搜寻。很多报纸、电视、网络、直邮广告都极大地减少了顾客的信息搜寻成本。

（4）增加顾客信息搜寻收益。

增加顾客信息搜寻收益的方法多种多样，比如可以将产品信息输入某个游戏中去，消费者在玩乐中就接收了产品信息。比较成功的例子就是中粮集团将旗下的果汁品牌“悦活”植入了开心网的种地游戏中，在开心网逐渐走红的过程中，“悦活”果汁知名度迅速攀升。

3. 基于评价与选择的营销策略

（1）了解目标客户群的评价标准和决策规则。

想要了解目标顾客群的评价标准，需要认真细致地进行市场调查。企业最容易出现的错误就是想当然地认为消费者关心某些属性。很多企业都曾推出过失败的产品，其主要原因就是对消费者的了解不够。

（2）加强营销沟通。

“酒香不怕巷子深”的年代已经过去，任何产品都要加强宣传，让消费者了解企业的产品，知道这个产品的相关属性是优异的，产品才会被广泛选择。虽然好产品自己会说话，但是并不是所有的优秀属性都能为消费者所感知。如果不加强营销产品的推广沟通，就当下的市场环境来说，品牌的传播速度就显得太慢了。

（3）采取措施改变消费者的思维。

一般来说，消费者的教育成本较高，因此企业努力使产品尽可能适应消费者。但是，在某些情况下，企业积累了大量的存货，或者为了改进，需要企业支付不可接受的高成本。这时候就需要采取教育消费者的方式，说服他们以改变他们的评估标准或决策规则。

案例：

大众点评

大众点评网创建于2003年4月，是中国最大的城市生活消费指南网站。其主要致力于为中国消费者提供本地的餐饮、休闲、娱乐等生活服务的评论、信息分享的平台，并为广大潜在的消费者提供客观、准确的本地化消费信息指南。

大众点评网首创的第三方点评模式吸引了1 300多万网友的积极参与，由用户点评的包括餐饮、休闲、娱乐等在内的生活服务商户已覆盖全国300多个城市，且信息量和覆盖范围在不断地快速增长和自主更新中。其中，餐饮点评是消费者最为喜爱且聚集信息量最多的，涵盖菜系、口味、环境、服务、氛围、推荐菜、人均消费等方面的信息，使大众在日常消费中获得了客观有效的指导。在北京、上海、广州、深圳、成都、西安、武汉、南京、杭州、天津、沈阳、福州等城市，大众点评网及其精编出版的《餐馆指南》系列丛书已成为引领城市美食时尚的首选指南。

大众点评网还加强多方合作，不断推出便利用户的各种服务方式。依托庞大、翔实且即时更新的客观消费指南信息，大众点评网不仅吸引了如Google、新华网、千龙、21CN等网站，及光线传媒等电视媒体与其展开内容合作，还与中国移动、中国联通、中国电信、空中网、诺基亚、掌上通等合作，推出基于短信（SMS）、WAP等无线技术平台的信息服务，为中国近5亿手机用户提供随时、随地、随身的餐馆等商户资讯。在广泛的会员基础上，大众点评网推出国内首家餐饮积分体系，并与中国国际航空公司、上海大众汽车俱乐部等开展合作，以贵宾卡的形式为会员提供消费、积分、礼品兑换和积分抵扣消费额等服务。此外，大众点评网还在GPS（全球卫星定位系统）领域与新科电子、MIO展开合作，所有汽车用户利用车载的GPS导航系统可以精确定位自己的美食目的地。

大众点评网以其专业的本地化城市生活服务内容及超高人气获评2008年《互联网周刊》中国商业网站排行榜餐饮类第一名，中国商业网站排行榜500强总排名15名、“2006中国互联网品牌50强”生活服务类第1名等多种荣誉。凭借良好的商业模式，大众点评网多次被清科、ChinaVenture评为中国最具投资价值的企业之一，并获得了包括全球顶尖风险投资机构——美国红杉基金等的多轮投资，并于2008年11月起实现赢利。

4. 促进购买决定的营销策略

（1）待机接触。

从消费者的关注、对商品的感知，以及对商品的兴趣的角度出发，接待买家的正确方法是观察消费者的意向，寻找合适的接触时机。由于消费者对商品的感知和感受，他们需要一个自主的、内在的过程。一方面，如果过早接触，消费者可能会因为没有完成这个过程而受到情绪、压力或心理上的冲击；另一方面，由于消费者感到不安全、漠不关心，迟来的接触可能导致兴趣和热情下降甚至丧失。

此外，到商店购物的消费者对购物有不同的意向，其中一些有明确的目标，并提前制定了购买决策，进入商店的目的是直接实施购买；有的消费者没有一定的购物目的，逛商店的目的是观察比较，如果对某个企业有兴趣的话，可能产生购买欲望；有的消费者没有购买的意图，他们逛商店是为了随心所欲地浏览，或者只是为了寻找某种感觉。因此，对不同购买意图的消费者，也必须做出明确的区分，选择最合适的接触时机。根据经验，大家普遍认为以下六种方案是联系时间的最佳选择；第一，当消费者长时间看商品时；第二，当消费者从他所关注的商品上抬起头来时；第三，当消费者突然停止看商品时；第四，消费者用手触摸商品时；第五，消费者在货架上寻找商品时；第六，当消费者与销售人员有目光接触时。

（2）提示介绍。

在消费者的联想、想象甚至购买欲望和动机阶段，卖方必须提供产品的快速介绍服务。也就是说，全面、清晰地向消费者介绍商品的性能、质量、价格和使用效果，力求刺激多种感官，增强消费者的心理感受，促进其丰富的联想，然后，诱导购买欲望。在这一阶段，消费者掌握大量的商品信息，并努力满足其需求。建议介绍的内容应为：第一，真正介绍商品使用的性能、质量和效果，满足消费者的现实心理；第二，尽量尝试产品，以增加消费者的个人体验和对产品的综合感知；第三，在标签、名称、服装和造型等方面展示商品的独特性和魅力，丰富消费者的联想和想象力，增加他们的精神愉悦。

（3）诱导说服。

消费者产生购买欲望后，还会对已掌握的商品信息进行分析和评价，通过评价坚定购买信心，做出购买决策。此时，销售人员的任务是充当消费者的参谋和顾问，为消费者提供建设性的、富有成效的意见和建议，帮助和促成消费者做出购买决定。为此，销售人员应当为消费者提供若干同类商品，如实指明各种商品的优缺点，以便消费者进行比较和选择；同时详细介绍商品使用、保养和维修知识，减少消费者在使用年限、维修条件方面的顾虑。

此外，销售人员还应根据不同消费者的需求特性和主导欲望，有针对性地进行重点说服和诱导。例如，对注重商品审美价值的消费者，可以突出显示商品外观的美观别致；对求廉务实的消费者，可以着重说明商品价格低廉，结实耐用；对追求社会象征意义的消费者，可以特别强调商品的名望、高档和拥有者的特殊身份；对崇尚时尚潮流的消费者，则可以强调商品款式的及时、流行和新潮。

这里需要指出的是，劝说诱导应当从消费者角度出发，围绕消费者利益进行。唯有如此，才能使消费者切实感到销售人员是在为自己的利益着想，从而提高心理开放程度，增强对销售人员的信赖感，主动接受说服。

（4）促进成交。

消费者虽然已有明确的购买意向，但仍需要销售人员巧妙把握成交时机，促进交易达成。这种时机通常在以下情况中出现：第一，当消费者多次反复咨询同一商品的时候；第二，当消费者开始询问售后服务问题的时候；第三，当消费者提完问题而沉默不语的时候；第四，当消费者开始讨价还价的时候；第五，当消费者最后向他人征求意见的时候；第六，当消费者直接表明购买意愿的时候。

若及时巧妙地抓住上述时机，辅以恰当的语言和动作，即可迅速成交。当交易达成，货款结算后，应妥善包装商品，并尽量采用适应消费者携带习惯、使用习惯和特定心理需要的包装方法。同时向消费者表示感谢购买、欢迎惠顾，使消费者体验到买到满意商品和享受良好服务的双重满足感。

5. 基于购后行为的营销策略

（1）面对消费者购后满意的营销策略。

对于企业营销的目标来说，企业提供的产品和服务不仅要使消费者满意，还应进一步获取消费者信任与消费者忠诚。在促进消费者信任的因素中，个性化产品和及时性服务是两个决定性因素。它们能增强消费者的认知体验，从而培养消费者的认知信任；能使消费者产生依赖，进而培养情感信任。

消费者忠诚有两种形式：一种是消费者对企业忠诚的意愿，另一种是消费者对企业忠诚的行为。然而，一般承诺往往混淆这两种形式。事实上，两者本质上是不同的。第一种对企业没有直接价值，而第二种对企业有很大价值。原因很简单：消费者只有意志，没有行动，这对企业来说是无用的。第一，企业应促进消费者从“意志”向“行为”转变；第二，通过交叉销售和附加销售，进一步提高消费者和企业之间的交易频率。

（2）应对消费者购后不满意的营销策略。

当消费者在购买后不满意时，如果他们直接向公司投诉，则表明他们仍然对公司有信心，并愿意继续与公司打交道，直接投诉可以为公司提供发现问题并解决问题的机会。因此，公司应该正确对待消费者投诉，而不是视其为额外的负担或干扰，应将之作为与消费者沟通的渠道。

企业必须系统地调查和了解其产品是否满足消费者的需求。企业应建立制度，及时监测和调查消费者对其产品的反应，及时处理消费者的意见和不满，并建立处理消费者投诉或投诉的内部机制，如设立免费的消费者热线；或者为产品提供完善的保修，并说明在何种条件下可以免费退货和维修。事实表明，与消费者进行购后沟通可以减少召回和取消订单的情况。如果消费者在向相关部门投诉或抵制产品时产生不满情绪，公司将遭受进一步损失。已经成功解决问题的消费者会比从未遇到过产品问题的消费者更加满意，甚至成为公司的忠实客户。

任务 4.2　管理消费者购后行为

任务描述：

能管理消费者购后行为，提高消费者的满意度和忠诚度。

任务准备：

课前知识学习。

4.2.1　提升消费者满意度

管理消费者购后行为

1. 影响消费者满意度的因素

影响客户满意度的因素是多方面的，涉及企业、产品、营销与服务体系、企业与客户的沟通、客户关怀、客户期望值等各种因素。其中任何一个方面给客户创造了更多的价值，都有可能提高客户的满意度；反之，上述任何一个方面客户价值的减少或缺乏，都将降低客户的满意度。影响客户满意的因素可归结为以下 6 个方面：

（1）企业因素。

企业是产品与服务的提供者，客户对企业和企业的产品的了解，首先来自企业在公众当中的形象、企业规模、效益、公众舆论等内部和外部的因素。当客户计划购买产品时，他们会非常关心购买什么样的产品，购买哪家的产品，这时企业的形象就起到了很大的决定作用。形象模糊不清的企业，公众一般难以了解和评价；而形象清楚、良好的企业可以使客户产生认同感，提升企业的竞争优势。如果企业给消费者一个很恶劣的形象，很难想象消费者会选择其产品。

（2）产品因素。

产品的整体概念包括 3 个层次，即核心产品层、有形产品层和附加产品层。

核心产品层是指客户购买产品时所追求的基本效用或利益，这是产品最基本的层次，是满足客户需求的核心内容。客户对高价值、耐用消费品的要求比较苛刻，因此这类产品难以取得客户满意，但一旦客户满意，客户忠诚度就会很高。客户对价格低廉、一次性使用的产品要求较低。

有形产品层是指构成产品形态的内容，是核心产品得以实现的形式，包括品种、式样、品质、品牌和包装等。由于产品的基本效用必须通过特定形式才能实现，因而企业应该在着眼于满足客户核心利益的基础上，努力寻求更加完善的外在形式以满足客户的需要。

附加产品层是指客户在购买产品时所获得的全部附加服务或利益。企业生产的产品不仅要为客户提供使用价值和表现形式，有时还需要提供信贷、免费送货、质量保证、安装、调试和维修等服务项目；否则，会影响到客户满意度。

（3）营销与服务体系。

现代的市场竞争不仅在于生产和销售什么产品，还在于提供什么样的附加服务和利益。企业竞争的焦点已经转移到服务方面，企业的营销与服务体系是否有效、简洁，是否能为客户带来方便，售后服务时间长短，服务人员的态度、响应时间，投诉与咨询的便捷性，服务环境、秩序、效率、设施和服务流程等都与客户满意度有直接关系。同时，经销商作为中间客户，有其自身的特殊利益与处境。企业通过分销政策、良好服务赢得经销商的信赖，提高其满意度，能使经销商主动向消费者推荐产品，解决消费者一般性的问题。

（4）沟通因素。

厂商与客户的良好沟通是提高客户满意度的重要因素。很多情况下，客户对产品性能的不了解，会造成使用不当，需要厂家提供咨询服务；客户因为质量、服务中存在的问题需要向厂家投诉，与厂家联系，如果缺乏必要的渠道或渠道不畅，容易使客户不满意。我国消费者协会公布的有关数据表明，客户抱怨主要集中在质量、服务方面，而涉及价格、性能的很少。抱怨的倾诉对象通常是家人、朋友，较少直接面对厂家或商家。但是，即使客户有抱怨，只要沟通渠道畅通、处理得当、使客户满意，客户也会对厂家表示理解，并且还会在下一次继续选择该企业的产品。菲利普·科特勒（Philip Kotler）指出，如果用令人满意的方法处理投诉，那么80%的投诉者不会转向其他厂商。

（5）客户关怀。

客户关怀是指不论客户是否咨询、投诉，企业都主动与客户联系，对产品、服务等方面可能存在的问题主动向客户征求意见，帮助客户解决以前并未提出的问题，倾听客户的抱怨和建议。客户抱怨或投诉不但不是坏事，反而是好事。它不仅能为厂家解决问题提供线索，而且为留住最难于对付的客户提供了机会；相反，不抱怨或投诉的客户悄然离去，这才是厂家最担心的。通常，客户关怀能大幅度提高客户满意度。但客户关怀不能太频繁，否则可能会造成客户反感，适得其反。

（6）客户的期望值。

客户的预期越高，客户达到满意的可能性就相对越小，就对企业在实现客户预期上提出了更高的要求；反之亦然。所以，聪明的企业往往会对客户的期望值进行合理的管理。

2. 提高客户满意度的有效途径

要真正使客户对所购商品和服务满意，期待客户能够在未来继续购买，企业必须切实可行地制定和实施如下关键策略：

（1）坚持“以客为尊”的经营理念。

“以客为尊”的企业经营理念是客户满意最基本的动力，是引导企业决策、实施企业行为的思想源泉。海尔、联想、美的等中外企业成功的因素就是它们始终重视客户，千方百计让客户满意，其整体价值观念就是“客户至上”。

“以客为尊”的经营理念，从其基本内涵上来看，大致有三个层次：“客户至上”“客户永远是对的”“一切为了客户”。没有这种经营理念，员工就缺少了求胜求好的上进心，缺乏优秀企业那种同心协力的集体意志。海尔智家总裁李华刚就表示，海尔贴近用户，立足于中国，并走向世界，征服世界。有明确的且为全体员工接受的目标，企业才能充满活力，真正地为客户服务。“以客为尊”的经营理念不仅要在高级管理层加以强调，更重要的是要使之深入人心，使企业内部全体人员都明确这一观念的重要性。

案例：

美的集团，“为人类创造美好生活”

2021 年，美的集团总市值已经超过 5 121.29 亿元，美的董事长兼总裁方洪波对媒体表示：“美的与时代同行，从 1981 年美的一路壮大，得益于中国的改革开放、巨大的人口红利、中国市场的发展，以及人民生活水平的提高。现在发展到财富世界 500 强，面对现在整个的经济形势，要想发展到新的规模，我们面临着更艰巨的调整。伟大的企业通常都经历过不同的市场周期，而更重要的是传承企业家精神、价值观，以及先进的企业治理理念。美的要把这种精神和理念传承下去，发扬光大。”

正如他所说，美的集团一直在传承其企业价值观和企业理念。美的集团的企业理念是“为人类创造美好生活”，践行“顾客至上、以人为本、持续创新、卓越执行”的核心价值观，为消费者提供智能、节能、健康、舒适的产品和服务，发扬“开放、和谐、务实、创新”的企业精神。

（2）树立企业良好的市场形象。

企业形象是企业被公众感知后形成的综合印象。产品和服务是构成企业形象的主要因素，还有一些因素不是客户直接需要的但却影响客户的购买行为，如企业的购物环境、服务态度、承诺保证、品牌知名度、号召力等。这就要求企业应该做到：

理念满意，即企业的经营理念带给客户的心理满足状态。其基本要素包括客户对企业的经营宗旨质量方针、企业精神、企业文化、服务承诺以及价值观念的满意程度等。

行为满意，即企业的全部运行状况带给客户的心理满足状态。行为满意包括行为机制满意、行为规则满意、行为模式满意等。

视听满意，即企业具有可视性和可听性的外在形象带给客户的心理满足状态。满意包括企业名称、产品名称、品牌标志、企业口号、广告语、服务承诺、企业的形象、员工的形象、员工的举止、礼貌用语、企业的整体环境等给人的视觉和听觉带来的美感。

（3）开发令客户满意的产品。

产品价值是客户购买的总价值中最主要的部分，是总价值构成中比重最大的因素。客户的购买行为首先是冲着商品来的，冲着商品的实用性和满意程度来的，也就是冲着商品的价值来的。这就要求企业的全部经营活动都要以满足客户的需要为出发点，把客户需求作为企业开发产品的源头。因此，企业必须熟悉客户，了解客户，要调查客户现实和潜在的要求，分析客户购买的动机、行为、能力和水平，研究客户的消费传统和习惯、兴趣和爱好。只有这样，企业才能科学地顺应客户的需求走向，确定产品的开发方向。

案例：

小米社区，一个激发参与互动的品牌社区

在移动互联网时代，品牌社区是指以核心品牌的消费者为中心建立起来的非地理意义上的社会关系网络。在品牌社区中，消费者作为一个群体存在，他们可以在该社区中进行有效沟通。品牌社区的存在改变了消费者与品牌企业之间的沟通形式，为消费者与企业之间的沟通架设了一条重要的桥梁。

在这一方面，小米公司的小米社区是一个典型。小米社区是小米用户进行交流的平台，用户可以基于小米产品进行交流。

小米公司会在社区发布新产品上市的消息，介绍新产品的特点和功能，而“米粉”则在社区中发布他们对产品的观感评价和使用评价。通过网络上的互动，小米公司的各种产品能够被更好地了解和认可，而且“米粉”之间也开展线上和线下的互动，彼此之间进行社会交往，不仅丰富了彼此的生活，也因为坦诚的沟通与交流而提升了其共同利益，改善了所购小米产品的使用效果。

（4）提供客户满意的服务。

热情、真诚为客户着想的服务能带来客户的满意，所以企业要从不断完善服务系统、以方便客户为原则、用产品特有的魅力和一切为客户着想的体贴等方面去感动客户。售中和售后服务是商家接近客户最直接的途径，它比通过发布市场调查问卷来倾听消费者呼声的方法更加有效。在现代社会环境下，客户也绝对不会满足于产品本身有限的使用价值，还希望企业提供更便利的销售服务，如方便漂亮的包装，良好的购物环境，热情的服务态度，文明的服务语言和服务行为，信息全面的广告、咨询，快捷的运输服务，以及使用中的维修保养等。服务越完善，企业就越受欢迎，客户的满意度也就越高。

（5）科学地倾听客户意见。

现代企业实施客户满意战略必须建立一套客户满意分析处理系统，用科学的方法和手段检测客户对企业产品和服务的满意程度，及时反馈给企业管理层，让企业不断改进工作、及时地满足客户的需要服务。

目前，很多国际著名企业都试图利用先进的传播系统来缩短与消费者之间的距离。一些企业建立了客户之声计划，收集反映客户的想法、需求的数据，包括投诉、评论、意见、观点等。日本的花王公司可以在极短的时间内将客户的意见或问题系统地输入计算机，以便为企业决策服务。据美国的一项调查，成功的技术革新和民用产品，有60%~80%来自用户的建议。美国的宝洁日用化学产品公司首创了客户免费服务电话，客户向公司打进有关产品问题的电话时一律免费，不但个个给予答复，而且将问题进行整理与分析研究。这家公司的许多产品改进设想正是来源于客户免费服务电话。

知识链接：

如何有效进行倾听

良好的倾听技巧可以帮销售人员解决与客户沟通过程中的许多实际问题，可以说，在一场成功的客户沟通过程当中，有效倾听所发挥的作用绝不亚于陈述和提问。但并不是人人都能够做到有效倾听，听得不够认真会影响客户的情绪；听得不清楚，会误解客户的意思。因此，为了达到良好的沟通效果，销售人员就必须不断修炼倾听的技巧。有效倾听的技巧如下：

集中精力，专心倾听。这是有效倾听的基础，也是实现良好沟通的关键。要想做到这一点，销售人员应该在与客户沟通之前做好多方面的准备，如身体准备、心理准备、态度准备以及情绪准备等。疲惫的身体、无精打采的神态以及消极的情绪等都可能使倾听归于失败。

不随意打断客户谈话。随意打断客户谈话会打击客户说话的热情和积极性，如果客户当时的情绪不佳，而你又打断了他们的谈话，那无疑是火上浇油。所以，当客户的谈话热情高涨时，销售人员可以给予必要的、简单的回应，如“噢”“对”“是吗”“好的”等。除此之外，销售人员最好不要随意插话或接话，更不要不顾客户喜好另起话题。例如：“等一下，我们公司的产品绝对比你提到的那种产品好得多……”“您说的这个问题我以前也遇到过，只不过我当时……”

谨慎反驳客户观点。客户在谈话过程中表达的某些观点可能有失偏颇，也可能不符合你的口味，但是你要记住：客户永远都是上帝，他们很少愿意销售人员直接批评或反驳他们的观点。如果你实在难以对客户的观点做出积极反应，那可以采取提问等方式改变客户谈话的重点，引导客户谈论更能促进销售的话题。例如：“既然您如此厌恶保险，那您是如何安排孩子们今后的教育问题的?”“您很诚恳，我特别想知道您认为什么样的理财服务才能令您满意?”

了解倾听的礼仪。在倾听过程中，销售人员要尽可能地保持一定的礼仪，这样既显得自己有涵养、有素质，又表达了你对客户的尊重。通常在倾听过程中需要讲究的礼仪如下：保持视线接触，不东张西望。身体前倾，表情自然。耐心聆听客户把话讲完。真正做到全神贯注。不要只做样子、心思分散。表示对客户意见感兴趣。重点问题用笔记录下来。插话时请求客户允许，使用礼貌用语。

及时总结和归纳客户观点。这样做，一方面可以向客户传达你一直在认真倾听的信息，另一方面，也有助于保证你没有误解或歪曲客户的意见，从而使你更有效地找到解决问题的方法。例如：“您的意思是要在合同签订之后的20天内发货，并且再得到5%的优惠吗?”“如果我没理解错的话，您更喜欢弧线形外观的深色汽车，性能和质量也要一流，对吗?”

（6）加强客户沟通与客户关怀。

企业要完善沟通组织、人员、制度，保证渠道畅通、反应快速。企业要定期开展客户关怀活动，特别当客户刚刚购买产品，或到了产品使用年限，或使用环境发生变化时，厂家的及时感谢、提醒、咨询和征求意见往往能达到让客户非常满意的效果。为了加强与客户的沟通，企业要建立客户数据库。客户数据库是进行客户服务、客户关怀、客户调查的基本要求。要努力使客户数据库从无到有，逐步完整、全面；否则，客户满意无从谈起。企业还要关注客户感受。有许多被公认的优秀企业（如亚马逊公司）都在尽可能收集日常与客户间的联络信息，了解客户关系中的哪个环节出现了问题，找出问题的根源并系统地依据事实进行解决。

（7）控制客户的期望值。

客户满意与客户期望值有关。提高客户满意度的关键是：企业必须按自己的实际能力管理客户对产品或服务的期望值。营销人员应该控制客户的期望值，不要夸大产品的性能、质量与服务，否则只能引起客户的怀疑，效果适得其反。

由于实际的变化，销售人员还要介绍产品的不适用条件，让客户有心理准备，达到控制客户期望值的目的。如果为了得到客户而误导客户，玩文字游戏，就会给予客户过高的期望。如果客户期望比较客观，企业的工作成果能超越客户的期望，客户会非常满意，会为企业说好话，为企业介绍生意。

除此之外，企业还可以把提高客户满意度纳入企业战略范畴。由于客户满意度影响产品销售，并最终影响企业获利能力，因此应纳入战略管理。企业要把客户满意度作为一项长期工作，从组织、制度、程序上予以保证。企业还应该经常进行客户满意度调查。由于市场环境经常发生变化，如技术进步、竞争对手变化等，经常性的客户满意度调查有助于企业及时发现问题，采取相应对策，避免客户满意度大幅度下滑。

知识链接：

如何管理客户的期望值？

根据客户关系管理（CRM）中的三角定律，客户满意度=客户体验-客户期望值。客户期望值与客户满意度在一定程度上为相反关系，因此需要引导客户期望值并维持在一个适当的水平，同时客户期望值需要与客户体验协调一致。

客户期望值管理的关键在于从客户需求出发，深入了解各类客户的特点、消费心理和行为以及核心诉求点，在此基础上合理定位分类客户的需求与合理期望值。

一、设定适当的客户期望值

要客观评价产品与服务。一些销售人员为了扩大销售量，营造良好的企业形象，常常喜欢夸大自己的产品、技术、资金、人力资源以及生产、研发的实力，借此提高自己的身价。尤其是在销售推介中，更会夸大产品的能效，人为地制造客户的高期望值。这种接近欺骗的手段，在一定程度上伤害了客户的信任度，虚假地拉升了客户的期望值。

当成交后，客户如果发现没有购买到自己期望的产品时，客户往往会把一切责任都归结为销售人员及企业。此时，客户的满意度会大幅度下降，企业的产品在该部分地区的销售将受到严峻的考验。为此，销售人员最好在订单签订前如实描述产品性能，设定合适的客户期望值来减少客户误解、客户投诉等麻烦，避免危机公关、客户流失等风险。

二、控制客户的期望值

影响客户期望值的因素包括：企业的广告宣传、口碑、客户价值观、客户背景、竞争环境、媒体信息、客户年龄、之前对该公司的体验、之前对其他公司的体验。每一种因素的变化都会导致客户期望值的变化。这种信息源的多样性，导致了客户期望值的不确定性。优秀销售人员通常通过销售推介、日常交流等方式适当地为客户调整期望值，达到双方认可的水平，从而达成“双赢”。

在控制客户期望值时，要征得客户的谅解与支持，将彼此的关系调整到双方都能够接受的程度。当客户由于期望值偏差提出过高的要求时，销售人员要主动为客户进行分析，例如：产品本身已经具备的功能、附加功能会增加额外成本、影响其他功能等。如果客户决意购买某种产品，销售人员一定要进行有效沟通，坦诚告知客户哪些期望能够得到满足，哪些期望不能得到满足。

三、坦诚相告客户

企业应该针对所认知的客户需求和自己所能够提供的产品的状况，对客户客观地描述自己的产品和未来的发展前景，使他们能够清晰地了解到自己所能得到的价值。要坦诚地告知客户哪些期望能够得到满足，哪些期望不能得到满足。

有效的沟通，可以让客户更多地了解公司，也可以更好地让公司来了解客户，了解客户对产品与服务的要求和期望。通过沟通，企业能够向客户明确相关职责和服务范围，让客户知道并不是他们所有的需要都要企业来承担。与客户达成共识可以有效地控制客户的期望值。通过沟通，企业还应该向客户公开服务内容以及服务标准。通过公开服务内容，能及时准确地向客户传递服务信息，同时能有效地接受客户的监督，对服务中存在的问题能够高效、及时地进行解决。

四、谨慎对待客户的额外要求

如果企业总是义务地承担额外的服务，那么客户就会习惯性地接受这一点，认为这本来就是自己应当接受的。一旦企业有一次未能“正确”完成这些额外的义务，等待企业的将是客户的不满。所以在客户提出额外的要求时，企业要谨慎，但这并不意味着“事不关己，高高挂起”。因为这样做换来的同样是客户的不满意。最好的做法就是明确企业的服务内容，清楚地向客户表明他的这些要求是额外的，然后在自己能力范围内帮助客户解决问题。对于企业无法做到的事，可以推荐资源给客户，可以努力同客户一起筹划来解决问题，让客户觉得企业是“有办法”和“负责任”的，而不只是局限在小天地里。

4.2.2 转化消费者异议

1. 消费者异议的类型及处理方法

（1）消费者异议的含义。

所谓消费者异议，是消费者针对客服人员及营销推广活动所做出的一种反应，是客户对推销品、客服人员、推销方式和交易条件发出的怀疑、抱怨，提出的否定或反对意见。

在实际工作中，推销人员会经常遇到客户以“对不起，我很忙”“对不起，我没时间”“对不起，我没兴趣”“价格太贵了”“质量能保证吗”等回应来表达拒绝接受产品或服务，这些都称之为消费者异议。消费者异议从本质上来说，是客户对产品或服务不满的一种表达方式。

异议是宣泄客户内心想法的最佳指标，它表明企业提供的利益目前仍不能满足他的需求。异议经过妥当处理，将缩短与订单签订之间的距离；而异议变为争论，则会扩大与订单签订之间的距离。

客户服务工作的实践表明，没有异议的客户，才是最难接待的客户。异议不仅能提供更多有价值的信息，它还表示客户仍将有求于你。只有懂得客户异议的处理技巧，能冷静、坦然地化解异议，才能不断清除客户关系发展的障碍，使企业与客户的关系更亲近、更和谐。消费者异议，往往如同汪洋大海中的一座冰山，人们平常见到的只是整个冰山露出海面的一角，更大的部分却隐藏在海底。真正的异议，是客户隐藏起来的更大的那一部分，需要客服或销售人员去深入发掘。

（2）异议的类型。

顾客以各种方式表达他们的异议。他们可能会直接说他们对产品不感兴趣，或者他们可能会借口开会或需要与他人讨论。这些反对意见可能是对的，也可能是错的，有虚假的反对，也有真实的反对。

①根据异议的内容分类。

客户异议的内容五花八门，主要可归纳为以下七类：

A. 需求异议。消费者以自己没有这种产品需求为由而提出的异议。该异议的实质应从两个方面来解读：一是消费者真的不需要，可能他已经有了；二是消费者需要，只是没有决定购买，此时需要深层次挖掘，找出消费者拒绝的真正理由。

B. 价格异议。讨价还价是大多数消费者的购买习惯，客服人员可以用产品质量、款式等打消这种价格异议。

C. 产品异议。产品异议也称质量异议，是对产品质量的质疑，属于异议中较难处理的一种。

D. 购买时间异议。这类异议多数是借口，客服人员要有效地让消费者表达出这背后的真实原因。

E. 客服人员异议。客服人员异议主要指由客服人员的语言、行为、眼神、礼仪、工作不专注等导致的异议。

F. 服务异议。服务异议是指消费者对购买产品或服务前后一系列服务的具体方式、内容、时间等提出的反对意见。对于这类异议应通过提高服务水平、尽量与消费者进行协商来解决，最好能采取一些补救措施。

G. 支付能力异议。这类异议很少直接表现出来，往往转变成了其他异议。如果直接表示没钱时，可能是在掩饰需求或不满意价格等。即使是真的没有支付能力，也要对消费者真诚对待，给对方留下好的印象。对于假装不具备支付能力的消费者，要想方设法找到真正原因，然后再来化解异议。

②根据异议的性质分类。

从性质上对异议进行辨别，主要有真实异议、虚假异议和隐藏异议三种类型。

A. 真实异议。

客户表示目前没有需要，或对企业的产品或服务不满意，甚至怀有偏见，如从朋友处听到产品容易出故障等。面对这类真实异议，必须根据具体情况，采取立刻处理或延后处理的策略。

B. 虚假异议。

虚假异议主要分为两种情形：一是客户用借口、敷衍的方式应付客服人员，目的是不和客服人员谈论产品，没有诚意和客服人员会谈；二是尽管客户提出了很多异议，但这些并不是他们真正在意的地方，如“这件衣服是去年流行的款式，已过时了”“这辆车子的外观不是流线型”，等等，虽然听起来是一项异议，但不是客户的真正异议。

C. 隐藏异议。

客户并不把真实的异议提出来，而是提出了各种虚假的异议，目的是借此假象达成隐藏异议解决的有利环境。例如，客户希望降价，但却提出其他的有关品质、外观、颜色等异议，以降低产品价值，达到降价的目的。

（3）处理消费者异议。

①事前做好准备。

消费者提出的异议有一定的规律，无非是针对功能、价格、服务等方面来提出的。因此，在与消费者沟通之前，客服人员应该列出消费者可以提出的各种异议，然后考虑一个完美的答案。如果事先准备好，可以冷静对待消费者的异议；如果你没有提前准备，你可能会不知所措，或者你不能给消费者一个满意的答案来说服消费者。

编制标准应答语，是一种比较好的异议处理方法，具体步骤如下：

步骤 1：将每天遇到的异议记录下来。

步骤 2：进行分类统计，依照每一异议出现的次数多少排列顺序，将出现频率最高的异议排在前面。

步骤 3：以集体讨论的方式编制适当的应答语，并整理编写成文。

步骤 4：记熟应答的话术和方案。

步骤 5：由有经验的客户经理扮演消费者，大家轮流练习标准应答语。

步骤 6：对练习过程中发现的不足，通过讨论进行修改和提高。

步骤 7：对修改过的应答语进行再练习，最后定稿备用。还可以定制成册，分发给客服人员，以供随时翻阅，达到运用自如、脱口而出的程度。

②选择恰当的时机。

要想有效地消除消费者提出的异议，选择恰当的时机也尤为重要。懂得在何时回答消费者异议，客服人员会更好地让消费者满意。异议答复时机的选择有下列四种情况：

A. 异议尚未提出时回答。

预防是消除消费者异议的最佳方式。对于消费者可能提出的某种异议，最好在消费者提出之前由客服人员主动提出并解释。这样，客户服务人员可以主动预防，避免因纠正或反驳消费者意见而引起的不快。

消费者异议的发生是有一定规律的。例如，当客户服务人员谈论产品的优点时，消费者可能会以最坏的方式考虑问题。有时消费者不会直接提出异议，但通过他们的表情、行动、话语和谈话语气都可以被识别出来。当客户服务人员注意到此时，可以先回答。

B. 异议提出后立即回答。

大多数异议需要立即得到答复。客户服务人员对消费者异议的响应速度不仅反映了客户服务人员的个人素质和修养，还反映了公司服务流程设计的合理性和管理水平。及时回应消费者的反对意见，不仅可以鼓励消费者购买，还是尊重消费者的表现。

C. 异议提出后过一段时间再回答。

当然，有些时候，也需要客服人员暂时保持沉默，过一段时间再来回答，或让其他经验丰富的客服人员前来接待。主要有以下几种情况：一是消费者过早地提出价格异议；二是异议属于琐碎无聊的问题，如异议显得模棱两可、含糊其词、让人费解，或异议显然站不住脚、不攻自破等；三是消费者提出的异议，将在未来的沟通中得到适当的回答；四是异议的处理超出了客服人员的权限范围和能力水平，涉及较深的专业知识，解释不易为消费者马上理解等。

D. 不予回答。

许多异议不需要回答。例如：无法回答的奇谈怪论，容易造成争论的话题、废话，可一笑置之的戏言，异议具有不可辩驳的正确性，明知故问的发难，等等。

客服人员在不回答消费者提出的异议时，可采取以下技巧：沉默；假装没听见，按自己的思路说下去；答非所问，悄悄转移对方的话题；插科打诨，幽默一番，最后不了了之。

③不要与消费者争辩。

不管消费者如何批评，客服人员永远不要与消费者争辩。因为，争辩不是说服消费者的最好方法。与消费者争辩，失败的永远是客服人员。一句客服人员的行话是，“争论占的便宜越多，客服人员吃的亏越大”。

④要给消费者留面子。

客服人员在任何时候都应该表现出对消费者的尊重。无论消费者的意见是对是错、是深刻还是幼稚，客服人员都不能表现出轻视的样子，如不耐烦、轻蔑、走神、东张西望、绷着脸、耷拉着头等，而要面带微笑，正视消费者，尽量表现出全神贯注的样子。同时，客服人员也不能语气生硬地对消费者说“您搞错了”“这您就不懂了”；也不能显得比消费者知道得更多，如“让我给您解释一下……”“您没搞懂我说的意思，我是说……”，这些说法都有可能挫伤消费者的自尊心。

2. 异议处理的步骤

（1）采取积极的态度。

一般来说，消费者的异议不只是简单的抱怨、挑剔，它往往包含着许多潜台词和隐含内容。有经验的客服人员知道，“嫌货才是买货人”，最让人头疼的是那些保持沉默、不愿交流的消费者。那些提出异议的消费者实际上对产品感兴趣。研究表明，当消费者有异议时，64%的结果是成功的；而当异议不存在时，则成功的概率只有54%。因此，客服人员要控制好自己的情绪，积极地看待消费者异议。

（2）认同客户的感受。

认同的作用是淡化冲突，然后提出双方需要共同面对的问题，以利于进一步解决异议。认同并不等于赞同。赞同是同意对方的看法，而认同是认可对方的感受，了解对方的想法，但并不是同意对方的看法。客服人员要做的不是赞同，而是认同。一个有效的认同方法是：重复客户的反对意见，并将语气淡化。

（3）使客户异议具体化。

在认同了客户的想法和感受之后，客服人员要尽最大努力，使客户的反对意见具体化，即了解客户反对的细节是什么，有哪些因素导致了客户的反对，这将有助于彻底找出导致客户异议的真正原因。使客户异议具体化的方法主要有以下几种：

①巧用提问。

客服人员在听取了客户的异议后，不要急于解释，而要尽量听到客户更为详细、具体的反对意见。这就需要客服人员利用提问技巧来获得。

提问通常有下列两种方式。一是开放式提问：咨询性的提问，询问细节的问题；二是封闭式提问：验证性的提问，要求回答是与否。

优秀的客服人员在向客户询问异议细节时，常常开始采用的是开放式提问，鼓励客户主动地尽量细说、多说，说出更多的想法和意见，最后采取封闭式的提问方法，确认客户的真正意见。只有听到客户的真正意见，才能有针对性地去解释和解决客户异议。

②询问细节。

通过对具体细节的询问，可将客户异议具体化，以便于提出双方都乐于接受的解决方案。值得客服关注的细节，主要有以下几种情形。

A. 客户的真正需求是什么？

B. 客户需求的紧迫性是什么？客户的真正需求可能涉及几个方面。客服人员应了解客户实际需求的优先级，哪些是客户最迫切需要解决的，哪些是以后可以解决的。了解相关要求的优先顺序后，客服人员可以确定需要解决的关键点。

C. 引起客户反对的问题是什么？善于分析的客服人员可以提出目标明确的问题，因此更容易理解客户的真正含义。

③拒绝模糊。

在对客户进行询问时，客服人员往往得到的是客户模糊的信息。例如："您的产品还可以""我们会尽快答复你""我要和领导商量一下""你过几天再来吧""我再考虑一下"，等等。

在遇到这些模糊信息时，客服人员可以先认同客户的想法，然后再进一步地询问客户明确的信息，或一针见血地询问客户的真实想法。

在听到客户的模糊信息后，就急切地结束谈话是一种失败的做法。客户的模糊信息往往意味着交易的终结。

（4）给予补偿。

处理异议的前三个步骤基于相同的目的：发现客户异议的真实原因。在了解消费者异议的真实原因后，向消费者提供赔偿是解决问题并达成交易的有效途径。如果客户的异议准确反映了产品或服务中的不足，请勿直接接受或拒绝。最好的方法是确认相关不足，然后淡化处理，并利用产品效益来补偿这些不足。这能在一定程度上平衡消费者的心理，有利于消费者做出购买决策。例如，当销售的产品质量确实有缺陷时，客户只是说，"这东西的质量不好"。卖方可以平静地告诉他，"这种产品的质量确实有缺陷，所以我们降低了价格。不仅价格非常优惠，而且公司保证该产品的质量不会影响其使用效果"。这样不仅消除了顾客的疑虑，而且鼓励顾客以价格优势购买，补偿方式注重对顾客的心理补偿，让顾客获得心理平衡感。

①利用其他产品优势补偿消费者。

一个产品由许多要素组成，这些要素构成了许多利益。例如，对于汽车产品，价格和售后服务是构成要素。如果客户服务人员拒绝在价格上做出让步，他们可以在售后服务上给予消费者更多的让步，从而有效地补偿消费者对价格要素的疑虑。

消费者："这台汽车价格不贵，但最快的速度只有每小时 180 公里。太慢了。"

客户服务人员："180 公里每小时的速度不是很高，但是这种车是经济型的，非常省油。我不认为你会把钱浪费在你很少使用的高速上。"

②将异议转化为销售点以获得补偿。

当客户提出异议时，一些客服人员往往能巧妙地将其转化为产品销售点，从而向客户展示他们所认为的异议因素。通过转换，它们可以通过其他因素得到补偿。例如，如果客户认为某商品的价格过高，客服人员应该向客户指出，之所以价格高，是因为产品是通过正规的采购渠道购买的，而且产品是由知名生产商生产的质量最好的真正品牌产品。凭借其卓越的性能，该产品可以保证客户长期获得最优质的服务，不会出现质量问题。这不仅可以消除客户对质量问题的疑虑，还可以为客户节省大量的维护成本，间接为客户带来更大的经济效益。在许多情况下，客户会乐于接受这样的答案。

当客户得到补偿时，通常意味着客户必须做出让步。因此，为了让客户做出让步，我们应准备做出让步，并根据我们的权力决定让步的程度。在做出让步时，我们必须考虑两点：让步的价值和我们需要的回报。考虑这两点的原因是，让步并不是盲目地退出，而是在让步的同时追求自己的利益。

（5）异议处理技巧。

在异议处理的过程中，客服人员要与各种不同背景、不同类型的人接触。由于服务对象的多样性，客户服务工作面临诸多挑战，客服人员需要应针对客户的具体情况，选择合适的异议处理技巧。

①询问法。

询问法可以用来把握客户真正的需求，常常带有请教的意味，可以制造良好沟通的气氛。

如消费者对价格提出异议时，客服人员可以这样回答：先生，您相中我们的产品，说明您还是认可我们提供的产品和服务的，我们的定价都有相应的依据，目前价格如果再低，您的服务可能也会打一些折扣，您觉得这样是否能接受呢？

而在消费者思考问题的同时，客服人员也赢得了思考应对措施的时间。主动提出问题与消费者探讨，让他们多表达，客服人员可以得到更多的有用信息。确认了消费者异议的重点及程度，再给予回应，会更容易解决消费者的真实异议。

在服务消费者的过程中，客服人员要善用一个利器——"为什么"。不要过度自信，以为自己已经知道消费者的真实想法，我们用询问的方法，让客户说出真实的需求和异议，才是我们解决问题的正确举措。

②忽视法。

所谓忽视法，就是当消费者提出一些反对意见时，并不真正希望得到解决或讨论，而且这些意见与当前交易没有直接联系，这时客服人员只要面带微笑地同意他就好了。

对于一些"为反对而反对"或"只是想表现自己的看法高人一等"的客户意见，若是你认真地处理，不但费时，还会引发不必要的麻烦。因此，你只要让客户满足了表达的欲望，就可采用忽视法迅速地引开话题。如当客户抱怨："你们的店面太偏僻了，一点也不好找。你们的竞争对手，某某店，人家的店址就非常找。给你们老板说，换个地方。”这个时候，您只需要，微笑点头，表示“认同”就好。

③补偿法。

当客户提出的异议有事实依据时，应该承认并欣然接受，强词夺理否认事实是不明智的。但是要记得给客户一些补偿，让他取得心理上的平衡。比如客户说：这件衣服便宜是便宜，可惜不是真皮的。客服人员可以说：“您很有品位呀！这是我们今年最新款，虽然不是真皮，但是款式时尚，PU 皮也非常好打理，而且只需要真皮十分之一的价格，性价比特别高。”

世界上没有十全十美的产品，客户当然要求产品的优点越多越好，但真正影响客户购买与否的关键点其实不多，补偿法能有效地弥补产品本身的弱点。

④太极法。

太极法取自太极拳中的借力原理。太极法用在销售方面的基本做法是，当客户提出某些不购买的异议时，客户经理立刻回复说：“这正是我认为您要购买的理由！”也就是，客户经理可立即将客户的反对意见，直接转换成为什么他应该购买的理由。

我们在日常生活上也经常碰到类似太极法的说辞。例如，主管劝酒时，您说不会喝。主管立刻回答说：“就是因为不会喝，才要多喝多练习。”太极法能处理的异议，大多是客户通常并不十分坚持的异议，尤其是客户的一些借口。太极法最大的目的，是让客服人员将异议迅速地转化为它带给客户的利益，以引起客户的注意。

⑤直接反驳法。

一般情况下，客服人员不要直接反驳客户。但是在下列情况下，客服人员必须直接反驳客户，以纠正客户的不正确观点：

客户对企业的服务、诚信有所怀疑时；客户引用的资料不正确时。

当这两种情况发生时，客户服务人员必须直接向客户提出反驳，因为如果消费者对企业的服务和诚信有所怀疑，那么他/她下单的机会几乎为零。如果客户提到的信息不正确，你可以用正确的信息支持你的声明，客户将很容易接受并更加信任你的声明。

使用直接反驳法时要注意技巧，尤其在遣词造句方面要特别留意；要做到态度诚恳，对事不对人，不伤害客户的自尊，同时又让客户感受到你的专业与敬业。

4.2.3 消费者投诉的识别及处理方法

1. 投诉的含义

客户投诉是指客户对企业产品质量或服务上的不满意，而提出的书面或口头上的异议、抗议、索赔和要求解决问题等行为。客户投诉是消费者对商家的产品质量、服务态度等，向商家主管部门反应情况，检举问题，并要求得到相应的补偿的一种手段。令人满意的客户投诉处理，可以培养客户的忠诚度，提升企业形象，促进企业成长。不仅可以让投诉的客户成为公司的忠实客户，而且可以成为公司的积极传播者。相反，当问题得不到解决时，客户的不满、失望和愤怒也会蔓延开来，这种负面披露往往会给公司带来严重的危机。这就要求公司和客户服务人员认真对待客户投诉，积极解决客户不满。

当今社会投诉频率越来越高，这是一种进步的表现，也促使竞争更为激烈，商家的产品质量更好、服务态度更好。

2. 投诉的类型

客户投诉的类型可以从不同的角度进行划分，对于某一起具体的投诉，也能够从多个侧面来进行界定。

（1）按投诉的严重程度划分。

按投诉严重程度的不同，投诉可分为一般性投诉和严重投诉。

①一般性投诉。一般性投诉是指投诉的内容、性质比较轻微，没有对投诉人造成大的影响等或者投诉人的投诉言行影响不是很大的投诉。

②严重投诉。严重投诉是指，投诉所涉及的问题比较严重，对投诉人造成了较大的物质或精神上的伤害，引起投诉人愤怒进而做出对企业不利的言行。如2019年一名女士在西安利之星买了一辆60多万元的奔驰，还没开出4s店，发动机就开始漏油，结果店里说只能更换发动机。女车主无奈坐车前盖维权，并将投诉维权的视频发布在网络。事件引来媒体和网友们的广泛关注，西安市高新区市场监管部门也依法立案调查。

严重投诉有以下几种类型：

A. VIP客户的投诉。消费量大的客户属于VIP客户，消费量小但影响力大的客户也属于VP客户，如社会名流、政府官员、传媒记者等。

B. 激烈或要价高的投诉。正确识别是否为严重投诉的窍门在于回应客户的环节：直截了当地复述客户需要解决的问题，不涉及客户漫无边际提到的其他问题，请客户确认你是否理解了他的意思，以试探他的本意。这样是否属于严重投诉就可立见分晓。

C. 由一般投诉升级的严重投诉。由于投诉无门或遭遇“踢皮球”，或由于不受尊重、不被重视，从而使消费者丧失信心等，都可能激化矛盾，将一般投诉升级为严重投诉。

（2）按投诉的原因划分。

根据投诉原因的不同，投诉可分为产品质量投诉、服务投诉、价格投诉和诚信投诉。

①产品质量投诉。产品质量投诉是指投诉人对产品的质量、性能和安全性不满意而提出的投诉。有关数据显示，在各类投诉中，此类投诉所占比例最大，占所有投诉的一半以上。

②服务投诉。服务投诉是指投诉人对商户提供的售后服务、服务方式和客服人员态度不满意而提出的投诉。

③价格投诉。价格投诉是指投诉人认为其购买的产品或服务价格过高或商品不值此价的投诉。

④诚信投诉。诚信投诉是指投诉人认为其在购买产品或服务后感觉到的使用或服务价值与销售前或销售期间的广告和承诺不符的投诉。

（3）按投诉的行为划分。

根据投诉行为的不同，投诉可分为消极谴责、负面宣传、愤怒的抱怨和极端激进的抱怨。

①消极谴责，主要表现为投诉人不断地抱怨这个和那个。

②负面宣传，是指投诉人在公共场合或在其他公司面前对产品和服务进行负面评价。

③愤怒的抱怨，主要表现为投诉人情绪激动或失控，投诉的重点是以愤怒的方式发泄“不满”。

④极端激进的抱怨，主要表现为投诉人与交易者进行极端的争论或做一些极端的行为，并且在达到目的之前不会停止。

知识链接：

顾客投诉给企业带来什么

一、阻止顾客流失

现代市场竞争的实质就是一场争夺顾客资源的竞争，但出于种种原因，企业提供的产品会不可避免地低于顾客期望，造成顾客不满意，顾客投诉是不可避免的。向企业投诉的顾客一方面要寻求公平的解决方案，另一方面说明他们并没有对企业绝望，希望再给企业一次机会。美国运通公司的一位前执行总裁认为：“一位不满意的顾客是一次机遇。”相关研究进一步发现，50%~70%的投诉者，如果投诉得到解决，他们还会再次与公司做生意。如果投诉得到快速解决，这一比重上升到92%。因此，顾客投诉为企业提供了恢复顾客满意的最直接的补救机会，鼓励不满的顾客投诉并妥善处理，能够阻止顾客流失。

二、减少负面影响

不满意的顾客不但会终止购买企业的产品或服务，而转向企业的竞争对手，而且会向他人诉说自己的不满，给企业带来非常不利的负面评价传播。有研究发现，一个不满意的顾客会把他们的经历告诉其他至少9名顾客，其中13%的不满顾客会告诉另外的20多个人。研究还表明，公开的攻击会比不公开的攻击获得更多的满足。一位顾客在互联网上宣泄自己的不满时写道：“只需要5分钟，我就向数以千计的顾客讲述了自己的遭遇，这就是对厂家最好的报复……”但是，如果企业能够鼓励顾客在产生不满时向企业投诉，为顾客们提供直接宣泄的机会，使顾客不满和宣泄处于企业控制之下，就能减少顾客找替代性满足和向他人诉说的机会。许多投诉案例表明，顾客投诉如果能够得到迅速、圆满的解决，顾客的满意度就会大幅度提高，顾客大都会比失误发生之前具有更高的忠诚度。不仅如此，这些满意而归的投诉者，有的会成为企业的义务宣传者，即通过这些顾客良好的口碑鼓动其他顾客也购买企业产品。

三、免费的市场信息

投诉是联系顾客和企业的一条纽带，它能为企业提供许多有益的信息。丹麦的一家咨询公司的主席Claus. Moller说：“我们相信顾客的抱怨是珍贵的礼物。我们认为顾客不厌其烦地提出抱怨、投诉，是把我们在服务或产品上的疏忽之处告诉我们。如果我们把这些意见和建议汇总成一套行动纲领，就能更好地满足顾客的需求。”研究表明，大量的工业品的新产品构思来源于用户需要，顾客投诉一方面有利于纠正企业营销过程中的问题与失误，另一方面还可能反映企业产品和服务所不能满足的顾客需要，仔细研究这些需要，可以帮助企业开拓新市场。从这个意义上，顾客投诉实际上是常常被企业忽视的一个非常有价值且免费的市场研究信息来源，顾客的投诉往往比顾客的赞美对企业的帮助更大，因为投诉表明企业还能够比现在做得更好。

四、预警危机

一些研究表明，顾客在每4次购买中会有1次不满意，而只有5%以下的不满意的顾客会投诉。所以如若将公司不满的顾客比喻为一座冰山的话，投诉的顾客则仅是冰山一角，不满顾客这个冰山隐藏在表面看起来平静的海面之下，只有当公司这艘大船撞上冰山后才会显露出来。如果在碰撞之后企业才想到补救，往往为时已晚。所以，企业要珍惜顾客的投诉，正是这些线索为企业发现自身问题提供了可能。例如，从收到的投诉中发现产品的严重质量问题，而收回产品的行为表面看来损害了企业的短期效益，但是避免了产品可能给顾客带来的重大伤害以及随之而来的严重问题——顾客纠纷。事实上，很多企业正是从投诉中提前发现了严重的问题，然后进行改善，从而避免了更大的危机。

3. 处理投诉的步骤

如图4-8所示，客户投诉处理包括以下步骤：

（1）记录投诉的内容。使用客户投诉登记表详细记录客户投诉的所有内容，如投诉人、投诉时间、投诉主题、投诉要求等。

（2）确定投诉是否可受理。在了解客户投诉的内容后，首先确定客户投诉的类别，然后确定客户投诉的原因是否充分，投诉的要求是否合理。如果投诉无法确定，可以婉转地回复客户，以获得客户的理解，消除误解。

（3）确定处理投诉的责任部门。根据顾客投诉的内容，确定具体的验收单位和验收责任人。如果出现运输问题，应由储运服务部门进行管理；如果是质量问题，则将其交付给质量控制服务部门进行处理。

（4）责任部门分析投诉的原因。发现客户投诉的具体原因以及导致客户投诉的具体服务和负责人。

（5）提出处理方案。根据实际情况和客户投诉的要求，提出了具体的解决方案，如退货、更换、维修、折扣、赔偿等。

（6）提交主管领导批示。主管领导应高度重视客户投诉，应逐一审查投诉管理制度，并及时给予指示。根据实际情况，采取一切可能的措施来弥补所造成的损失。

（7）通知客户并实施处理方案。投诉解决方案批准后，必须迅速通知客户并实施，并尽快收集客户反馈。对在工作中、部门负责人中发生差错的，按照有关规定予以处罚，并根据损失大小从责任人的工资或福利奖金中扣除一定比例。同时，还必须检查因未能及时处理问题而造成延误的责任人。

（8）总结和评价。全面回顾和评价投诉管理流程，吸取教训，提出改进措施，持续改进公司的经营管理，以提高客户服务质量和服务水平，降低投诉率。

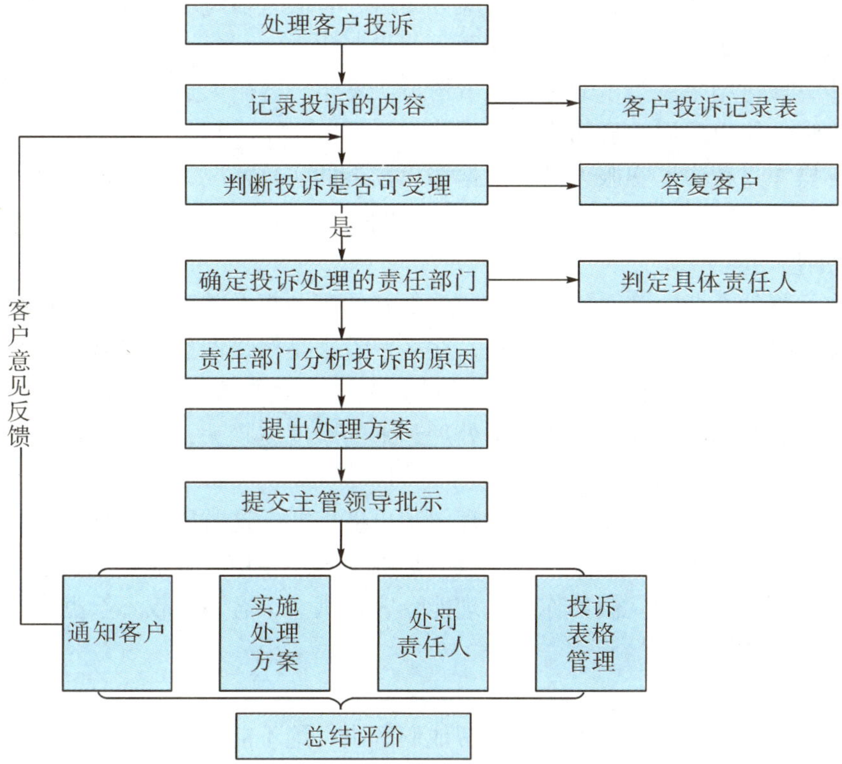

图 4-8 处理客户投诉的步骤

4. 处理投诉的方法

尽管客户投诉有损公司形象，但客户服务人员必须以积极的态度对待这一现象，并采取适当的方式妥善处理客户投诉，将“劣势”转化为“优势”，将“风险”转化为“机遇”，把不满意的顾客变成满意的顾客甚至忠诚的顾客。在外部，解决客户投诉，创造客户满意度；在内部，利用客户投诉进行审查和改进，并将其转化为业务发展的机会。

明确投诉管理的基本阶段，合理优化，可以有效缩短服务时间，提高服务效率。客户投诉的处理步骤如下：

第一步，听对方抱怨。客服人员不要与客户争论，要以诚恳的态度来倾听客户的抱怨。

第二步，分析原因。听取客户的抱怨以后，客服人员一定要冷静地分析事情发生的原因，不要让事件扩大。经验不丰富的客服人员往往会似懂非懂地贸然决定，甚至说些不必要的话而让事情变得更为严重。

第三步，找出解决方案。客服人员要先冷静地判断这件事情自己能否处理，是否必须由公司才能解决。若属于自己职权之外的，就应该立即转移到其他部门进行处理。

第四步，将解决方案传达给客户。关于问题的解决方案，客服人员应尽快让客户知道。当然，在客户理解这个方案前，客服人员必须费一番功夫加以说明和说服，以取得客户的理解和信任。

第五步，尽快处理。在客户同意解决方案后，客服人员应尽快着手处理。若处理得太慢，不仅没有效果，反而可能会使问题进一步恶化。

第六步，检讨结果。为了避免类似事情再次发生，客服人员必须分析原因、反省失误、吸取教训。使以后同性质的客户投诉降至最低。

在实际操作过程中，客服人员要根据客户投诉的实际情况，针对处理客户投诉的每个环节进行细化。下面介绍客户投诉处理的一般操作流程。

（1）快速反应。

无论多么好的企业、多么好的产品、多么好的服务都有其不足之处，但如果这种欠缺在客户提出投诉后得不到及时地纠正，在客户看来是对错误本身和客户的不尊重，进而会激怒客户，使客户对商家彻底失去信心。在处理客户投诉的问题上，时间拖得越长，客户的积怨越深、越大，客服人员处理起来的难度就越大，处理的成本就越高。打持久战，最终输掉的是商家和市场。

处理客户投诉的目的是获得客户的理解和再度信任，这就要求在处理客户投诉时必须以诚相待。从另一个角度来看，客户投诉是因为客户相信企业愿意并且有能力帮助他解决问题，才会来投诉的。假如你的处理能令客户满意，客户不仅不会抛弃你，还会更加坚定地忠实于你。

（2）承担责任。

接到客户投诉后，如果你不能直接帮他们解决，绝不能用“这不是我的职责，这事不归我管”“责任是我们供应商的……”之类的借口搪塞。不能将责任强加给其他部门或找其他方面的借口，而应该帮助客户找到公司的相关负责人，并确保其能够处理。客户服务是每个员工的责任，要让客户确信他（她）是在与一个运作协调的组织接洽，而不是在与各自为政的部门打交道。

（3）分析原因。

客服人员在接待客户投诉时，要询问清楚事实，准确理解客户所说的话，切忌在掌握所有信息之前妄下结论。任何事情都要寻因问果，客户投诉也不例外。

（4）寻找解决方案。

解决客户投诉是一门集心理学、社交技巧于一体，并体现客服人员道德修养、业务水平、工作能力等综合素养的学问。

有的客户只是希望通过投诉发泄一下，有的客户可能希望得到退款，有的客户是给商家提建议，等等。因此，在解决客户投诉时应分析客户投诉时心里是怎么想的，其希望通过投诉获得什么，在此基础上为客户设计解决方案。对于问题的解决，也应该准备三四方案。可将自己认为最佳的一套方案提供给客户，如果客户提出异议，再换另一套方案，待客户确认后再实施。当问题解决后，至少还要征求一两次客户对该处理措施的意见，争取下次继续合作的机会。

（5）提供超值回报。

三流的投诉处理，不能满足期望；二流的投诉处理，满足期望；一流的投诉处理，超越期望。因此，当涉及客户投诉时，不要简单地认为有了解决方案，客户的心理会得到平衡，一切都会好起来。优秀的客服人员将充分利用这一机会，将抱怨的客户转变为公司的忠诚客户。在与客户就处理意见达成一致后，可以赠送一些小礼物作为惊喜，以远远超出客户期望的方式真诚道歉，并再次感谢客户。

虽然我们经常说：客户永远是对的。但是，果真如此吗？有一些客户非常愤怒，以至于不论你做什么都无法令他们满意。当然这是属于极少数的情况，这时可以考虑放弃这部分客户。

哪些客户属于企业的标准客户？哪些客户属于企业的优质客户？哪些客户本来就不属于企业的目标客户？客服人员要心里有数，并在服务过程中灵活应对。如果一个客户不能从你那里得到满意的服务而另投他处，这对双方都是有益的。

（6）强化过程管理。

消费者一旦进行投诉，对企业的信任与偏好就会为打折扣。处理客户投诉是企业“将功补过”的最好机会。

顾客投诉的处理不仅要满足顾客对结果，还要满足顾客对过程的需求。因此，在客户消除投诉后，公司必须不断地反馈、监控和回应投诉。如果处理过程涉及多个部门，或者出于其他原因很难快速达成最终解决方案，客服人员不能等到确定解决方案后通知客户。相反，在制定解决方案的过程中，应该继续反馈客户以投诉的最新进展，以使客户放心，并使客户感到客服人员认真对待自己的业务。当客户等待结果时，不耐烦的人不能忍受超过两天。他们经常认为，如果两三天没有反馈，这意味着石头会沉入大海。因此，在处理复杂的客户投诉时，公司必须坚持每天向客户提供一次反馈。此外，在处理投诉后，公司必须在最短时间内主动致电客户、发送传真或亲自回访，以了解客户对解决方案的不满之处以及解决方案是否需要更改。这样做可以使客户信心倍增，从而实现重新购买或积极的人际传播。

5. 掌握投诉处理技巧

无论多么规范、多么优秀的企业，都不能百分之百地保证自己的商品或服务没有任何瑕疵；无论多么幸运、多么豁达的人，都不能百分之百地保证不会遭遇投诉。绝大多数都是比较好处理的投诉，我们称为一般性投诉。但是，一般性投诉如果没有处理好，就可能上升为更激烈或更复杂的严重投诉，甚至导致企业出现重大危机。针对不同严重程度的投诉情形，客服人员应掌握不同的投诉处理技巧。

（1）一般性投诉的处理技巧。

对于一般性投诉的处理，通过采用 LSCIA 处理法，可以较好地解决客户的投诉问题。LSCIA 是 listen（倾听）、share（分担）、clarify（澄清）、ilustrate（陈述）、ask（要求）这 5 个英文单词首字母的缩写。

①倾听。

当客户进行抱怨或投诉时，客服人员首先要学会倾听，并做好必要的记录。然后，要弄清问题的本质及事实。

为了让客户心平气和地诉说，客服人员在倾听时应注意以下三点：

A. 让客户先释放情绪。

客服人员切记不要打断对方的谈话，一定要让客户把自己想说的话都说出来，把想表达的情绪都充分释放出来。因为客户在尽情释放自己的不满情绪后，会有一种较为放松的感觉，心情就能平静下来，这样有利于问题的解决。

B. 善于运用肢体语言。

如果是面对面的交流，客服人员在倾听客户谈话时，要专注地看着对方，并用间歇式的点头来表示自己正在仔细倾听对方说话，这会让客户感觉自己被重视了。同时，客服人员还要注意观察客户在说话时的各种情绪和反应，以便采取更好的应对方式。

C. 仔细确认问题所在。

倾听不仅是一个动作，还必须注意同时了解事情的每一个细节，以便确认问题的症结所在。倾听时最好用纸笔将重要的信息记录下来。如果对客户所抱怨的内容不是特别清楚，可以在客户说完之后再仔细询问对方。这时要特别注意，应以婉转的方式请对方提供信息，避免让客户产生被质问的感觉。

②分担。

如果基本上弄清了问题的实质及事件发生的原因，客服人员可以采用分担的方式安抚客户。例如，对客户说："您讲得有道理，我们以前也出现过类似的事情。"无论是产品本身的问题，还是客户使用不当等原因，都不能责备客户，而是应帮客户分担一份责任和压力。

③澄清。

在已经基本了解客户投诉的原因和目的的基础上，客服人员此时可以对问题加以定义，是产品本身的问题还是由于客户使用不当。如果是产品本身的问题，应立即向客户道歉，并在最短的时间内给客户解决问题；如果是客户使用不当造成的问题，要说明问题的实质。但无论如何，客服人员都要诚心诚意地对客户表示理解和同情。

④陈述。

在客户投诉的问题得到确认之后，客服人员可提出处理方案并对客户说明，同时要用鼓励的话语感谢客户的抱怨和投诉。无论客户的投诉正确与否，必要时都可对其予以精神或物质的奖励。

⑤要求。

在基本解决客户的抱怨和投诉后，客服人员要再次询问客户还有什么要求，以诚恳的态度告诉客户，假如还有其他问题，请随时联系自己。

（2）严重投诉的处理技巧。

与一般性投诉相比，对于严重投诉的处理需要更多的耐心和技巧。对于所出现的投诉，首先要进行是否为严重投诉的识别。

对于严重投诉，前来投诉的客户心情往往不好，有很大一部分客户情绪激动，甚至失去理智。这时候应采用 CLEAR 法——令客户心情晴朗的"CLEAR"法，即客户愤怒清空法，可以较好地解决问题。CLEAR 是 control（控制）、listen（倾听）、establish（建立共鸣）、apologize（道歉）、resolve（解决）这五个英文单词首字母的缩写。

①控制自己的情绪（控制）。

客户的过激语言和行为往往会让客服人员因感觉受到攻击而不耐烦，从而被惹火或难过。为了避免客服人员以暴制暴，使客户更加激动，客服人员首先要控制好自己的情绪。这里要坚持的原则是，客服人员可以不同意客户的投诉内容，但一定要认可客户的投诉方式。不管面对什么样的投诉方式，客服人员都要控制好自己的情绪。

②倾听客户的诉说（倾听）。

面对情绪激动的客户，客服人员不要急于解决问题，而应先安抚客户的情绪，等客户冷静下来后再解决他们的问题。为了处理好客户的抱怨，客服人员需要弄清楚客户为什么抱怨或投诉，应静下心来积极、细心地聆听客户愤怒的言辞，做一个好的听众。这样，才能有助于把握客户所投诉问题的实质和客户的真实意图，真正了解客户想表达的感觉与情绪。

③建立与客户的共鸣（建立共鸣）。

共鸣被定义为站在他人立场，理解他们的思想、感情、行为和立场的一种能力。共鸣与同情不同，同情意味着被卷入他人的情绪，并丧失了客观的立场。与客户共鸣的原则是真诚地理解客户，而非同情。只有站在客户的角度，想客户之所想，急客户之所急，才能与客户形成共鸣。客服人员所表现的对客户的理解，必须使客户听到后觉得很真诚，而不能给客户造成敷衍应付或老套油滑的感觉。

④向客户表示歉意（道歉）。

要通过对客户表示歉意，使双方的情绪得到控制。这就要求客服人员不能推卸责任，要及时向客户道歉。要特别注意的是，客服人员道歉时一定要发自内心而不能心不在焉，不能一边道款，一边说“但是……”，这个“但是”会否定前面的努力，使道歉的效果大打折扣。

⑤提出应急和预见性的方案（解决）。

对于客户的投诉，要迅速做出应对，客服人员要针对具体问题提出应急方案。同时，还要提出杜绝类似事件再次发生或对类似事件进行处理的预见性方案，而不仅局限于消除眼前的问题。

客服人员在使用CLEAR法处理客户投诉时，每个步骤都要注意掌握相关的技巧和分寸，这样才能快速平息客户的不满，赢得客户的理解和信任。

案例：

在某知名的租车公司的销售大厅，来了四名怒气冲冲的客人，他们声称在店里租赁的汽车刹车有问题，险些让他们从山坡上滑下山谷，酿成事故。现场的销售人员也称，他们所有的车辆出租之前都会进行相关检查，并不清楚客人描述的情况为何会发生。而且本次并未造成实质性的事故，并不清楚客人吵吵嚷嚷的目的。

处理技巧 CLEAR	是否使用	具体表现 （语言和行动）	备注
Control（控制）			
Listen（倾听）			
Establish（建立共鸣）			
Apologize（道歉）			
Resolve（解决）			

4.2.4 提升消费者的忠诚度

1. 消费者忠诚的内容

消费者忠诚是企业最大的无形资产。有研究表明，企业大部分利润来自占比例较小的忠诚消费者。关于消费者忠诚的概念，理论界有很大的争议，虽然许多学者曾从不同角度探讨消费者忠诚的定义，但对消费者忠诚进行准确的界定并不容易，这是因为“忠诚”一词的内涵十分丰富，它涉及消费者心理及行为等诸多因素。并且，消费者忠诚与消费者满意的内涵也不尽相同。

消费者忠诚指的是消费者受到产品、价格和服务特性等要素的影响，产生对产品和服务的信赖，并进行持续性的购买行为，它是消费者满意效果的直接体现。消费者忠诚至少应包含两项内容：态度取向和行为重复。具体来看，忠诚的消费者往往对企业及其产品和服务产生一种高强度的依赖，这种依赖可能来源于消费者对企业及其产品的信任感，也可能来源于消费者在使用产品及接受服务过程中感受到的有用性，还有可能来源于消费者的个性因素。忠诚的客户一般会产生重复购买的欲望和行为，同时还会主动向其亲朋好友推荐企业的产品和服务，这种关注和支持也会持续较长一段时间。消费者忠诚体现在行为上，是消费者一种持续购买的行为，这会给企业带来长期且具有累积效应的收获。从客户生命周期来看，一位客户保持忠诚越久，企业获得的收入也就越多，但成本增加得很少，从而获得更多的利润。

客户忠诚度是指客户对产品或服务忠诚的程度，是客户忠诚的量化指标，表现为客户继续接受该产品或服务的可能性。有的客户非常忠诚，有的客户则不是很忠诚，忠诚度具有不同的层次。菲利普·科特勒认为，客户忠诚度是指客户从本企业购买的产品数量与从竞争对手处购买数量的百分比，比值越高，忠诚度就越高。

案例：

海尔用服务制胜，以真诚赢得忠诚

在物质生活愈发充实的当下，消费者在家电消费和使用过程中对于服务的要求不仅趋向多样化，而且对服务体验也有了更高的需求。面对不断变化的用户需求，传统的售后服务已经暴露出了很多不足，用户的抱怨主要集中在“上门慢”“反复上门”和“服务质量参差不齐”三个重要问题上。

海尔针对这些问题发布了智慧服务升级战略，率先推出家电服务行业首个流动服务站。通过在全国布局流动服务站来实现快速响应，大大缩短了售后上门服务的时间，避免了多次往返拿工具的时间损耗，改变了售后服务体系，提升了服务质量，彻底解决了困扰整个家电维修行业的三大难题。而且，每一位海尔员工都拥有精益求精的工匠精神和“真诚到永远”的服务理念，坚持简单的事情重复做、重复的事情用心做，为海尔电器的消费者“保驾护航”，广大消费者纷纷点赞，并因此成为海尔品牌的忠实客户。

这种长期的优质的售后服务赢得了消费者的赞赏、喜爱、接受、忠实的态度，消费者的这些态度影响着其购买行为，因此海尔的销量及市场占有率一直遥遥领先。

2. 消费者忠诚度的类型

（1）忠诚。

忠诚的客户是品牌的拥护者，他们现在对产品或服务的满意度较高，将来也会继续坚定地购买。例如，瑞士军刀的爱好者，他们会不断地告诉身边的人这种刀的好处、用途等。这种具有忠诚度的客户会成为此产品的免费宣传者，会不断地向别人推荐该产品。

（2）一般忠诚。

一般忠诚的客户现在对其他品牌还有一定的倾向，将来的购买态度还不太确定。一般忠诚的客户是企业可能的支持者。例如，一对美国夫妇，妻子喜欢中国菜，丈夫则对东方食物不感兴趣，那他们对中国餐馆仅仅是一般忠诚。如果在这家餐馆增加一些美式餐点，他们对这家餐馆的忠诚度就会提升。

（3）不忠诚。

不忠诚的客户现在对产品或服务的满意度较低，将来也不会再购买。不忠诚的客户是企业竞争对手的支持者。一般来说，不忠诚的客户不会成为忠诚的客户，他们对企业经济的增长贡献不大，企业的目标尽量不要设定在这样的客户上。假设有这样一个业务员，他长年累月都在全国各地做产品推销，为了给客户一个干练的好形象，他每月都要理发一次。由于经常出差，又是男同志，对发型的要求也不是很高，所以他不太计较理发店的档次和理发师的水平，每到一个地方都随便找一家理发店把长了的头发剪掉，不过价格不能超过 20 元。像这样的客户，对任何一家理发店的依赖程度都接近于零，也不太可能再次光顾。他就是典型的不忠诚客户。

企业的目标并不是使所有的客户都忠诚，提高客户忠诚度也并不是指一定要提高所有客户的忠诚度。所以正确的做法是：在对客户进行细分的基础上，采取有针对性的策略，最大限度地让更具有价值的客户满意，而不是取悦于所有的客户。例如，瑞典银行组织的实证性研究表明：客户的满意度很高，但企业却没有赢利。在研究了客户的存贷行为，并将收入利润同成本比较后，他们发现，80%的客户并不具有可赢利性，而这类客户对从银行获得的服务却很满意；20%的客户贡献了超过银行利润资金的 100%，但这类客户却对银行的服务不满意。所以，银行采取措施努力改善对可赢利客户的服务，并取得了极好的效果。

忠诚包括态度和行为两方面的内容。从态度上讲，忠诚是客户的一种心态，客户忠诚的管理是企业管理的目标；从行为上讲，客户忠诚是一种行为，企业要采取多种方案巩固行为模式、加强客户的忠诚行为，这两者结合起来就是对客户忠诚度的管理。

3. 提升消费者忠诚度的方法

消费者忠诚被认为是企业取得长期利润增长的有效途径，所以企业只有不断提高自身的服务效率，完善服务方式，通过让消费者满意逐步培养消费者的忠诚，才能为企业带来新的收益。因此，以消费者为焦点，争取消费者→留住消费者→扩大消费者群→保持消费者忠诚→建立持久的消费者关系→提高企业的盈利能力，是企业持续发展的必然策略。根据消费者忠诚的影响因素寻求提高消费者忠诚度的途径则成为企业的必然选择。

（1）不断完善服务体系。

美国管理学家彼得·德鲁克（Peter F. Drucker）曾指出：企业营销的目的在于充分认识和了解消费者，以使产品或服务能适应消费者需要。企业服务水平决定着消费者的忠诚程度，这就要求企业树立为消费者服务的思想，不断完善服务体系。

①提供特色服务。

除完整的销售过程中质量、服务和关怀的保证外，企业要选择最吸引消费者的方式，为消费者提供特色服务。例如，让消费者参与合作，让产品更加适应消费者的特殊需要和期望，提供与众不同的特色服务等。

②完善售后服务体系。

如上所述。消费者忠诚度体现在消费者对其产品的重复购买率上。可是要保持较高的重复购买率，没有高水平的售后服务是办不到的。高水平的售后服务是企业接近消费者、取得消费者信赖的最直接途径。据 IBM 公司的经验，若对产品售后所发生的问题能迅速而又圆满地加以解决，消费者的满意度将比没发生问题时更高，从而可以使回头客不断增加、市场不断扩大。售后服务是一个系统工程，须用完善的售后服务体系加以保证，要使消费者对从购得产品的那一刻起直到产品消费完毕，包括送货上门、安装调试、人员培训维修保养、事故处理和零配件供应等的每个环节都处于满意状态，真正放心购买。

（2）建立快速的消费者信息传递系统。

企业应当设计一个行之有效的消费者信息传递系统，并从创建之日起就对其加以管理和维护，具体的做法包括以下几个方面：

企业要建立并使用消费者数据库，确认消费者价值。数据库的结构要便于获得、分析和利用消费者各方面情况，包括偏好、个人生活方式等信息。

让消费者填写信息表。信息表设计要大小合适、容易读懂、易于接受，内容尽可能丰富、时效性强、实用性强、针对性强；在内容上不要重复，应具有简洁并且目的明确的表格形式，尽可能做到方便及时收发和填写。

对填写信息表或者问卷的消费者，要给予适当的奖励。

要对收集到的信息及时跟踪和利用，虚心接受消费者的意见和建议，采用积极的措施来应变，并充分利用消费者的反馈信息，改进企业的服务工作，让消费者满意。

（3）培养以消费者忠诚为导向的员工。

没有忠诚的员工，就不可能有消费者忠诚的基础。不管组织内的领导人拟定什么样的策略，消费者看到的是一线员工的表现，一线员工的执行能力影响着消费者的忠诚。忠诚员工更愿意为企业工作，尽力为企业建立消费者忠诚。

①制订员工培训计划。

企业应以满足消费者需求为中心，以获取消费者忠诚为导向，这样才能带动企业的发展。企业可以通过培训的方式，将消费者忠诚的观念深入员工心中。一线员工作为与消费者直接接触者，应当有足够的服务意识。企业把高水平的服务提供给消费者，消费者才能满意，进而才能忠诚。所以要从思想观念、工作态度等方面培训员工，让他们树立起消费者忠诚的观念。企业可以考虑用部门会议、企业的新闻简讯、课程录像带等，把信息传达出去；对现有忠诚度和预定忠诚度比率进行讨论，每月评估和消费者直接接触的员工，利用测量忠诚度要素的数据作为检查的标准。

②将消费者忠诚目标纳入员工绩效考核范畴。

一线员工在培养消费者忠诚的活动中扮演重要的角色。为了提高员工的工作效率，企业可以对改善消费者忠诚方面表现优良的员工提供奖金和升迁加级等奖励。具体的做法是：让员工组成工作小组，执行特定的任务，以对消费者保持率的评估、对吸引初次惠顾者办法的探讨作为对其进行考核的标准。

（4）提高消费者满意度。

消费者满意度和消费者忠诚度是两个不同的概念，消费者忠诚度是建立在消费者满意度基础之上的，通常只有满意的消费者才有可能成为忠诚的消费者。所以，企业要想最大限度地增强盈利能力、获得长久的发展，就必须提高消费者满意度。提高消费者满意度可通过创新、增加与消费者的沟通、正确处理抱怨等来实现。

①以创新超越消费者的期望。

让产品超越消费者的期望，是争夺消费者、增加市场份额、培养消费者忠诚的有效方法。例如，日本汽车的平均交货期为两周，而丰田公司在不断缩短这一交货期，研究如何在一周内交货。缩短消费者等待的时间，就是超越了消费者的期望，这就是一种创新的方式。这种创新对消费者来说，等于得到了额外利益，因此在同类产品中消费者会选择丰田汽车。不断创新是消费者对其他汽车品牌忠诚度平均不到50%，而对丰田汽车忠诚度高达65%的直接原因。

②增加与消费者的沟通。

企业要认真倾听消费者的意见，发表自己的看法，在消费者需要的时候随时与之交流，消除消费者的不满。改善与消费者的沟通将给企业带来利润回报。如果沟通能够达到讨论、附论及自由交换意见的程度，双方可以坐下来一起讨论，给予对方真诚、坦率的回馈，那么企业将形成产品与服务之间的良性循环。讨论的话题可以是企业所做的是否正确，什么是消费者想要的或不想要的，消费者的观点和感受是什么，等等。增加与消费者的沟通将成为企业形成新产品的宝贵财富，并能促进企业形成新的想法和新的活动。

③正确处理消费者的抱怨。

消费者抱怨既是好消息也是坏消息。一方面，消费者能把企业的产品与服务的不足指出来，使企业有了改进的方向；另一方面，它说明了企业目前存在问题需要改进。企业可以把处理抱怨的过程当成建立消费者忠诚度的好机会。研究表明，妥善处理抱怨反而更容易建立消费者忠诚、减少消费者抱怨。企业使抱怨降低有利于进一步降低消费者流失率。企业快速有效地处理消费者抱怨，还可以积累应付不满意消费者的宝贵经验。

④不断改进产品质量，优化产品设计。

产品质量是消费者对品牌忠诚的基础，无论如何也不能奢求人们去购买并忠诚于那些质量低劣的产品。世界众多名牌产品的历史都说明，消费者对品牌的忠诚在一定意义上也可以说是对其产品质量的忠诚。只有高质量的产品，才能真正在人们的心目中树立起“金字招牌”，受到人们的喜爱。企业具体的做法包括以下两点：

一是企业应当树立以赢得消费者忠诚为准则的质量理念。由于企业处在不断变化的竞争环境中，质量管理可能存在缺陷或不足，消费者对产品的期望水平也在不断提高。企业应当对质量进行持续改进，体现消费者忠诚的要求，以赢得消费者忠诚为标准。

二是企业还应继续优化形式产品设计。按照现代市场营销理论，形式产品即产品的形态、包装、商标等，是产品不可缺少的组成部分，是消费者选择产品的重要依据。随着生活的改善和消费观念的变迁，消费者在购买行为中越来越多地注重心理需要的满足，对产品的造型、色泽、商标和包装等的要求越来越高。所谓货比三家，比得更多的是形式部分，如果企业这方面工作不足，消费者忠诚度就低。优化形式产品设计的关键是提高针对性，每一种产品都有特别包装和商标才能达到惹人喜爱的目的。

（5）提高转换成本。

提高转换成本是业界用以增加消费者忠诚度的通用战略。转换成本会出现在多种消费选择的情景下。例如，一系列的消费需求产生较大的初始成本或持续的消费才可以获得不断增长的奖励。除货币性的成本外，转换成本还表现为在面对一位新的服务提供者所导致的不确定性引起的心理上和时间上的成本。一般情况下，服务的转换成本要高于产品的转换成本。服务固有的本质决定了其转换成本难以估计，或者由于只有有限的提供者导致很高的转换成本，除消费者感知的不确定性和市场结构因素外，竞争的强度和诸如会员制、消费者俱乐部等忠诚度计划也增加了感知的和实际的转换成本。因此，企业可以通过提高转换成本从而增加消费者忠诚度。

（6）塑造良好的企业形象，树立品牌。

消费者对品牌的忠诚不仅仅是出于对产品使用价值的需要，也带有强烈的感情色彩。日本最大的企业形象设计所兰德社（Landor）的 Kawada 曾评论到：松下电器和日立电器在质量、价格等方面并不存在什么差别，可有的消费者之所以只购买松下电器（或日立电器），是因为他更喜欢这家公司。与价格、质量等因素不同，企业形象是提高品牌忠诚度的“软件”，它要求企业做出长期的、全方位的努力，任何一个有损于企业形象的失误，哪怕是微小的失误，都有可能严重削弱消费者的忠诚度，甚至导致忠诚的转移。

（7）持续经营。

实施持续经营为消费者创造价值是每一个企业成功的基础。实施持续经营为消费者创造价值有利于培养消费者忠诚；消费者忠诚又会给企业创造利润和价值。但是，持续经营不能把利润放在核心地位，利润仅仅是价值创造的一种结果。持续经营的真正内涵是为消费者创造价值及培育消费者忠诚，这样才能实现企业的持续发展、减少消费者流失。企业持续经营依靠的是核心能力，这就要求企业努力开发新技术、培养高素质的接班人、实施外部成长策略以赢得消费者忠诚。

任务 4.3　维护与消费者的关系

任务描述：

能采用有效的方法，维护与消费者的关系。

任务准备：

课前知识学习。

4.3.1　维护消费者权益

维护与消费者的关系

1. 消费者权益的含义、内容和专项法规

（1）消费者权益的含义。

消费者权益是指消费者在有偿获得商品或接受服务时，以及在以后的一定时期内依法享有的权益。

消费者权益，是一定社会经济关系下适应经济运行的客观需要赋给商品最终使用者享有的权利。

（2）消费者权益的内容。

在现代市场经济中，国家依照社会经济运行的需要和市场上消费者的主体地位，制定明确的法律法规，这就使消费者权益不仅是一种公共约定和公认的规范，还得到了国家法律的确认和保护。早在 20 世纪 60 年代初，国际消费者联盟就已确定了消费者有下列基本权利：

①安全保障权。

该权利是指消费者在购买、使用商品或接受服务时，所享有的保障其人身、财产安全不受损害的权利。具体包括两个方面：一是人身安全权，二是财产安全权。

②知悉真情权。

该权利是消费者知悉其购买使用的商品或者接受的服务的真实情况的权利。

③自主选择权。

该权利是消费者享有自主选择商品或者服务的权利。

④公平交易权。

该权利是指消费者在购买商品或者接受服务时所享有的获得质量保障和价格合理、计量正确等公平交易的权利。

⑤依法求偿权。

该权利是指消费者因购买、使用商品或接受服务受到人身、财产损害时，依法享有的要求获得赔偿的权利。

⑥求教获知权。

该权利是从知悉真情权中引申出来的一种消费者的权利，是指消费者所享有的获得

有关消费和消费者权益保护方面的知识的权利。

⑦依法结社权。

该权利是指消费者享有的依法成立维护自身合法权益的社会团体的权利。

⑧维护尊严权。

该权利是指消费者在购买商品或者接受服务时所享有的其人格尊严、民族风俗习惯得到尊重的权利。

⑨监督批评权。

该权利是指消费者享有的对商品和服务以及保护消费者权益工作进行监督的权利。

（3）专项法规。

中华人民共和国消费者权益保护法是维护全体公民消费权益的法律规范的总称，是为了保护消费者的合法权益，维护社会经济秩序稳定，促进社会主义市场经济健康发展而制定的一部法律。2014 年 3 月 15 日，由全国人大修订的新版《中华人民共和国消费者权益保护法》（简称“新消法”）正式实施，这是消法实施 20 年来的首次全面修改。新消法分总则、消费者的权利、经营者的义务、国家对消费者合法权益的保护、消费者组织、争议的解决、法律责任。广义的消费者权益保护法泛指在保护消费者权益的过程中，各种法律规范的总称，主要包括：关于产品质量方面的立法：《中华人民共和国产品质量法》《中华人民共和国进出口检验法》《国家标准管理办法》《行业标准管理办法》《企业标准管理办法》《产品质量管理条例》等。关于安全保障方面的立法：《中华人民共和国食品管理法》《中华人民共和国食品安全法》《中华人民共和国药品管理法》《化妆标识品管理规定》。有关公平交易的法律：《中华人民共和国计量法》《中华人民共和国价格法》等。此外还涉及《中华人民共和国合同法》《中华人民共和国广告法》《安徽省保护消费者合法权益条例》《部分商品修理更换退货责任规定》《摩托车商品修理更换退货责任实施细则》《网络交易管理办法》《流通领域商品抽检办法》《工商机关受理处理消费者投诉实施办法》等。

2. 消费者权益的法律责任

我国的《消费者权益保护法》在以往法律、法规规定的基础上，参考其他国家立法、司法经验，明确规定消费者享有以下权利：

（1）知情权，是指消费者所享有的知悉其购买、使用的商品或者接受的服务的真实情况的权利。消费者有权知悉的情况具体包括商品的价格、产地、生产者、用途、性能、规格、等级、主要成分、生产日期、有效期限、检验合格证明、使用方法说明书、售后服务，或者服务的内容、规格、费用等。

（2）自由选择权，即消费者自主选择商品或者服务的权利。这包括两方面含义：一是对商品的品种、服务方式及其提供者应有充分选择的余地，二是对于选择商品服务及其提供者应有自由决定的权利而不受强制。实际生活中，损害消费者自由选择权的现象主要是“官商”习气、商品搭售和强买强卖等。

（3）安全权，即消费者享有在购买、使用商品和接受服务时，人身、财产安全不受损害的权利。实际生活中的毒酒事件，劣质药品和化妆品事件，电器、压力容器、玩具、鞭炮焰火、机动车等因漏电、燃烧、爆炸、失灵等致人损害案件，是侵害消费者安全权的典型事例。

（4）公平交易权，是指消费者在购买商品或者接受服务时，有权获得质量保障、价格合理、计量准确等公平交易条件，有权拒绝经营者的强制交易。

①关于商品和服务的质量，消费者有权要求其符合国家规定的标准或者与生产经营者约定的标准，不致因质量低劣而妨碍消费。如果经营者提供的商品或者服务不符合规定的质量要求，消费者有权要求修理、更换、退货、降价等。

②关于商品和服务的价格，消费者有权要求生产经营者执行国家的价格政策、法规或按质论价，商品价格或服务费用合理，不因乱涨价或乱收费而受到经济利益损失。

③关于商品和服务的计量，消费者有权要求生产经营者计量准确、足量，不致因短尺少秤而遭受经济利益损害。生产经营者更应自觉守法，遵守职业道德，不在计量上弄虚作假。对于工厂包装的产品，消费者有权要求其注明净重量或容量，并与实际相符；交易时计量的商品，消费者有权查明度量衡器是否准确，有权看秤、复秤，对不足分量者有权要求退货或退回多收的价款。

（5）求偿权，是指消费者购买、使用商品或者接受服务受到人身、财产损害时有要求经营者依法予以赔偿的权利。消费者行使求偿权的方法，可以是向责任者直接提出损失赔偿请求，也可以是向管理机关、仲裁机关、司法机关提出损失赔偿请求。

（6）参与和监督的权利，即消费者有对商品和服务以及保护消费者权益工作进行监督的权利。特别是消费者有权参与国家消费政策和相关立法的制定，并对其实施加以监督。其内容包括：

①对于国家有关部门执行政策法规不力，或者在日常工作中不注意维护消费者合法权益的，消费者有权提出质询、批评或建议；

②对于生产经营者从事有损消费者利益的行为，消费者有权要求国家有关机关依法查处心消费者的利益受到损害时，有权通过报刊、电台、电视台等大众传播媒介进行声援，对有关的生产经营者和国家机关的违法失职行为予以“曝光”和批评。

（7）接受消费教育的权利，即消费者“有获得有关消费和消费者权益保护方面的知识的权利”。这首先要求国家制订消费教育、宣传的基本政策、方针和方法，通过长期的实施，使大多数民众能够成为比较聪明的消费者，能够掌握基本的消费知识和法律知识；其次，消费者有权在接受义务教育的过程中获得有关消费者保护的基本教育，为终身成为有知识的消费者奠定基础。

（8）建立消费者组织的权利，包括两方面内容：一是有权要求国家建立代表消费者利益的职能机构；二是有权建立自己的组织，维护自身的合法权益。

3. 违反消费者权益保护法的法律责任

（1）侵犯消费者合法权益的民事责任。

①一般规定。经营者提供商品或者服务有下列情形之一的，除本法另有规定外，应当依照产品质量法和其他有关法律、法规的规定，承担民事责任：

商品存在缺陷的；

不具备商品应当具备的使用性能而出售时未做说明的；

不符合在商品或者其包装上注明采用的商品标准的；

不符合商品说明、实物样品等方式表明的质量状况的；

生产国家明令淘汰的商品或者销售失效、变质的商品的；

销售的商品数量不足的；

服务的内容和费用违反约定的；

对消费者提出的修理、重做、更换、退货、补足商品数量、退还货款和服务费用或者赔偿损失的要求，故意拖延或者无理拒绝的；

法律、法规规定的其他损害消费者权益的情形。

当侵犯消费者权益的行为同时符合消费者权益保护法和民法典、合同法等普通民事法律的民事责任要件时，消费者有权选择适用消费者权益保护法请求保护。

②特殊规定：

“三包”责任。消费者权益保护法第四十五条明确规定，对国家规定或者经营者与消费者约定包修、包换、包退的商品，经营者应当负责修理、更换或者退货。在保修期内两次修理仍不能正常使用的，经营者应当负责更换或者退货。对于“三包”的大件商品，消费者要求经营者修理、更换、退货的，经营者应当承担运输等合理费用。

邮购商品的民事责任。以邮购方式买卖商品是现代社会商品销售的一种手段。由于买卖双方并不直接见面，作为购买方的消费者又无力调查经营方的资信和实力，往往货款寄出，却得不到满意的商品，甚至根本得不到商品。为此，消费者权益保护法规定，经营者以邮购方式提供商品的，应当按照约定提供。未按照约定提供的，应当按照消费者的要求履行约定或者退回货款，并应当承担消费者必须支付的合理费用。

预收款方式提供商品或服务的责任。在某些情况下，经营者先预收部分款项，提供商品或服务后再与消费者进行结算。消费者权益保护法第四十七条规定，经营者以预收款方式提供商品或服务的，应当按照约定提供。未按照约定提供的，应依照消费者的要求履行约定或者退回预付款，并应当承担预付款的利息、消费者必须支付的合理费用。

消费者购买的商品，依法经有关行政部门认定为不合格的，消费者可以要求退货，经营者应当负责退货，而不得无理拒绝。根据这一规定，一般商品，发现问题后应经过修理、更换，仍无法使用的再予以退货；对不合格商品，只要消费者要求退货，经营者即应负责办理，不得以修理、更换或者其他借口延迟或者拒绝消费者退货要求。

（2）因提供商品或服务造成人身伤害、人格受损、财产损失的民事责任及赔偿范围。

经营者提供商品或服务，造成消费者或其他人受伤、残疾、死亡的，应承担下列责任：

①造成消费者或者其他受害人人身伤害的，应当支付医疗费、治疗期间的护理费、因误工减少的收入等费用；

②造成残疾的，除上述费用外，还应支付残疾者生活自助费、生活补助费、残疾赔偿金以及由其抚养的人所必需的生活费等费用；

③造成消费者或其他受害人死亡的，应当支付丧葬费、死亡赔偿金以及由死者生前抚养的人所必需的生活费用。

案例：

逾期交房不担责 “不可抗力”被滥用

2020年3月，湛江市消委会接到消费者徐女士投诉，称其于2018年花377 662元在湛江购买了一套商品房，根据合同的约定，开发商应在2019年5月30日前交付房子。但时至2020年2月29日，开发商依然没能交房。消费者根据合同规定提出赔偿，开发商却以“疫情不可抗力造成延误，不承担赔偿责任”为由拒绝。之后，陆续有70多位相同经历的消费者也进行了投诉。

湛江市消委会认为事情重大，马上启动调查，发现消费者反映情况属实。消委会组织调解，开发商承认逾期交房事实，但坚持造成逾期交房的主要原因是新冠肺炎疫情影响，属于不可抗力，不愿承担赔偿。经反复做工作，开发商也只同意以物业费抵扣部分违约金。包括徐女士在内的31名消费者不接受以上方案，于是消委会代理消费者向法院起诉。经过法院审理，消费者胜诉，判决地产商向徐女士支付逾期交房违约金51 928元。判决生效后，消委会又分别支持其他消费者诉讼，最终30多名消费者合计获得赔偿150多万元。

案例点评：本案中，开发商主张逾期交房是受新冠肺炎疫情影响，属于不可抗力，可以免责。消委会分析认为，突发的新冠肺炎疫情虽然属于法律上规定的不可抗力，但根据《中华人民共和国合同法》第一百一十七条规定（《中华人民共和国民法典》第五百九十条），当事人迟延履行后发生不可抗力的，不能免除责任。本案中，开发商迟延履行的情况出现在新冠肺炎疫情发生之前，根据上述法律规定，不能免除其违约责任。疫情发生后，经营者往往引用“不可抗力”为自身违约行为免责。消委会强调：依法成立的合同，对当事人具有法律约束力，当事人应当按照约定履行自己的义务，不得擅自变更或者解除合同，更不能滥用“不可抗力”为自身减责免责。

（资料来源：2020年十大消费维权典型案例［EB/OL］.［2022-04-29］. http://baike.baidu.com/item/2020%E5%B9%B4%E5%8D%81%E5%A4%A7%E6%B6%88%E8%B4%B9%E7%BB%B4%E6%9D%83%E5%85%B8%E5%9E%8B%E6%A1%88%E4%BE%8B/56346533?fr=aladdin.）

4. 消费者权益的维护途径

根据法律规定，消费者权益受到侵害时，可以采取以下方式解决：

《中华人民共和国消费者权益保护法》第三十九条规定，消费者和经营者发生消费者权益争议的，可以通过下列途径解决：

与经营者协商和解；

请求消费者协会或者依法成立的其他调解组织调解；

向有关行政部门投诉；

根据与经营者达成的仲裁协议提请仲裁机构仲裁；

向人民法院提起诉讼。

案例：

昆明市景怡旅行社有限公司在旅游行程中擅自变更旅游行程安排案

案件情况：2019 年 11 月 29 日至 12 月 4 日，昆明市景怡旅行社有限公司在组织接待旅游者郝某某一行 2 人的"昆明—大理—丽江"的旅游行程中，存在擅自变更旅游行程安排的违法行为。

法律依据：相对人的行为违反了《中华人民共和国旅游法》第一百条第（一）项之规定，依据《中华人民共和国旅游法》第一百条第（一）项之规定进行处罚。

处罚结果：对昆明市景怡旅行社有限公司做出责令改正，处 30 万元罚款，并责令停业整顿 3 个月（自 2020 年 1 月 22 日至 4 月 21 日）的行政处罚。

处罚单位：昆明市文化和旅游局

处罚时间：2020 年 1 月 22 日

（资料来源：云南通报 2020 年度涉旅行政处罚十大典型案件［EB/OL］.［2022-04-29］. https://www.sohu.com/a/448675133_814063.）

4.3.2 制订消费者关怀方案

客户关怀是在对客户（老顾客）需求识别的基础上，采取一系列符合其需求的情感投入、特别关注、利益回馈等增值服务和附加价值服务，提供给客户包括经济价值在内的各种服务回馈，从而维系长久和良好的客户关系，提高客户满意度和忠诚度，实现企业可持续发展。

企业通过制订客户关怀计划与客户深入沟通，要倾听客户的意见，随时关注客户的新需求，解决客户的难题，关注企业客户资源的动态变化，挖掘客户更多更深层的应用，为客户提供更多更新的应用；与客户保持长久关系，争取实现持续销售的目的。

1. 消费者关怀方案的内容

（1）客户服务（customer service），一般包括为顾客提供有关产品或服务技术说明的建议和信息，以及售后支持安排与步骤。最终的客户服务取决于影响使买主得到产品和服务过程的所有因素的交互作用。

（2）产品质量（product quality），与用以确保符合说明进而适合其目的以及使用安全而设置的标准及测度紧密相关。

（3）服务质量（service quality），指的是公司/顾客间的关系，着重点在交易过程中顾客的体验。

（4）售后服务（after-sales service），涵盖售后查询和投诉，以及修理和维护等步骤。

这些方面形成了全面顾客关怀的部分，它在帮助、关心客户等方面采取关怀态度。其目标是不断满足顾客需求并实现顾客期望。在此种背景下，顾客关怀适用于营销的各个方面。

2. 制订消费者关怀方案的主要方式

客户关怀手段指企业与客户交流的手段，主要有主动电话营销、网站服务、呼叫中心等。

（1）主动电话营销。

指企业充分利用数据库信息，挖掘潜在客户。企业通过电话主动拜访客户和推荐满足客户要求的产品，以达到充分了解客户、充分为客户着想的服务理念，同时也增加销售机会。

主动电话营销一定要有针对性。通过其他渠道精心挑选客户，针对不同客户的具体情况推荐可能符合其需要的产品与服务，不能千篇一律地宣传同一种内容。同时，如果客户有回应，可能接电话的不是你，这就要求企业各部门协同工作。当你联系的客户把电话打到其他部门时，这个部门不应该说不知道，或做出与你不同的解释。

（2）网站服务。

通过网站上的电子商务平台，企业可以提供及时且多样化的服务。网站应该智能化，企业可以根据客户点击的网页、在网页上停留的时间等信息，实时捕捉网页上客户要求服务的信息。企业将客户浏览网页的记录提供给服务人员，服务人员可通过不同的方式来服务客户，包括电话交流、影像交谈、与客户同步浏览网页以及与客户共享应用软件等方式，同时提供文字、语音、影像等多媒体的实时功能，使企业与客户进行互动或网上交易。

（3）呼叫中心。

电子商务时代的客户服务中心以拥有客户、抓住客户为目的，它必须与电子商务有机地集成。这意味着企业建立呼叫中心时，必须清楚其定义对因特网的基本需求，并且合理地与客户关系、工作流程自动化及因特网集成。基于三网合一、IP 语音、存储技术、统一信息服务的高集成度和面向垂直细分市场的呼叫中心，成为企业服务客户的发展方向。

任务实施

任务准备单（分工）

班级		组号		组长	
接单人		学号			

组员

姓名	学号	姓名	学号

项目名称		任务下达时间	
完成时间		任务通知时间	

任务分工

序号	分工内容	要求/标准	负责人

任务单 4-1-1

组号：__________ 姓名：__________ 学号：__________ 检索号：__________

分析本章节的任务情景，完成决策设计。如果你是一名汽车销售人员，你打算怎样说服店里的顾客成为你的客户？作为车企和4S店，应该如何配合销售人员完成销售任务？

引导问题：

（1）什么是消费者的需求？

（2）消费者需求怎么分类？

（3）消费者购买决策有哪些环节？

（4）如何促进消费者的购买决策？

结合上面的引导问题，完成下列任务
消费者需求的内涵：   消费者需求分为：   消费者购买决策的环节：   促进消费者购买决策的方法有：

任务一：学生分析案例提出的问题，拟出《决策设计提纲》（包含知识点分析、案例分析、方案设计纲要以及工作任务安排）
任务二：小组讨论，形成小组决策设计方案（包含本决策设计的知识点、知识应用分析以及具体实施步骤）

任务单 4-1-2

组号：__________ 姓名：__________ 学号：__________ 检索号：__________

【情境设计】

以实训小组为单位，进行适当角色分工后，在学校附近选择一家大型超市，对（不同类型）消费者购买（不同种类）商品的决策进行抽样调查和分析，在此基础上提出相应的营销策略，并撰写、讨论、交流相应的《实训报告》。

【操作步骤】

（1）以小组为单位，每组确定 1 人负责，并根据情境设计要求进行适当角色分工。

（2）各组明确本次消费者购买决策分析针对的消费者类型和商品种类。

（3）各组确定调查方案，拟订调查问卷。

（4）各组进入超市，运用观察法和调查法，抽样调查消费者的购买决策过程并详细记录。

（5）分析消费者在问题认识、信息搜寻、评价与选择、购买、购后行为等不同阶段的心理及行为。

（6）提出在消费者购买决策的问题认识、信息搜寻、评价与选择、购买、购后行为等不同阶段促进消费者购买的营销策略。

（7）各组形成《××超市×× 类消费者购买××种类商品的决策分析及营销策略报告》。

（8）在班级讨论、交流各组的《××超市××类消费者购买××种类商品的决策分析及营销策略报告》，教师进行评点。

【成果形式】

实训课业：撰写《××超市 ××类消费者购买×× 种类商品的决策分析及营销策略报告》要求：

（1）报告的内容应包含实训成员分工、实训过程、实训总结、消费者行为分析、基于消费者行为分析的营销策略等。

（2）将调查问卷以附件形式附在《实训课业》正文之后。

任务单 4-2-1

组号：__________ 姓名：__________ 学号：____________ 检索号：__________

各组结合任务单 4-1-1，根据该消费场景设计消费者可能提出的异议（至少一项），以及有可能产生的投诉，并进行角色分配及场景表演。

引导问题：

（1）如何提高消费者的满意度？

（2）如何识别消费者的异议和投诉？

（3）如何处理消费者异议？

（4）如何处理消费者投诉？

（5）如何提升消费者的忠诚度？

模拟处理的异议	
产生异议的原因	
异议处理的步骤	
具体解决方案	
总结	

模拟处理的投诉	
处理投诉的步骤	
具体解决方案	
总结	

任务 4-3-1

组号：________ 姓名：________ 学号：__________ 检索号：________

结合消费者权益的相关内容，分析下面的案例。

2020 年 6 月 15 日，西宁市湟中区市场监管局执法人员根据投诉举报，对青海新绿康食品有限责任公司现场检查，发现该公司在阿里巴巴平台对“青穗红色藜麦米”作“藜麦是印加土著居民……被称为‘粮食之母’，粮农认证：藜麦是联合国粮农组织认可的优质营养单体植物”“藜麦中富含镁、锰、锌、钙等矿物质……1980 年成为美国宇航员的太空食品”等虚假或引人误解的宣传。

请分析该案例中该公司触犯了哪些法律法规？应如何规范？

引导问题：

（1）消费者权益的含义和内容？

（2）消费者权益的法律责任包含哪些内容？

（3）违反消费者权益保护法的法律责任包含哪些具体内容？

任务单 4-3-2

组号：__________ 姓名：__________ 学号：__________ 检索号：__________

元旦节来临之际，选择一家企业，为其制订一份客户关怀方案。

引导问题：

（1）客户关怀方案有哪些内容？

（2）客户关怀方案有哪些方式？

任务评价与反馈

组号：________ 姓名：________ 学号：__________ 检索号：________

任务评价表

班级		组名		日期		年　月　日
评价指标	评价内容			他评分数	自评分数	教师综合分数评定
信息检索 10分	能有效利用网络、图书资源、工作手册查找有用的相关信息等；能用自己的语言有条理地去解释、表述所学知识；能将查到的信息有效地传递到工作中					
感知工作 10分	熟悉工作岗位，认同工作价值；在工作中能获得满足感					
参与态度 20分	积极主动参与工作，能吃苦耐劳，崇尚劳动光荣、技能宝贵；与教师、同学之间相互尊重、理解；与教师、同学之间能够保持多向、丰富、适宜的信息交流					
	探究式学习、自主学习不流于形式，处理好合作学习和独立思考的关系，做到有效学习；能提出有意义的问题或能发表个人见解；能按要求正确操作；能够倾听别人意见、协作共享					
学习方法 10分	学习方法得体，有工作计划；操作技能符合规范要求；能按要求正确操作；获得了进一步学习的能力					
工作过程 15分	遵守管理规程；平时上课的出勤情况和每天完成工单任务情况良好；善于多角度分析问题，能主动发现、提出有价值的问题					
思维态度 10分	能发现问题、提出问题、分析问题、解决问题					
自评反馈 25分	按时按质完成工作任务；较好地掌握了专业知识点；具有较强的信息分析能力和理解能力；具有较为全面、严谨的思维能力并能条理清晰地表达成文					
组内成员评价						
自我总结有益经验和做法						
其他反馈与建议						

课后练习题：

一、单选题

1. 关于需要，下列说法正确的是（　　）。

A. 是主体对某种目标的渴求和欲望　　B. 有些需要是与生俱来的

C. 是个体消费行为的直接原因　　D. 有些需要是后天形成的

2. 消费者感到某种缺乏而力求获得满足的心理倾向是指（　　）。

A. 消费者的需要　　B. 消费者的动机

C. 消费者的认知　　D. 消费者的注意

3. 人对于理想的追求属于人的需要层次的（　　）层次。

A. 生理需要　　B. 安全需要

C. 社交需要　　D. 尊重需要

E. 自我实现需要

4. 引起并维持消费者从事消费活动，以满足自身需要的心理倾向或动力是（　　）。

A. 消费者的需要　　B. 消费者的动机

C. 消费者的认知　　D. 消费者的注意

5. 消费者在选择商品时，以价格为首要考虑因素，对降价、折价等促销活动有较大的兴趣，而对商品的质量、花色、款式、包装和品牌并不十分挑剔，这类消费者的购买动机属于（　　）。

A. 求实动机　　B. 求廉动机

C. 求便利动机　　D. 求美动机

6. 下列哪一项不属于证明性激发的方式（　　）。

A. 实证激发　　B. 建议性激发

C. 证据激发　　D. 论证激发

7. 销售人员利用电视机现场播放，以证明其色彩、音质和收看效果，这种激发方式属于（　　）。

A. 实证激发　　B. 建议激发

C. 证据激发　　D. 论证激发

8. 消费者购买决策类型中最复杂的一种类型是（　　）。

A. 惯常决策　　B. 广泛决策

C. 有限决策　　D. 购买者决策

9. 一种以表示信任为主要特征的购买动机是（　　）。

A. 惠顾性购买动机　　B. 求美性购买动机

C. 求名购买动机　　D. 求廉购买动机

10. 下列属于消费者需要的特征的是（　　）。

A. 多样性　　B. 发展性

C. 周期性　　D. 可激发性

11. 当客户只有一个期望值无法满足时，（　　）不是我们应对的技巧。

A. 说明原因　　B. 对客户的期望值表示理解

C. 提供更多的有效解决方案　　D. 与客户据理力争

12. 客户流失的原因不包括（　　）。

A. 质量不稳定　　B. 客户收入不稳定

C. 缺乏创新　　D. 竞争对手的挖掘

二、多选题

1. 按对象划分，可以把消费者需要分为（　　）。

A. 自然性需要　　B. 物质需要

C. 精神需要　　D. 社会性需要

2. 下列属于消费者需要的特征的是（　　）。、

A. 多样性　　B. 发展性

C. 周期性　　D. 可激发性

3. 从消费者动机冲突的表现形式角度分析，动机冲突可以表现为（　　）。

A. 双趋冲突　　B. 双避冲突

C. 趋避冲突　　D. 买与不买冲突

4. 马斯洛需要层次理论把人的需要分为五个层次，由低到高依次是（　　）。

A. 社交需要　　B. 生理需要

C. 安全需要　　D. 尊重的需要

E. 自我实现的需要

5. 消费者购买决策过程的顺序应该是（　　）。

A. 认识需要　　B. 分析评价

C. 搜集信息　　D. 购后行为

E. 决定购买

6. 重大投诉主要有以下几种类型（　　）。

A. VIP 客户的投诉　　B. 反映频率较高的投诉

C. 激烈或要价高的投诉　　D. 由一般投诉升级的重大投诉

7. 客户忠诚体现在（　　）。

A. 客户满意度提高　　B. 客户关系的持久性

C. 客户对企业有很深的感情　　D. 客户花在企业的消费金额提高

E. 客户购买企业的全部产品

8. 当出现下列情况时，客服人员必须直接反驳客户。（　　）

A. 客户："你们企业的售后服务风气不好，电话叫修姗姗来迟！"

B. 客户："这个金额太大了，不是我马上能支付的。"

C. 客户："我今天只是随便转转，没有带钱。"

D. 客户："这房屋的公共设施占总面积的比例，比一般的房屋高出不少。"

9. 以下不属于额外服务的是（　　）。

A. 增值服务　　B. “定制”服务
C. 持续提供高品质服务　　D. 个性化服务
E. 保证产品的质量

10. 客户忠诚给企业带来的效应包括（　　）。

A. 长期订单　　B. 回头客
C. 额外的价格　　D. 良好的口碑

11. 从性质上对异议进行辨别，主要有（　　）3 种类型。

A. 真实异议　　B. 表现异议
C. 虚假异议　　D. 隐藏异议

12. 客户经理对客户异议答复时机的选择有下列几种情况（　　）。

A. 异议尚未提出时回答　　B. 异议提出后立即回答
C. 异议提出后过一段时间再回答　　D. 不予回答

13. 企业提升客户满意度的方法有（　　）。

A. 具备满足客户需求的能力　　B. 改善服务质量
C. 创造经营指标体系　　D. 革新僵化体制

三、问答题及论述题

1. 什么是消费者需要？其基本特点包括哪些？
2. 马斯洛需要层次理论把人的需要分为五个层次，由低到高依次是什么？举例说明生活中满足这些需要的商品。
3. 什么是购买动机？它是如何形成的？
4. 常见的消费者购买动机有哪几种？
5. 如何运用激发方式强化消费者的购买动机？
6. 简述消费者购买动机的冲突。
7. 简述马斯洛需要层次理论的主体内容，谈谈你对该理论的理解。
8. 影响消费者购买决策的因素有哪些？
9. 消费者购买产品的决策类型并不是一成不变的，为什么？从自身的经验中寻找答案。
10. 消费者购买决策过程包括哪几个阶段？
11. 请简述客服人员如何把分内的服务做精。
12. 请介绍客户异议处理的一般操作流程。
13. 简述消费者关怀方案的内容。
14. 简述消费者权益的内容。

四、案例分析

（一）日前，某储运公司客户投诉管理部门接到一老客户打来的投诉电话，称：在近期储运公司运送来的货物中存在着货物毁损问题。该批货物价值总额为 30 万元，商品完好率为 70%，缺损商品价值为 9 万元。客户要求赔偿。

客户投诉管理部门受理投诉，登记客户投诉记录表，然后将投诉记录交货运部；货运部收到投诉记录后马上开展调查分析，并获得两个方面的资料。

缺损货物中有10%的货物因轻微碰撞而变形，修理后不影响使用和销售，预计修理费用为3 000元；其余部分毁损严重，无法恢复其价值和使用价值，这部分货物的价值总额为8.1万元。

货物毁损原因查明，是因为储运公司对货物的包装强度过低，导致货物在运输途中出现事故。

经有关管理部门研究，并征得客户的同意，提出解决问题的方案：

支付商品的维修费用，赔偿经济损失，两项共计4 000元；

补发毁损货物；

储运公司相关部门按要求支付赔款和发运货物；

客户投诉管理部门定期回访该客户，了解到货情况，赢得客户的信任。

请分析：

1. 客人为什么要投诉？
2. 我们应如何看待投诉？
3. 处理投诉的原则有哪些？
4. 事故的责任在谁？储运公司的处理流程是什么样的？
5. 你认为他们的处理是否得当？

（二）神州租车公司某店，四位怒气冲冲的客人投诉，他们租的汽车刹车片有问题，险些害他们命丧黄泉。他们向神州租车服务总台电话投诉，但总台要求客人回到租车门店确认汽车问题及寻求解决。客人几经周折，但未得到满意解决，十分愤怒。神州租车的员工认为客人蛮不讲理，事实上并未发生车祸，本公司没有可承担的责任，并且，客人并未提出明确的诉求，只是吵闹，店员也无所适从。

问题：

1. 分析现象出现的原因。
2. 神州租车公司应该如何处理该问题？

（三）乔·吉拉德被誉为世界上最伟大的推销员，他在15年中卖出13 001辆汽车，并创下一年卖出1 425辆车（平均每天4辆车）的记录，这个成绩被收入《吉尼斯世界大全》。那么你想知道他推销的秘密吗？他讲过这样一个故事：

记得曾经有一次一位中年妇女走进我的展销室，说她想在这儿看看车打发时间。闲谈中，她告诉我她想买一辆白色的福特车，就像她表姐开的那辆，但对面福特车行的推销员让她过一小时后再去，所以她就先来这儿看看。她还说这是她送给自己的生日礼物：“今天是我55岁生日。”

“生日快乐！夫人。”我一边说，一边请她进来随便看看，接着出去交代了一下，然后回来对她说：“夫人，您喜欢白色车，既然您现在有时间，我给您介绍一下我们的双门轿车——也是白色的。”

我们正谈着，女秘书走了进来，递给我一打玫瑰花。我把花送给那位妇女：“祝您长寿，尊敬的夫人。”

显然她很受感动，眼眶都湿了。“已经很久没有人给我送礼物了。”她说，“刚才那位福特推销员一定是看我开了部旧车，以为我买不起新车，我刚要看车他却说要去收一笔款，于是我就上这儿来等他。其实我只是想要一辆白色车而已，只不过表姐的车是福特，所以我也想买福特。现在想想，不买福特也可以。”

最后她在我这儿买走了一辆雪佛莱，并写了张全额支票。其实从头到尾我的言语中都没有劝她放弃福特而买雪佛莱的词句。只是因为她在这里感受了重视，于是放弃了原来的打算，转而选择了我的产品。

问题：

1. 请分析案例中的服务有什么亮点。

2. 乔·吉拉德的服务在提升客户满意度方面给我们什么启示？

（四）“瘦肉精”再度来袭！2011 年 3 月 15 日，央视 3·15 特别行动节目抛出一枚食品安全重弹，曝光了双汇在食品生产中使用“瘦肉精”猪肉。一时间，市场哗然。

对双汇集团自身的影响：

2011 年 3 月 15 日“瘦肉精”被曝光后，双汇股票跌停，市值蒸发掉了 103 个亿，从 3 月 15 日起到 31 日影响销售 15 亿多。

双汇集团 20 多年时间筑就的放心品牌受到质疑，双汇丧失了顾客的信任，这个损失也是难以估量的。

问题：双汇在“瘦肉精”事件后该如何重建顾客信任？

补充案例 1：消费者购买决策过程

去年圣诞节，我给自己的一位很要好的女性同学买圣诞礼物。我这位同学对一些简简单单的东西，或者是一些价格较高但是没有新意的礼物不甚喜欢，甚至会给她留下坏印象。前者指一些像毛毛熊、暖手宝、苹果之类的简单礼物，后者指首饰、套装巧克力之类。最重要的是要送出自己的新意，这些东西是能够暖人心的，不是要她挂出来做样子用的。

首先，就此礼物，我向我们班级大部分女孩子询问，什么样的礼物能让她们看一眼就被深深地吸引住，同时能够明白作为一个朋友的良苦用心。我得到建设性意见若干条。如，一致认为对她要：只要对的，不要贵的。

其次，我自己在学校附近所有的礼品店参看，不让任何一家哪怕是一个小小的格子铺成为漏网之鱼。同时，询问服务人员何种礼物今年销量最好。这能有效地提升自己对美的理解，同时把握最新时尚动态。如，看到何种颜色是现今最流行的，并结合她的气质推导出自己礼物的颜色。

再次，我在学生经常上的网站征求网友的意见。如，校内网、贴吧、论坛等。网友也给出了很多好的意见。如：DIY（自己动手做的）。

我邀自己班级一位眼光独特的女同学，再一次把学校周围的礼品店逛了一圈。这次，我每至一店，就拿出店中一些不错的礼物询问如何，并听取她的意见。

最后，我终于下定决心要亲自动手制作一个礼物。确定了目标：买一个大小适中的包装盒，颜色为大方的黑色，同时上面有颜色搭配很恰当的图案。在包装盒里面，用自己 PS 过（乳白色纸上全是她喜欢的迷你熊）的一张卡张分成 81 个小方格。在学校附近买开心果一包，在开心果上手刻自己写的一首诗。礼物的颜色、细节，我都根据自己对她的了解和她自身气质制定。

该案例是如何体现消费者购买决策过程的？

分析：

购买者决策（who）主要解决的是由谁购买、为谁购买、谁决定购买、谁是购买发起者、谁影响购买等一系列问题。

购买目标决策（买什么/what）是购买决策的核心和首要问题。

购买原因决策（为什么买/why）即权衡购买动机。

购买地点决策（在哪里买/where）是购买决策的重要内容。

购买时间决策（何时买/when）也是购买决策的重要内容，它与主导购买动机的迫切性有关。

购买方式决策（如何买/how）。消费者在购买商品时，要事先决定采用什么购买方式，购买方式的选择会受消费者的个性、受教育程度、职业、年龄和性别等多种因素的影响。

补充案例2：无锡调解网上租车纠纷

今年8月，江苏省无锡市梁溪区市场监督管理局北大街分局接到12315中心移交的一条投诉线索：消费者杨女士在某租车网站租赁了一辆汽车，并通过手机APP全额支付了租车费用。当杨女士到店取车时，却被告知还需要支付一笔押金。杨女士不解，提出在网上租车时没有看到关于押金的条款，如果需要交押金就不租了，要求退款。门店方面则表示如要退款需扣除违约金。杨女士最后向属地市场监督管理部门投诉，请求予以调解。

北大街分局工作人员经过网上巡查和实地走访发现，商家在其官方网站和手机APP租车付款的最终界面上均标明了关于租车违章押金的条款，并且在独立的"帮助中心"模块中进行了单独说明。商家就此认为，其已经尽到了告知义务。经过调解，杨女士表示自己在网上付款时未看清违章押金的说明，到门店后以为是要付租车押金而产生了误会。通过协商，商家为提升满意度，最后为消费者杨女士办理了全额退款，杨女士表示认可。

补充案例3：微信集赞难兑奖

微信集赞曾经被不少商家采用，消费者也积极参与。但一些活动，消费者真要兑奖时却发现困难重重。

2021年1月，四川省古蔺县工商局城区工商所接到张某投诉。张某诉称，其通过"掌上古蔺"微信公众号看到古蔺县某电器公司发布内容为"厂家空调搞促销，集赞48个便可到公司兑换8只装陶瓷碗一套"的广告后，便在微信朋友圈集齐48个赞到该电器公司兑奖，但被告知需集齐至少98个赞方可兑奖。经查，张某举报事项属实，该公司的行为涉嫌违反《中华人民共和国广告法》相关规定。最终，该公司按其微信广告承诺的方式给张某兑奖，并赔偿张某8只装陶瓷碗3套。

无独有偶，2021年7月31日消费者李先生向河北省迁安市市场监督管理局杨店子分局反映，他在微信朋友圈看到一则集68个赞，就可以到大五里乡某渔具店免费领取鱼竿一根的消息。当他来到该渔具店兑奖时，却被店员以奖品发放完毕为理由拒绝。分局工作人员找到被投诉的渔具店，现场了解情况，详细讲解相关法律法规。渔具店经营者最终履行承诺，赠予李先生一根鱼竿。

模块五 Module Five

学会消费者研究与营销

Learn to Conduct Consumer Research and Marketing

诚信者，天下之结也。

——《管子·枢言》

学习内容

任务 5.1　消费者研究与营销建议

任务 5.2　消费者行为与价格策略

任务 5.3　消费者行为与分销渠道策略

任务 5.4　消费者行为与促销策略

任务 5.5　大数据营销

在社会主义条件下发展市场经济，是我们党的一个伟大创举。

——2015 年 11 月 23 日，习近平总书记在中共十八届中央政治局第二十八次集体学习时的讲话

学习导图

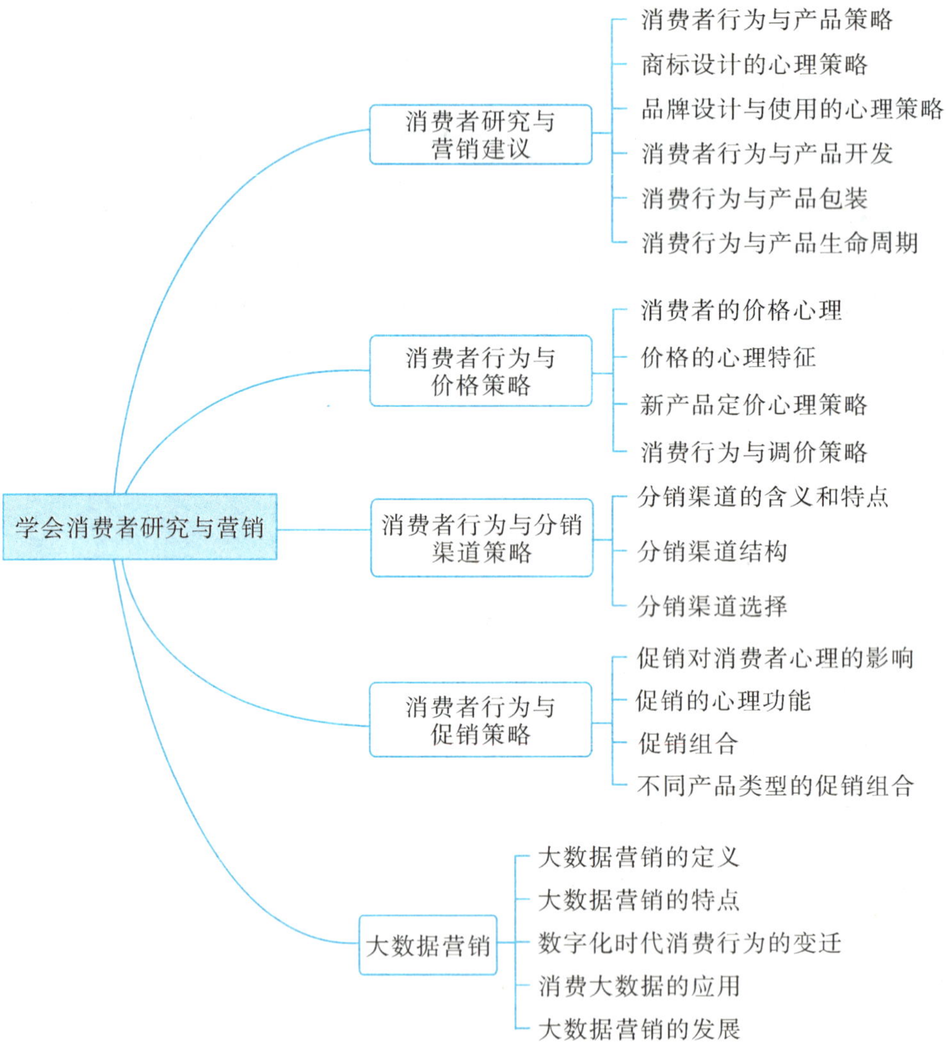
学会消费者研究与营销
消费者研究与营销建议
消费者行为与产品策略
商标设计的心理策略
品牌设计与使用的心理策略
消费者行为与产品开发
消费行为与产品包装
消费行为与产品生命周期
消费者行为与价格策略
消费者的价格心理
价格的心理特征
新产品定价心理策略
消费行为与调价策略
消费者行为与分销渠道策略
分销渠道的含义和特点
分销渠道结构
分销渠道选择
消费者行为与促销策略
促销对消费者心理的影响
促销的心理功能
促销组合
不同产品类型的促销组合
大数据营销
大数据营销的定义
大数据营销的特点
数字化时代消费行为的变迁
消费大数据的应用
大数据营销的发展

【任务情景】

“表达瓶”——“江小白”的产品主义

“江小白”的“表达瓶”是个人关系和快乐时刻的推动者。当今社会，约朋友小聚是为了谈心，在朋友圈发布文字是为了表达。人人都有表达自己的欲望，想让世界听见自己的心声。“江小白”的“表达瓶”更多地展示了产品与消费者的沟通力，借助产品来表达感情，有意识地聚焦小聚小饮等消费场景的用户体验，赋予产品以情感寄托。

“江小白”推出的迭代“表达瓶”由单向传播变为双向互动，在语录瓶的基础上打开消费者参与的通道。在“江小白”“表达瓶”上“扫一扫”二维码，进入“表达瓶”H5 互动页面，消费者可以在活动页面中写下自己想说的话，上传自己的照片，便可以“定制”出个性版的“江小白”“表达瓶”。此外，如果消费者的“表达”足够精彩，能够被企业选中，还可能被批量生产并在全国上市。

“江小白”的迭代“表达瓶”产品上线不足半年，同比销量增长了 86%，搜索指数和电商 ToC 的销售增幅超过 100%。

结合案例分析“江小白”品牌获得成功的原因。

【任务清单】

任务清单见表 5-1。

表 5-1 任务清单

任务编号	任务描述	知识目标	技能目标	综合素养
5.1	能针对产品品牌建设、产品开发、产品包装及产品不同的生命周期，提出营销建议	□了解消费者行为与产品策略的关系 □了解消费者行为与产品开发的关系 □消费行为与产品包装 □消费行为与产品生命周期	□能够运用相关知识分析消费者对品牌的认知、联想和忠诚度 □能够分析消费者对新产品的需求，并用相关知识分析哪些因素会促进消费者对新产品的接纳 □能够用包装设计的心理策略等知识，分析包装在销售过程中起到的作用 □能够根据商品所处生命周期的不同阶段，制订营销方案	培养匠心精神、创新思维、人文精神、科学素养和诚信品质
5.2	能够运用消费心理的相关知识制定价格心理策略	□了解消费者的价格心理特征 □掌握商品定价策略 □掌握商品调价策略	□能分析消费者对价格的心理特征 □能运用商品的定价策略 □能根据不同情况，合理运用商品调价策略	

表5-1(续)

任务编号	任务描述	知识目标	技能目标	综合素养
5.3	能够运用消费心理学相关知识选择分销渠道策略	□了解分销渠道结构 □掌握消费者行为与分销渠道选择	□能进行产品的分销渠道设计	
5.4	能根据消费者心理，灵活设计促销推广计划	□了解促销的心理功能 □掌握促销组合、促销策略的制定	□能灵活运用促销组合、促销策略设计促销推广计划	
5.5	能结合消费者心理，运用大数据营销开展营销策划	□了解数字化消费行为的兴起 □理解消费大数据的应用 □了解大数据营销的发展	□能分析大数据在产品销售中的运用情况	

任务 5.1 消费者研究与营销建议

任务描述：

能针对产品品牌建设、产品开发、产品包装及产品不同的生命周期，提出营销建议。

任务准备：

课前知识学习。

5.1.1 消费者行为与产品策略

消费者研究与营销建议

产品的品牌、产品开发以及包装的好坏，都会对企业的产品能否被消费者接受产生重要的影响。企业产品对消费者吸引力的强弱，取决于企业能否深入了解并满足消费者需求，从而让消费者从心理上接受并认可企业的产品。

1. 消费者心理与产品品牌

消费者心理对于品牌营销起着至关重要的作用，品牌营销离不开消费心理。企业每一个营销策略的制定都与消费者有着千丝万缕的联系。

（1）品牌的概念。

品牌是一种识别标志、一种精神象征、一种价值理念，是品质优异的核心体现。培育和创造品牌的过程也是不断创新的过程。企业自身有了创新的力量，才能在激烈的竞争中立于不败之地，继而巩固原有品牌资产，多层次、多角度、多领域地参与竞争。产品品牌对于产品而言，包含两个层次的含义：一是指产品的名称、术语、标记、符号、设计等方面的组合体；二是代表有关产品的一系列附加值，包含功能和心理两方面的利益点，如：产品所能代表的效用、功能、品位、形式、价格、便利、服务等。如华为的品牌就是由中文“华为”、拼音字母“HUAWEI”以及形似菊花的红色图标组成的（如图 5-1 所示）。

HUAWEI

图 5-1 华为品牌的构成要素

在品牌的构成要素中，通常把可读的称谓部分（包括单词、字母和数字）叫品牌名称；把不可读的非称谓部分叫品牌标志。其中，品牌名称是语言符号，是品牌在人们之间进行传播的基础，所以它是品牌的核心要素。

（2）品牌的本质。

从本质上来说，品牌是商品生产者、经营者向购买者长期提供的一组特定的属性、利益和价值。一个好的品牌能传达企业良好的信誉、承诺以及商品特有的文化和情感。总体来说，品牌包括以下六个方面的内涵：

①属性。

品牌应该能够向消费者提示自身所属的产品类别。如，“贵州茅台”代表白酒第一品牌，体现其产品酿造工艺精良、稀缺性和独特性。

②利益。

品牌应该能够向消费者暗示其具有的功能性利益和情感型利益。如，作为海尔品牌一部分的“真诚到永远”，代表了海尔品牌的真诚服务。

③价值。

品牌能够向消费者显示其自身价值。如，2021 年腾讯品牌（5 667 亿元）连续三年荣膺中国最具价值品牌。“中国品牌价值 500 强”排行榜中，排名前十的还包括华为（5 382 亿元）、工行（4 967 亿元）、国家电网（4 609 亿元）、建行（4 322 亿元）、农行（4 234 亿元）、阿里（4 044 亿元）、海尔（3 998 亿元）、中国平安（3 747 亿元）、茅台（3 622 亿元）。

④文化。

品牌能够向消费者展示不同企业创造的不同企业文化理念。如，华为品牌向大众传递的就是远大的追求、求实的作风、尊重个性、集体奋斗、结成利益共同体、公平竞争、合理分配等文化特点。

⑤个性。

品牌能够向消费者显示其在产品制造方面的独特专业性。如，优酷展现的是“这世界很酷”；名创优品，展现的是简单、时尚、实惠。

⑥使用者。

品牌能暗示其产品专属的消费者群体。如，“江小白”目标客户群是年轻时尚群体。

一个好的品牌对企业的长远经营起着不可估量的作用：

帮助企业将自身及其产品与竞争企业及其产品区别开来。

在产品销售过程中促进产品的销售。

品牌提升产品的价值，凝聚了企业的无形资产。

便于企业树立良好的形象，扩大产品的宣传。

2. 品牌与商标的关系

品牌是产品的牌子，商标是商品的标志。品牌和商标二者既有联系又有区别，其联系在于它们都是无形资产，都具有一定专有性，其目的都是区别于竞争者，有助于消费者识别。但两者有本质区别（见表 5-2）。

表 5-2 品牌与商标的联系和区别

<table>
<tr><th>名称</th><th>联系</th><th>区别</th></tr>
<tr><td>品牌</td><td rowspan="2">有一定专有性；区别于竞争者；有助于消费者识别</td><td rowspan="2">①商标是一个品牌的一部分，它的内涵要小于品牌的内涵
②商标一般都要注册（我国也有未注册商标）。它是受法律保护的一个品牌的一部分，其产权可以转让和买卖；而品牌不用注册，一经注册，品牌就成为商标
③品牌主要表明产品的生产和销售单位，而商标则是区别不同产品的标记
④一个企业品牌和商标可以是相同的，也可以不相同
⑤品牌比商标有更广的内涵，品牌代表一定文化，有一定个性，而商标则是一个标记</td></tr>
<tr><td>商标</td></tr>
</table>

可见，品牌不同于商标，品牌是个市场概念，商标是个法律概念。在市场经济中，能称得上品牌的实际上也就是在某个行业中具有一定美誉度和知名度的商标，实际上，这种商标也称为名牌。

3. 商标的心理功能

商标用于识别和区分产品或服务的不同来源。它是任何能够将自然人、法人或者其他组织的商品与他人的商品区别开的标志，包括文字、图形、字母、数字、三维标志、颜色 组合和声音等。商标被视为产品的第二生命，产品是否能顺利销售，很大程度上取决于商标在消费者心中所建立的品牌形象。正确地认识商标及其作用，合理地选择商标，是企业产品竞争的要求。

（1）识别商品。

商标是商品或服务的符号，它可以使消费者从众多类似产品中容易识别出特定商标所代表的商品或服务的形象，尽快完成购买活动的认知过程，方便消费者迅速锁定目标商品。因此，企业必须精心设计自己的商品标志，注意文字简洁、形象生动、构思新颖、画面优美、道德高尚、个性鲜明、充满情趣、适应风俗习惯，使消费者易于识别和记忆。例如，图 5-2 是微信的商标。

图 5-2 微信的商标

（2）形成印象。

一个设计良好的品牌可以通过广告等各种媒介给消费者留下深刻的感受和难忘的印象。一些消费者坚持使用某一品牌数年甚至终生，对产品的使用和印象已经成为难以改变的习惯。相反，如果产品给消费者留下不好的印象，也很难改变。因此，企业必须确保品牌和产品名称之间的一致性。

（3）传播促销。

商标作为一种企业形象和商品形象，可以在消费者之间传播，并深深扎根于人们心中，从而导致不同的品牌偏好，从而产生相信品牌、追求名牌、忠诚于老品牌等不同类型的消费行为。优秀的商标设计和高品质的商品可以迅速传播商品的形象和声誉，让更多的消费者能够加深对商品和服务的了解。

4. 商标的专权保护

商标一经注册，即受法律保护。注册商标是专有的，享有专有权。其他人不得模仿或伪造。伪造注册商标的，依法追究刑事责任。这样，企业创造的名牌产品就可以独享其利益，这是其他厂商无法分享的。保护功能是维护生产者和经营者的声誉，保护消费者的利益。

5. 商标的监督质量

商标同产品一起代表着企业的形象和声誉。企业欲维护其商标的影响，必须尽力维护其产品的质量。为了维护其商标的信誉，企业往往不敢随意地以次充好、降低质量。所以，商标能起到帮助消费者监督产品质量、保护消费者利益的作用。

5.1.2 商标设计的心理策略

商标的设计具有很大的灵活性，可以采用文字、符号、图形及其组合等多种形式和技术。但是，一个好的商标不能武断地设计，必须考虑到商品的特点和消费者的心理，力求将丰富的信息集中在方寸上，最大限度地提高商标的吸引力。为此，企业应采取以下战略。

1. 突出特色，个性鲜明

商标的设计应该独具风格。应该以巧妙的理念突出个性，向消费者展示其独特性。人们通常对特殊的事物记忆深刻。为了使消费者能够从复杂的相似商品中快速找到自己喜爱的商品，商标的设计应力求与其他相似商品有所不同。例如，“中国银行”在商标中充分突出了它的个性和独特性（见图 5-3）。中国银行以中国古钱与“中”字为基本形状，古钱图形是圆形与方孔的设计，中间方孔，上下加垂直线，成为“中”字形状。古钱形状代表银行，“中”字代表中国，寓意天方地圆，经济为本，颇具中国风格。

中國銀行

BANK OF CHINA

图 5-3 中国银行商标

2. 文字简洁，造型优美

商标设计应力求生动美观、线条明快流畅、色彩搭配和谐、富有感染力，以满足消费者追求美的心理，使消费者对商标和商品有良好的印象。此外，人们往往对简单美观的图形和文字有着深刻的记忆，因此商标语言应该简洁明了、易于记忆和朗朗上口，商标图案也应该简单明了，让人们永远不会忘记。例如李宁的标志充分体现了体育品牌所蕴含的活力和开拓精神。李宁商标 logo 的总体设计由汉字拼音“LI”和“NING”的第一个英文大写字母“L”和“N”的变形组成主色为鲜红色的造型。设计栩栩如生、细致、美观大方，富有灵动和现代化寓意（如图 5-4 所示），充分体现了体育品牌所蕴含的活力和开拓精神。

图 5-4 李宁的商标

3. 与时俱进，彰显时代气息

如果商标名称能够与特定的历史时期相结合，体现时代气息，甚至赋予一定的社会意义，就可以激发消费者的购买热情，顺应民意，赢得消费者的青睐。

如抖音的商标，抖音最初的名字叫作 Amy，商标为一个粉色的音符。因为该应用下载使用量较低，所以 2016 年公司将软件的名字和商标进行了更改，名字改为抖音，商标改为一个抖动的音符（如图 5-5 所示）。改动后的抖音商标和产品名字十分契合，也更加吸引消费者了。

图 5-5 抖音的商标

4. 与商品本身的性质和特点相协调

商标既是对商品所要传达信息的提炼和精确表达，也是商品的代名词，又起到提示和强化的作用。这要求商标要准确地体现其所代表商品的性质，突出商品的特色。如，可口可乐的英文商标是由“coca”和“cola”组成，其成分分别是古柯（Coca）的叶子和可拉（Kola）的果实。但译成中文“可口可乐”（如图 5-6 所示），则直接反映了其满足消费者物质需求和精神需求的功能特点。

图 5-6 可口可乐商标

5. 遵从法律规定，顺应不同国家、民族、宗教、地区消费者的心理习惯

商标的设计应该是独特的，不应抄袭他人的想法。同时，各国商标法明确规定，国家的国徽、国旗和国际组织的徽章、旗帜、缩写等不允许注册为商标的物品。例如，紫荆花曾经被用作商品的象征，但现在已经被禁止，因为紫荆花现在是中国香港特别行政区的标志图案。此外，不同国家、民族、宗教和地区的消费者有着不同的习惯，由此产生了许多不同的偏好和禁忌，在设计商标时也应充分考虑这些问题。

5.1.3 品牌设计与使用的心理策略

消费者对品牌的熟悉程度会影响他们的消费行为。一般来说，消费者首先会注意熟悉的牌子，然后再考虑是否购买。因此，商品品牌是影响消费者消费决策的重要因素之一。

1. 品牌认知

品牌认知是指在消费者记忆中，在品牌名称和相应产品之间建立双向关系的心理活动。这种心理表现在消费者对品牌名称及其产品类别的认知或回忆上。例如，说到“海尔”，消费者会想到冰箱、洗衣机和其他家用电器；说到牛奶，消费者会想到“蒙牛”“伊利”等品牌。

对于大多数消费者来说，品牌意识是选择品牌产品进行消费的基础。提高品牌知名度将使消费者在购物时优先选择熟悉的品牌产品。企业可以采取以下策略来提高品牌知名度：①品牌命名应具有鲜明的个性；②品牌的表现形式要简单；③品牌传播要广泛持久；④产品展示应醒目；⑤增加消费者尝试产品的机会。

2. 品牌联想

品牌联想是指消费者在品牌认知的基础上，通过品牌相关内容的联想，在头脑中形成对品牌的全面印象的心理活动。例如，在“海尔”品牌下，消费者会想到家电，想到良好的售后服务，想到张瑞敏用锤子砸碎冰箱，想到高举“中国制造”旗帜的企业文化，从而形成海尔是中国最好的家电企业的印象。

经过反复联想，消费者会不断加深对品牌内涵的理解，逐渐在脑海中建立起对品牌良好的印象，这是企业赢得消费者信任的前提。企业可以采取以下策略加强品牌联想：①品牌命名应有相关性；②品牌命名应该有美好的寓意；③品牌广告语言应具有启发性；④采用名人为品牌代言。

3. 品牌忠诚

品牌忠诚是指消费者信任、偏好和重复消费意愿的心理活动。品牌忠诚度是衡量消费者对品牌感受的一种指标，它可以反映消费者从一个品牌转向另一个品牌的可能性。培养消费者的品牌忠诚度可以巩固品牌的市场地位，凝聚和提升品牌价值。

然而，如果消费者在某个时间对某个品牌忠诚，并不意味着他们总是对该品牌忠诚，而不转向其他产品。因此，企业必须采取措施培养、维护和增强消费者对品牌的忠诚度。企业可以采取以下策略培养品牌忠诚度：①明确品牌的市场定位；②增强广告的情感感染力；③提供额外的礼物或服务；④妥善解决品牌危机。

5.1.4 消费者行为与产品开发

1. 新产品的含义及类型

新产品是指在结构、功能或形态上发生改变，并推向了市场的产品。可以从企业、市场和技术三个角度对新产品的概念进行界定。对企业而言，第一次生产销售的产品都可以被称为新产品；对市场来讲则不然，只有第一次出现的产品才能被称为新产品；从技术方面看，在产品的原理、结构、功能和形式上发生了改变的产品被称为新产品。

按照构造原理和改进程度的不同，新产品通常可以分为以下四种类型：

（1）全新产品。

这是指应用新的技术、新工艺、新的材料研发和生产出的具有全新功能的产品，如蒸汽机、电灯、电话、收音机、飞机、电视机、电子计算机等的研制成功并首次投入使用时都是全新产品。这类新产品的问世和推广，通常对消费者的消费观念、消费心理和消费方式等方面产生重大的影响。

（2）换代新产品。

这是指在原有产品的基础上，部分采用新技术、新材料、新工艺研制出来的新产品。换代产品的出现，标志着产品的性能有了重大突破，使人有“今非昔比”之感，如黑白电视机发展到彩色电视机，从以晶体管为主要原件发展到液晶显示屏，都是换代新产品。

这一类新产品一般不会对消费者的消费观念和消费方式产生重大影响，但由于其提高了产品的实际效用，所以会给消费者带来新的利益和心理上的满足感，对消费心理影响较大。

（3）改进新产品。

这是指对老产品的品质、特点、花色、款式以及包装做出改进和更新的新产品，如电风扇配置遥控开关、服装款式发生变化、香烟加上过滤嘴等。改进产品受技术限制较小，且成本相对较低，便于市场推广和消费者接受。由于这类产品的基本用途不变，对消费者的消费观念、消费习惯和消费心理都不会产生重大的影响。

（4）仿制新产品。

这是指对市场上已经出现的产品进行引进或模仿，只对原有产品的某些缺陷和不足加以改进并表现出某一特点就可以使其成为新产品。如君乐宝红枣牛奶作为改进新产品问世后，市场上出现很多品牌的红枣牛奶，这就是仿制新产品。

2. 消费者对新产品的心理要求

消费者对新产品的心理要求主要表现在以下五个方面：

（1）操作方便。

操作方便是指消费者在使用过程中便于操作、使用、搬运、保养和维修。例如，洗衣机从半自动发展到全自动、电视机从按钮开关发展为遥控器，操作方便是消费者购买产品的重要因素。

（2）使用舒适。

使用舒适要求新产品的设计要体现“以人为本”的理念，产品在使用过程中符合人体的生理结构、使用要求和减轻人体的劳动强度，同时增加心理上的愉悦感。例如，家具的设计要符合消费者的使用习惯。

（3）突出个性。

突出个性的心理反映消费者希望通过具有独特个性的新产品来满足个体的个性心理需要。例如，欧式家具以豪华大气的设计凸显主人的高贵和地位。

（4）追求时尚。

追求时尚的心理是指消费者希望使用时尚流行产品，以满足消费者求变、求异的心理需求。因此企业在新产品的开发和设计时应赋予产品更多的流行因素，以满足消费者追求时尚的心理要求。

（5）审美情趣。

爱美之心，人皆有之。随着社会生产的不断发展和人们精神生活的日益丰富，消费者对于产品美的要求也越来越高、越来越多样化。因此，在产品的销售过程中消费者能否对其产生美感，对交易能否顺利完成有着重要的心理意义。

3. 新产品开发的心理策略

（1）适应消费变化。

适应消费变化是指适应消费者的消费习惯、消费方式和消费心理等的变动。近年来，我国市场消费需求有了较大的变化：消费习惯出现了多层次，个性化消费趋势明显；随着消费质量的提高，消费心理更加理智、成熟；消费观念趋向文明、健康和审美。因此，企业要分析消费者的消费变化，开发满足消费者新需求的产品。

（2）结构设计要合理。

新产品的结构设计要注重舒适、安全、方便和协调。舒适是指适合生理结构与使用要求；安全是指对身体有益无害，如家电就要体现安全性；方便是指搬运、保养、维修和操作的便利性；协调是指和配套的环境感觉一致，如家具应当与室内装修在色彩与风格上保持一致。企业运用这种策略时，要科学地研究产品的使用环境和人体的力学结构特征，结合两者进行综合构思，使产品在使用时操作安全、运用方便、强度适宜和减少疲劳，避免产品不安全而引起消费者的恐惧心理，或结构不合理导致人的肌体负荷过重，从而使人产生厌烦和紧张心理。

（3）讲究美观。

新产品的开发除了满足功能价值，还要具有观赏价值。企业开发新产品时要考虑满足消费者的审美要求，既要突出产品特征，又要整体协调一致；既要推陈出新、新颖独特，又要求美观大方、布局和谐，使产品的造型具有观赏功能，给人以形式美的心理享受。这种策略要求企业根据新产品使用者的特点来设计产品。例如，儿童用品应当造型活泼、色彩鲜艳；女性用品应该造型纤巧、色调雅致；男性用品应该造型粗犷、色调大方等。另外，由于消费者的审美情趣和审美标准因人、因地、因时而异，所以在产品美感设计上应注意具体情况具体对待，以达到内容与形式的统一、使用价值与观赏价值的统一。

（4）突出个性特征。

消费者生活在一定的社会群体中，每个群体都有大致相似的消费方式和习惯，以区别于其他群体。企业在设计与群体有关的产品时，应考虑该群体对象的特定心理习惯和共同标志。例如，对于笔记本电脑，商务人士要求稳重大气、安全可靠，而大学生则要求时尚、有较高的性价比。总之，发挥产品的象征心理功能，是满足消费者个性心理需求的关键，也是决定产品设计好坏和推广成败的关键。

（5）符合社会潮流。

社会潮流是反映多数人意愿的一种群众性、社会性的趋向，是时代风貌的标志。企业在开发时代产品时，要具有敏锐的观察力以及准确预见未来潮流发展的能力，依照社会道德风尚，结合民族传统习惯，对时代做全面分析，设计出最新、最美、最受消费者欢迎的时代产品。

5.1.5 消费行为与产品包装

1. 产品包装的心理功能

在现代市场营销中，产品的包装已经超越了其最初的一般使用功能，而更多地表现其心理功能，可以概括为以下几个方面：

（1）联想功能。

好的包装应该使消费者产生有助于表现产品特色的美好联想。例如，“同仁堂”等中国的百年知名品牌，刻意地使用古代的包装形式，使人们联想了“老字号”商店良好的声誉和突出品质。

（2）识别功能。

包装是产品的“脸面”，它首先进入消费者的视野。一个设计精良且独具特色、富有审美情趣的包装能使产品在众多的产品中脱颖而出，给消费者留下深刻的印象。根据杜邦公司的“杜邦定律”，63%的消费者是根据产品包装质量做出购买决策的。在质量、价格大致相同的情况下、独特的包装可以吸引消费者的视线和兴趣，进入消费者的选择范围。

（3）美化功能。

包装可以美化产品、提升外观形象。包装的造型、图案、色彩以及整体的综合协调性能给顾客一种美的享受。精美的包装本身就是一件艺术品，甚至成为顾客的收藏品。成语“买椟还珠”从侧面反映了包装对购买者的吸引力。精美的包装能形成顾客对产品的良好印象，从而引发顾客对产品的美好联想，激起高层次的社会性需求。

（4）增值功能。

包装虽然不能直接增加产品的价值，但融合了艺术性、知识性、趣味性和时代性的包装却能赋予产品特殊的象征，树立产品的高贵形象，抬高产品在消费者心目中的身价，使消费者愿意以高出普通包装产品的价格消费，以获得自尊和社交等各种心理需求的满足。

2. 包装对消费者心理的作用过程

（1）唤起注意。

对消费者给予消费刺激，引起消费者的无意注意，是包装的首要功能。包装作为消费刺激的重要表现形式，不同包装所给予消费者的刺激强度是有明显差异的。为了达到唤起消费者对产品注意的目的，就要不断地提高包装的刺激强度。

（2）引起兴趣。

包装在唤起消费者的注意后，还要引起消费者对产品的兴趣，使消费者从无意注意转化为有意注意。由于消费者的年龄、性别、文化背景、职业和经济状况不同，他们对包装方式和风格的兴趣也会有所不同。这就要求企业在设计包装之前，须研究消费者的消费偏好，使包装与产品的风格一致，同时也符合消费者的心理要求。

（3）启发欲望。

启发欲望实际上就是刺激消费者的需要，使之产生购买动机。消费者产生购买动机后，行动的最终实现还要取决于对刺激物的感受。包装由于能够很好地展示产品的各种特征，因此，也就成了赢得潜在消费者好感的最佳手段。

（4）导致购买。

包装的最终目的是导致购买行为的发生。别出心裁的包装往往会让消费者恋恋不舍，促使其产生试用的想法。一旦消费者完成了以上心理活动，就有可能产生购买行为。

3. 包装设计的心理要求

（1）直观。

产品的包装要能直接或间接地反映产品的特性、突出产品的形象，以满足消费者的求实心理，如透明的包装、开窗式包装或印有产品形象照片的包装等。

（2）方便。

消费者在购买产品时，希望产品包装能够便于携带、保管产品和传递信息，这是消费者求便心理的反映。例如，罐头食品采用拉环式开启包装，婴儿奶粉和儿童食品等采用一次量小包装，香水采用喷雾式包装并在包装上印刷使用说明等，都是考虑了消费者使用方便的心理需要。有了方便性，消费者会感到包装是特意为其设计的，容易产生重复购买的行为。

（3）安全。

包装设计要考虑消费者购买产品后携带、搬运、开启、使用和储存等方面的安全，使消费者在购买产品时能有安全感、信任感，即“买得放心，用得可靠”。因此，在包装设计上，企业应对消费者担心的问题加以注明。例如，药品包装上要注明有无副作用，饮料和食品包装上要注明使用期限或保质期等，以消除消费者的怀疑和恐惧心理，增强购买信心。

4. 包装设计的心理策略

（1）求便心理的包装。

求便是消费者的基本要求。包装中满足这一心理的设计很多，这也是一种发展趋势。例如，透明或开窗式包装的食品可以方便挑选，组合式包装的礼品篮可以方便使用，软包装饮料方便携带，等等。包装的方便易用增添了产品的吸引力。

（2）求实心理的包装。

包装的设计必须能够满足消费者的核心利益，不同消费者的核心利益是不同的。有些群体（如中老年人）讲求质朴、实在，包装设计应当注意成本低廉、构造简单，如利用塑料薄膜袋、纸袋包装等。此外，对于一般日用品，消费者主要是追求其使用价值，这类产品也适合简便包装。

（3）求新心理的包装。

对于一些科技含量较高的产品来说，包装的选择、工艺、款式和装潢设计都应该体现出技术的先进性。例如，采用凹凸工艺制作的立体式包装、无菌包装和防盗包装等，通过新颖独特的包装来反映科学技术的最新成果，凸显产品的优越性能。

（4）求信心理的包装。

对于有些产品来说，包装要消除购买者对产品质量的疑虑心理或对假冒伪劣的担心。对此，商家要在这些产品上突出厂名、商标和投诉电话，也可以在包装上设计出一些独特防伪标志，以便于辨别真伪或质量优劣。例如，美国百威公司的“银冰”啤酒的包装上有一个企鹅和厂牌图案组成的品质标志，只有当啤酒冷藏温度最适宜的时候，活泼的小企鹅才会显示出来，便于消费者辨别真假。

（5）求美心理的包装。

求美包装也是一种包装趋势，凡是较高档的产品都会在包装设计上加入美的元素。比如一些名酒，其包装都十分考究（见图 5-7）。

图 5-7　五粮液包装

（6）求异心理的包装。

年轻人喜欢求异、求奇、求新和与众不同，极力寻找机会表现自我。以这类消费群体为目标市场的产品包装可以大胆采用禁忌用色和图案，在造型上突破传统，在标识语中大肆宣扬“新一代的选择”，以求引导潮流，创造时尚（如图 5-8 所示）。

图 5-8 “江小白”包装

5.1.6 消费行为与产品生命周期

1. 产品生命周期及其阶段划分

产品生命周期是指产品的市场寿命，即一种新产品从开始进入市场到被市场淘汰的整个过程。典型的产品生命周期一般可分为四个阶段，即导入期、成长期、成熟期和衰退期。

（1）产品导入期，是新产品刚投入市场的阶段。这一时期产品尚未完全定型，需要不断改进。由于产品还未被消费者完全认识，因此市场销售量不大，而且由于前期广告宣传费用高，生产量小等，企业的利润很少，有的甚至亏损。

（2）产品成长期，是新产品在市场上打开销路的阶段。这一时期产品已经定型，开始批量生产。消费者已经开始接受这一产品，销售量大幅上升。产品成本和销售成本随之下降，企业的利润明显增多。同时，竞争者的类似产品开始进入市场。

（3）产品成熟期，是产品销售量最大的时期，这一时期产品已被消费者普遍接受和购买，销售量显著上升，已达顶峰，市场需求趋于饱和。这一时期竞争对手大量出现，市场争夺变得非常激烈

（4）产品衰退期，是产品销量急剧下降的阶段，这一时期产品已陈旧、老化，消费者购买风向转移，产品逐渐退出市场，企业停止生产，该产品生命周期同时宣告结束。

2. 产品生命周期各阶段的消费心理特点及营销策略

（1）产品生命周期各阶段的消费心理特点。

①产品导入期。在这一时期，新产品刚刚推向市场，以创新或改良的面貌出现在消费者面前。由于新产品的技术含量较高，在导入期竞争者较少甚至没有竞争者，给人以新奇的感觉，但同时也正是由于刚上市，消费者不可能对其有很多的了解，所以销售量

小且销售额增长缓慢。因此，这一时期消费者的心理反应主要表现为两个极端：少数人出于求新、求奇的强烈动机，迅速购买，以满足表现个性或炫耀等心理需要；大多数人则因不了解产品的性能、特点，不愿承担购买风险，或对原有产品十分依赖，不愿意改变消费习惯，因而对新产品采取拒绝购买或等待观望的态度。另外，在此阶段由于生产量小，制造成本高，宣传推销费用大，企业利润很低甚至亏损；市场预测失误，或新产品本身有致命的缺陷，上市时机选择不当，宣传不力等，都可能使新产品上市不久就夭折。

②产品成长期。这一时期产品的知名度有了一定范围的传播，消费者对其已有初步认识，但尚不深刻，消费心理处于一种矛盾状态：消费者一方面对该产品产生兴趣和购买欲望；另一方面又存有疑虑，缺乏购买信心。表现在行为上，有一部分人开始少量地购买试用，另外有许多人则继续观察，尤其注意已购买者的购买感受、使用经验和社会评价，以作为下一步行动的参考。总体来讲，这一阶段新产品的销售量迅速增长；企业随着生产经验的积累、成本下降、费用减少，利润随之增加；在高额利润的驱使下，新的竞争者进入市场，企业间争夺市场份额的竞争日益激烈。

③产品成熟期。这一时期产品已定型、成熟，质量有了保证，市场普及很快，销售量大，但增长速度缓慢，市场逐渐达到饱和。消费者购买欲望强烈，并纷纷付诸行动。其中有相当一部分人是出于从众心理购买的。同时，由于大量竞争者的加入，市场竞争激烈，消费者购买时的选择心理加强，对产品的性能、质量、款式、价格和售后服务等方面的要求也更高。

④产品衰退期。这一时期产品已显得老化、落伍，对消费者已失去吸引力，市场销量由缓慢下降变为急剧下降。消费者的购买兴趣已开始转移到其他产品上。此时多数消费者的心态是期盼新产品出现，也有少数人期望企业对产品进行降价处理，以从低廉的价格中得到实惠。

（2）产品生命周期各阶段的营销策略。

①产品导入期。在产品导入期，由于产品刚进入市场，消费者对产品十分陌生，产品销售增长缓慢。因此，企业应采取各种方式，加强产品的宣传促销工作，尽快让更多的消费者知晓和了解新产品；要努力扩大产品的知名度，充分介绍新产品的功能、特性、用途、优点、价格、购买地点等，消除消费者的各种疑虑；也可结合示范操作，通过免费试用或优惠促销等形式，充分引起消费者的注意和兴趣。解决生产中存在的技术问题，提高产品质量，降低产品成本；选用适当的销售渠道，减少流通费用。

②产品成长期。在这一阶段，企业的重点是创名牌，提高用户偏爱程度，突出一个“优”字，具体地讲，要做到以下几点：一是努力提高产品质量，增加新的花色、品种、款式，改进包装，使产品从整体上优于竞争对手。二是改变广告宣传的重点。从扩大产品知名度转为宣传产品的特色，树立产品形象，使消费者产生偏爱，以保持老用户，争取新用户。三是适当调整价格。价格可稳中有降，不可轻易抬价。原来以高价进入市场的产品，应在适当时机降低价格，以争取对价格敏感的消费者，并抑制竞争者的加入。四是寻找新的市场。积极寻找和进入新的细分市场，广泛分销，发展网点，以扩大产品销路。

③产品成熟期。这个时期的重点是延长产品生命周期，维持市场占有率，突出一个

“改”字，具体地讲，要做到以下几点：一是发展变形产品，通过品质改良提高产品质量，改进使用效果，通过特性改良对产品的便利性及适用性等方面加以改进，通过形态改良，改进产品外观，增加产品美感。二是发现和进入新的细分市场，促使现有用户增加使用频率和使用数量，吸引竞争者的用户和从未使用过本产品的用户。三是搞好售后服务，对产品实行“三包”，提高消费者的满意度，使其成为企业的忠诚用户。四是通过改变市场营销组合中的一个或几个变量，调整市场营销组合，以刺激需求，扩大销售量。五是根据产品的销售状况，提出新的广告创意，提出新的广告主题，促进产品的销售，设法延长产品成熟期。

④产品衰退期。这个时期的重点是掌握时机，调整市场，突出一个“转”字。处于衰退期的产品迟早要退出市场，但并不是说产品一进入衰退期就会立即退出市场，企业应有计划、有步骤地转移阵地。一是立即放弃。对于确实没有必要继续经营下去的衰退期产品或有更好的发展项目时，企业应果断放弃原有产品，将企业的资源转到新的项目上去，或将原有产品的所有权、生产技术转卖给一些有兴趣的企业。二是逐步放弃。如果立即放弃将造成较大的损失，企业可选择逐步放弃，即逐步地减少投资和产品数量、放弃较小的细分市场、缩减分销渠道、大力降低促销费用、精简推销人员等，直到该产品完全被市场淘汰为止。对于决定放弃的产品，不管采取哪种方式。企业都必须承诺和做到为以前的用户提供必要的服务，以维护消费者的利益。三是保留策略。这一策略是指企业继续把该产品保留在市场内。由于其他企业已先后发现它们留下的顾客将转向留在市场内的企业，因此，企业仍有一定的销量和利润。

企业对衰退期的产品一定要有正确的判断，慎重考虑是放弃经营还是继续拖延。被过早淘汰会给企业经营带来不利影响；或延误时机，给消费者留下经营不力的不良印象，伤害企业的信誉和长远发展。

任务 5.2　消费者行为与价格策略

任务描述：

能够运用消费心理的相关知识定制价格心理策略。

任务准备：

课前知识学习。

对于企业来讲，成功进行商品的定价，不仅要考虑到商品的生产成本、商品的市场供求状况、产品生命周期等诸多因素，还要考虑到消费者的价格心理。商品的价格是否被消费者从心理上所接受是消费者是否愿意接受商品的出发点。如果与消费者的价格心理相悖，再好的产品也难以被消费者所接受。

消费者行为与价格策略

5.2.1 消费者的价格心理

经济学理论认为，价格是商品价值的货币表现，是商品与货币交换比例的指数。消费行为学认为，价格是指建立在消费者心理基础之上的各种商品价值的货币表现形式。所以，研究商品的定价，一定要先研究消费者的价格心理。消费者价格心理是指消费者对商品价格的心理反应，主要表现在以下两个方面：

1. 价格是衡量商品价值和品质的直接标准

在消费者对商品质量知之甚少的情况下，多数消费者主要通过价格判断产品质量。即价格越高代表着产品的质量越好；价格越低代表着产品的质量越差。常言道："一分价钱一分货""好货不便宜，便宜没好货"。这种心理认知与成本定价方法以及价格构成理论相一致。所以便宜的价格不一定能促进消费者购买，相反可能会使人们产生对商品质量、性能的怀疑。

2. 价格是消费者社会地位和经济收入的象征

人们往往把某些高档商品同一定的社会地位、经济收入、文化修养等联系在一起，认为购买高价格的商品可以显示自己优越的社会地位、丰厚的经济收入和高雅的文化修养，可以博得别人的尊敬。许多消费者热衷于名牌产品，对地摊货不屑一顾，就是因为他们认为名牌适合自己的社会地位，并以此获得心理上的满足。

5.2.2 价格的心理特征

1. 习惯性

反复的购买活动会使消费者对某种商品的价格形成大致的概念，这种价格叫习惯性价格。习惯性价格是由于消费者长期、多次购买这些产品，对这些产品价格的反复感知而逐步形成的。高于习惯性价格上限，则认为太贵；低于习惯性价格下限，就会对产品的质量产生怀疑。习惯性价格支配着消费者的购买行为，成为衡量商品的一个心理尺度。

2. 敏感性

敏感性是指消费者对于价格变动的敏感程度。一般来说，消费者对其日常生活密切相关、需要经常购买的产品，如日用品价格的变动很敏感，而对于对购买次数少或高档消费品价格变动则比较迟钝。

3. 感受性

感受性是指外界的刺激因素带给消费者的感受性，影响消费者在心理上对商品价值的判断。这些刺激因素包括商品的品牌、包装、营销环境、消费者对商品的需求程度等，人们往往认可名牌商品、包装精美的商品、摆放在宽敞明亮的购物环境中的商品的高价格。例如，摆放在宽敞、明亮、整洁专卖店里的商品，人们会很自然地认为它的价格合理，而同样的商品以同样的价格摆放在夜市上，人们会认为它太贵了，不值这么多钱。

4. 倾向性

倾向性是指消费者对商品价格的选择倾向或为高价，或为低价。一般经济状况较好，怀有求名动机及炫耀心理的消费者倾向于选择价格高的商品；经济状况一般，怀有求实惠动机的消费者倾向于选择价格低的商品。

5.2.3 新产品定价心理策略

新产品的定价是营销策略中一个十分重要的问题。它关系到新产品能否顺利地进入市场，能否站稳脚跟，能否获得较大的经济效益。目前，国内外关于新产品的定价策略，主要有三种，即撇脂定价策略、渗透定价策略和满意定价策略。

1. 撇脂定价策略

撇脂定价策略，是指企业在产品寿命周期中的投入期或成长期，利用消费者的求新、求奇心理，抓住激烈竞争尚未出现的有利时机，有目的地将价格定得很高，以便在短期内获取尽可能多的利润，尽快地收回投资的一种定价策略。其名称来自从鲜奶中提取乳脂，含有提取精华之意。

案例：

戴森发布爆款新品，3 800 元的高定价仍被“秒抢”

2018 年 10 月，戴森在纽约发布了自动卷发棒 Airwrap，尚未在中国上市时其功能、价位和使用细节等信息就迅速在社交媒体传播，吸引了大量消费者的目光。其自动卷发棒的卖点包括气流自动卷发、多款组合造型、自动温控系统等，使大批女性消费者纷纷“种草”。天猫戴森旗舰店开始预售后，每天限量 200 台，且连续几天产品都在 1 秒内被抢购一空。

这款产品如此风靡，价格却高达 3 800 元，这样的价格是一般品牌的 4~10 倍，具有较高的品牌溢价，而这也为戴森在设计研发和营销投入等环节提供了充足的资金保障。

2. 渗透定价策略

渗透定价策略，又称薄利多销策略，是指企业在产品上市初期，利用消费者求廉的消费心理，有意将价格定得很低，使新产品以物美价廉的形象，吸引顾客，占领市场，以谋取远期的稳定利润。

3. 满意定价策略

满意定价策略，又称平价销售策略，是介于撇脂定价和渗透定价之间的一种定价策略。由于撇脂定价法定价过高，对消费者不利，既容易引起竞争，又可能遇到消费者拒绝，具有一定风险；渗透定价法定价过低，对消费者有利，对企业最初收入不利，资金的回收期也较长，若企业实力不强，将很难承受。满意价格策略采取适中价格，基本上能够做到供求双方都比较满意。

5.2.4 消费行为与调价策略

在市场经济条件下，价格受多种因素的影响，为适应整体的营销策略，价格会经常发生调整变化。企业在进行价格调整时，除了掌握价格学的基本原理外，还应该认真研究价格调整对消费者的心理影响，使消费者能够从心理上接受价格的调整。这就要求企业在进行价格调整时要选择恰当的心理策略。

1. 产品降价对消费者的心理影响

产品降价，消费者往往出现以下心理活动：

猜测有新产品即将问世，降价产品即将被淘汰，不能只图便宜。

降价产品是滞销或有瑕疵的产品，小心上当。

商品已经降价，还会继续降价，等到价格更低时再买。

购买降价商品有失身份。

产品降价了，很实惠，应大量购买。

2. 降价的心理策略

对产品进行降价调整，是企业最常见的一种促进销售的方法，但在降价时应充分考虑到降价对消费者产生的不良影响，运用适当的营销策略，消除消费者的顾虑，以达到预期的降价目的。

(1) 考虑商品是否具备降价的条件。消费者只有在较低的价格买到“好产品”时，才能感到满意，达到企业所期待的促进销售的目的。所以企业在进行产品价格的整体部署时，选择降价的产品应具备以下条件：

消费者注重此商品的实际性能与质量，而很少将所购商品与自身社会形象相联系。消费者对此产品的质量和性能非常熟悉，如某些日用品或食品，降价后仍然能保持对此产品的信任。

产品的制造商或产品品牌的信誉度较高，降价不影响消费者对产品品质的怀疑。

(2) 选择适当的降价理由。

(3) 确定适宜的降价幅度。

(4) 坚持“一步到位”的降价原则。

案例：

名牌羽绒服大幅降价，店员巧妙应对索赔消费者

吕敏是一家公司白领，冬天来了，她到商场为自己买了一件价格不菲的名牌羽绒服。她原本对这件衣服特别喜欢，可没穿几天，周末又逛商场的时候，却发现这件衣服的价格几乎降了一半，顿时感觉自己受骗了，这种越来越强烈的心理不平衡驱使她再次找到商家。

她非常生气地跟店员说：“这件衣服我刚买没几天就降价了，你们赔我差价！”这就是消费者明显的购后冲突行为，即在产品使用过程中消费者感知价值下降引起的购后怀疑、焦虑，甚至后悔的心理。降价幅度很大，让吕敏感觉服装本身的价值很低，与之前的期望形成了巨大的落差，从而形成购后不满意。

其实服装店经常会因为断码、换季、促销等打折降价，遇到吕敏这种情况，最佳的解决方法是先不和顾客争论赔偿差价的问题，而是设法让顾客的内心获得平衡。

店员可以用温和的态度给吕敏进行解释："女士，您看我们这款羽绒服太受欢迎了，没多长时间这批货就快卖完了，现在都断码了，所以价格才降下来了。"明确告诉她降价的原因，消除其不满情绪，使其心理上获得平衡，然后向她强调服装的优点以及给其带来的利益，让其彻底消除矛盾心理，坚信自己当初做出的是明智的选择，增加其穿着的信心。

其实大家心里都明白这种情况补差价是不太可能的，但商家需要充分理解消费者的心情，允许其发泄心中的不满，然后给其足够的心理安慰，这样可以有效提高消费者的满意度。

3. 涨价的心理策略

通常消费者对产品价格的上涨会产生一种本能的抵触情绪，但有时正是这种刺激反而让消费者产生紧张情绪，从而促进购买。企业应当很好地利用涨价对消费者心理的影响，实施有效的心理策略，以达到企业预期的涨价目的。企业应做到：

考虑商品是否具有提价的条件。

及时准确地把握提价的时机。

确定适宜的提价幅度（感觉差距阈值）。

坚持"谨慎行事"的提价原则。

此外，企业还可以间接提价。企业间接提价的方式：改变为消费者提供的产品或服务的数量，改变产品和服务的质量，改变优惠条件或折扣，改变交易条件等。

案例：

消费者怒怼"报复性"涨价

2020 年，新冠肺炎疫情让居民线下消费按下了暂停键。随着国内新冠肺炎疫情逐渐受到控制和复工复产工作的推进，各界都期望出现一波补偿性消费需求。对于一个餐饮大国，餐饮业也迎来一轮补偿性消费，餐饮业在新冠肺炎疫情结束后迎来明显的补偿性增长。然而，当人们兴冲冲走出家门，准备到久违的餐馆去大快朵颐时，却发现迎来的是某些商家的"报复性"涨价。于是，食客们很生气，一场对商家涨价的声讨开始在社交媒体上发酵。最终，有商家屈服于舆论压力而撤回了先前的涨价决定，食客们取得了"胜利"。

"报复性"涨价招致消费者怒怼，这给商家们带来一个重要警示：公平偏好对商业施加了约束，违背社会公平规范的经营行为很可能遭遇消费者的抵制。舆论风波因涨价而起，这也让商家们更加明白，与消费者进行良好沟通是何等的重要。

有学者建议，一方面，对于重要的涨价决定，商家应提前通过有关信息渠道告知消费者，并解释涨价是出于成本上涨这一客观原因，以寻求消费者的理解；另一方面，商家应努力改善对沟通内容的表述，充分利用框架效应来消除消费者对涨价决定的不公平感。

所谓框架效应，就是指对同一个问题的不同描述会影响受众的判断与决策。也就是我们经常说的"怎么说"往往比"说什么"更重要。对于如何利用框架效应，塞勒与卡尼曼等人在1986年合作发表的一篇论文颇具启发性。

该论文报告，对于汽车供应紧缺时商家要加价200美元这种情景，如果商家声称，该汽车一直按照市场价格出售，现在加价200美元，那么有71%的人认为这是不公平而难以接受的；如果商家声称，该汽车一直以低于市场价200美元销售，现在改为按市场价销售该汽车，那么只有42%的人认为这是不公平而难以接受的。这表明，人们对公平的判断，一定程度上取决于问题的表述方式。

就消费者而言，舆论风波以某些商家撤回涨价决定而告终，表明只有勇于表明观点、保持团结的消费者群体才会真正成为商家眼中的上帝。但消费者同时也要意识到，自愿交易总是"双赢"的，不加克制的公平偏好属于非理性行为，会损害自己的利益。

最后值得注意的是，消费者或许不应过于关注名义价格，因为即使商家不提高名义价格，也可以暗度陈仓，通过降低商品分量或者品质来间接达到涨价的目的。其实，如果涨价行为符合市场规律，那么从长期来讲，没有人能够阻碍市场规律发挥作用。

（资料来源：姚耀军，杨奇明. 消费者怒怼"报复性"涨价背后：这些经济学原理在发生作用[EB/OL].(2020-05-02)[2022-04-29]. http://www.sohu.com/a/392604428_260616.）

任务5.3 消费者行为与分销渠道策略

任务描述：

能够运用消费心理学相关知识选择分销渠道策略。

任务准备：

课前知识学习。

消费者行为与分销渠道策略

5.3.1 分销渠道的含义和特点

1. 分销渠道的含义

分销是指建立销售渠道的意思，根据著名的营销大师菲利普·科特勒的定义，分销渠道又叫营销渠道，是指某种商品或服务从生产者向消费者转移的过程中，取得这种商品、服务的所有权，帮助所有权转移的所有企业和个人。分销渠道实质上是由参与和帮助产品从生产企业到最终用户这一过程的所有相互依存、相互影响的企业和个人所组成的，主要包括生产者、批发商、零售商、代理商、储运企业、消费者（用户）等，这些都是渠道成员，其中批发商、零售商、代理商通常被称为中间商。

由于生产者与消费者之间存在时间、地点等多方面的差异和矛盾，企业生产的产品只有通过一定的分销渠道，才能在适当的时间、地点，以适当的价格、数量、品种、信息和方式供应给消费者，从而克服生产者与消费者之间的矛盾。

因此，分销策略显然会影响消费者行为。一般来说，消费者会倾向于通过便利性和舒适性的分销渠道来购买产品。目前，分销渠道可分为网下分销和网上分销。

2. 分销渠道的特点

分销渠道反映了商品价值实现的全过程中所经过的全部路线。其起点是生产者，终点是消费者。在这一流通过程中，主要包含着两种转移：一是商品所有权的转移，二是商品实体的转移。商品实体的转移是以商品所有权的转移为前提的，同时它也是商品所有权转移的保证。

商品或服务从生产者流向消费者的过程中，其所有权至少要转移一次。在有些条件下，生产者可以将商品或服务直接销售给消费者，此时，分销渠道最短。但在多数条件下，生产者需要多次转移商品所有权，才能使其到达消费者手中，这样的分销过程就比较长。

分销渠道是参与商品流通过程的各类经营组织或个人的组合，这些机构或个人一方面为解决产品实现问题而发挥不同的营销功能，另一方面又因共同的利益而形成相互依存的协作关系。此外，渠道成员具有各自独立的经济利益，有时彼此之间也会发生矛盾与冲突，需要管理和协调。

在分销渠道中，除商品所有权发生转移外，还隐含着其他与渠道运行密切相关的流通形式，如物流、信息流、货币流、促销流等。它们围绕商流相继发生，但在时间、空间上与商流并不完全一致，各自在渠道的分销效率方面的功能与效果也不尽相同。

3. 分销渠道的功能

现代市场专业化分工的结果是生产企业与最终用户之间时空距离的扩大，因此生产企业必须要借助一定的渠道才能将商品送达最终用户手中，这是分销渠道最本质的作用。

（1）帮助产品形式效用的实现。

生产企业制造出产品只是创造了产品的形式效用。在现代社会中，生产企业与最终用户的不重合使得产品形式效用要得以真正实现，必须创造地点效用、时间效用和所有权转移效用。而且随着经济的发展、生产力的提高，创造形式效用的相对重要性不断减小，而创造地点效用、时间效用和所有权转移效用的相对重要性日益提高，分销渠道帮助产品形式效用实现的作用日益明显。

（2）提高市场交换的效率。

生产企业把一部分或全部的分销工作交给中间商完成，是为了利用中间商的经验、网络、资金、专业知识以及规模化经营和社会关系等资产和技能，利用中间商的分销作用提高企业市场交换的效率。尽管生产企业这样做的代价是放弃了一部分或全部对产品分销渠道的有效控制，但只要生产企业从分销渠道中能够得到更多利益，这样做仍然值得。如果离开了分销渠道，生产企业就需要面对庞大的最终用户市场，进行每一次交易并且承担每一次费用，这对于大批量生产的企业是不可行的。

（3）连接生产企业与最终用户。

分销渠道是连接生产企业与最终用户的桥梁与纽带，具体表现在：

①调节生产企业与最终用户在数量上的差异。厂家希望大量销售产品或服务，一次交易只销售一两种产品，效率无疑是很低的。通过分销渠道中的中间商则可以将大批零

散的产品首先进行聚集，实行化零为整，然后根据消费者的需要进行搭配，再化整为零，将产品零散地销售给消费者，起到产品集中和分散的功能，从而调节了生产和消费之间在产品数量上的差异性。

②消费者的需求千差万别，要求产品花色品种齐全，有尽可能多的选择空间。但对于单个的生产企业而言，生产的产品花色品种却比较单一，不可能满足众多消费者的多种需要。但对于中间商来讲，则可以集中若干生产企业的各种产品，并根据消费者的需要进行编配，方便顾客选择，从而克服了生产与消费之间在产品花色、品种和等级等方面的不一致性。

5.3.2 分销渠道结构

分销渠道就是商品和服务从生产者向消费者转移过程的具体通道或路径。按照产品在流通过程中所要经过的流通环节的数量，分成直接渠道和间接渠道；按长度划分渠道有长渠道与短渠道之分；按宽度划分有宽渠道与窄渠道之分。

1. 分销渠道的长度

分销渠道的长度结构分为零级渠道、一级渠道、二级渠道和三级渠道 4 种（如表 5-3 所示）。对 4 种类型的长度结构进行比较，就会发现一级渠道、二级渠道和三级渠道有一个共同特点：存在中间环节。

表 5-3 分销渠道的长度结构

渠道级别	分销渠道的内容
零级渠道	生产者→消费者
一级渠道	生产者→零售商→消费者
二级渠道	生产者→批发商→零售商→消费者
三级渠道	生产者→代理商→批发商→零售商→消费者
	生产者→批发商→中间商→零售商→消费者

因此，如果按照是否有中间环节来划分分销渠道的长度结构，则有直接渠道和间接渠道两种。

（1）直接渠道是指生产企业直接将产品或服务销售给最终用户，中间不经过任何环节的分销渠道。直接渠道也叫零层渠道，是分销渠道中最短的、最直接的渠道模式。

直接渠道的主要形式有：上门推销、邮寄销售、电视直销、电话直销、厂家直销店、网上销售等。

（2）间接渠道是指生产企业通过若干中间机构才将其产品或服务销售给最终用户的分销要道。间接渠道是两个层次以上的渠道，与直接渠道相比，是比较长的渠道类型。

间接渠道是日用消费品销售中常见的也是主要的渠道形式，一般通过零售商、批发商或代理商完成消费品的销售。有些生产资料如零配件等产品也需要间接渠道这种分销形式。直接渠道与间接渠道的优缺点见表 5-4。

表 5-4　直接渠道与间接渠道的优缺点

渠道的类型	优点	缺点	管理技能技巧
直接渠道	可以加强生产企业与顾客之间的沟通，便于产品信息和顾客信息的及时顺畅传递；可以减少商品的流通时间以及产品损耗，降低流通费用，使产品价格更具有优势	生产企业的产品销售范围受到较大限制，增加了生产企业的销售费用、提高了管理难度，从而影响产品的销售量和市场占有率	对于用途单一、技术复杂的产品，可以有针对性地按照顾客的要求安排生产，更好地满足客户的需求
间接渠道	减少商品的交易次数，简化分销渠道；减少生产企业的资金占用，加速资金周转；降低销售费用，同时可以扩大产品的销售范围	过长的渠道会延误产品的上市时间，增加产品成本，提高了产品售价；渠道管理难度大、信息反馈效率低	一般适用于消费品，主要用于缺乏出口经验能力、没有海外分销渠道和信息网络的中小生产企业；或面对潜力不大、风险较大的市场

为了分析和决策的方便，有些学者将零级渠道与一级渠道定义为短渠道，而将二级渠道、三级渠道和三级以上渠道定义为长渠道。很显然，短渠道比较适合小市场范围内销售产品；长渠道比较适合在较大的区域市场范围和更多的细分市场销售产品。长渠道与短渠道的优缺点如表 5-5 所示。

表 5-5　长渠道和短渠道的优缺点

渠道的类型	优点	缺点	管理技能技巧
长渠道	市场覆盖面广；占有的分销资源多；可以借用分销渠道的资源；适用于顾客密度较小、较分散的区域	控制程度低，管理难度大；服务难度大，容易造成渠道成员之间的矛盾	适合粗放型生产资料、一般消费品及长渠道工业品的经营；加强层级管理，加强渠道传播
短渠道	市场密集；企业对渠道的控制程度高；适宜时尚商品、专用商品以及顾客密度较大的区域	企业的外部组织承担了大部分职能；需要大量的资金投入；市场覆盖面较窄	执行标准化的深度分销管理；教育、引导分销渠道成员承担部分分销职能；运用网络和电子商务以及现代物流技术

2. 营销渠道的宽度

营销渠道的宽度是指营销渠道中每一层级使用同一类型中间商数目的多少。若制造商选择较多的同类中间商经销其商品，其营销渠道为宽渠道；相反地，若制造商选择较少的同类中间商经销其商品，则为窄渠道。宽渠道和窄渠道优缺点对比如表 5-6 所示。

表 5-6 宽渠道和窄渠道的优缺点

渠道的类型	优点	缺点	管理技能技巧
宽渠道	同一层次的分销渠道成员较多，利于保证商品的价格体系；市场密集程度高	竞争激烈；极容易爆发分销渠道冲突	制定完整的分销渠道管理、控制和利益分配战略；培养良好的分销政策执行能力和兑现能力
窄渠道	同一层次的分销渠道成员较少；多为垄断性独家经营	竞争程度不高，不利于企业和分销渠道的进步；市场覆盖率较低	增加卖点，增强分销渠道的核心竞争力，成为窄渠道的领袖

案例：

高露洁数字化时代下的渠道管理

相关数据显示，2020 年，全国牙膏年产量排行中高露洁占据首位，其市场份额则占有了 23.1%。同时，高露洁可以说是占领了一半的全球市场。

历经 200 年发展，高露洁仍旧占据高位，一方面离不开其产品的高质量，另一方面更离不开其随着时代变化而进步的营销管理。高露洁先于其他快消品牌对终端网点和用户进行“聚集”动作，不仅将线下终端网点掌握在手，而且擅于以用户为出发点，精准运营用户。

快消品主要以传统渠道为主（见图 5-9），依靠经销商进行产品的分发与销售，尤其是以日用消费品为主的品牌企业通常是抢占更多的线下商超、便利店以获取更高的产品曝光率和销量。谁能掌握渠道的数据、掌握终端门店的数据，谁就可以在整体的营销链上拥有更加强大的话语权，掌握更多的营销主动权。为进一步掌握详细终端数据，打通终端连接，维护终端和品牌的关联度，提高公司对销售零售终端的掌控能力，减少库存和增加盈利，高露洁先是借助“一物一码”中的“终端动销码”将线下终端联动起来，再利用“扫码红包+积分运营”的活动奖励机制，定时对终端网点进行激活，最大程度提升终端门店用户参与活动的意愿。

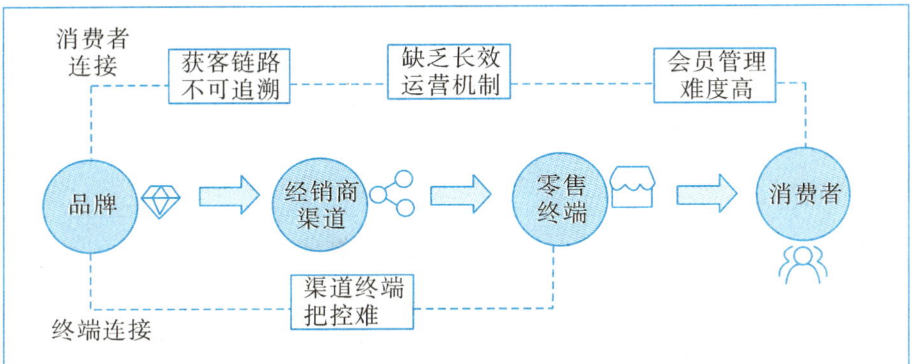

图 5-9 传统的渠道管理

通过终端动销码的运用，高露洁一是可以在线下终端扫码活动进行时收集终端数据，由此将渠道内的数据掌握在自己手里；二是通过对终端门店数据的收集，帮助品牌商将线下门店编制成网，清晰不同区域的差异之处；三是可以根据对数据的分析，实行营销的差异化和营销费用的精准使用。

过往快消品的推广与曝光主要以电视广告为主，钱砸得越多效果越好。但是互联网技术的发展，不光使互联网渗透进人们的日常生活，使日常生活发生深刻改变，而且促使消费者主权崛起、消费方式转换。在这样的情况下，品牌营销手段跟随时代“创新”，取代了过往传统媒体时代的产品广告方式。直到进入当下的数字经济时代，品牌营销更多在于与目标受众进行传播沟通，“营销数字化”得以出现。

高露洁尝试使用“一物一码”将品牌和消费者进行连接。只要消费者购买到高露洁的产品即可通过“扫码”进入官方公众号，并借助“公众号+官方商城小程序”打通用户营销运营渠道，将用户流量揽获到自己的私域流量池内。

其中，高露洁可以首先利用“一物一码”中的扫码领红包、积分、抽奖设置营销互动机制，将消费者吸引到线上公众号中；其次，可以尝试将公众号与小程序“打通”，使消费者可以通过公众号进入官方商城，由此有利于对用户进行转化，并促使其进行复购动作；最后，高露洁可以在官方商城中设置“会员中心”机制，并利用“积分兑换、积分优惠”的奖励机制，让线上用户自愿在线上商城进行复购。

基于“一物一码”实行完善的积分体系，高露洁可以获得用户的基本信息（原生数据、场景数据、行为数据、交易数据等），便于对用户采取“社群”或企业微信一对一触达的管理与运营。在掌握了用户数据之后，高露洁能在适当的场景下对用户开展精准营销，或者可以针对用户的数据，对产品进行升级，甚至是做出新的企业战略和新的业务产品（见图 5-10）。

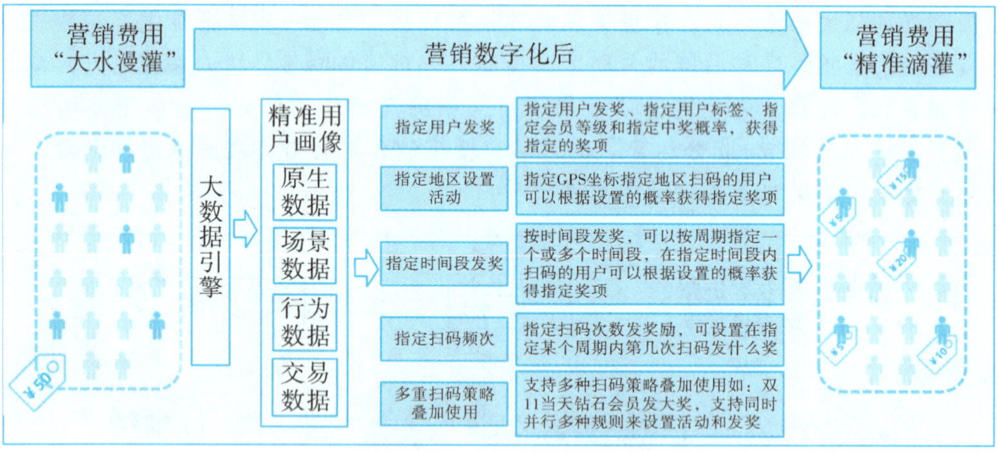

图 5-10　数字化下的精准营销

当下处于数字营销 3.0 时代，品牌运作模式还是没有变，即先要有好的产品，并进行差异化的品牌战略定位，然后再通过品牌形象年轻化以及通过数字营销的手段去和广大的年轻消费者群体沟通互动，才能走向真正的成功。

在产品质量上，高露洁的口碑毋庸置疑。在好产品的基础上，品牌自身想要凝聚更多的用户流量，增强彼此之间的黏性，就需要品牌自身根据用户需求制定个性化的营销战略，让品牌与用户在互动中得到进一步的连接，才能真正做到不怕被其他品牌取代。

高露洁以自身的实践例子向大家说明了，无论是在过去成就多么大的企业，还是当下新兴的品牌，只有擅于抓住时代的趋势，不断“求变”，才能够让自身投入时代的激流中，以“营销数字化”强固自己。当下，面对日趋激烈的市场竞争，高露洁不光是做到对渠道的精确掌控，而且要做到对用户的精准运营。赢得了用户，就赢得了大半的市场。

（资料来源：高露洁占据全球40%市场份额的武器是营销数字化吗？［EB/OL］.（2021-10-26）［2022-04-29］. http://baijiahao.baidu.com/s? id=1714647066147596344&wfr=spider&for=pc.）

营销渠道的宽度结构主要有密集型、选择型、独家型 3 种典型类型，三种模式的优劣势比较如表 5-7 所示。

表 5-7　三种分销模式的优劣势

分销模式	优势	劣势
密集型	能够快速实现市场覆盖； 迅速扩大销量和影响力； 利用经销商资源以节省费用	容易出现恶性竞争； 容易出现乱价，窜货； 渠道控制难度大
选择型	能够实现市场覆盖最大化； 能够保证销量，兼顾利润合理； 能够防范风险，优势互补，便于渠道控制	需要协调、组合； 考验整体运筹能力
独家型	能够保证市场秩序； 分销层次和价格层次稳定； 业务管理相对简单	渠道无竞争，无活力； 渠道价格偏高，难控制； 能力有局限，风险大

3. 线上分销与线下分销

（1）线下分销。

古语“一步差三市”，说的是开店地址差一步就有可能差三成的买卖。还有人说，正确的选址是成功的一半。因此，店面位置是否便利消费者，是否有足够大的停车场所，是否有便利的公共交通路线……都是消费者是否光顾店面的重要因素。

世界知名品牌麦当劳、肯德基每开设一家分店都要事先进行深入的调查研究和论证，并逐步形成了一套科学化的选址程序。其对店址潜在商业价值的判断力，是保证开连锁店成功率较高的重要原因。

毋庸置疑的是，企业的分销网点多、形象好、服务好，自然会容易受到消费者的喜欢和光顾。当然，不同的消费者可能喜欢到不同的地方购物。以购买服装为例，有的消费者喜欢到专卖店购买，有的消费者喜欢到大型商场或大型百货店购买，还有的消费者则喜欢通过网上平台购买。

案例：

国美大动作，引领零售全渠道新营销模式

35 年前，国美成立伊始，是以门店为主体的全国连锁商业机构；随着时间的推移，国美已经建立了以旗舰店为代表、以线下体验为服务接口的商业综合体。在线下的耕耘与延续让国美成为不可动摇的“线下巨头”。

不过，这只是国美的一面。2021年8月31日国美发布的2021年上半年财报，给公众展示了另一面。

财报显示，国美零售继续高质量推进网络建设，新进入城市520个，新开门店571个，平均“一城一店”；门店总数已达2 823家，进入城市总数达到1 296个，其中三至六线城市871个。来自新业务（包括柜电一体、家装及家居）的收入占比达到7.02%，比去年同期提升了1.82个百分点。

线下巨头并没有忽略流量时代到来的信号。在疫情袭来之际，业内有人担心，面对各家巨头的线上布局，国美貌似面临巨大挑战。然而事实是，一直在完善线下建设的国美毫不犹豫地加大了线上的纵深布局力度。

上半年，国美零售引入京东、拼多多作为战略伙伴，使国美零售在各电商平台的销售收入增长超100倍。其中，国美与拼多多是零售“强基建”与线上“流量王”之间的纵横联合，通过商品、流量、物流和服务端各层面多角度的合作，实现了高中低端全品类商品和线上线下的全场景覆盖。

而与京东的合作，除了借助其线上流量的优势，还将在联合采购及拓展非家电品类上有更多的侧重，强化了在毛利空间和市场效果上的规模效应。2021年7月初，京东自营百货商品开始陆续上架国美APP，通过社群与直播推广给消费者，为更多用户提供满足生活所需的物美价廉的商品。目前，已经上架近2万个SKU（库存量单位），未来将上架更多。2021年8月10日，国美与京东启动300亿元联合采购计划，这是2020年以来，由零售平台发起的最大规模家电和消费电子行业采购。

虽然凶猛的疫情对全球经济带来了巨大冲击，让中国实体企业面临多年未见的挑战，而国美大刀阔斧的线上创新让其在危机中把握了机遇。疫情期间，国美通过“社群+直播”营销的模式，实现社交电商裂变升级，激发千万流量。在线下，国美零售拥有商品交易平台、社交分享平台以及庞大的线上社群和社群用户。在不断扩大社群数量和提高社群用户活跃度的同时，实现从员工触达用户，到用户触达用户的社交裂变。此外，国美借助线上线下融合的优势，以全国门店和3千米配送为依托，提升用户体验。

半年报之中显示，2021年上半年社群+国美APP的交易总额（GMV）增长超70%，单日GMV突破人民币10亿元。第二季度，国美零售销售收入环比提升103%，综合毛利率迅速回升，已恢复至疫情前16%的水平。

国美从诞生之日起，创新开拓便已融入国美的发展精神。随着李佳琪等人作为带货“直播”的明星带来直播新热潮，国美立刻抓住这一趋势，并且推陈出新，迅速扬弃了网红小作坊式的做法，而是坚决进行大规模、集团化投入，集中资源寻求突破。

2021年5月国美第一次以央视Boys带货直播的形式小试牛刀之后，4人带来了超5亿的销售成绩。国美迅速占领了带货直播的高地，越战越勇，越打越顺，与央视几场合作之后，更全面引爆，开启了为期10个月31场的“买遍中国”系列活动。

国美零售半年报显示，截至2021年8月24日，国美零售已完成各类主题、不同规模的直播超两千场，累计观看人数过亿，9场超级直播累计实现销售额42.7亿元。事实上，截至2021年8月底，国美零售共举办包括“买遍中国”在内的10场超级直播，累计实现了销售额57.3亿元。特别是2021年8月28日，刚刚结束的“买遍中国”山东场直播得到了头部媒体平台、山东省政府及品牌商的鼎力相助，共有超过700万网友观看直播。8月28日当天直播全渠道累计销售额达到14.57亿元，打破了国美“买遍中国”带货直播以来的最高纪录。

虽然带货直播现在到处都是，但是国美进行的创新升级还是有目共睹。在全国巡回带货直播中，国美继续推进“知识型内容+顶级IP+场景化直播”的特色直播之路，并在直播前向几十万社群推广直播信息，触达几千万用户产生了“从用户到用户”的持续裂变。无论是社群卖货还是带货直播，国美都为消费者提供了更优质、更人性化的服务。

如果说与央视牵手开启了国美带货直播的后浪，那么“社群+直播”正是国美为业界和消费者贡献的新样板、新智慧。管中窥豹，我们从中可以看到国美自己的打法：立足时代，服务时代，并在行进中不停自我更新、自我迭代，最终形成全新的国美套路。

（资料来源：国美今年的大动作：引领零售全渠道新营销模式［EB/OL］.（2020-09-01）［2022-04-30］. http://baijiahao.baidu.com/s? id=1676646176622551844&wfr=spider&for=pc.）

（2）网络分销。

随着信息技术的成熟与互联网的蓬勃发展，网络分销渠道应运而生。网络分销是指充分利用互联网的渠道特性，在网上建立产品分销体系，通过网络把商品分销到全国各地。网络分销渠道可大大提高消费者购物的便利性，极大地解放了消费者繁杂的现场挑选购物的时间。网络购物成为消费的重要方式和渠道，使购买活动更加便捷高效，也更具吸引力，刺激消费者产生更大的消费欲望。

网络分销可以分为“代销”和“批发”两种形式：

①网络代销。

它一般面向个人网店等。网络分销商把自己的货品在自己创建的网上分销平台上展示，分销会员把相中的商品的图片和信息添加到自己开设的网店里，当有顾客需要时，分销会员负责介绍商品并促成交易成功，然后通知网络分销商代为发货。

②网络批发。

它一般面向个人网商、实体店铺、网上专业店铺等。网络批发与传统的货品批发形式是一样，只不过是通过网络的形式，网络分销商把自己的货品在自己创建的网上分销平台上展示，分销会员把相中的商品直接在网上下规定数量的订单，然后付款拿货。

网络购物是指消费者通过网络（购物网站）向供应商购买产品或享受服务，包含B2C和C2C电子商务模式。消费者浏览网上产品，比较、选择其满意的产品，通过网络下订单，进行网上付款或离线付款，从而完成整个网络购物的过程。

网络购物方式降低了消费者的信息搜索成本，消费者在购物过程中，可以通过官方网站、行业频道、专业评论等渠道，获取更直接、更全面、更专业的信息；也可以参看已经购买的消费者的评价作为依据，通过反复比较选择最符合自己需求的产品，确保购买决策的正确性。以往消费者需要花费大块休闲时间去实体店里购物，如今只需要用工作的间歇时间就可以迅速完成网上选择和购物支付环节，缩短了购物的时间和流程。电商平台提供的送货上门、在线支付、7天无理由退换等服务使网上购物越来越贴近人们的生活。另外，支付方式更快捷，网络消费通过App直接转账就可以实现消费，不需要使用现金，没有收到假币以及找零的烦恼。因此，很多消费者都不再去实体店购物，而热衷于在网上购物。可以说，网络购物从渠道到支付再到供应链和物流等，消费的每一环节都发生了重大转变，并赋予消费者便利和主动权。

网站上的产品品类繁多，门类齐全，应有尽有，扩大了消费者对产品选择的余地和范围。在日常生活中，大到家居用品如电视机、电脑、空调、冰箱、洗衣机等，小到日常生活必需品如衣服、鞋帽、袜子等，甚至是学生的学习用品，都可以在网络上进行购买。只要消费者找到合适的产品，鼠标轻轻一点，交易就可以完成，等着快递送货上门就行。若市场上的产品不能满足其需求，他们会主动向厂商表达自己的想法，自觉不自觉地参与到企业的新产品开发等活动中来，这同以前消费者的被动接受产品形成鲜明对照。此外，互联网还推动了个性化消费的发展———通过网络下单私人定制物品，拓展了消费的深度。

曾几何时，网络购物是受年轻人青睐的购物方式，甚至成为一种时尚。现在，网络购物已经不分年龄大小，成为更多消费者的购物选择方式，成为一种常态化的购买行为，互联网凭借便利、自由、灵活、及时的优点，极大地激发了消费者的日常消费能力。基于网络技术的消费总量不断攀升，每年度的“双十一”“双十二”网络购物的成交额轻易突破千亿元，就是最好的例证。

案例：

国货美妆黑马“花西子”的成果之路——“线上+线下”营销结合

作为新国货、新零售品牌，花西子的营销玩法很有代表性——线上线下营销结合；线上阵地以微博小红书、B 站和抖音为主，线下则以大量投放新潮传媒电梯媒体、组建用户俱乐部、城市大屏等为主。

一、“引爆型”线上营销矩阵布局

现如今，越来越多的品牌开始重视线上销售和运营。和公域流量相比，私域流量凭借其封闭性、客户群体的精准度以及广袤的社交土壤，成为当下品牌竞相耕耘的领域。

而作为现象级的国货新锐品牌，花西子是如何依靠 KOL（关键意见领袖）投放、渠道营销收获有品质的年轻人群？正在成长的国货品牌又该如何“复刻”其营销之光？

（一）通过私域流量池，沉淀口碑和服务

其打法逻辑类似小米自建小米论坛，通过创办粉丝社区收集粉丝反馈，派送样品维系粉丝关系等，这类私域流量其实并不是为了转化。

社交平台的基因和用户属性不完全相同，内容种草成为趋势，让用户舒适的“恰饭”才能影响用户心智。花西子在几大主要内容营销平台开设官方账号，持续输出定制化种草内容，对不同平台的圈层用户形成影响力。

（二）公域流量，收获年轻消费者关注

花西子的公域流量主要策略是娱乐营销，选择了一部分具有发展潜力、上升空间的流量明星合作，比如杜鹃、周深；以及赞助一部分非热点型的综艺节目，如《新生日记》《少年之名》，这类综艺节目相对而言刊例价格不算贵，但受众非常年轻。

花西子选择明星代言深化消费者的品牌认知，头部 KOL 制造话题、种草和背书，腰尾部 KOL 承接头部 KOL 热度，做长尾效应传播。腰部 KOL 主要分布在小红书（45.3%）和抖音（30.1%），尾部 KOL 主要在微博（70%），日常营销中以腰尾部 KOL

垂直内容为主，形成可循环的美妆垂直类形态。

平台、人群、投放比例、精细化投放的营销方式，成功助力花西子从国货彩妆中异军突起。

（三）行业赛道的种草玩法

花西子在小红书、抖音合作了大量腰部 KOL，微博则大量投放尾部 KOL。在直播行业通过与头部明星李佳琦、毛光光等人合作种草，虽然这类头部 KOL 并不算多。

可以看出，在线上营销的投入上花西子异常谨慎，注重长尾效应。那些价格高昂、但上升空间有限的明星艺人或 KOL 都不在其考虑范围内，大量预算被投放在腰部和尾部、有发展潜力的明星艺人或 KOL 之上。

而且，花西子注重利用私域活动打造口碑和提升服务，玩法可以称得上口碑营销玩法的新典范。

二、线下媒体广告渗透

不可否认，线上流量是有时效性的，每一个线上互联网美妆品牌做到一定体量后，再通过传统的线上渠道拓展市场，势必面临着流量成本倒挂的危机。但通过转战线下提高天花板也并非易事，新兴的互联网品牌很难替换传统老品牌在线下终端的地位，毕竟欧莱雅、OLAY 等老牌美妆企业早已划分城池、构建好渠道，占据了绝大多数零售门店的有限空间，新兴互联网品牌很难拥有合适的发挥空间。

在线下营销板块，花西子也很注重粉丝服务，不过线上以口碑和转化为主，线下则是以体验和品牌服务为主，玩法相对于线上而言并不算多，但投入力度并不小。

在品牌服务板块内，花西子在线下多次推出过类似“万人体验计划”。值得一提的玩法是，在活动中，只要某款产品有 90%的消费者认同，就可以被投入进生产当中。

另外则是花西子线下聚会活动。

在杭州本部，花西子经常举办用户的线下聚会活动，一方面让他们了解花西子的品牌设计理念，另一方面通过邀请他们制作口红、雕刻艺术等方式，搜集建议和反馈。

这种玩法也属于利基市场的玩法，主要是维护品牌与社区意见领袖的关系。这属于口碑营销、粉丝关系维护的一部分。

值得一提的是，在完成网络环境的布设后，花西子开始在新潮传媒大量投放电梯媒体广告，通过借力楼宇广告将品牌与口碑打进社区群体。

纵观当前市场上的国潮品牌，除了通过明星、网红直播、小红书等平台进行线上营销种草外，还配合线下电梯广告渠道来打造品牌力。这种“线上种草+线下投放”的组合拳，为何能带来营销奇效呢？

作为一家以“东方彩妆、以花养妆”为定位的美妆品牌，花西子的成长总是离不开大趋势，可以说既是李佳琦等带货主播成就了花西子，也是花西子看准了眼下的销售契机，并且没有因为中高端的品牌定位而选择孤芳自赏。

但除了李佳琦这样线上的“顶流”直播带货 KOL，花西子同步狠抓线下流量入口，通过与新潮传媒的合作，覆盖全国范围内的新潮电梯智慧屏，深入多个层次的城市消费者生活场景——稳住一二线城市消费者的品牌感知，下沉到三四线城市曝光品牌。

从用户画像上看，新潮传媒投放的覆盖人群多为城市的新中产阶级，无论是在消费观、文化内涵还是在购买力上，都与花西子的受众高度契合。花西子结合新潮传媒庞大的线下流量优势，通过电梯智慧屏的高频强制曝光，抢占消费者在生活场景的注意力。

更重要的是这种多层次的消费覆盖面，弥补了李佳琦在线上“直播促销”场景，通过价格优势打市场的不足。线下场景足够的曝光空间以及精准的新中产人群定位，让花西子能直击Z时代独特的消费痛点，有效塑造自身品牌。

（资料来源：“花西子们”为什么要“线上+线下”营销结合？[EB/OL].（2021-03-29）[2022-04-30]. http://www.sohu.com/a/457808195_120807251.）

5.3.3 分销渠道选择

1. 影响分销渠道决策的因素

（1）产品因素。

①产品单价。

一般而言、单价低的产品如（洗衣粉、针线等日用品）宜采用较长的渠道。反之价格较高的产品（如耐用品）不宜采用中间环节较多的长渠道，以免导致渠道成本上上升，适宜采用较短的渠道。

②产品的体积和重量。

那些体积大、笨重的商品，因运输和储存困难，应选择较短的渠道，以减少装卸搬运费用；而对于轻、薄、短、小的产品则可根据需要采用长渠道流通。

③产品的耐久性。

那些易腐性、易损性较强的产品，如鲜鱼虾、新鲜瓜果等鲜活产品和玻璃等易损产品，应尽量采用短渠道，以避免流通时间过长和多次装卸造成损失；而对于耐久性强的产品可用较长的渠道流通。

④产品的规格与类型。

品种、规格复杂的产品，宜采用短渠道，一般由生产企业直接供给消费者（用户）。花色品种多的时兴产品如流行服装，由于时间性很强，一般不经过批发商，由零售商直接销售给消费者；而产品规格与类型单一，相对稳定的产品可采用长渠道。

⑤产品生命周期。

当产品处于进入期时，因生产者需要进一步收集市场信息，以改进产品，所以此时企业可以采取自设门市部或由少数零售商销售产品的短渠道策略；而当产品进入成熟期的时候，产品的质量、性能及市场较为稳定，企业可视市场状况选择长渠道进行分销。

（2）市场因素

①目标市场范围。

目标市场范围广，宜采用长渠道；相反地，目标市场比较集中，则可采用短渠道进行分销。

②顾客方面。

顾客较为集中，且一次性购买量大，购买频率低，如生产者、社会集团购买，则适合采用较短、较窄的渠道；相反，如果顾客较为分散，且一次性购买量不大，购买频率较高，则多用长而宽的渠道进行分销。

③消费的季节性。

季节性强的产品（如电风扇等），需要中间商提供储存功能，以调节生产与消费在时间上的矛盾，宜采用长渠道；反之，则可用短渠道。

④竞争因素。

生产者在选择与设计分销渠道时也要考虑竞争因素。在分销渠道设计上企业可以采用两种方式进行竞争：一种是跟随竞争，即竞争对手采用什么渠道自己也采用什么渠道，这种策略可以与竞争对手直接竞争，吞噬或堵塞其渠道。另外一种是差异渠道选择，即采用与竞争对手完全不同的渠道以避免与对手直接竞争，这种方式可以让企业减少渠道竞争成本。比如安利采用人员直销的方式就避免了与洗化用品直接抢夺终端的竞争。

（3）企业自身因素。

①企业规模和信誉。

那些规模大、财力雄厚、信誉良好的企业可以自由地选择较固定的中间商经销其产品，采取较易控制的短渠道进行分销，甚至建立自己的销售网点，不使用中间商，实行产销一体化；面那些规模较小、财力较弱、市场信誉不良的企业，只能依赖中间商以长渠道进行产品分销。

②企业管理能力和经验。

那些对分销渠道具有丰富管理能力与管理经验的企业，可以自行销售产品，用短渠道分销产品；否则，企业只能依赖中间商用长渠道销售产品。

③企业控制渠道的愿望。

一些企业为了有效控制分销渠道，宁愿花费较高的直销费用，建立短而窄的渠道；也有些企业对控制渠道的愿望并不强烈，则可采用较长的渠道。

2. 分销渠道选择

为了顺畅地开拓市场，提高市场占有率，企业需要根据自己的营销模式设计好分销渠道。

（1）确定渠道模式。

企业分销渠道设计首先是要决定采取什么类型的分销渠道，是派推销人员上门推销或以其他方式自销，还是通过中间商分销。如果决定中间商分销，还要进一步决定选用什么类型和规模的中间商。

（2）确定中间商的数目。

这就是决定渠道的宽度。企业要根据产品本身的特点、市场容量的大小和需求面的宽窄，合理选择分销模式。

比如说，密集型分销模式就比较适合卷烟、火柴、肥皂等消费品中的便利品以及工业用品中的标准件，通用小工具等可以运用尽可能多的中间商分销，使渠道尽可能加宽，以提供购买上的最大便利。独家分销是最窄的分销渠道，通常只对某些技术性强的耐用消费品或名牌货适用。独家分销对生产者的好处是，有利于控制中间商，提高它们的经营水平，也有利于加强产品形象，增加利润。但这种形式有一定风险，如果这一家中间商经营不善或发生意外情况，生产者就要蒙受损失。选择性分销是介乎上述两种形式之间的分销模式，即有条件地精选几家中间商进行经营。这种形式对所有产品都适用，它比独家分销面宽，有利于扩大销路，开拓市场，展开竞争；比密集型分销节省费用，较易于控制，不必分散太多的精力。有条件地选择中间商还有助于加强彼此之间的了解和联系，使被选中的中间商愿意努力提高推销水平。因此，这种分销模式的效果较好。

（3）规定渠道成员彼此的权利和责任。

在确定了渠道的长度和宽度之后，企业还要规定与中间商彼此之间的权利和责任，如对不同地区、不同类型的中间商和不同的购买量给予不同的价格折扣，提供质量保证和跌价保证，以促使中间商积极进货。还要规定交货和结算条件，以及规定彼此为对方提供哪些服务，如产方提供零配件，代培技术人员，协助促销；销方提供市场信息和各种业务统计资料。生产者同中间商签订的合约应包括以上内容。

任务 5.4　消费者行为与促销策略

任务描述：

能根据消费者心理，灵活设计促销推广计划。

任务准备：

课前知识学习。

消费者行为与促销策略

促销实质上是与消费者进行沟通交流的活动，广告是企业最常用的一种促销手段，其目的是向受众传递商品或企业信息，使受众在了解商品或品牌的基础上，形成积极的态度，进而产生购买行为。运用广告进行促销的企业，无不希望自己的广告能够发挥出最佳的效力，达到预期的销售目的。这就要求企业了解消费者的心理特征及规律，采取准确的广告诉求和恰当的传播渠道，从不同角度来影响消费者心理，进而说服消费者自觉自愿地购买产品。研究消费者心理就是要通过广告的内容和传播方式对消费者产生影响，导致其产生一系列的心理活动，最终引起消费态度变化。

5.4.1　促销对消费者心理的影响

促销是企业利用多种信息传播手段，与消费者进行信息的沟通和交流，激发消费者购买欲望，促使消费者实现购买行为的活动。促销信息发生作用的机制和过程与消费者的认知过程有着高度的契合性。消费者对于促销信息的经典的反应模式有层次效果模式、AIDA 模式、创新模式、沟通模式，如表 5-8 所示。这些模式的反应过程都遵循消费者的心理认知过程。

表 5-8 消费者对促销信息的四种经典反应模式

模式	认知阶段	情感阶段	行为态度阶段
层次效果模式	知晓、认识	喜爱、偏好、信任	购买
AIDA 模式	注意	兴趣、欲望	行动
创新模式	知晓	兴趣、评估	试用、采用
沟通模式	接触、接收、认知	态度、意图	行动

1. 层次效果模式

知晓阶段，企业通过促销信息传播使消费者知晓企业、品牌或产品。

认识阶段，企业通过销售地点、销售方式等相关信息，使消费者对有关商品的性能、特点、用途、价格和维修方法有一个具体的、客观的理解和认知。

喜爱阶段，企业使消费者在了解企业、品牌或产品的基础上，对企业、品牌和产品产生好感。

偏好阶段，企业使消费者在对企业、品牌或产品产生好感的基础上，通过进一步接收有效信息，对企业、品牌或产品产生倾向性的偏爱。

信任阶段，企业通过对企业、品牌或产品的宣传，使消费者相信，企业的产品是好的选择。

购买阶段，企业使消费者做出购买企业产品的决定，并付诸行动。

2. AIDA 模式

AIDA 是四个英文单词的首字母。A 为 attention，即引起注意；I 为 interest，即诱发兴趣；D 为 desire，即刺激欲望；最后一个字母 A 为 action，即促成购买。

（1）注意（attention）。注意是人们对一定事物的指向和集中，企业的促销信息以各种形式刺激消费者的感觉器官，引起消费者的注意，使消费者的意识转向广告产品，对有关信息加以注意。如企业通过广告、免费品尝、产品现场演示等方式吸引消费者注意。

（2）兴趣（interest），人们在接收信息的过程中，增强了对商品的了解，产生兴趣，这种兴趣能使消费者产生继续了解有关内容的热情和耐心。是否能激发消费者的兴趣，使消费者产生继续了解有关内容的热情和耐心，与信息的趣味性高低有很大的关系。如产品功能的现场演示比单纯的语言描述更能引发消费者的兴趣。

另外，据统计，美国某刊物广告的阅读者中，男性读者阅读汽车广告的比例比阅读服装广告的要高出 4 倍，而女性读者阅读服装和电影广告的比例比阅读旅游广告的要多出一倍多。这是由于男性、女性读者对不同类型物品的兴趣有明显差异的缘故。

（3）欲望（desire），企业的促销活动使消费者产生积极的感受以后，会诱发消费者积极的情感，增强购买商品的欲望和做出购买决定的动力。

（4）行动（action），广告诱发消费者积极的情感，会使消费者形成一个良好的商品形象，产生对商品的积极评价，形成购买意向，最终采取购买行为。

消费者采取购买行动后，如果感到满意或获得他人的赞美，会进一步加强对该商品的记忆、联想和积极的情感，进而形成品牌的忠诚度。

AIDA 模式的魅力在于吸引注意、诱导兴趣和刺激购买欲望三个阶段，三个阶段对消费者的心理进行引导和把握。

5.4.2 促销的心理功能

1. 传递信息

现代社会是信息高度发达的时代，每天人们自觉或不自觉地通过各种途径在接收各类信息。促销通过各种传播方式将信息传递给消费者，帮助消费者了解有关商品的性能、特点、用途、价格和维修方法，以及销售地点、销售方式等，这些信息是人们认知商品的必要条件。

人们接收外界信息的途径有五种，即视觉、听觉、触觉、味觉、嗅觉。企业可以根据信息传递对象的特点，借助适宜的传播媒介，使受众能够最大限度地接收信息，认知商品。

心理学家通过心理实验证实：人类获取的信息，83%来自视觉，11%来自听觉，这两者加起来就有 94%；另外，3.5%来自嗅觉，1.5%来自触觉，1%来自味觉。

2. 引起注意

促销的另外一个心理功能是引起消费者的注意，注意是消费者对促销信息传播的反应的起点。

人们每天通过各种媒体可接触成百上千的促销信息，这些信息中的大部分都被忽略了。据研究，只有 5%的信息才能引起人们的注意。能否吸引消费者的注意，与刺激的形式和大小有关，如表演展示中活动模特身上的服装就比橱窗中挂着的服装更容易引起人们的注意。

3. 增强记忆

记忆是以往经历的事物在人头脑中的反应。记忆有助于加深人们对企业、品牌和商品的认同，是使消费者产生对企业、品牌和商品偏好和激发消费者欲望的基础。

企业促销传播的信息能否在消费者心中留下深刻的记忆，受很多因素的影响。

（1）刺激的形式影响记忆的深浅。一般形象、直观、具体的事物比抽象的事物容易给人留下印象，加深记忆。例如，图文并茂、色彩绚丽的广告画面比只有文字的页面给人以更深的印象，更容易让人记住。

（2）刺激物出现的顺序性影响记忆。例如，在电视剧之间播出的广告顺序影响着人对广告的记忆，人们更容易记住第一个和最后一个广告。

许多心理学家都对系列位置的作用做了研究。1962 年，加拿大学者墨多克向被试呈现一系列无关联的字词，如肥皂、氧、枫树、蜘蛛、雏菊、啤酒、舞蹈、雪茄烟、火里、山、炸弹、手指、椅子、木偶等，以每秒出现一个的速度呈现完毕，让被试以任意顺序自由回忆。结果发现回忆的效果与字词呈现的位置有关，在系列的开始部分和末尾部分的单词均比中间部分的单词更容易回忆。

（3）刺激的重复次数影响记忆。在一定条件下，信息重复的次数越多，消费者对企业、品牌或产品的记忆就越深刻。

人的记忆分为感觉记忆、短时记忆、长期记忆。心理学家研究证明，人的感觉记忆时间很短，只能保持0.25~2秒，受到注意的感觉记忆可以转化为短时记忆。短时记忆的时间略长于感觉记忆，但最长也不超过1分钟，容量只不过7±2个记忆单位。重复可以使短时记忆转化为储存超过1分钟的长时记忆。多次重复可以使人对接触的信息在头脑中留下深刻的印象，直至保持终生。

4. 树立形象

促销不仅能起到促进销售的作用，很多时候促销活动还能在消费者心中起到树立企业形象的作用。如在销售活动中销售人员的良好形象、企业的公益广告、企业的捐款等，都能起到树立企业和产品形象的作用。

企业通过长期的不懈努力，在公众中形成的美誉度，是企业发展的巨大财富，它能加强消费者对企业或产品的信任和偏好。但企业美誉度的建立，是一个长期的、有计划的过程，需要大量的广告和在公共关系上的投入。

5. 诱发情感

好的广告和促销活动，注重艺术感染力，讲究人情味，让人陶醉其中。消费者观看的过程也是一种欣赏和享受的过程，消费者在欣赏的过程中产生积极的情感。积极的情感有利于强化消费者的购买欲望，坚定购买信心。

5.4.3 促销组合

促销组合是指企业根据促销的需要，对广告宣传（advertising）、销售促进（sales promotion）、公共关系（public relation）与人员推销（personal selling）等各种促销方式进行的适当选择和配合。

促销组合是指企业在市场营销活动中有计划、有目的地把人员促销和非人员促销两大类中的人员推销、广告、营业推广和公共关系这些具体的促销方式结合起来，综合运用，形成一个完整的最佳促销策略。促销组合是一个有机的整体，是各种促销方式的正确选择、组合和运用。

1. 广告宣传

广告宣传是大众传播的一种形式，它可以大范围地进行信息传播，触及广泛的消费者，并且传播迅速、影响力大、易于造势。西方有商人认为，推销产品而不做广告，犹如在黑暗中向情人送秋波。

广告最简单的作用机制是通过经常性地重复品牌的名称，创造知名度。广告还可以防止消费者忘却品牌，使消费者头脑里对品牌的印象常新，耳熟能详、铭记在心。

例如，加多宝和王老吉，产品和广告语都极其相似。两家企业对广告语“怕上火，喝王老吉”，“怕上火，喝加多宝”的争夺，一度进入白热化阶段。直到后来加多宝冠名了当时火遍全国的综艺节目——《中国好声音》，随着节目的热播，广告语“正宗好凉茶，正宗好声音”深入了人心。

新颖独特的广告方式，可吸引消费者的注意力，给消费者以一定的震撼和吸引力。例如，李宁运动产品的广告语“一切皆有可能”就会吸引消费者，并使他们从“一切皆有可能”中去感受运动的魅力。

著名品牌 SK-Ⅱ的护肤产品，其广告语是“肌肤年轻 12 年”。这是企业对其产品效用的描述，把消费者在购买过程中考虑的首要因素转移到了产品会给她们带来更美好的自我形象的憧憬上，而不再是这些产品中或多或少含有的化学成分对其是否有影响。若广告中有消费者所喜爱或推崇的名人代言品牌，其效果将更加显著。

好的广告能以情感人，能够唤起消费者美好的联想，引起情绪与情感方面的共鸣。给消费者以美的享受。

例如，“你爱我，我爱你，蜜雪冰城甜蜜蜜”。这大概是 2021 年在大多数社交媒体中传播度最广的一首歌。它让茶饮品牌蜜雪冰城成功出圈，还有不少网友自发上传基于此的再创作内容，在提高其社交媒体热度的同时，也让蜜雪冰城在“廉价”之外，有了更多具有辨识度的标签，受到年轻人的广泛欢迎。

案例：

HFP 上演独一无二的“绝美公演”

2021 年 2 月 21 日，国内专业护肤品牌 Home Facial Pro 花大手笔，力挺代言人王一博，在新年开工之际就给大家准备了大惊喜，让王一博用另外的一种方式空降上海。当晚 7 点，HFP 于上海世博源举行无人机灯光秀（见图 5-11），场面超级震撼，吸引了无数路人及粉丝的围观。

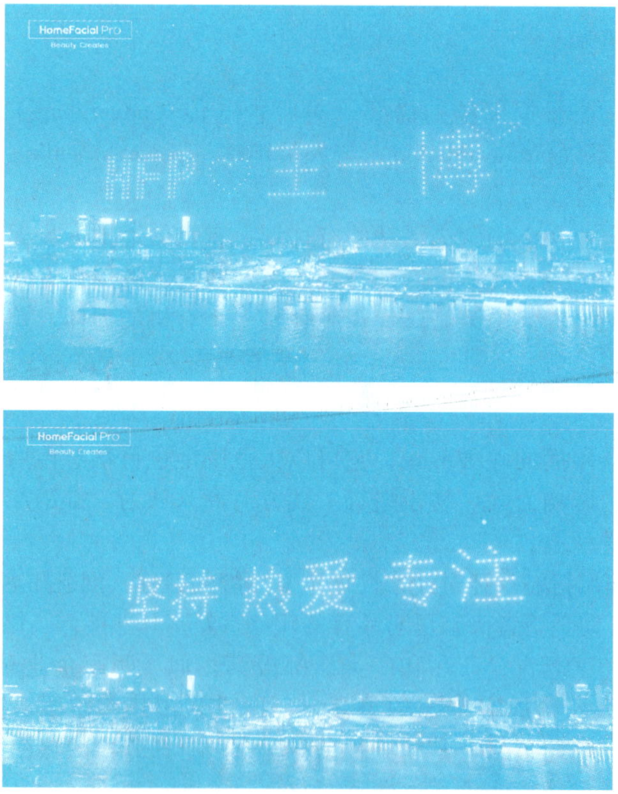

图 5-11　HFP 举行的无人机灯光秀

（资料来源：2021 年初，这些创意户外广告案例值得借鉴！[EB/OL].（2021-02-27）[2022-04-30]. http://zhuanlan.zhihu.com/p/353277380.）

2. 销售促进

销售促进又叫营业推广，是指企业运用各种短期诱因，鼓励消费者消费的促销活动。由于销售促进运用短期利益进行刺激，可使消费者产生机不可失的感觉，使消费者迅速采取购买行动。因此，一般来说，企业只要选择恰当的销售促进方式，就会很快收到明显的成效，而不会像广告和公共关系那样需要一个很长的时期才会奏效。针对消费者的销售促进方式有免费试用、免费服务、奖金或奖品、优惠券、特价包等。例如，目前国内餐饮外卖平台常用的销售促进方式包括：满减、打折、赠品、积分、限时抢购、抽奖、新人特惠、纪念日促销以及优惠券等。

（1）免费试用。

企业采取免费试用的方式，促使消费者在用过之后下定决心购买。免费试用可打消消费者对产品质量的顾虑或产品所能带来利益的怀疑，是促使消费者购买产品的有效手段，这种免费试用是"欲擒故纵，先予后取"。

例如，许多报纸、杂志、视频和音频采取在一定时间内请消费者免费试阅或试所，由此吸引了一些读者、听众，而一旦读者、听众试阅或试听一段时间，感到满意后便会购买。

当然，免费试用也是高成本的促销手段。因此，一般用于一种全新而又名气不大，需要和值得花一些代价去促销的产品，或是确信只要消费者试用就会产生购买意向的产品。否则，如果试用的产品在性能上与其他同类产品并没有明显区别，或本身品质一般，那么采取免费试用就可能会徒劳无功。

（2）免费服务。

免费服务是企业为消费者提供不用付费的服务，目的是使消费者对企业的其他产品或服务产生购买兴趣。

例如，电器商店为购买者提供免费送货上门、免费安装、免费调试；皮革行除免费为消费者保修外，还免费为用户在夏季收藏皮夹克……从而吸引消费者前来购买电器、皮革。

又如，酒楼看准每年有很多对新人办喜事，而竞相推出免费服务——有的免费代送宾客，有的免费提供新婚礼服、化妆品、花车及结婚蛋糕……哪家的免费服务招数高，消费者就可能去哪家消费，哪家的生意就兴隆。

（3）奖金或奖品。

奖金或奖品指与购买产品相关联的馈赠奖金或奖品的活动，目的是使消费者产生兴趣。

例如，口香糖刚问世时，销路不畅。后来口香糖企业允诺，消费者回收一定数目的口香糖纸就可以换得一个小礼品，从而打开了市场。

又如，酒厂推出收集到若干个某种酒瓶盖，或积累一整套标志，可兑换一定数量的奖金或实物的活动，借以鼓励消费者购买该种酒。

又如，航空公司推出"里程奖励"活动，对乘坐航空公司航班的乘客进行里程累计。当其累积到一定公里数时，就获得若干里程的免费机票。

（4）优惠券。

指企业印发的给予持有人购买产品时一定减价的凭证。由于能够得到减价优惠，优惠券对价格敏感的消费者有很强的吸引力。

例如，美国一家公司为了把它的咖啡打入匹兹堡市场，向潜在消费者邮寄了一种代金券。消费者每购一听咖啡，凭这种代金券就可享受35%的折扣，每听中又附有一张折价20美分的代金券。这样，消费者就会不断地被这种“小利小惠”所刺激，从而对该产品保持长久的兴趣。

3. 公共关系

公共关系是指企业采用各种形式来加强与社会公众沟通的一种活动，其目的是树立或维护企业的良好形象，建立或改善企业与消费者的关系，控制和纠正对企业不利的舆论并且引导各种舆论朝着有利于企业的方向发展。

与广告相比，公共关系更客观、更可信，对消费者的影响更深远。如果企业的形象在消费者心目中较好，消费者就会谅解企业的个别失误。如果企业原有的形象不佳，则任何细微的失误也会造成很坏的影响。因此，企业的形象被称为消费者感知服务质量的过滤器，企业必须树立和维护良好的公共形象。

例如，法国白兰地在美国市场上没有贸然采用常规手段进行销售，而是借当时的美国总统艾森豪威尔67岁寿辰之际，把窖藏达67年之久的白兰地作为贺礼，派专机送往美国，同时宣布将在总统寿辰之日举行隆重的赠送仪式。这个消息通过新闻媒介传播到美国后一时间成了美国的热门话题。到了艾森豪威尔总统寿辰之日，为了观看赠酒仪式，不少人从各地赶来一睹盛况。就这样，新闻报道、新闻照片、专题特写，使法国白兰地在欢声笑语中昂首阔步地走上了美国的国宴和家庭的餐桌。

此外，企业的社会责任也会对消费者行为产生影响。企业的社会责任是指企业在创造利润、承担对股东和员工的法律责任之外，需要担负的对环境、消费者以及社会的责任。企业在承担社会责任中的表现会影响消费者的好感和购买意愿。调查数据显示，对于一家积极承担环保责任和社会责任的企业，66%的全球环保响应者愿意支付更多的钱去购买相关的产品。

案例：

为河南捐款走红，鸿星尔克造热词“野性消费”

2021年7月，河南突发水灾。灾难无情人有情，国产品牌鸿星尔克不顾自身困难，宣布捐赠5 000万元物资援助河南，感动全国人民。

随后，网友们冲进鸿星尔克的直播间扫货，观看人次从之前的不到1 000，到7月23日突破200万，高峰时更是超过1 600万。单日的直播销售突破1亿，主播多次喊话要“理性消费”。

4. 人员推销

推销人员可向消费者介绍企业的现状，以及产品的特点、价格等信息，还可与消费者直接对话，进行信息的双向沟通。并且推销人员可以直接观察消费者的态度和反应，再根据消费者的特点、态度和反应调整推销策略，答复和解决消费者提出的问题，及时消除消费者的顾虑和不满，针对性强，容易促成消费者的购买。

例如，我们在超市里经常会遇到做地推的人员，他们一边展示商品信息，一边和消费者进行沟通交流，促进消费者购买。特别是在快消品行业里，人员推销目前仍然是常用且有效的方法之一。

5.4.4 不同产品类型的促销组合

产品类型分消费品和投资品。

消费品的促销组合次序：广告，销售促进，人员推销，公共关系；

投资品的促销组合次序：人员推销，销售促进，广告，公共关系。

消费者购买阶段一般依次是四阶段：

（1）知晓阶段，促销组合的次序是：广告，销售促进，人员推销；

（2）了解阶段，促销组合的次序是：广告，人员推销；

（3）信任阶段，促销组合的次序是：人员推销，广告；

（4）购买阶段，促销组合的次序是：人员推销为主，销售促进为辅，广告可有可无。

任务 5.5 大数据营销

任务描述：

能结合消费者心理，运用大数据营销开展营销策划。

任务准备：

课前知识学习。

5.5.1 大数据营销的定义

大数据营销

大数据营销，又称数据营销，是利用大数据技术对低值密度的海量数据集进行精确的挖掘和分析，以获取巨大的商业价值。具体而言，这是通过使用大数据技术收集、分析和实施营销领域中不断变化的可用数据源、不同来源（传统和数字渠道）以及各种形式（结构化和非结构化数据）的海量数据的过程，目的是鼓励客户参与，提高营销效果，衡量内部责任。大数据营销以其“精确性”和“可定制性”的特点，有效地保证了企业营销的效率和效果。例如，帮助广告商发现目标受众，以便预测和分配广告的内容、时间和形式，最终完成广告。

在互联网尤其是移动互联网主导的数字营销时代，公司可以以前所未有的速度从用户那里收集关于大规模行为的数据。公司根据大量数据分析和预测消费者偏好，以便向消费者提供最能满足其需求的产品、信息和服务，并向他们提供准确的广告信息。

大数据营销也是营销。市场管理从 4P 发展到 4C。大数据营销的特点恰好符合“4C”的要求。同时，企业市场营销战略将向“4D”战略转变，即数字化沟通（digital-communication）、数字化调研（digital-research）、数字化促销（digital-promotion）、数字化贸易（digital-trade）四个方面。“4D”战略以信息传播数字化为基础，以有效获取市场信息为主要内容，以数字化推广为传统营销媒体的重要补充和发展，以交易网络为最高舞台。4D 营销策略是未来的主要营销模式。

5.5.2 大数据营销的特点

1. 多样化、多平台的数据采集

收集多样化和多平台的数据，可以使企业掌握的互联网用户的行为更加全面和准确。未来多平台采集可能包括互联网、移动互联网、广播电视、智能电视、户外智能屏等数据。

2. 突出当前形势

在互联网时代，互联网用户的消费行为和购买方式很容易在短时间内改变。因此，当互联网用户的需求最高时，及时营销是非常重要的。

3. 个性化营销

在网络时代，广告商的营销观念从“媒体导向”转变为“公众导向”。现在，广告商在营销广告中完全以公众为导向，因为伟大的数据技术让它们知道目标受众在哪里，他们关注的是什么屏幕。当不同的用户关注同一个媒体界面时，大数据技术可以使广告内容不同。大数据营销为互联网用户进行定制营销。

4. 高性价比

与传统广告中的“广告成本浪费一半”相比，大数据营销使得广告商的投放具有最大的针对性，能够根据实际反馈及时调整投放策略。

5. 相关性

大数据营销的一个重要特征是广告与互联网用户关注的广告之间的相关性。在收集大量数据的过程中，我们可以快速了解目标受众关注的内容和互联网用户所在的位置，这些有价值的信息可以使广告投放过程具有前所未有的相关性。也就是说，网民们看到的最新宣传可能会与下一个广告产生深度互动。

知识链接：

大数据如何提高企业的生产力

大数据如今在各行业领域中发挥着巨大的作用。众所周知，它正在改变商业格局，并且成为企业业务增长的关键。

调研机构对一些企业进行了调查采访，以了解大数据在这些公司的优先性。它们表示，采用大数据，最显著的好处之一是提高了工作效率。

许多企业正在使用大数据技术来提高生产力。这是预计到2027年全球大数据市场规模将达到1 030亿美元的原因之一。

大数据是提高企业生产力的关键

对于后台的大数据，可以采用各种应用程序管理大量信息，使其成为提高企业生产力的重要工具。其中一些工具包括使用机器学习来提高企业的生产力。还有一些工具可以通过调整机器学习算法，以最大限度地提高员工参与度的方式提高生产力。

这些大数据工具可以提升员工绩效，优化人员和物资管理。许多数据驱动的员工跟踪工具有助于提高绩效。

餐饮商TechFood Consult公司创始人Pablo Settineri对此进行了探讨并指出："只有通过更精细的管理才能提高生产力。为此，TechFood Consult公司拥有大数据方面的最佳资源。"

目前，大数据工具主要用于设计新产品、营销活动和实时推出促销活动，然后是空间规划和新机构的位置以及个性化服务。

然而，像Goiko Grill这样的公司发现大数据对员工管理也非常有效。Goiko Grill公司在这方面的经验非常丰富。该公司创始人Daniela Goicoechea说："利用大数据的后台工具帮助我们的员工更好地工作。这样提高了透明度，他们会感到工作更有动力。"

例如，地理定位工具变得特别重要。Carlos Peregrina描述说："这些工具与其他大数据工具一起被用于重新设计餐厅网络和寻找新开店的最佳位置。"这项技术就是所谓的位置智能，可以分析有关消费者位置和移动的信息，以便在其他应用程序中找到适合企业的最佳站点。

没有大数据，就无法预见未来。但是，很多企业无法做到这一点。正如许多专家预测的那样，大数据将以难以想象的方式改变世界。

毫无疑问，大数据分析工具的使用以及在社交网络和其他平台上与客户的直接沟通是各行业转型的一部分，并为消费者开发和提供真正具有附加值的服务。

在实现这一目标的关键因素中，大数据正在成为一种必不可少的资源。采用大数据，餐饮企业能够更好地了解它们的客户，诊断业务问题，提出解决方案，并预测需求和趋势。

Carlos Peregrina说："在数据分析策略明确的企业中，基于数据的结论能够影响其运营和发展。这既适用于业务部署，也适用于支持职能部门。"

目前，这些工具主要用于设计新产品、营销活动和实时推出促销活动。在获得这些好处之后，空间规划、新店选址和产品个性化方面也将不断进步。正如毕马威公司发布的一份调查报告所指出的那样，这些优先事项将在两年内发生变化。

数据分析主要应用于实时营销和促销，其次是个性化客户体验，并预测客户行为和需求。

5.5.3 数字化时代消费行为的变迁

随着我国信息数字化的不断发展，数字经济逐渐成长为我国经济体的重要组成部分。数字化传播时代的背景下，以往的传播、接受关系发生显著的变化，消费者更是从被动地位转变为主导地位，掌握更多的话语权以及参与权。企业想要保证自身的市场位置，吸引更多的消费者，需结合时代背景，分析消费者的特点，以此制定合理的营销措施。

1. 消费者信息接收方式的改变

消费者对信息的接收方式由传统的 AIDMA 模式发展到 AISAS 模式，直到数字化时代的 AIDEES 模式。AIDEES 模式是以自媒体的兴起和发展为前提的，自媒体的出现使消费者拥有更多体验的机会，拥有更多展现其传播热情的平台。数字化时代，体验消费已成为消费者新的消费方式。AIDEES 模式中，最突出的贡献在于两个 E：体验（experience）与热情（enthusiasm）。体验与热情充分激发了消费者的参与性与互动性，促使消费者积极主动地了解产品的相关信息，维持消费者对产品的持续关注度，增加消费者购买的机会。

如苹果公司在各大城市建立了苹果品牌体验区，让消费者零距离地感受苹果公司最新的产品。这一举措的目的正是为了迎合消费者的体验需求，以消费者的体验为中心，与消费者产生共鸣，以此激发消费者的热情。Social Talent 发布的《95 后数据报告》显示，全球 98%的 95 后通常喜欢在实体店购物，是网上购物的 3 倍。71%的 95 后喜欢体验式消费，比年长消费者高出 22 个百分点。由此可见，只要能带来有吸引力的体验式消费，作为网络原住民的 95 后，更愿意放弃网购，选择到线下门店购物。这其实也对照了新一代年轻人的消费主张。他们追求新潮、个性，不满足于千篇一律的消费模式，希望在互动、参与中获得更丰富的快乐和满足。所以，那些有体验感的品牌营销，也更能俘获年轻消费者的心，赢得他们的认同感。如，奈雪的茶推出萌化人心的“猫猫爪杯塞”的同时，还打造了“奈雪猫猫店”线下主题店，让消费者可以更直接地感受到萌宠带来的治愈感，让治愈系的消费体验更加近距离。

2. 消费者拥有更多的自主选择权

在数字化时代，商品的同质化现象越来越严重，商品可替代性也越来越高，消费者拥有更多的自主选择权。这也导致消费者在做购买决策时，不只是追求产品的基本功用，还要考虑产品的附加价值。显而易见，商品的附加价值已经成为影响消费者购买决策的重要指标。消费者对于产品的消费不仅仅是对产品基本功能的消费，更多的是对产品附加价值的消费，产品的附加价值能否满足消费者的社会心理需求是消费行为是否发生的重要依据。产品的附加价值从某种程度上来说，标示着消费者的社会属性。消费行为也成为消费者社会心理实现和标示其社会地位、文化品位、生活水准的文化符号。

3. 消费者更愿意分享体验，也更愿意借鉴第三方意见

数字化时代，分享已经成为许多消费者的一种生活方式，特别当他人对自己分享评价的购买体验与商品信息予以认可时，往往会产生强烈的成就感与满足感，进而鼓励该消费者更愿意分享自己的观点和体验。另外，具有共同经验与话题的消费者在沟通联系中，很容易就形成分享自己的意见与观点的小型社区。数字化时代来临前，由于技术等条件的限制，消费者所了解到的产品信息更多的是商家提供的，他们只能获取有限的第三方信息。由于信息的不对称，消费者在消费过程中极易被生产商的信息所影响。随着数字化时代的到来，消费者拥有更多的渠道去分享自己亲身消费后的感受。与此同时，消费者对分享自己购买后的感受乐此不疲。因此，在数字化时代，消费者更容易获取第三方信息，第三方信息已成为消费者信息需求的重要组成部分。大众点评网是典型的第三方信息的供给平台。在大众点评网上，消费者可以将自己消费的真实体会与其他人分享。比如消费者在选择餐厅就餐时，就会参考大众点评网上他人提供的有效信息选择餐厅。

4. 消费者自主决策意识提高，更注重个性化消费

随着数字化传媒时代的不断发展，大众对于个人价值的自我认知水平不断得到提升，伴随着大众自主决策意识的提高，其在挑选和购买商品时往往以自己的意愿为主，而不再刻意地考虑到其他人意见，且逐渐将自我认知能力放在重要的位置。受数字化时代信息洪流的影响，大众对各品牌企业的主要营销模式及产品质量均有大致了解，而不再轻易被产品广告中的信息所轻易引导。消费者在网购时，其消费理念会变得更加客观、对商品的宣传效果会更容易存疑，即消费者在网购过程中会注意对产品真实信息的筛选，而不再轻易被广告宣传信息所引导。身处信息时代，消费者自我意识逐渐明朗，认识到厂商营销策略的意图后，意识到其想要影响到自己的购买决策，会更容易产生“逆反”心理。

同时，消费者已不满足于大众式的消费，小众甚至一对一的营销模式是消费者所乐于接受的。消费者的“自我意识”和“自我个性”不断被激活，个性化消费已成为大多数消费者的共识。数字技术对渠道的拓展为大规模定制的实现奠定了技术基础。数字技术的加速发展为消费者追求个性化消费提供了有利的技术保证。由于技术的实现，厂商为了最大限度地吸引消费，不断附和消费者的个性化消费需求。营销人正采取高精准的营销方式以期满足消费者的这种个性化消费。根据消费者的独特需求的定制式服务正趋于流行，这能更好地满足消费者的个性化需求。

数字化时代的到来，社会发生了一系列新的变化，消费者随之也出现了新的变动。然而，消费者的某些行为特征却是相对静止不变的。比如消费者的利益需求是不变的。无论时代如何变迁，消费行为发生的前提都是消费者具有某种利益需求，而希望产品能够满足消费者的利益需求。只有满足了消费者的利益需求，消费行为才可能发生。又比如，消费者对商家的诚信要求是不变的。诚信是中华民族的传统美德。孔子曰：“人而无信，不知其可也。”数字化时代，信息的传播方式出现了新的变化，信息传播的内容更加丰富、更具有针对性。但是，传播的信息必须具备真实性。信用既是无形的力量，也是无形的财富。消费者一旦发现传播的信息是虚假的，必定会破坏企业的形象，给企业造成巨大的损失。还有消费者对家庭美德的注重是不变的。家庭美德主要包括尊老爱幼、男女平等、夫妻和睦、勤俭持家、邻里团结等。因而，企业在信息传播过程中可充分利用消费者一如既往地对家庭美德的重视进行信息的传播，塑造企业形象。

知识链接：

大数据在零售业的主要优势

为什么大数据分析工具在管理软件、支付处理软件和其他零售软件解决方案中脱颖而出？以下是它带来的主要好处：

一、更好地了解客户

通过收集客户数据，零售商可以了解其目标受众的偏好、购物习惯、地理区域等信息。这些信息可以进一步用于营销策略。例如，创建更适合客户的渠道（短信、社交媒体或电子邮件）向客户提供个性化服务或建议。

收集客户及其消费模式的反馈可以帮助零售商确定最有效的方法，并在出现任何挑战时改进客户服务。

二、紧跟市场潮流

零售商可以使用有关用户社交媒体活动和网络浏览行为的数据来确定哪些产品最受关注。此外，他们可以分析围绕某个项目的讨论情绪。这种预测分析可以帮助确定哪些产品会引起用户的更大兴趣。

三、设定最优价格

零售商可以进行 A/B 测试以设定合适的价格。然而，这个过程可以实现自动化。在大数据技术的支持下，零售商可以转向动态定价策略来分析市场变化并做出相应调整。在动态定价策略中，分析算法会分析竞争对手的定价和库存当前水平，并选择使零售商保持竞争力及获得更多利润的最佳价格。

四、仓储优化

通过预测分析和有关产品的实时信息，零售商可以避免供应短缺，优化仓储，以便可以获取最受欢迎的商品等信息。通过仓储优化，商家还可以确保产品的可用性，这在需求旺盛期间尤为重要，因为库存耗尽可能会影响收入。

5.5.4 消费大数据的应用

1. 为客户提供个性化服务

营销的核心理念就是要了解客户需求，这也是常说的“精准营销”，为客户提供他们真正想要的产品和服务，商家必然就可以与客户建立良好的营销关系。大数据背景下的企业可以通过运用信息技术手段，与客户建立良好的沟通，从而直接了解到客户需求，达到精准营销的目的，同时在沟通过程中对自己的产品进行推广。在精准营销过程中要特别注意四大要素：顾客、成本、方便、沟通。只有将这四者相互融合、协调配合，最终才能为客户提供个性化服务。如 ZARA 公司内部的全球资讯网络会定期把从各分店收集到的顾客意见和建议汇总并传递给总部的设计人员，然后由总部做出决策后再立刻将新的设计传送到生产线，直到最终实现“数据造衣”的全过程。利用这一点，ZARA 作为一个标准化与本土化战略并行的公司，还分析出了各地的区域流行色并在保持其服饰整体欧美风格不变的大前提下，做出了最贴近客户需求的产品。同样，在

ZARA 的网络商店内，消费者意见也作为一项市场调研大数据参与企业产品的研发和生产，且由此映射出的前沿观点和时尚潮流还让“快速时尚”成为 ZARA 的品牌代名词。

2. 改善用户体验

要改善用户体验，关键在于真正了解用户及他们所使用的产品的状况，做最适时的提醒。例如，在大数据时代或许你正驾驶的汽车可提前救你一命。只要通过遍布全车的传感器收集车辆运行信息，在你的汽车关键部件发生问题之前，就会提前向你或 4S 店预警，这绝不仅是节省金钱，而且对保护生命大有裨益。事实上，美国的 UPS 快递公司早在 2000 年就利用这种基于大数据的预测性分析系统来检测全美 60 000 辆车的实时车况，以便及时地进行防御性修理。

案例：

大数据助攻 ZARA 快时尚品牌抓住顾客口味

在新冠肺炎疫情重创下，西班牙快时尚品牌 ZARA 母公司印地纺（Inditex）2021 年第一季净利 4.21 亿欧元，远优于分析师预期。从 1963 年发迹，随着旗下 ZARA 迅速扩张，印地纺已经攻占全球 96 国，是世界最大的时尚领域零售商。

究竟，ZARA 有什么过人的经营方针，使他们在近 30 年来，引领时尚风潮？摊开印地纺 2020 年年报可以看到，印地纺董事长帕布罗·伊斯拉重申核心策略，仍是提供给顾客最佳的购物体验。在时尚品牌中，最重要的指标就是流行，而通过大数据，他们能快速设计出顾客最需要、想要的服饰。

关注畅销单品、管理库存，品牌够快才能够新潮

在 ZARA 有一句名言：“客人在这里买到一件衣服，其他人不会有同一款。”《营销 5.0》指出，传统服饰厂商会按照季节制定策略，ZARA 则可在数周内就挖掘最新流行趋势。能做到这点，在于他们的组织、供应链足够敏捷、有弹性。

例如，他们采用无线射频识别（RFID，Radio Frequency Identification，通过无线电信号识别特定目标，传送数码数据）技术，关注每个库存管理单位（SKU）的销售情况，确认哪些商品比较热销，当作后续的重点关注指标。

伊斯拉表示，印地纺旗下 8 大服饰品牌，像是 Pull&Bear、MassimoDutti 都沿用这个技术，使业务模式更灵活，可以随时随地提供最新的产品。例如在 2015 年，日本有一位女顾客想要一条粉红色围巾，到了 ZARA 却找不到，一周后，全球 ZARA 就推出新款粉红色围巾，3 天内售出 50 万条。

进一步来看，ZARA 的设计团队是分布式的，设计与采购往往同步进行，以达到高库存周转率。更重要的是，他们只把 0.3%的营收拿来投放。这是因为，ZARA 从设计开始就关心数据，例如哪类商品这季畅销、哪类却滞销，这些重要数据，会告诉设计师，每周到底要产出什么样的新品。网络意见也是设计的考虑之一，毕竟他们在各大社交平台上有 8 500 万名粉丝。这样的敏捷精神，也是营销 5.0 的核心精神之一。

这一两年，ZARA 的另一项焦点是加速数字转型。印地纺追加 27 亿欧元预算，希望 2022 年的在线销售占比达到整体的 1/4 以上。伊斯拉说，未来将导入更快的移动支

付方式，提升客户体验。

移动和理念一致，响应永续也不忘核心价值

“我们认为，每个顾客可以自由决定，在任何时间点，购买任意数量的衣服。”针对这部分，伊斯拉给出了响应，但提出不一样的解决方案，他宣布在 2025 年以前，都采用永续原料，而非降低生产量。

伊斯拉 2019 年接受专访时指出，他们与麻省理工学院（MIT）合作，开发再生塑料制造织物。他也承诺，未来使用的棉花、亚麻和聚酯纤维，100%都是有机、永续、可回收的。

例如，他们推出一个管理平台“Inergy”，这个平台已连接 3 587 间门店，集中管理门店，像是通过数据，判读可再生能源材料的比例有多高。同时，ZARA 也宣布将减少塑料制品，像是 2020 年门店和在线订单都不提供塑料袋。对伊斯拉来说，快速响应市场看法，保持品牌好感度，就是好的营销策略。

3. 实现产品的交叉销售

交叉销售就是指商家在顾客消费过程中不能局限于满足其一次性消费，而是要挖掘他的潜在消费产品，进而达到拓宽市场的目的。通常而言，交叉营销方式被很多大型超市广泛应用，并且取得了良好效果。当前，大型超市管理者每天都会对所销售的产品数据进行统计，之后最重要的就是借助大数据技术对这些数据进行认真的分析和研究，进而通过了解产品的销售情况，分析购买者的消费习惯，最终实现对产品的优化组合。在满足消费者需求的同时，达到提高销售额的目的。

案例：

阿里系频出大数据战略，天猫用“大数据”预测用户喜欢的新品

作为电子商务巨头，阿里巴巴在大数据的应用上得心应手，他们通过大数据提升市场效率，甚至帮助商家进行决策。

2013 年，天猫平台上有 750 多万款新品首发，服饰服装类、3C 产品、时尚生活类新品首发持续领跑行业。2021 年，更多的新品在天猫上首发，而天猫方面相关负责人称，天猫将利用在大数据上的优势，提前给商家预测用户喜欢什么样的新品，把在哪些地区有商家的重度用户等多维度数据运用到商家的新品开发上。

天猫还在同期启动“品牌旗舰店升级”计划——天猫品牌站。副总裁乔峰说，升级后，商家将真正实现数据化运营，在市场投放、消费者获取、客户维护与管理、商品策略等一系列运营过程，都能通过天猫平台的大数据来做决策。

阿里巴巴则利用自己在 B2B 领域与银行、企业广泛合作的优势，结合阿里平台大数据和信用体系，为中小企业提供无抵押信用贷款。整个贷款模式为：阿里提供海量数据，银行风控贷款。

（资料来源：“大数据”时代营销战 BURBERRY、ZARA 等快人一步［EB/OL］.（2014-08-06）［2022-05-03］. http：//news. winshang. com/html/027/2287. html#interlinkage3.）

4. 竞争对手监测与品牌传播

竞争对手在干什么是许多企业想了解的，即使对方不会告诉你，但你却可以通过大数据监测分析得知。品牌传播的有效性亦可通过大数据分析找准方向。例如，可以进行传播趋势分析、内容特征分析、互动用户分析、正负情绪分类、口碑品类分析、产品属性分布分析等，可以通过监测掌握竞争对手的传播态势，并可以参考行业标杆的用户策划，根据用户声音策划内容，甚至可以评估微博矩阵的运营效果。

5.5.5 大数据营销的发展

1. 大数据营销的场景化

现在企业大数据营销模式经常都可以很好地满足消费者实时需求。然而，很多时候消费者自身并不是十分清楚自己的潜在需求，企业抓住消费者潜在需求，深入挖掘消费者的现实与潜在需求，就能抢占市场先机。企业可通过大数据技术对消费者描绘用户画像，科学分析消费者购买商品前后的行为，挖掘其潜力需求以及不同场景的需求，打造体现产品功能价值的场景，强化提示消费者在不同场景下的诉求点，激起其购买欲望，使得本来还没形成的需求得以实现，从而最大化体现商品的市场价值。

2. 营销的数据共享化

随着互联网的普及，大数据呈现跨媒介、跨平台、碎片化的特点，某个企业掌握的单一数据可能无法充分发挥其商业价值，如何整合这些多渠道的数据信息并发掘其数据价值成为各行业企业的共同诉求。大数据营销的未来阶段，企业应摒弃传统的“企业间只有竞争”的观念，在允许范围内以大数据为桥梁进行深度合作，数据共享，集中优势，整合分析双方掌握的数据信息，从整个行业角度分析判断消费者需求变化趋势。这除了促进自身采取更为有效的营销策略外，还有利于整个行业的良好发展。

3. 产品与服务全面参与

产品及其服务是企业满足消费者需求的核心，而产品的性能、包装、质量及相应的服务是核心内容的必然组成部分。这就涉及企业产品的设计、生产、运输、销售服务等各个环节，而企业人员的智慧毕竟是有限的，况且企业的工作人员未必个个都是本企业产品的使用者，对产品这个营销核心最有发言权的只有消费者。网络的发达使得消费者的分布极其分散，因此要想真正了解消费者对本企业产品的需求，必须通过对大数据的分析，全面了解客户对产品的购买、使用、反馈等各项指标，从产品的设计更新、生产、销售服务等各个环节掌握最全面的信息，才能更好地为消费者服务。产品设计可以通过大数据平台采用全民参与方式，能让设计出来的产品在性能、包装、价格等各个方面都更受到消费者的喜爱和欢迎。

4. 营销模式的立体化

大数据背景下的消费者将更多地依赖互联网开展各项活动，特别是网络购物已经从时尚成为普通和理所当然的购物方式。单纯的线上交易还不能完全取代线下实体店，传统的营销渠道在一定范围内还在发挥着巨大的作用，局部区域范围内的消费者还完全依赖于实体店购物的形式。因此对于企业而言大数据背景下营销渠道选择多元化将成为必然。渠道变革的趋势将从单纯线下转变成线下线上并行，且线上和线下的分工与合作将更加分明。在大数据时代企业需要更注重线上销售、线下体验和售后服务。只有线上与线下等多种方式并行，才能更充分地占领市场，满足不同区域消费者的各项需求。

5. 营销定位的精准化

大数据营销的立足点与支撑点是大数据，企业通过大数据的分析，了解和关注客户的需求，并匹配相应的产品与服务。大数据营销更加注重个性化与针对性，企业通过数据信息的分析，精准知晓客户的个性化需求。通过分析大数据平台中消费者网络足迹，比如文字、图像、视频、音频和其他可以被数字化的内容等，以了解和掌握消费者对产品的体验效果、挖掘消费者习惯、爱好、购物经历，甚至性别、职业、住址、最近关心的事务等，为消费者提供个性化的全面服务。此外，价格也是客户非常关心的重点，大数据背景下，企业可应用大数据平台分析市场价格的变动趋势，了解消费者对相应产品价格的敏感程度，在消费者能接受的价格范围内制定合理的价格，这也将成为营销变革的趋势。

案例：

数据服务成企业“掘金”方向

企业对于“大数据”的需求，也催生了一批提供数据服务的企业。

杭州祐驿站便利连锁发展有限公司的副总经理吴朕式告诉记者，祐驿站用的是“海鼎前台收银系统”，公司每年需要为此支付300万元的费用。

周鹏曾经在阿里巴巴工作。离开之后的他开始了数据服务的创业探索，并和朋友一起创立了致力于电商数据服务的杭州酷玛网络技术有限公司。

在刚创业的前两年里，由于商家对大数据的理解和接受度不是很高，而且受数据采集能力、数据挖掘团队建设方面的限制，数据分析需要大量的精力和投入，酷玛的电商数据服务只能通过免费或者低价来维持，一直处于亏本的状态。但在这两年中，它逐渐寻找到了电商服务的方向。

“我们为电商企业提供广告效果监测的数据服务，也就是说，通过广告效果的各个环节的数据研究对消费行为和习惯的预测，以此来帮助商家更为精准地投放广告和优化广告质量。”据周鹏说，现在淘宝店铺TOP 10 000中有70%以上都在使用数据服务。

周鹏还强调，数据开放是数据挖掘工作的前提。保护数据的隐私是为电商提供数据服务长久合作的基础。

杭州必腾科技有限公司是一家微信推广公司。公司总经理田振透露，他们通过全网抓取微信号数据，再通过特定的大数据软件推出了19种微信推广方式和手段，服务于酒店、金融、汽车等27个行业。有些客户要求微信消息推送需要定位本地，有些则需要广泛撒网，越多越好，还有些需要对消费能力做一个分组，针对不同消费层次精准地发布信息。

田振坦言，根据微信后台数据研究，可以把消费层次相近的商家结成广告联盟，很多商家对这样的合作很感兴趣。比如下沙五星级酒店凯恩斯大酒店和奔驰4S店就互相推送广告和洽谈业务的资讯，认为有利于行业的沟通与合作。

在周鹏看来，大数据时代到来，大大提高了人们生活时间和空间的利用率。出门拿着手机而不需要钱包的生活习惯，会在五年内实现。

或许在不久后的某一天，会出现这样的场景：你和家人在家中正在列出自己出去购物的清单，一家商场的客服会“恰到好处”地发来短信，提醒你新到了一些货品。这些货品很可能“恰好”也在打折，而这些商品信息也“恰好”正是你想购买的商品，甚至还包括了连你都没有想到却是实际需要购买的商品，都在通知的清单中。

那时候，我们的生活真的再也离不开三个字，大数据。

我们可以发现，最关键的用户数据以及风控模式其实都掌握在阿里手中，这些宝贵的金融经验，都在为阿里今后开展的业务铺路。此外，阿里巴巴、天猫、淘宝、支付宝、阿里金融等产生的数据构成了个人、企业、商品和金融之间完整的数据链，将来亦可用大数据转化为利益。

在2014年6月，阿里云宣布，其开放数据处理服务（open data processing service，简称ODPS）正式进入商用阶段。

事实上，ODPS就是一种“大数据服务”。天弘基金旗下的余额宝，就是在ODPS平台上进行全方位、多维度的数据挖掘分析的。该平台使余额宝的运作团队能够对超过1亿的海量用户进行挖掘分析，以最真实地分析出客户的行为路径，并对业务给予指导。

“阿里云今天卖的不是软件，卖的不是硬件，卖的是服务，唯有把产品服务化，才是终极体验。”说这句话的，是阿里云总裁王文彬，这意味着，数据服务将成为这家公司的主要发力点。

（资料来源：“大数据”时代营销战 BURBERRY、ZARA 等快人一步［EB/OL］.（2014-08-06）［2022-05-03］. http://news.winshang.com/html/027/2287.html#interlinkage3.）

任务实施

任务准备单（分工）

班级		组号		组长	
接单人		学号			

组员

姓名	学号	姓名	学号

项目名称		任务下达时间	
完成时间		任务通知时间	

任务分工

序号	分工内容	要求/标准	负责人

任务单 5-1-1

组号：__________ 姓名：__________ 学号：__________ 检索号：__________

结合本章的任务情景，分析“江小白”品牌获得成功的原因。

引导问题：

（1）品牌本质的内涵有哪些？

（2）品牌和商标的联系与区别？

（3）商标设计有哪些心理策略？

（4）品牌设计与使用有哪些心理策略？

（5）新产品开发有哪些心理策略？

任务单 5-1-2

组号：__________ 姓名：__________ 学号：____________ 检索号：__________

选择你喜欢的一款产品，分析其包装设计的优缺点，与小组成员分享。

引导问题：

（1）产品包装有何心理功能？

（2）包装设计有什么心理要求？

产品名称	
产品包装的优点	
产品包装的不足	
总结	

任务单 5-2-1

组号：__________ 姓名：__________ 学号：__________ 检索号：__________

有一段时间“蒜你狠”“豆你玩”“糖高宗”“羊贵妃”“姜你军”等流行语接连出现，了解这些词语出现的背景，联系实际谈谈食品价格上涨对人民生活的影响。

引导问题：

（1）价格的心理功能有哪些？

（2）消费者的价格心理表现在哪些方面？

（3）产品降价对消费者的心理影响有哪些？

（4）产品涨价对消费者的心理影响有哪些？

任务单 5-2-2

组号：__________ 姓名：__________ 学号：____________ 检索号：__________

对名创优品的商品进行调查，重点了解其商品和价格有什么特征？到店消费的群体有何特点？他们的产品定价采用的是何种策略？这一策略如何能成为其竞争优势？

引导问题：

（1）新产品定价心理策略有哪些？

（2）如何选择不同的定价策略？

门店地址	
商品特点	
价格特点	
消费群体特点	
所采用的定价策略	
优势分析	

任务单 5-3-1

组号：__________ 姓名：__________ 学号：__________ 检索号：__________

【实训内容】

结合当地某一企业的实际背景，为该企业设计、选择合适的分销渠道模式，制订适当的分销渠道策略，并根据具体情况制订该企业的渠道管理方案。

【实训要求】

（1）以小组为单位完成项目实训，明确内部分工；

（2）选择的企业应具有行业代表性。

【操作步骤】

步骤一 搜集、整理资料

步骤二 各项目团队集体讨论、分析资料

步骤三 分析撰写×××创业项目分销渠道策划报告

步骤四 提交×××创业项目分销渠道整体策划方案

步骤五 实训成果汇报、评议、成绩综评

【实训成果】

《×××创业项目分销渠道整体策划方案》

引导问题：

（1）分销渠道的含义和特点是什么？

（2）分销渠道的功能是什么？

（3）如何划分分销渠道结构？

（4）什么是分销渠道的长度和宽度？

（5）影响分销渠道选择的因素有哪些？

任务单 5-4-1

组号：__________ 姓名：__________ 学号：____________ 检索号：__________

【实训内容】

结合当地某一有代表性的企业的实际背景，针对该企业某一目标市场的营销环境，为其选择合适的促销方式，制定适当的促销策略，并根据具体的促销方式制订相应的促销方案。

【实训要求】

（1）以小组为单位完成项目实训，明确内部分工；

（2）选择的企业应具有行业代表性。

【操作步骤】

步骤一 搜集、整理资料

步骤二 各项目团队集体讨论、分析资料

步骤三 分析撰写×××企业某一目标市场促销策划总体方案

步骤四 提交×××企业某一目标市场促销策划总体方案

步骤五 实训成果汇报、评议、成绩综评

【实训成果】

《×××企业某一目标市场促销策划总体方案》

引导问题：

（1）促销对消费者有何影响？

（2）促销有何具体方式？

（3）如何进行促销组合选择？

任务单 5-5-1

组号：__________ 姓名：__________ 学号：__________ 检索号：__________

选择当地某一有代表性的企业开展调研，了解该企业营销过程中是否有运用大数据营销，分析其营销现状，并根据实际情况尝试提出整改的措施。

引导问题：

（1）大数据营销有何特点？

（2）数字化时代消费行为发生了哪些变迁？

（2）如何应用消费大数据？

<table>
<tr><td>企业名称</td><td colspan="2"></td></tr>
<tr><td>调研方式</td><td colspan="2"></td></tr>
<tr><td>调研时间</td><td colspan="2"></td></tr>
<tr><td rowspan="4">营销现状分析</td><td>营销不足</td><td></td></tr>
<tr><td>营销优势</td><td></td></tr>
<tr><td>是否运用大数据开展营销？</td><td></td></tr>
<tr><td>开展大数据营销的困难</td><td></td></tr>
</table>

任务评价与反馈

组号：__________ 姓名：__________ 学号：____________ 检索号：__________

任务评价表

班级		组名		日期	年 月 日
评价指标	评价内容		他评分数	自评分数	教师综合分数评定
信息检索 10 分	能有效利用网络、图书资源、工作手册查找有用的相关信息等；能用自己的语言有条理地去解释、表述所学知识；能将查到的信息有效地传递到工作中				
感知工作 10 分	熟悉工作岗位，认同工作价值；在工作中能获得满足感				
参与态度 20 分	积极主动参与工作，能吃苦耐劳，崇尚劳动光荣、技能宝贵；与教师、同学之间相互尊重、理解；与教师、同学之间能够保持多向、丰富、适宜的信息交流				
	探究式学习、自主学习不流于形式，处理好合作学习和独立思考的关系，做到有效学习；能提出有意义的问题或能发表个人见解；能按要求正确操作；能够倾听别人意见、协作共享				
学习方法 10 分	学习方法得体，有工作计划；操作技能符合规范要求；能按要求正确操作；获得了进一步学习的能力				
工作过程 15 分	遵守管理规程；平时上课的出勤情况和每天完成工单任务情况良好；善于多角度分析问题，能主动发现、提出有价值的问题				
思维态度 10 分	能发现问题、提出问题、分析问题、解决问题				
自评反馈 25 分	按时按质完成工作任务；较好地掌握了专业知识点；具有较强的信息分析能力和理解能力；具有较为全面、严谨的思维能力并能条理清晰地表达成文				
组内成员评价					
自我总结有益经验和做法					
其他反馈与建议					

练习题：

一、单项选择题

1. 白菜的市场价格是1元，而某商场却把白菜的价格定为0.99元，这是采用了哪种心理定价策略？（　　）

A. 折让定价　　B. 非整数定价

C. 习惯性定价　　D. 渗透定价

2. 将价格定为1 000元，而不是990元，采用的定价策略属于（　　）。

A. 整数定价　　B. 声望定价

C. 习惯性定价　　D. 渗透定价

3. 消费者在选择商品时，以价格为首要考虑因素，对降价、折价等促销活动有较大的兴趣，而对商品的质量、花色、款式、包装和品牌并不十分挑剔，这类消费者的购买动机属于（　　）。

A. 求实动机　　B. 求廉动机

C. 求便动机　　D. 求美动机

4. 将9、8、6作为价格尾数通常会受到欢迎，这是利用了（　　）。

A. 整数定价策略　　B. 尾数定价策略

C. 反向定价策略　　D. 撇脂定价策略

5. “黑五类”芝麻糊、“白加黑”感冒药使用的命名策略是（　　）。

A. 人名命名　　B. 外形命名

C. 产地命名　　D. 色彩命名

6. 拥有好的包装，即使商品价格提高，消费者也会购买，这是因为包装具有（　　）。

A. 识别功能　　B. 安全功能

C. 审美功能　　D. 增值功能

7. 沿用长期以来形成的并为消费者非常熟悉的商品包装，是（　　）。

A. 惯用包装　　B. 分量包装

C. 配套包装　　D. 系列包装

8. 为市场稀缺、用途特殊、价格昂贵的商品设计的具有较高欣赏价值和专门用途的包装形式是（　　）。

A. 等级包装　　B. 特殊包装

C. 礼品包装　　D. 系列包装

9. 有些人在社会上具有一定地位，穿着及用品追求高档、名牌、新潮，认为穿着一般衣物有失身份，这是利用了商品价格的（　　）。

A. 自我意识比拟功能　　B. 价值认知功能

C. 调节需求功能　　D. 审美功能

10. 消费者长期、多次购买某些商品，通过对某些商品价格的反复感知逐渐形成了对价格的（　　）。

A. 敏感性　　B. 习惯性

C. 感受性　　D. 倾向性

11. 关于促销，描述不正确的是（　　）。

A. 促销是企业利用多种信息传播手段

B. 促销是消费者进行信息的沟通和交流

C. 促销能激发消费购买欲望，使消费者实现购买行为的活动

D. 促销太多会有损品牌形象

12. 关于 AIDA 的描述，不正确的是（　　）。

A. 第一个 A 为 Action，即促成购买

B. I 为 Interest，即诱发兴趣

C. D 为 Desire，即刺激欲望

D. 最后一个字母 A 为 Action，即促成购买

二、多项选择题

1. 新产品包括（　　）。

A. 全新产品　　B. 换代新产品

C. 改进新产品　　D. 仿制新产品

2. 新产品的心理定价策略有（　　）。

A. 撇脂定价　　B. 渗透定价

C. 尾数定价　　D. 满意定价

3. 产品涨价时首先要考虑涨价对消费者带来的心理影响，产品涨价时常见的对消费者的心理影响有（　　）。

A. 产品涨价是因为这种产品非常热销、紧俏，可能会出现断货，要抓紧时间尽快购买，不买会错过时机

B. 产品具有特殊的价值或更优越的性能

C. 产品已经涨价，还会继续再涨

D. 这种产品太贵了，要寻找替代品或转换品牌

4. 产品降价时首先要考虑降价对消费者带来的心理影响，产品降价时常见的对消费者的心理影响有（　　）。

A. 猜测有新产品即将问世，降价产品即将被淘汰，不能只图便宜

B. 降价产品是滞销或有瑕疵的产品，小心上当

C. 商品已经降价，还会继续降价，等到价格更低时再买

D. 购买降价商品有失身份

5. 品牌的本质包括（　　）。

A. 属性　　B. 利益

C. 价值　　D. 个性

E. 使用者

6. 品牌与商标的关系是（　　）。

A. 商标是一个品牌或品牌的一部分，它的内涵要小于品牌的内涵

B. 商标一般都要注册（我国也有未注册商标）。它是受法律保护的一个品牌或品牌的一部分，其产权可以转让和买卖。而品牌不用注册，一经注册，品牌就成为商标

C. 品牌主要表明产品的生产和销售单位，而商标则是区别不同产品的标记

D. 一个企业品牌和商标可以是相同的，也可以不相同

E. 两者是等同关系

7. 商标设计的心理策略包括（　　）。

A. 突出特色，个性鲜明　　B. 文字简洁，造型优美

C. 与时俱进，彰显时代气息　　D. 与商品本身的性质和特点相协调

8. 品牌设计中使用的心理策略有（　　）。

A. 品牌认知　　B. 品牌联想

C. 品牌忠诚　　D. 促进销售

9. 新产品开发的心理策略有（　　）。

A. 适应消费变化　　B. 结构设计要合理

C. 讲究艺术美观　　D. 突出个性特征

E. 符合社会潮流

10. 下列属于产品生命周期各阶段消费者心理特点的有（　　）。

A. 新产品刚刚推向市场，在导入期竞争者较少甚至没有竞争者，给人以新奇的感觉，但同时消费者不可能对其有很多的了解，所以销售量小且销售额增长缓慢

B. 产品成熟期，产品质量有了保证，市场普及很快，销售量大，但增长速度缓慢，市场逐渐达到饱和

C. 产品衰退期，产品已显得老化、落伍，对消费者已失去吸引力，市场销量由缓慢下降变为急剧下降

D. 产品衰退期，由于成本降低，销量也大涨

11. 品牌的构成要素包括（　　）。

A. 载体　　B. 表象

C. 内涵　　D. 需求

12. 商标的心理功能包括（　　）。

A. 识别　　B. 传播

C. 信誉　　D. 保护

13. 商品包装的心理功能包括（　　）。

A. 识别　　B. 安全

C. 审美　　D. 增值

14. 商品提价时应该注意（　　）。

A. 控制好提价幅度　　B. 掌握好提价时机

C. 注意采用暗调策略　　D. 做好宣传解释工作

15. 按照新产品新颖程度的不同，新产品分为（　　）。

A. 全新型新产品　　B. 革新型新产品

C. 改进型新产品　　D. 仿制型新产品

16. 消费者对新产品拒绝的心理包含（　　）心理。

A. 文化障碍　　B. 社会障碍

C. 个人障碍　　D. 安全障碍

17. 分销渠道结构包含（　　）。

A. 线下分销　　B. 网络分销

C. 网络代销　　D. 网络批发

18. 促销的心理功能（　　）。

A. 传递信息　　B. 引起注意

C. 增强记忆　　D. 增加销售

19. 促销组合包括（　　）。

A. 广告宣传　　B. 销售促进

C. 公共关系　　D. 人员推销

20. 大数据营销的特点有（　　）。

A. 多样化、多平台的数据采集　　B. 突出当前形势

C. 个性化营销　　D. 高性价比

E. 相关性

三、简答题及论述题

1. 商品命名有哪些心理要求？
2. 商品包装有哪些心理功能？消费者对商品包装有哪些心理要求？
3. 举例说明如何推广新产品。
4. 新产品设计的心理策略主要有哪几种？
5. 商品的提价策略包括哪几个方面？商品的降价策略包括哪几个方面？
6. 商品价格的心理功能主要包括哪几个方面？
7. 简述包装设计的心理策略。
8. 简述促销对消费者的心理影响。
9. 消费者行为与分销渠道选择。
10. 简述消费大数据的应用。
11. 大数据营销的发展。

四、综合运用

举出你所熟悉的当地某一特产类商品，分析它的命名、商标、包装所采用的心理策略。

补充案例 1：“请夏天涤荡我 用力生活后的风尘仆仆”

京东家电 618

▼

这是来自京东 618 家电文案合集中的一句。

“涤荡”指洗衣机，而洗衣机服务的对象不再是顽固的污渍，而是“我”。衣服上的每一个污渍、每一点泥巴都是我曾用力生活的印记与证明。

分析：

这是具有深刻同理心的文案，不用再告诉消费者产品本身多么超值与优秀，因为文案所赋予产品的价值早已超过了产品本身。打动人心的文案，不是一味地站在甲方的立场自吹自擂，而是巧妙地转换角度，像是以朋友的口吻，安慰你，鼓励你，世界不会辜负每一个努力生活的人，对自己好一点吧。于是，不再是产品去寻找消费者，消费者会主动寻找产品“犒劳自己”“奖赏自己”。

补充案例 2：“眼前满是希望，身后还有风光。”

东风风光

一场新冠肺炎疫情，让城市大变模样。整整几个月，往日城市里最繁华的主干道上，空无一人。无数的人看到的是悲凉、绝望，而文案人四两拨千斤，一生万物。

分析：

在精准洞察了新冠肺炎疫情期间人们的痛点后，品牌海报又准确传达了受众的心声。因为新冠肺炎疫情，我们在家无法出门，所以萌生了无数新冠肺炎疫情结束后想要去做很多事情的念头。想出门和朋友聚餐，想穿上好看的衣服出门，想请假游览美好的山川，或者只是出门“过早（吃早饭）”，都成了美好的心愿。

作为汽车品牌，东风风光将品牌名字完美植入了文案中。眼前虽是一片空白，但空白之处皆是希望。与新冠肺炎疫情同在的，还有你的家人、爱人、朋友，等新冠肺炎疫情过去，等待我们的，还有无限风光。

补充案例 3：

美国一位叫米尔顿·雷诺兹的企业家就因善于灵活运用高价策略而获得了成功。一次，雷诺兹发现一家制造铅字印刷机的工厂破产待售。这种印刷机的用途之一，是能够供百货公司印制展销海报。雷诺兹看准这点，立即借钱买下工厂，然后把机器重新定名为“海报印刷机”，专门向百货公司推销。原来的印刷机，每部售价不过 595 美元，更名之后，雷诺兹把价钱一下子提高到 2 475 美元。他认定，现在百货店都在大力推销产品，“海报印刷机”正好能够满足它们的特殊需要；而对某些独特产品来说，定价越高，越容易销售。果然，“海报印刷机”销路颇好，雷诺兹大赚了一笔。

雷诺兹并不满足，而是时刻寻找新的“摇钱树”。1945 年 6 月，他到阿根廷商谈生意时，终于发现了目标，这就是今天的圆珠笔。雷诺兹看准圆珠笔具有广阔的市场前景。他立即赶回国内，与人合作，昼夜不停地研究，只用了一个多月便拿出了自己的改进产品，抢在对手的前面问市。之后，他立即拿着仅有的一个样品来到纽约的金贝尔百货公司，向公司主管们展示这种“原子时代的奇妙笔”的不凡之处：可以在水中写字，也可以在高海拔地区写字。这些都是雷诺兹根据圆珠笔的特性和美国人追求新奇的性格，精心制订的促销策略。

果然，百货公司主管对此深感兴趣，一下子订购了 2 500 支，并同意采取雷诺兹的促销口号作为广告。当时，这种圆珠笔生产成本仅 0.8 美元，但雷诺兹却果断地将售价抬高到 12.5 美元，因为他认为只有这个价格才让人们觉得这种笔与众不同。1945 年 10 月 29 日，金贝尔百货公司首次推销雷诺兹圆珠笔，竟然出现了 5 000 人争购“奇妙笔”的壮观场面。大量订单像雪片一样飞向雷诺兹公司。短短半年的时间，雷诺兹生产圆珠笔所投入的 2.6 万美元资金，竟然带来了 1 558 608 美元的税后利润。等到其他对手挤进这个市场，杀价竞争时，雷诺兹已赚足大钱，抽身而去。

分析：

要掌握高价的技巧，关键在于了解什么样的商品适用于高价策略。一般来说，当你经销的商品具有下列优势时，可以毫不犹豫地推出高价策略：经销商品具有独特性，即指一些尚无大规模制造的产品；该商品市场需求缺乏弹性，价位高不会使需求量减少很多；能把该商品塑造成高级品的形象；尚不具备大量生产条件，但社会需求量较大的新产品。